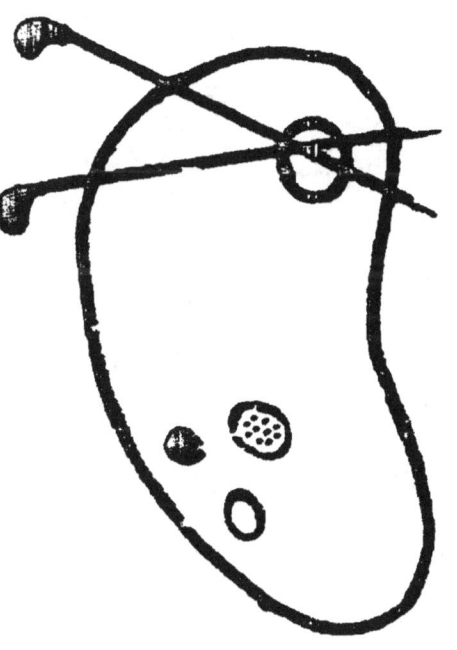

Couvertures supérieure et inférieure en couleur

COUVERTURES SUPERIEURE ET INFERIEURE D'IMPRIMEUR.

MONSIEUR

DE BOISDHYVER

LIBRAIRIE DE E. DENTU, ÉDITEUR

DU MÊME AUTEUR

LE SECRET DE M. LADUREAU, 2ᵉ édit. 1 vol. gr. in-18.	3 fr.
LA PETITE ROSE, 1 vol. gr. in-18..................	3 fr.
SURTOUT N'OUBLIE PAS TON PARAPLUIE, 1 vol......	3 fr.
FANNY MINORET, 2ᵉ édit. 1 vol....................	3 fr.

L'HOTEL DES COMMISSAIRES PRISEURS, 1 vol. gr. in-18.	3 fr.
L'AVOCAT TROUBLE-MÉNAGE, 2ᵉ édit. 1 vol. gr. in-18.	3 fr.
SOUVENIRS ET PORTRAITS DE JEUNESSE, 1 vol. gr. in-18.	3 fr. 50
LES AVENTURES DE Mᵐᵉ MARIETTE, 1 vol...........	1 fr.
L'USURIER BLAISOT, 1 vol........................	1 fr.
LES BOURGEOIS DE MOLINCHARD, 1 vol...........	1 fr.
LA PASQUETTE, 1 vol............................	1 fr.

HISTOIRE DE LA CARICATURE ANTIQUE, par CHAMPFLEURY, 3ᵉ édit. augmentée. 1 vol. illustré de 100 gravures et d'un frontispice en couleur.......... 5 fr.

HISTOIRE DE LA CARICATURE AU MOYEN AGE ET SOUS LA RENAISSANCE, par CHAMPFLEURY, 2ᵉ édit. très augmentée. 1 vol. gr. in-18 jésus, illustré de 144 gravures et d'un frontispice en couleur.......... 5 fr.

HISTOIRE DE LA CARICATURE SOUS LA RÉFORME, LA LIGUE, 1 vol. gr. in-18 jésus, illustré de 90 grav.. 5 fr.

HISTOIRE DE LA CARICATURE SOUS LA RÉPUBLIQUE, L'EMPIRE ET LA RESTAURATION, par CHAMPFLEURY. 2ᵉ édit. 1 vol. gr. in-18 jésus, illustré de nombreuses gravures et d'un frontispice en couleur.......... 5 fr.

HISTOIRE DE LA CARICATURE MODERNE, par CHAMPFLEURY. 2ᵉ édit. 1 vol. illustré de 117 gravures et d'un frontispice en couleur...................... 5 fr.

HISTOIRE DES FAÏENCES PATRIOTIQUES SOUS LA RÉVOLUTION, par CHAMPFLEURY, 3ᵉ édition. 1 vol. gr. in-18 jésus, avec 100 gravures et marques nouvelles. 5 fr.
  Il a été tiré un très petit nombre d'exemplaires sur papier vergé de Hollande.................... 10 fr.

HISTOIRE DE L'IMAGERIE POPULAIRE, par CHAMPFLEURY. 1 vol. gr. in-18 orné de nombreuses gravures.... 5 fr.

LE VIOLON DE FAÏENCE, 1 vol. in-8 avec illustrations en couleur...................................... 25 fr.

HENRY MONNIER, SA VIE, SON ŒUVRE, par CHAMPFLEURY, avec un catalogue complet de l'œuvre et 100 gravures fac-simile, 1 vol. in-8.................... 10 fr.

IMPRIMERIE GÉNÉRALE DE CHATILLON-SUR-SEINE, JEANNE ROBERT.

MONSIEUR
DE BOISDHYVER

PAR

CHAMPFLEURY

PARIS
E. DENTU, ÉDITEUR
LIBRAIRE DE LA SOCIÉTÉ DES GENS DE LETTRES
PALAIS-ROYAL, 15, 17 ET 19, GALERIE D'ORLÉANS

1883
Tous droits réservés.

MONSIEUR DE BOISDHYVER

I

L'ANCIEN ÉVÊCHÉ

L'évêché de Bayeux est situé dans une des parties les plus solitaires de la ville : il ne passe pas quatre personnes par jour dans la rue de l'Évêché, qui fait partie du quartier connu sous le titre général de quartier du Cloître. Les habitants de la ville désignent ainsi un groupe d'anciens hôtels appartenant actuellement à des nobles, et qui, jadis, servaient de dépendances à de grandes communautés religieuses. Le Cloître, morcelé par la Révolution, était d'une importance considérable à en juger par les bâtiments isolés aujourd'hui, qui en faisaient partie jadis : c'est-à-dire le séminaire et quelques hôtels très vastes qui semblent sous le patronage de l'évêché. Cette partie de la ville a conservé, avec son titre, toutes les rigidités de l'ancien cloître. Le silence le plus complet y règne ; les volets de bois des étages supérieurs donnant sur la rue sont toujours fermés, et si par hasard, quelques fenêtres du rez-de-chaussée laissent apercevoir des rideaux qui témoignent que la maison est habitée, le voyageur curieux pressent des habitudes particulières et d'une autre époque, défendues par de gros barreaux de fer ventrus et rouillés, qui défient les efforts des voleurs, abritées derrière ces carreaux d'une ancienne fabrication, quelques-uns bombés comme le cul d'une bouteille à l'intérieur, verdâtres, jaunis par la poussière. Au premier étage, des hirondelles ont établi leurs nids dans les coins des volets de bois, avec l'intelligence d'observateurs profonds qui se disent : Ici nous pouvons nous établir en paix; on n'ouvrira jamais les fenêtres.

Les règlements municipaux ont respecté les habitudes tranquilles des habitants du Cloître. Chaque pavé est entouré d'un petit carré d'herbes assez longues pour faire matelas aux pieds des promeneurs; les balayeurs des faubourgs n'y promènent point leurs tombereaux, car ils n'y trouveraient rien à ramasser; les servantes ne vont pas, comme dans les autres parties de la ville, jeter les ordures de la maison au coin des bornes; le tambour de ville n'y annonce pas non plus les arrêtés municipaux, certain qu'il parlerait pour les murs, et le crieur public, chargé de la publicité des ventes après décès, garde toute la puissance de sa voix pour les quartiers plus vivants de la ville.

Des bouquets de giroflées sauvages ont poussé comme par hasard sur les murs noirs des maisons, au-dessus des toits desquelles on aperçoit de grands arbres qui poussent en paix dans de larges cours. Dans toute autre ville, ce contraste d'un calme absolu paraîtrait plus frappant qu'à Bayeux, qui est une petite vieille ville sans commerce, n'ayant pas sacrifié aux modes nouvelles, et conservant précieusement les anciennes habitudes de la vie normande.

C'est dans ce diocèse que fut appelé M. de Boisdhyver, prêtre distingué qui dut un évêché à son éloquence et à son beau caractère.

Sorti de l'archevêché de Paris, où il avait exercé des fonctions importantes, M. de Boisdhyver fut frappé de l'aspect sombre et claustral de cet évêché, enfoui dans de petites rues sombres où le soleil ne pénètre guère plus que les passants. L'intérieur du palais répondait à l'extérieur : c'était une vieille construction située entre cour et jardin, exhaussée par un large escalier de dix marches. Les murs de la façade étaient sombres comme ceux d'une cathédrale gothique; au dedans, l'humidité avait tracé sur les plafonds et sur les tentures ses tristes et capricieux dessins d'ocre malsaine. L'évêque précédent, qui venait de mourir, laissa partout ses traces de vieillard malade et fatigué de la vie. Le mobilier était en mauvais état, mal soigné, triste à considérer; dans l'antichambre, de grands tableaux peints avec maladresse, cependant pleins d'un sentiment ascétique bien proche du fanatisme, remplissaient l'esprit d'images désolantes. Un Christ jaune et morbide, semblable à un moulage de cire, montrait ses plaies d'où coulaient des larmes de sang à donner le frisson, car elles semblaient peintes avec du vrai sang. Il y avait peu d'appartements qui ne fussent ornés de ces cruelles représentations, sorties de l'imagination d'un homme du pays, esprit tourmenté, qui remplissait la cathédrale et tout ce qui tenait au clergé de ses peintures sombres par lesquelles il espérait obtenir le pardon de ses péchés.

Les serviteurs de l'évêché avaient pris la livrée de l'hôtel. C'étaient des êtres crasseux et gras, en mauvaises redingotes râpées, en bonnets de soie noire roussie, qui semblaient une armée de vieux donneurs d'eau bénite. Ils marchaient le dos courbé, à pas lents, jetaient des regards de côté, ayant pour unique occupation de ne pas se faire entendre, d'ouvrir les portes avec précaution, de glisser sous les voûtes comme des ombres. Une servante âgée suffisait à l'entretien de la cuisine et de la lingerie. Elle portait un costume moitié religieux, noir et blanc, et son grand bonnet, dont les tuyaux empesés se redressaient brusquement comme un éventail déployé, laissait paraître une figure d'un jaune calme, de cette couleur particulière aux personnes sans passions, qui témoigne d'un profond égoïsme. Sa plus grande occupation venait d'une bande de lapins qu'elle entretenait dans une longue caisse de bois, l'ornement le plus apparent de la cour. Si l'on excepte les lapins qui, de temps en temps, passaient leurs longues oreilles par les fentes de la caisse, aucun être animé ne troublait le repos de cette cour. Deux fois par jour, madame Compère apportait à ses lapins une ample ration de carottes et de choux que lui fournissait le jardin de l'évêché. Dans ce jardin, elle retrouvait un être vivant : un vieux corbeau noir qui se tenait perché ordinairement sur une échelle de jardinier, et qui ne se dérangeait que pour présenter ses respects à la femme de charge et aux chanoines. Ce corbeau curieux sautait d'échelon en échelon quand il voyait apparaître le bonnet tuyauté de madame Compère, et quoique depuis bientôt dix ans il la vît faire ses provisions de carottes et de feuilles de choux, il se portait à côté d'elle en allongeant la tête, et semblait prendre un intérêt immense à cette opération. Puis, il remontait au haut de son échelle et n'en descendait qu'à six heures du soir, heure à laquelle les chanoines font leur promenade habituelle dans le jardin après leur repas. Il sautillait derrière eux par petits bonds, et prenait peut-être autant de plaisir à leur conversation qu'aux récoltes de carottes et de choux de madame Compère.

Le jardin, dans un bas-fond, était humide et triste ; de

grandes allées d'arbres touffus ne laissaient pas apercevoir le ciel, entretenaient l'humidité des allées moussues où se promenaient de grosses limaces visqueuses, et ne rappelaient guère la tranquillité des grands bois où des voûtes de feuillage donnent à l'homme des sensations odorantes. Le promenoir tenait du janséniste et du célibataire : du janséniste, il avait le caractère sombre, du célibataire, les côtés mesquins et étroits. Tout ce qui était fleur et décoration représentait particulièrement le célibataire bourgeois ; les plates-bandes dessinées en forme de cœur, de violon, en losanges, arrêtées par un contour de buis maigres, la nature des fleurs qui remplissaient ces plates-bandes, des soucis, des pavots simples, jamais de roses, montraient un jardinier indifférent à la fête des yeux. Le jardin était bordé par une rivière aux eaux noirâtres, salies par les ateliers voisins de teinture, qui ne laissait pousser ni arbres ni gazons sur ses bords.

Tel était l'évêché quand M. de Boisdhyver arriva à Bayeux. Il parut peu convenable au nouvel évêque de laisser les bâtiments dans cet état, et il commença par faire maison nette de tous les vieux meubles qui emplissaient l'hôtel. Les revendeurs et les fripiers de la ville purent dire avec orgueil qu'ils avaient des meubles de l'évêché, et cet événement fit que pendant longtemps le prix des anciens mobiliers se tint assez ferme à Bayeux, car des revendeurs, feignant de les regarder comme des objets sacrés, faisaient mine de ne s'en séparer qu'avec chagrin comme s'ils avaient été bénits, et disaient avec un ton d'orgueil, au marchandeur récalcitrant : « Songez-y, monsieur, c'est un meuble de l'évêché, » comme ils auraient dit : « C'est un meuble de Boule. » Cette vente, jointe à d'autres circonstances qu'on trouvera plus loin, laissa une telle trace dans la tradition du pays, que les fripiers en profitèrent pour décorer tous les meubles mangés aux vers du titre de « meubles de l'évêché ». A l'heure qu'il est, c'est-à-dire quarante ans après l'installation de M. de Boisdhyver, on trouverait encore à acheter du mobilier de l'évêché, aussi authentique, il est vrai, que les cannes de Voltaire.

Sans s'arrêter aux idées de luxe moderne, M. de Boisdhyver, dont l'âge ne dépassait guère la quarantaine, ne pouvait avoir les goûts, les habitudes de vivre de son prédécesseur, vieillard infirme, cloué sur son lit pendant dix ans par un asthme qui ne lui laissait pas de repos et lui interdisait le mouvement et la marche. Aussi tout le bâtiment avait été marqué de la maladie du vieil évêque : l'asthme était voyant dans les dégradations de l'hôtel, dans son humidité, dans ses murs verdâtres, dans les habits des serviteurs. L'évêché n'existait guère que de nom pour les habitants de Bayeux, qui, depuis longtemps, avaient été privés de la vue de leur gouvernement spirituel ; les grandes fêtes de l'Église n'étaient plus marquées par cet appareil pompeux qu'imprime un chef à des solennités chères aux fidèles. Bien que l'évêque fût représenté par son grand vicaire et par ses chanoines, l'effet n'était pas le même : c'était un conseil de ministres sans roi. Le vieil évêque avait conservé son intelligence sur son lit de douleur, ce qui empêchait de le remplacer ; mais même avant d'être atteint de la cruelle maladie qui devait l'emporter, il n'avait jamais eu les goûts de représentations et d'apparat chrétien que la petite ville de Bayeux était peu propre à faire naître.

On connut bientôt dans la cité que Monseigneur de Boisdhyver préparait de grandes choses, car il s'était retiré au séminaire le lendemain de son arrivée, ce qui ne put s'expliquer que par des travaux ou des améliorations considérables qui se faisaient dans l'évêché. Aussi, pour la première fois, put-on voir dans le quartier du Cloître quelques figures de bourgeois curieux de connaître à l'avance ce qui se préparait dans l'hôtel ; mais ils revenaient déconcertés, la grande porte étant fermée comme par le passé, et s'il se tramait quelques surprises au dedans, rien n'en transpirait au dehors. On sut pourtant que les maçons, les menuisiers, les fumistes étaient employés à l'évêché, et le fait n'eût été que très ordinaire s'il n'avait été question de parqueter une partie des appartements. Cela donna à jaser, car l'abolition des carreaux indiquait une tendance très prononcée vers le luxe. Tout se sait dans les petites villes : les intérêts se touchent de trop près, les relations d'hier sont tellement celles de demain et de l'année prochaine, qu'un être qui cherche à échapper aux fréquentations journalières de ses concitoyens est regardé comme un ennemi plein de dissimulation, dont il est de l'intérêt commun de connaître toutes ses manœuvres.

Une grande caisse arriva de Paris par le roulage, à l'adresse de M. de Boisdhyver. Le directeur du roulage, enchaîné par des intérêts communs à tous les petits marchands de la ville, ne livra la caisse qu'un jour après son arrivée. Tout Bayeux vint faire une reconnaissance de la caisse. Qu'y avait-il dans cette caisse ? Que pouvait-elle contenir ? C'étaient des commentaires sans nombre. Les uns flairaient la caisse, d'autres frappaient dessus avec le doigt ; tous auraient voulu revêtir l'habit vert du douanier pour, armés d'une sonde, perforer la caisse mystérieuse et en connaître le contenu. Par le seul fait de cette caisse, qui occupa tellement les esprits, on s'imagine combien fut discutée la personne de l'évêque.

Il courait par la ville des portraits fantastiques de M. de Boisdhyver, qui était dépeint tantôt en jeune prêtre, tantôt en vénérable ecclésiastique aux mains tremblantes. Si les personnes les moins assidues aux services religieux s'occupaient ainsi de l'évêque, cela donne à penser quels commentaires on en tira dans les familles bourgeoises, qui ne manquent jamais d'aller le dimanche à l'église dans un but d'observations et de malins propos. Des comparaisons s'établirent naturellement entre l'évêque défunt et son successeur, quoique personne ne connût et n'eût aperçu encore M. de Boisdhyver ; les vieilles gens prenaient parti pour le défunt évêque asthmatique, et l'opinion générale fut d'abord défavorable au nouveau chef du clergé du diocèse, surtout quand le Compère rentra tout à fait dans la vie civile avec son corbeau et ses lapins.

Madame Compère, concierge de l'évêché depuis vingt-cinq ans, se trouva couchée sur le testament du défunt évêque pour une rente de six cents livres, et cette fortune lui tourna la tête. Maîtresse absolue de faire ce qu'il lui plaisait dans l'hôtel, elle avait fini par se croire inamovible, et cette idée fit qu'elle essaya de traiter, quelques jours après son arrivée, M. de Boisdhyver en homme qui devait obéir à ses volontés. L'architecte du département, chargé de veiller à la restauration de l'hôtel épiscopal, ayant trouvé que la niche aux lapins produisait un fâcheux effet dans la grande cour de réception, avertit la concierge d'avoir à loger ailleurs ses animaux favoris. Madame Compère répondit en maîtresse de maison que depuis dix ans des générations de lapins avaient vécu dans cet endroit, qu'ils y étaient habitués, et qu'elle les tuerait plutôt que de les changer de place.

On porta ce différend devant l'évêque, qui fit venir madame Compère au séminaire, lui tint un discours affectueux, dit combien il désirait garder les personnes qui avaient toujours vécu dans l'évêché, et apaisa la concierge en lui donnant une indemnité pour la translation des lapins dans un autre lieu. Cette première querelle semblait apaisée lorsqu'une seconde affaire amena une rupture irréconciliable. Le corbeau avait l'habitude de se percher sur le dernier bâton de l'échelle dans le jardin. Cette échelle semblait lui appartenir ; elle ne servait à aucun usage, on l'eût dit appliquée contre le mur uniquement pour le corbeau; aussi, depuis dix ans d'exposition à l'air, à l'humidité, à la pluie, s'était-elle changée en bois pourri sur lequel un oiseau seul pouvait grimper avec sûreté.

L'architecte ayant avisé cette ruine, donna ordre à ses ouvriers de l'enlever; mais, du haut de l'échelle, le corbeau, comprenant que son observatoire était menacé de destruction, regardait les ouvriers avec inquiétude, penchait le bec en bas, et secouait ses ailes effarées et furieuses; quand il s'aperçut que ses colères étaient inutiles et qu'il aiguisait en vain son bec contre le bois sans effrayer ses ennemis, il poussa de tels cris que madame Compère accourut à son secours, croyant que les jours de l'oiseau étaient menacés.

— Je vois bien, dit-elle, qu'on cherche tous les moyens de me chasser d'ici, mais je n'ai besoin de personne... Vous pouvez dire à votre évêque, monsieur l'architecte, que je quitte l'hôtel dès aujourd'hui. Nous verrons comment il s'en tirera sans moi... Il ne trouvera pas de personne aussi honnête que moi, je vous le garantis... C'est une honte de chasser une pauvre femme après vingt-cinq ans de service, sous le prétexte qu'elle a quelque pitié pour des animaux du bon Dieu... Mais c'était entendu d'avance, votre évêque voulait faire maison nette; on commence par moi, d'autres suivront...

Madame Compère parla ainsi longtemps sur ce ton, quoi que lui dît l'architecte; mais, sans vouloir l'entendre, la femme de charge, blessée jusqu'au vif, déménagea dans la matinée le peu de meubles et de hardes qu'elle possédait, et vint dans la ville louer un taudis où elle installa les lapins et le corbeau. Sans que M. de Boisdhyver s'en doutât, le pépin du mécontentement était semé dans une terre fertile et allait donner en peu de temps un arbre touffu.

Madame Compère, par ses relations avec le nouvel évêque, fut d'abord recherchée des curieux, et ne manqua pas de déblatérer contre le prélat, qui arrivait avec un arsenal de réformes. Il y a toujours autour du personnel des églises un troupeau de dévots et de dévotes chez lesquels la religion n'a pu faire germer la mansuétude. Ces dévots se rattachent à tout ce qui touche au clergé; ils sourient au bedeau, connaissent le suisse, causent volontiers avec les gens attachés à l'église, sont friands de nouvelles de sacristie, ne jurent que par les prêtres. Depuis dix ans madame Compère leur donnait officieusement le bulletin de la santé du précédent évêque, et, pour se hausser dans l'opinion, se posait plutôt en gouvernante qu'en femme de charge. Aussi jouissait-elle d'une grande considération parmi les vieilles filles, qui enviaient sa position auprès de Monseigneur. Les bigotes prirent hautement le parti de madame Compère, qu'on plaignit comme une victime, et qui fut traitée en reine exilée ayant conservé toute sa puissance.

Les cadeaux et les offres plurent chez l'ancienne concierge en manière de protestations, comme les souscriptions politiques que font les adversaires d'un gouvernement, on proposa à madame Compère d'élever ses lapins, première cause de sa disgrâce. Vers six heures du soir, quand le groupe des mécontents était rassemblé, on tirait les animaux de leur niche, et, bien qu'une violente odeur de choux se répandît dans l'assemblée, chaque dévote embrassait les lapins, qui auraient préféré qu'on les laissât en paix; toutes les épithètes d'amour, telles qu'en ont les vieilles filles dans leur répertoire, furent accordées aux lapins, regardés comme des martyrs.

— N'est-ce pas une indignité! disait madame Compère en saisissant un de ces animaux par ses longues oreilles et en le balançant devant l'assemblée. Dire qu'on m'a forcée d'emmener une mère dans cet état!

Les dévotes se récriaient, et les accusations les plus noires retombaient ainsi sur la tête de M. de Boisdhyver. Quant au corbeau, perché sur une armoire, il planait sur l'assemblée des vieilles filles et paraissait regretter le beau temps où, du haut de son échelle chérie, il suivait les variations des nuages et de la température, les mille petits drames qui se passent dans un jardin entre les insectes et les fleurs.

Les vieilles filles donnèrent le ton à Bayeux sur le compte de M. de Boisdhyver, et quoiqu'elles fussent connues par leurs âpres mécontentements du présent, l'opinion publique ne laissa pas que d'en être influencée. On en conclut que le premier acte de l'évêque, en prenant possession de son hôtel, avait été de renvoyer inhumainement d'anciens serviteurs.

II

PHYSIQUE ET MORAL DE M. ORDINAIRE

Les commentaires allaient toujours leur train dans la ville

de Bayeux ; le nouvel évêque fournissait à autant de dissertations qu'un auteur latin dont les savants ont retrouvé une moitié de phrase. Il y avait près de quinze jours qu'il était arrivé, et sauf les visites à deux ou trois grands personnages de la ville, les gens du commun se mordaient les pouces de n'avoir pas seulement entrevu la queue de sa robe. Les réparations de l'ancien évêché marchaient avec une rapidité extraordinaire pour un pays où la construction d'un petit mur, abandonné à des maçons paresseux, dure quelquefois six mois. La façade de l'hôtel fut grattée et le manteau noir qui couvrait la pierre de taille disparut pour faire place à une couleur blanche qui fit disparate tout à coup avec les habitations voisines. Le chevet irrégulier du mur fut aplani, les giroflées sauvages arrachées, et à la place deux grands pots de fleur de faïence ancienne, qui contenaient des fleurs rouges, ornèrent la porte cochère. Jamais curieux ne furent plus alléchés, car ces simples embellissements du dehors annonçaient assez qu'on ne respectait pas davantage le vieil intérieur. On ne parlait rien moins que d'un palais, et les menuisiers et les divers ouvriers du pays confirmaient cette nouvelle en rapportant combien Monseigneur s'intéressait à ces travaux et les visites qu'il faisait fréquemment.

— Comment est-il ? Telle était la question qui se répétait dans la ville haute, plus spécialement habitée par les marchands et les petits rentiers. A force de contrôle, on vint à savoir que M. de Boisdhyver était un homme de quarante-deux ans, la figure pleine de bonté et les manières les plus affables du monde. Sa voix était douce quand il parlait aux ouvriers, heureux de s'entendre commander par lui, car de chacun de ses gestes ressortait une dignité particulière qui imposait et qui décelait un homme au-dessus du commun : telle se basa l'opinion publique, d'après les rapports des ouvriers. Un maçon fut blessé grièvement à l'épaule par une auge pleine de plâtre, tombée d'un échafaudage. M. de Boisdhyver, qui était sur les lieux, pansa lui-même le maçon et lui fit dresser un lit dans une des salles de l'évêché. Il ne manqua pas deux fois par jour de lui rendre visite, veilla à ce qu'un médecin vint fréquemment, et, pour désennuyer le malade, permit que sa femme vint s'installer près de lui. Ce beau trait, connu dans la ville, répété par la petite gazette locale, fit plus d'honneur à M. de Boisdhyver que le meilleur discours. Les embellissements de l'évêché ne furent critiqués désormais que par les gens qui font de tout événement public une pâture à la malignité.

Il n'y avait pas huit jours que l'évêque était au séminaire qu'il avait gagné, par sa bonté tous ceux qui l'approchaient : la douceur de son caractère paraissait dans ses yeux et chacune de ses paroles était employée à prêcher la tolérance. On en vint à comparer sa manière d'agir avec celle du grand vicaire qui remplaçait depuis longtemps le défunt évêque, et qui était un homme dur, irascible, quoique religieux ; mais, ainsi qu'il arrive souvent, l'entourage de l'ancien évêque s'était modelé sur son humeur, et l'asthme cruel qui l'enleva aux honneurs épiscopaux n'était pas de nature à le rendre tolérant. Aussi M. de Boisdhyver fut-il frappé de l'esprit particulier qui régnait chez les vicaires généraux, les chanoines et les membres honoraires de son siège. Presque tous âgés, ils étaient pleins de petites passions discordantes et animés d'une certaine défiance vis-à-vis de leur nouveau supérieur. Les passions sont partout les mêmes : chaque corps constitué représente à l'intérieur l'image en petit du monde, et l'Église n'est pas exempte des faiblesses humaines. La jalousie s'éveilla dans le cœur de ceux qui avaient des idées de grandeur et qui caressaient sourdement un siège épiscopal. On trouva M. de Boisdhyver trop jeune ; on discuta ses titres. Ces conversations se tenaient sous une allée de tilleuls, le lendemain de l'arrivée de l'évêque, entre le premier vicaire général, l'abbé Ordinaire, et deux chanoines de ses amis, l'abbé Commendeur et l'abbé Aubertin.

— Je ne sais vraiment, messieurs, disait l'abbé Ordinaire, par quels moyens M. de Boisdhyver a pu obtenir sa nomination. Il faut qu'il soit bien habile, malgré son jeune âge. — Il a quarante-six ans au plus, s'écria l'abbé Commendeur ; il est trop jeune. — Monseigneur n'a cependant pas l'air ambitieux, dit l'abbé Aubertin. — Détrompez-vous, monsieur Aubertin, répondit l'abbé Ordinaire, ces physionomies sont trompeuses ; croyez-vous qu'il ait été nommé à un grade si important sans l'avoir demandé ? Les temps ne sont plus où l'on allait au-devant des ecclésiastiques qui avaient rendu des services et qu'on récompensait par un avancement bien légitime.

Dans chaque parole de l'abbé Ordinaire perçait le dépit de rester depuis longtemps dans ses fonctions de vicaire général ; il en souffrait d'autant plus qu'il ne se sentait pas appuyé dans ses rêves par ses amis les chanoines ; ceux-ci partageaient volontiers son acrimonie, mais ne lui disaient pas de ces douces paroles qui auraient jeté quelque baume sur ses plaies. Le malheureux abbé Ordinaire attendait toujours la réponse : C'est vous qu'on aurait dû nommer à la place de M. de Boisdhyver, et cette parole ne venait pas. Il y avait encore entre le nouvel évêque et les prêtres de son chapitre cette distinction d'un prêtre parisien et de prêtres assoupis depuis longtemps par les pratiques provinciales. L'ennui, les mesquineries de la vie, le manque de relations, agissent autant et peut-être plus sur le clergé de province que sur un membre d'une corporation civile.

L'imprévu, ce charme de la vie, manque aux prêtres de province qui se retrouvent toujours en face, subissant les mêmes paroissiens, les mêmes dévotes, et sont atteints par leurs manies comme, dit-on, les médecins de fous finissent par partager les tourments des aliénés dont ils sont continuellement entourés. Le prêtre de village respire la tranquillité des champs, l'air de la liberté ; il échappe au contrôle perpétuel de ses supérieurs : plus il est loin de la ville, meilleure est sa situation. Placé entre le prêtre parisien et le curé de campagne, le prêtre de province est donc dans une situation moins heureuse, surtout quand il appartient à un épiscopat aussi peu important que celui de Bayeux. Sa vie se consume en bavardages, en petites curiosités, en manies innocentes qui le plus souvent éteignent un homme, l'assoupissent et le rendent incapable ; mais combien souffrent ceux qui, n'ayant pas été garrottés entièrement par la vie provinciale, conservent au dedans d'eux des ambitions brûlantes !

L'abbé Ordinaire était rongé par une de ces ambitions aiguës dont le caractère est de ne laisser aucun repos à ceux qui en sont atteints. Il avait la conscience de son insociabilité, de son caractère roide et anguleux qui faisait le vide autour de lui. Jamais une parole d'enthousiasme n'avait trouvé place sur sa langue ; au contraire, un dénigrement perpétuel le tenait en hostilité vis-à-vis de tous ceux qu'il fréquentait. Il saisissait merveilleusement chez les autres le défaut et le vice en toute chose, et il ne tenait pas compte des qualités qui pouvaient balancer ces défauts. La critique l'avait rendu bilieux, la bile l'avait rendu critique. Il était long, jaune, maigre et propre dans ses habits, car il avait pour principe de ne laisser aucune prise à la malignité dans son extérieur. Suivant lui, rien n'allait bien en ce bas monde ; il n'avait en tête que des idées de châtiment. Dieu, à l'entendre, était

Dieu vengeur, plein de colères; il admettait tout au plus le purgatoire et ne parlait jamais que de l'enfer.

Les enthousiastes de l'abbé Ordinaire en tant que prédicateur, étaient principalement les personnes âgées ou malades qu'il se rattachait en tonnant contre la jeunesse et les plaisirs du monde; mais la parole de l'abbé Ordinaire ne tenait pas de ces grands retentissements des orateurs chrétiens, qui, du haut de la chaire, pour frapper davantage l'esprit de leurs auditeurs, font rouler d'imposantes colères avec le fracas d'un tonnerre majestueux : ses discours étaient froids, étriqués et dédaigneux comme sa personne. Il savait dépeindre le vice, sans faire couler le remords dans les veines de ses auditeurs, et, sauf le troupeau dont il était l'organe, chacun sortait de l'église sans être touché profondément.

On pense quel antagonisme s'éleva entre M. de Boisdhyver et l'abbé Ordinaire, aussitôt que celui-ci eut aperçu son supérieur. Rompu par la vie parisienne à toutes les doctrines, ayant été admis dans les salons du faubourg Saint-Germain, où une politesse exquise sait envelopper le scepticisme, M. de Boisdhyver fut à même d'étudier les hommes des hautes classes, de les juger, et il ne s'en était pas tenu à ces seules observations. Par sa position intime auprès de l'archevêque de Paris, il put connaître toutes les couches sociales : les hommes d'épée et les hommes de finance, les plus grandes têtes de la noblesse et les plus humbles de la bourgeoisie. Il discuta quelquefois avec des philosophes, des artistes et des poètes, traversa l'incroyance sans en être touché, sortit de ces fréquentations en aimant l'humanité, la trouva meilleure qu'on ne la représente, et avec l'intime persuasion de rappeler un homme aux bons sentiments qui couvent en lui sous les passions de la société.

Aussi, plein de confiance dans l'humanité, certain de la guérison des hommes quand il se trouverait à même de les traiter, M. de Boisdhyver sortit de ces études, la physionomie calme et confiante; heureux de la mission qui lui était donnée, sa figure prit, à mesure de ses certitudes, une expression de bonheur et de contentement dont chacun était pénétré. L'abbé Ordinaire, chagrin et tourmenté, fut d'abord jaloux de l'expression de la personne de l'évêque, et sa veine critique s'enfla dès l'arrivée de M. de Boisdhyver.

Les deux seuls ecclésiastiques qui supportaient patiemment le caractère chagrin du grand vicaire étaient l'abbé Commendeur et l'abbé Aubertin, deux prêtres d'une médiocre intelligence. L'abbé Aubertin, doux comme un agneau, passait son temps à imaginer de pieuses silhouettes : sa majeure occupation consistait à découper, dans des feuilles de papier noir, des sujets de dévotion et de pieux portraits dont son imagination lui fournissait le sujet ; il avait ainsi créé un légendaire de saints, de pères de l'Église et de martyrs dotés de figures de fantaisie, toutes de profil. Sans son papier noir et ses ciseaux, il n'existait plus, ou il regardait les nuages, cherchant sans doute dans leurs formes constamment variées de nouveaux profils. Quelquefois il se hasardait dans des sujets plus compliqués et s'ingéniait à mettre en action de petits drames bibliques ; mais c'étaient des opérations qui lui prenaient des mois entiers et qu'il accomplissait avec une patience sans bornes.

Quand M. de Boisdhyver prit possession du siège épiscopal, l'abbé Aubertin était perdu dans la composition du Déluge et de l'Arche de Noé ; il ne rêvait rien moins que de représenter en découpures, l'eau, les montagnes, l'arche, Noé, sa femme, et tous les animaux de la création. Cette immense entreprise l'absorbait complètement, car le moindre animal lui coûtait deux ou trois jours de travail, et quand il avait achevé un lion de profil, ou un pigeon de profil, ou un crocodile de profil (ses moyens de représentation se bornant au profil), il l'annonçait avec un air de joie telle qu'il excitait l'enthousiasme chez les chanoines.

Cette innocente occupation ne l'empêchait pas de s'intéresser aux nombreuses maladies du chanoine Commendeur, qui, atteint de légers dérangements dans les viscères abdominaux, essayait de combattre la marche de ses indispositions à l'aide d'un thermomètre. La nuit, le jour, le matin, l'abbé Commendeur consultait son thermomètre qui lui servait à constater les variations de l'atmosphère. Au petit jour, en s'éveillant, il fourrait le thermomètre sous les draps pour peser la chaleur du lit ; ou, se couchant dans un lit bassiné, il attendait que le thermomètre représentât la somme de calorique qu'il jugeait propre à lui rendre la santé. A table, il ne manquait jamais de tremper son petit thermomètre dans le potage ; puis il l'essuyait avec soin et le reportait dans son vin, dans la carafe qui lui était destinée ; il craignait les aliments trop chauds, les boissons trop froides, et son but irréalisable était d'arriver à des caloriques atténués qu'il n'eût pu guère obtenir que dans une serre. A part ses observations hygiéniques trop régulières, l'abbé Commendeur, de même que l'abbé Aubertin, était une nature excellente, faible et se pliant par timidité au caractère aigri du vicaire général. Tous deux d'ailleurs habitués à sa compagnie qui servait leur manie. Pendant que l'abbé Ordinaire se livrait au dénigrement de son entourage, ses compagnons en profitaient pour rêver chacun de son côté, l'un à ses silhouettes, l'autre à son thermomètre.

— Notre vie paisible va être troublée, messieurs, croyez-le, disait l'abbé Ordinaire, qui croyait fermement que les chanoines l'écoutaient. Qu'est-ce que ce remue-ménage qui se prépare à l'évêché? Dans quel but, je vous le demande? L'hôtel épiscopal n'était-il pas convenable depuis que tant de générations d'évêques l'ont habité? Nous y trouvions-nous mal, dites, monsieur Aubertin? — Plaît-il? demanda le chanoine, qui rêvait en ce moment à l'animal qu'il découperait le lendemain — Étiez-vous mal à l'évêché, monsieur? — Je m'y trouvais très bien. — Vous êtes donc de mon avis? — Pardonnez-moi, monsieur Ordinaire, je n'ai pas suivi votre raisonnement. — Je vous demande si cela ne vous a pas blessé tout à coup d'être obligé de quitter votre appartement? — Bien certainement, je craignais pour mes cadres, mes tableaux, qu'il m'a fallu ficeler, envelopper avec soin, et comme je n'ai pas voulu les déballer au séminaire, pour ne pas avoir la peine de les transporter de nouveau, cela me prive. — C'est à M. de Boisdhyver que vous devez cette privation, ne vous en prenez qu'à lui.. Ce jeune ecclésiastique arrive de Paris avec un nouveau genre... Ah! ce n'était pas lui qu'il nous fallait! C'était un prêtre mieux au fait des habitudes de l'évêché de Bayeux, qui n'aurait rien changé à nos habitudes, à notre genre de vie... Car enfin nous ne sommes pas un régiment. Dites, monsieur Commendeur, nous regardez-vous comme un régiment? — Un régiment! s'écria M. Commendeur, quel régiment? — Un régiment de soldats, sans doute; ne nous fait-on pas changer de garnison inutilement, parce qu'il plaît à M. de Boisdhyver d'arriver avec le genre parisien. — Oui, oui, oui, j'y suis, dit M. Commendeur. — Dieu sait ce qui nous attend, s'écria M. Ordinaire, pour moi j'en souffre d'avance et je frémis de toutes ces innovations... Enfin, messieurs, vous n'avez pas l'air de prendre garde aux événements qui se préparent, vous avez tort, car vous serez atteints un jour ou l'autre comme je l'ai déjà été... Par mes fonctions, par mon grade, je dois connaître tout ce qui se passe à l'évêché, épargner à Monseigneur les audiences inutiles, fatigantes et dangereuses; ma mission est pénible, mais je l'ai toujours remplie avec zèle. Notre pauvre et cher défunt, qui nous entend à cette heure du haut du ciel, m'avait laissé tout le poids de ses affaires, et pendant sa maladie je peux dire que j'ai eu toutes les charges d'un évêché sans en recueillir la gloire ni les bénéfices. Je vous en prendrai un jour à témoin, messieurs! Eh b'en, je dois dire le grand mot... (monsieur Aubertin, revenez sur la terre, s'il vous plaît?) M. de Boisdhyver n'a pas confiance en nous; il manque complètement de confiance dans le clergé qui l'entoure. — Vraiment! s'écria M. Commendeur. — Point de confiance! — Oh! dit M. Aubertin. — Je ne sais qui a pu lui donner de la prévention contre ses vicaires généraux, contre ses chanoines, mais il ne leur témoigne pas de confiance. Un seul fait suffira... Il s'est déjà présenté, il y a quelques jours, des personnes qui demandaient à parler à Monseigneur; le concierge leur dit qu'il faut s'adresser à moi, et il m'en prévient; j'en parle à M. de Boisdhyver, il me répond : « Qu'on donne des ordres, je les recevrai quand elles se présenteront... » — Pour moi, je vais reprendre mon logement chez ces dames Loche, ces bonnes dames si pieuses, que nous avons toujours trouvées pleines de zèle pour tout ce qui touche à l'Église... Monsieur Aubertin, je vous demanderai même quelques silhouettes pour ces dames Loche... — Monsieur Ordinaire, en auront-elles soin? — Certainement, ces dames seront aux anges d'avoir une image sortie des mains d'un prêtre. — C'est que, dit le chanoine, il y a des personnes qui ont envie d'un objet par caprice; on le leur donne, et puis elles le jettent de côté. — Ces dames Loche... — Oui, dit M. Aubertin, mais les silhouettes me donnent un mal!...

Le chanoine Aubertin avait une seconde manie accrochée à la première, celle de garder pour lui ses silhouettes, de les empiler, d'en faire de gros albums et de les encadrer. Il était heureux de l'admiration que ses figures de sainteté inspiraient, mais il s'en séparait difficilement : le fond de son caractère n'était pas la prodigalité. On pouvait retrouver en lui cet enthousiasme de création qu'ont eu, dit-on, de grands artistes, et qui les poussa à garder pour eux des œuvres dont on leur offrait des sommes considérables. Peut-être le chanoine Aubertin eût-il troqué volontiers quelques-unes de ses silhouettes contre des valeurs plus positives; mais l'idée d'en tirer parti ne s'était pas encore offerte à son esprit, et il défendait seulement ses découpures contre les enthousiastes

trop ardents qui désiraient en enrichir leurs livres de messe.
— Ainsi, vous me refusez, monsieur Aubertin? dit le grand vicaire. — Mais non, dit le chanoine d'un ton qui voulait dire : mais oui. — Les dames Loche eussent été bien reconnaissantes, je vous assure. — Nous verrons, dit M. Aubertin. — Puis-je y compter? — Quand j'aurai terminé mon classement, dit M. Aubertin. — Il vaudrait mieux dire tout de suite que vous ne voulez pas... — Ah! monsieur Ordinaire, je ne vous refuse pas.

L'abbé Aubertin ayant jeté par hasard les regards sur la figure du vicaire général, s'aperçut alors de la mauvaise impression qu'avait produite son refus, et il chercha à se rappeler s'il n'avait pas dans sa collection quelques doubles de silhouettes mal réussies, qu'il serrait prudemment.

— Monsieur Ordinaire, dit-il, aussitôt que j'aurai mis la dernière main à l'Arche de Noé, je m'occuperai de vous chercher quelque chose pour les dames Loche.

Par-dessus tout, l'abbé Aubertin visait à la tranquillité et il craignait de mécontenter son supérieur; mais le vicaire général, blessé de n'avoir pas vu sa demande exaucée sur-le-champ, ne répondait plus.

— Mon Dieu! l'aurais-je froissé? pensa l'abbé Aubertin. Et il reprit : Monsieur Ordinaire, j'y pense, j'ai votre affaire, oui, une jolie sainte pour chacune de ces dames Loche...

Le vicaire général continuait toujours à ne pas répondre; sa figure, tirée comme un arc prêt à envoyer un trait, ne se détendait pas.

— Si je savais les petits noms de ces dames Loche, dit l'abbé Aubertin, je pourrais même chercher ce soir... Ne croyez-vous pas, monsieur Ordinaire, que ces dames seraient plus heureuses d'avoir leurs patronnes! — Comme il vous plaira, dit le vicaire général d'un ton âpre.

Ce n'étaient pas de douces paroles, mais c'étaient des paroles, et l'abbé Aubertin crut entendre le chant le plus harmonieux sortir de la bouche de l'abbé Ordinaire, quand celui-ci consentit à rompre son silence terrible. Le timide chanoine, effrayé de la sombre taciturnité de son supérieur, osait à peine regarder ses lèvres pincées, son teint bilieux, ses sourcils qui se rapprochaient, son front qui se plissait en lignes verticales à la racine du nez, tous signes d'une tempête intérieure violente, et il se demandait : — A quoi pense le vicaire général en ce moment? Ai-je été assez maladroit de lui refuser des silhouettes! Le vicaire général ne manque jamais l'occasion de se venger : je suis perdu! Aussi l'abbé Aubertin, s'il ne s'était retenu, eût-il sauté au cou de son supérieur quand il entendit ses premières paroles se poser en arc-en-ciel sur les orages noirs qui couvaient en lui.

— Vous comprenez bien, mon cher monsieur Ordinaire, dit-il, que je ne pouvais offrir à ces dames Loche des saintes qui ne leur eussent été d'aucune utilité; au lieu qu'en connaissant leurs petits noms, à supposer que je n'aie pas encore ces saintes silhouettes, je les ferai exprès pour vous, car s'il me fallait en donner à toutes mes paroissiennes, je n'en finirais plus. — Mademoiselle Loche l'aînée s'appelle Eudoxie, dit l'abbé Ordinaire. — Je n'ai pas encore fait d'Eudoxie, dit le chanoine. — La seconde se nomme Irénée. — J'ai une Irénée, s'écria M. Aubertin, quel bonheur! Sainte Irénée, s'écria-t-il je ne pourrais l'oublier... Elle est même très jolie... Vous allez l'avoir tout de suite; je vais la chercher.

Et l'abbé prit sa course à travers le jardin, quoique le vicaire général lui criât :

— Monsieur Aubertin, attendez, monsieur Aubertin!...

Le vicaire général resta seul sous les tilleuls avec l'abbé Commendeur, qui ne disait rien, car il s'étudiait en dedans, et son attention profonde était tournée vers ses intestins dont il se faisait les idées les plus bizarres, n'ayant pas la moindre teinte d'anatomie.

— Quel singulier homme que cet abbé Aubertin! dit le vicaire général à M. Commendeur.

Il eut un moment de silence.

— Monsieur Commendeur, dit le vicaire général, comment vous trouvez-vous ce soir?

C'était lâcher une écluse, réveiller un homme endormi, rendre la parole à un muet.

— J'ai mon dîner là, dit le chanoine en se touchant le creux de l'estomac; je le sens, il ne passera guère avant trois heures... Ah! monsieur Ordinaire, Dieu vous garde des épreuves par lesquelles mon corps me fait passer... Tenez, prenez ma main, je vous prie... Comment la trouvez-vous? Brûlante, n'est-ce pas, toujours brûlante après le repas; il y a de cela six ans... Auparavant elle n'était jamais brûlante; mais vous avez la main bien froide, monsieur Ordinaire. Est-ce que le temps se rafraîchit? Certainement, il est rafraîchi... Je vais rentrer, rien n'est plus dangereux que de se soumettre à l'action des brouillards du soir... Vous ne rentrez pas? — Mais non, le temps n'est pas rafraîchi, pas plus que

2

votre main n'est brûlante, monsieur Commendeur; ce sont des idées que vous vous mettez en tête; vous n'êtes pas plus malade que moi. — Pardon, monsieur Ordinaire; en sortant de table, le thermomètre marquait vingt et un et un dixième; il est maintenant à vingt et un juste : la fraîcheur du soir nous a enlevé un dixième. C'est beaucoup qu'un dixième de moins, beaucoup pour la santé; et vous ne portez pas de calotte sous ces arbres. Quelle imprudence! Je sens le froid plomber sur ma tête malgré la calotte. Monsieur Ordinaire, je vous en supplie, dans l'intérêt de votre santé, ne vous promenez plus après dîner sans votre calotte. Quant à moi, je rentre, si vous me le permettez.

L'abbé Aubertin reparut au moment où M. Commendeur prenait congé du vicaire général.

— Voilà sainte Irénée, s'écria-t-il d'un air empressé, car il espérait que sa promptitude à satisfaire son supérieur dissiperait tout à fait les traces du mécontentement qui avait germé dans l'esprit de M. Ordinaire. — Très bien, dit le vicaire général, très bien. Mademoiselle Loche la cadette sera satisfaite; mais je ne peux faire plaisir à la cadette seulement : non pas que mademoiselle Loche l'aînée soit jalouse en rien, pauvre demoiselle, elle est si bonne. Cependant il serait plus convenable d'offrir les deux silhouettes en même temps. — Bon, dit l'abbé Aubertin, vous voudriez également sainte Eudoxie, et je ne l'ai pas... Eh bien, monsieur Ordinaire, pour vous, pour vous seul, mais ne le confiez à personne, je vous prie (et il se penche à son oreille), j'abandonnerai quelques jours l'Arche de Noé afin de me mettre tout entier à sainte Eudoxie...Si on le savait, continua-t-il en baissant la voix, comme s'il se fût agi du plus grand mystère, si on se doutait que j'arrête ce grand travail, alors les demandes pleuvraient. — Personne n'en saura rien, cher monsieur Aubertin, je vous le garantis. — Je n'en donne à quiconque, dit M. Aubertin; vous êtes le premier, monsieur Ordinaire. — Je me regarde comme votre débiteur, monsieur Aubertin. — Pas du tout, c'est un plaisir pour moi de vous rendre ce petit service. — Ces demoiselles Loche vous en sauront beaucoup de gré... Elles reçoivent, vous savez, et je ne dis pas que je ne vous ferai pas inviter chez elles. — Oh! monsieur Ordinaire, une telle faveur... Je ne veux pas être en reste avec vous.

Là-dessus les deux prêtres se séparèrent, le vicaire général se promettant une joie de la surprise qu'il réservait aux demoiselles Loche, et l'abbé Aubertin se frottant les mains d'avoir su faire comprendre le prix qu'il attachait à ses silhouettes en se faisant autant prier.

III

LE PETIT ÉVÊQUE

Pendant la durée des travaux de restauration de l'évêché, M. de Boisdhyver avait employé son temps à connaître à fond l'esprit du diocèse qu'il était appelé à diriger; naturellement, il commença par la ville de Bayeux. Il ne se passait pas de jour qu'il ne rendît visite aux autorités locales, non pas de ces visites strictement polies, où la conversation roule dans un cercle d'aménités banales; au contraire, l'évêque étudiait à fond les ressources du département, entrait dans les plus petits détails de statistique, de municipalité, car il avait en tête une de ces belles utopies, l'extinction de la pauvreté, qui ont tracassé plus d'un esprit généreux, et dont la solution est toujours si difficile. Après avoir visité les hôpitaux, les prisons, les écoles de toutes sortes, l'évêque prit des renseignements auprès du maire, des conseillers municipaux, des médecins, des prêtres, des magistrats, des sœurs de charité; et quoiqu'il eût amassé un nombre considérable de documents que son secrétaire écrivait le soir sous sa dictée, il crut n'avoir rien fait, tant qu'il n'aurait pas visité la ville et ses faubourgs dans ses plus grands détails. Sans mettre en doute la portée des institutions municipales, M. de Boisdhyver savait, pour l'avoir étudié à Paris, combien la pauvreté honteuse est difficile à trouver et à secourir. Ce qu'aucun prêtre n'avait fait avant lui, il l'essaya; son but était de visiter les maisons une à une, indistinctement, de causer avec tous les habitants, de ne s'inquiéter ni de la richesse ni de la pauvreté, d'étudier toutes les classes, de s'entretenir avec l'ouvrier comme avec le marchand, avec le marchand comme avec le rentier, avec le rentier comme avec le noble. En même temps c'était rendre visite à chacun de ses paroissiens; mais avant tout il fallait un secrétaire intelligent, et M. de Boisdhyver crut l'avoir découvert dans un jeune professeur du séminaire qui venait de recevoir le sous-diaconat, et qui était d'une physionomie charmante, ne sentant en rien le séminaire. Cyprien, avec son menton à fossettes, se détachant sur le rabat blanc, avait l'air d'un de ces petits amours galants que les peintres du dix-huitième siècle ont affublés de soutanes, et qu'ils plaçaient au-dessus des portes, accroupis sous une charmille, aux pieds d'une comtesse fardée, ou faisant la lecture pendant la toilette d'une marquise mouchetée.

Cependant Cyprien, quoique dans tout l'épanouissement de la jeunesse et de la beauté, n'appartenait pas à ce groupe de séduisants amours un peu provocants, hardis, et trop portés aux sourires galants. Cyprien était timide, n'ayant jamais vécu dans le monde. Le duvet de l'innocence couvrait ses joues et tempérait la vivacité de ses fraîches couleurs. Ses yeux purs étaient animés par une vivacité propre aux jeunes filles de quinze ans. Aucune passion n'avait troublé la figure de Cyprien, aucun désir n'avait agité son cœur. Ses manières et ses gestes formaient la transition qui mène de l'adolescence à la jeunesse.

Cyprien fut chargé d'un travail immense, qui était d'accompagner l'évêque dans toutes ses visites, d'écouter attentivement la conversation, de prendre note des moindres paroles ayant trait aux recherches de M. de Boisdhyver. Ce curieux dossier manuscrit qui, depuis, fut légué à la bibliothèque de Bayeux, montre quels enseignements les hommes haut placés pourraient recueillir dans leur vie, s'ils voulaient s'instruire au contact des petits et des malheureux. M. de Boisdhyver fut un sublime *visiteur* : la grandeur de sa mission, qui le rendait rayonnant, sa belle physionomie, sa haute intelligence se pliant à tout et ne reculant devant aucun des détails qui eussent pu paraître de peu d'importance à d'autres, ses manières affectueuses, lui gagnaient les cœurs les plus durs dès qu'il avait franchi le seuil d'une porte. Les ouvriers et les gens du peuple se seraient jetés à genoux devant lui, émus de l'honneur que leur faisait l'évêque, tant ils le trouvaient simple dans ses conversations et dans ses manières.

M. de Boisdhyver ne perdit pas de temps en discours dans les ateliers d'ouvriers : ces moyens, qui produisent un effet momentané, restent souvent sans résultat. Qu'apprendre d'une troupe d'hommes qui vous entourent, vous pressent et ont chacun des intérêts si divers? L'évêque tenait à voir les hommes un à un ; en même temps qu'il s'instruisait, avec une intelligence assez souple pour se rendre compte d'industries qu'il ne connaissait pas, il avait l'art de se les faire expliquer en peu de paroles et d'en saisir immédiatement les côtés défectueux en matière de salaires. Aussi, chaque ouvrier le croyait-il très fort *dans sa partie* ; car, après un apprentissage d'une huitaine, ayant saisi le dictionnaire propre aux professions les plus diverses, M. de Boisdhyver put causer avec chaque membre de corps d'états opposés, sans faire une faute de technologie.

Dès le premier jour de ce voyage charitable, la curiosité publique s'empara du nom de l'évêque et grossit le nombre des visites qu'il avait pu rendre. Les femmes que l'évêque trouva seules en parlèrent à leurs maris, les ouvriers le dirent à leurs patrons, les marchands arrêtèrent les bourgeois dans les rues, et dans le principe, l'étonnement précéda l'admiration. Tout était matière à surprise dans un événement qui grossit de jour en jour, à mesure que les tournées de M. de Boisdhyver prenaient de l'étendue. Chacun les commentait à sa manière ; il n'y manqua pas même l'esprit d'hostilité et de dénigrement qui tient la moitié de la place dans la série des passions de petite ville. Chaque quartier étant constitué presque à l'ancienne mode les pauvres demeuraient à peu près dans les mêmes rues. Si les corporations d'ouvriers, telles, par exemple, que la rue Massacre, habitée toujours par des bouchers, avaient fini par se mélanger et se disperser dans la cité, il n'en restait pas moins certaines rues exclusivement occupées par des ouvriers ; d'autres par des ateliers ; celle-ci par des marchands, celle-là par de petits bourgeois, d'autres par la noblesse.

M. de Boisdhyver, en descendant au plus bas degré de l'échelle sociale, inspira quelque jalousie à la bourgeoisie qui, craignant de n'être pas visitée, se sentit blessée et manifesta son dépit trop vite.

Le nouvel évêque, pour avoir rompu à la tradition, fut déclaré *révolutionnaire*, épithète qui prenait sa source dans la terreur qu'a laissée la Révolution en province, et dans les souvenirs du curé Siblequin, natif de Bayeux ; cet homme remarquable, qui eut le tort de se marier en 1793, et dont l'union n'eut pas d'heureuses suites, se sépara de sa femme comme il s'était séparé de l'Église. Les habitants de Bayeux voulurent voir un châtiment providentiel dans cette union mal assortie, qui donnait trop raison aux idées provinciales. M. Siblequin avait assisté, dans la Révolution, aux clubs de Bayeux, et se frottait conséquemment aux hommes du peuple. On trouva quelque analogie entre les fréquentations et les visites de M. de Boisdhyver qui allait aux derniers avant d'aller aux premiers; cependant ces petites criailleries tombèrent dès qu'on sut que l'évêque était entré chez les marchands qui occupent une rue située au milieu du quartier plus particulièrement habité par les ouvriers, et l'opinion publique fut que M. de Boisdhyver commençait sa tournée rue par rue, et que, s'il avait commis la faute d'aller d'abord visiter les pauvres, les riches ne seraient pas oubliés.

Ces visites produisirent chez Cyprien un excellent effet, en ce sens qu'elles germèrent sur un terrain neuf et pur; quoique le zèle du jeune sous-diacre ne se ralentît pas, M. de Boisdhyver savait le stimuler en lui faisant d'ingénieux cadeaux conformes à sa manière de vivre. Cyprien était sorti d'une famille pauvre qui ne pouvait lui fournir rien en dehors de son modeste traitement. Dès les premiers jours, M. de Boisdhyver le comprit en remarquant le soin avec lequel étaient tenus les vêtements du jeune prêtre, qui indiquaient des économies un peu forcées. L'évêque de Bayeux était de ces hommes qui, voulant fermement le bien de tous, loin d'oublier ceux qui les entourent, savent provoquer les confidences, sans que celui qui raconte sa pauvreté en soit blessé; le travail qu'accomplissait Cyprien fut le signal de dons délicats que l'homme le plus fier n'eût pu refuser. L'évêque voulut être accompagné par un secrétaire, sinon élégant, du moins à la hauteur de sa mission, et le tailleur reçut l'ordre de tailler au jeune prêtre une soutane dans le drap le plus fin. Chaque dossier de douze pages était payé un louis à Cyprien, et l'évêque trouvait le moyen de faire allonger les dossiers par son secrétaire pour augmenter ses émoluments.

Après les huit premiers jours de visite, M. de Boisdhyver remit à Cyprien une jolie bourse remplie de pièces d'or.

— Il faut, lui dit-il, que le prêtre puisse à tout moment faire une aumône. Voici, mon cher ami, de petites pièces qu'il est facile de glisser dans la main des pauvres, sans être exposé à trop de remercîments. Ils peuvent croire que vous leur avez seulement donné une menue pièce d'argent, et leur joie n'en est que plus grande quand vous êtes parti.

Cyprien se montra le digne secrétaire d'un tel homme modeste, se tenant à l'écart, regardant avec soin l'intérieur de chaque ménage, épiant la misère cachée dans une mansarde. Chacun était frappé de son mérite et de sa jeunesse. Aux yeux des bonnes gens, il était l'ange accompagnant le Messie, qui leur apportait de bonnes paroles et les relevait de leur affliction. Le peuple en France a un instinct subtil pour comprendre le rôle mystérieux d'un homme dont il ne connaît pas la vie.

Cyprien fut surnommé le *petit évêque*, et le surnom lui resta. On ne pouvait parler de M. de Boisdhyver sans parler du petit évêque : c'étaient alors, suivant la qualité des gens qui s'en occupaient, des propos merveilleux sur la charité de l'évêque et la beauté de son secrétaire. Les vieilles femmes parlaient de Cyprien comme de l'enfant Jésus ; il était le sujet d'admirations sans bornes, et sa réputation s'accrut d'autant quand il fut chargé de distribuer les bonnes œuvres de M. de Boisdhyver.

La série des visites de l'évêque dura longtemps ; c'était une rude fatigue que d'aller, en recenseur charitable, parcourir chaque quartier, visiter chaque ménage, chaque étage. M. de Boisdhyver se reposait deux fois par semaine, Cyprien une fois seulement. Il avait un jour occupé de plus ; car, après avoir pris note des véritables misères qu'il ne manquait pas de secourir, il y retournait le jour où son supérieur vaquait à d'autres occupations, et portait les secours dont pouvait disposer l'évêque. La charité n'est rien si elle n'est accompagnée de délicatesses qui font que l'homme qui reçoit se trouve à la hauteur de celui qui donne. C'était là surtout le fort de M. de Boisdhyver, qui ne demandait rien en échange de ses aumônes. Il arrive trop souvent que les sociétés de secours religieux créent l'hypocrisie chez le pauvre, qui, pour appeler l'intérêt, joue la comédie d'une profonde religion. Alors, il se *montre* à l'église. Afin d'être remarqué de ses protecteurs, il fait étalage de sentiments pieux : entend-il le pas de quelqu'un dans l'escalier, il saute sur son chapelet et l'égrène avec des marques d'enthousiasme affecté. C'est ainsi que la charité s'arrête à l'extérieur, sans chercher à voir si un masque n'est pas attaché avec des ficelles sur la figure des mendiants. L'évêque jugeait les hommes ce qu'ils sont ; craignant de développer cette hypocrisie religieuse qui lui était plus amère que l'incrédulité, il évitait dans ses visites de parler de religion, se contentant d'essayer de ramener par une douce persuasion les âmes égarées. L'homme pieux, par le seul fait qu'il distribue des secours aux pauvres, par sa simple présence dans un galetas, montre que le feu qui l'anime n'est pas inspiré par des sentiments ordinaires. L'acte qu'il accomplit vaut mieux que des paroles : les pauvres gens raisonnent la conduite de leur bienfaiteur après son départ, se demandent quel est le motif qui le fait agir, et, ne trouvant pas dans les intérêts égoïstes de la société de mobile assez puissant pour le pousser à un tel acte, se rendent compte de sa visite mieux que si l'homme de charité leur avait développé un catéchisme banal. En outre, l'évêque donna quelques conseils à Cyprien :

— Soyez toujours humble auprès du malheureux, mon cher enfant, lui-dit-il. Prenez garde, en entrant dans un logement infect, de laisser paraître la moindre répugnance sur votre figure. Dites doucement au malade : « Mon ami, pourquoi n'ouvrez-vous pas votre fenêtre ? l'air est si bon, le soleil si pur ; je suis sûr qu'un rayon dans cette chambre vous ferait grand bien. » En parlant ainsi, ouvrez la fenêtre ; vous aurez évité de froisser le pauvre. Asseyez-vous à son chevet ; faites-lui raconter sa maladie ; ne manifestez pas d'impatience si le récit est long, car bien souvent vous aurez à écouter toute la vie du malade, qui aime à dire ses nombreux malheurs. C'est une consolation pour lui ; il semble qu'il en soit déchargé d'autant. Si vous avez affaire à un homme triste, prenez l'air gai, cherchez à l'intéresser par des paroles qui amènent un sourire, le malade, en vous entendant, sera ranimé et se dira que si vous lui parlez de la sorte, c'est que son état n'est pas si désespéré qu'il le croyait. Quand la chambre sera en désordre, sale et pleine de poussière, tout en écoutant celui qui vous parle, rangez petit à petit la pièce où vous vous trouvez ; ne laissez jamais en vue du malade ces bouteilles de médecine, ces pots de pharmacie qui rappellent trop vivement à l'esprit de celui qui souffre par quelles souffrances il a passé ; en peu de temps, vous pouvez mettre de l'ordre dans la chambre le plus en désordre. Avec un peu d'air, si le soleil vient à se montrer, vous aurez produit plus d'effet sur le malade que le plus célèbre médecin : ce sera pour lui une métamorphose, et la propreté à laquelle il n'est pas accoutumé donnera à sa chambre un aspect plus riant. »

C'est par de tels conseils que l'évêque rendit à Cyprien sa tâche douce et facile ; il avait eu la main heureuse en choisissant un tel secrétaire. Cyrien déploya tout le zèle et toute l'activité d'un jeune homme. Sa bonne nature, qui aurait pu s'endormir au séminaire, se développa à la parole de M. de

Boisdhyver, et le titre de petit évêque se répandit tellement dans la ville et les faubourgs, qu'il arriva aux oreilles des chanoines hostiles à l'évêque, qui l'employèrent dérisoirement vis-à-vis de son protégé.

Le vicaire général, M. Ordinaire, était particulièrement outré de la faveur dont jouissait Cyprien. Par quelques paroles sorties de la bouche du supérieur du séminaire, M. Trévoux, on pressentait que le nouvel évêque allait se choisir un entourage jeune; on ne parlait que de la création de chanoines honoraires sur la présentation de M. Trévoux, et ce simple fait prit les proportions d'une révolution.

L'évêque défunt, peu préoccupé des pompes du culte, se laissait gouverner par ses vicaires généraux qui, certains de leur autorité sur les chanoines, se gardaient d'en augmenter le nombre en nommant à des dignités plus positives. M. Ordinaire, jaloux d'imposer sa violente personnalité, se sentait plus sûr de mener un petit groupe d'hommes, et faisait tous ses efforts pour barrer le chemin des honneurs ecclésiastiques à de nouveaux prêtres auxquels il n'était pas certain d'imposer sa volonté. Aussi, se voyant détrôné tout à coup de la puissance qui flattait son orgueil, le vicaire général fut-il plus particulièrement jaloux du poste de confiance qu'occupait Cyprien. En faisant plier violemment son amour-propre, M. Ordinaire se fût résigné à n'occuper que la seconde place et à devenir l'instrument de M. de Boisdhyver; mais la faveur à laquelle Cyprien fut appelé lui montra qu'il était destiné seulement à remplir les fonctions officielles de vicaire général, et non les offices intimes. Toute sa rancune se tourna vers le petit évêque, qui, dès lors, fut en butte à ses commentaires dans l'intérieur du séminaire; mais Cyprien, accomplissant sa belle mission, ne pensait pas qu'on pût s'occuper de lui.

Il avait découvert une famille d'une excessive pauvreté, composée d'un vieillard infirme, de sa femme presque aveugle; tous les malheurs semblaient s'être donné rendez-vous dans ce grenier. Le vieillard, un ancien militaire qui avait fait les campagnes de l'Empire, à défaut de titres et de protections sous la Restauration, ne put recueillir le fruit de ses anciens services : enrôlé volontaire, ses états de service ne comportaient pas le temps qu'on demande aux aspirants aux Invalides; c'était un homme fier, qui eût préféré mourir de faim plutôt que de faire connaître sa position. On l'appelait le père Garnier. Sa femme tenait de lui par le caractère; jamais elle ne se plaignait, quoiqu'elle fût à plaindre. De jour en jour, sa vue baissait avec la lente régularité que met la nuit à remplacer la lumière ; mais cette lenteur qui avait mis six mois à atrophier complètement l'œil droit de la Garnier, lui paraissait plus rapide que l'éclair. Tous les jours, la pauvre femme sentait le progrès du mal ; elle voyait, pour ainsi dire, un rideau épais tiré de plus en plus sur son œil affaibli. Un mouvement de plus, les rideaux se joignaient et formaient une nuit obscure. Elle ne se plaignait pas plus que son mari ; elle attendait son sort avec résignation, assise dans un vieux fauteuil de paille qui était le meuble le plus riche du logement. L'évêque fut frappé de cette misère si digne et recommanda cette famille à son secrétaire.

— Je crois les Garnier plus malheureux que d'autres, dit M. de Boisdhyver, parce qu'ils déguisent leur pauvreté sous une excessive propreté. Prenez garde, mon cher Cyprien, de vous laisser entraîner à une trop grande pitié par le désordre, par un appartement mis à l'envers ; non pas que je croie que cela ait été arrangé à dessein, Dieu me garde de pareils soupçons ! Mais la misère honnête et décente se trouve particulièrement chez les natures fières qui se sentent au-dessous de la position où elles devaient être, et qui ne l'avouent que forcées par les plus grands besoins. N'attendez jamais, mon cher Cyprien, ce cri de la faim qui ne sort de la bouche qu'après mille combats intérieurs plus cruels que la misère elle-même, et là où vous croirez ne rien remarquer d'abord, redoublez d'attention.

L'évêque avait joint sa pratique à sa théorie dans ces sortes de missions ; il lui était arrivé quelquefois, dans ses visites avec son secrétaire, de ne rien dire, d'ouvrir la porte d'un malheureux, de jeter un coup d'œil dans la chambre et d'en sortir en promettant d'y revenir le lendemain. C'était pour faire l'éducation de Cyprien.

— Que pensez-vous de cet intérieur ? demandait M. de Boisdhyver en sortant.

Cyprien rendait compte de ses observations qui consistaient à saisir d'un coup d'œil l'aspect du logement, la physionomie des hôtes, et de là arriver à la conclusion : si la paresse n'avait pas rendu misérables ceux qu'il venait de visiter, ou si la misère ne les avait pas rendus paresseux. L'évêque était inflexible pour les paresseux ; il les secourait au début, tâchait de leur rendre courage et de secouer l'apathie qui leur garrottait les membres ; mais il avait surtout recommandé à Cyprien de ne pas encourager par des dons fréquents la misère, qui devient trop souvent une profession.

Ce fut justement au sortir d'une première visite chez les Garnier que M. de Boisdhyver reconnut l'intelligence de son secrétaire et l'utilité qu'il trouverait à l'employer dans ces sortes de missions ; sans avoir parlé aux Garnier, Cyprien peignit si vivement leur situation d'après des observations faites à la volée, que l'évêque ressentit un grand mouvement de joie d'avoir rencontré un tel auxiliaire.

On jugera de la difficulté de sa mission quand il s'agissait de présenter les pauvres les plus méritants, car les ressources de l'évêque n'étaient pas inépuisables, et Cyprien devait être le modérateur équitable des aumônes de M. de Boisdhyver, qui trop souvent se laissait aller à un premier mouvement et versait sa bourse, pour s'en repentir le lendemain, si d'autres souffrances frappaient à sa porte et lui paraissaient plus dignes que les premières. L'évêque avait besoin d'un homme prudent qui veillât sur sa bourse ; mais il ne voulait pas confier cette mission à un personnage défiant, expérimenté, trop âgé, qui ferait des économies, il est vrai, mais qui gémirait sur les aumônes dépensées, et accablerait les pauvres de remontrances. M. de Boisdhyver préférait la prodigalité plutôt que d'employer un tel auxiliaire, car donner en se repentant n'est plus une jouissance, et l'évêque, emporté par la charité, ne comptait plus ; aussi Cyprien lui fut-il d'un salutaire appui. Chaque soir, tête à tête avec son supérieur, après avoir lu les dossiers qu'il tenait de chaque ménage, Cyprien ajoutait de nouvelles observations de vive voix, et le choix était ainsi fait des misères les plus méritantes.

Au lieu de la vieille soutane, blanchie par endroits, roussâtre par d'autres, d'un noir tirant sur le vert à cause de l'étoffe bon marché qui en était la base, Cyprien avait aujourd'hui une mise recherchée et presque élégante, d'après les ordres de M. de Boisdhyver. Il y a un âge où les habits, si usés qu'ils soient, n'enlèvent aucune gaieté au caractère : c'est l'âge insouciant qui sert de transition entre l'enfance et la jeunesse. Les réflexions ne se sont pas encore emparées de l'homme, il agit comme l'oiseau dans l'air, il court dans la vie sans l'analyser ; plus tard, cette précieuse liberté du papillon, qui folâtre au-dessus de chaque fleur, disparaît : les premiers soucis de la vie commencent à pousser et forment d'immenses champs qui menacent de couvrir les fleurs et les fruits qui sont en nous.

M. de Boisdhyver ne voulut pas que Cyprien connût la gêne, et il entreprit de prolonger la jeunesse de son protégé en écartant avec soin les premières difficultés de la vie. Comme la nature de son secrétaire était profondément bonne, l'évêque ne craignit pas de le rendre orgueilleux et vain en l'habituant à une recherche dans ses vêtements qui était inconnue aux chanoines de Bayeux. C'était une mère, fière de son fils qui va au-devant de ses moindres désirs.

M. de Boisdhyver avait fait préparer pour lui dans le nouvel évêché une petite cellule aux murs blanchis à la chaux, dont tout le mobilier consistait en un prie-Dieu et un Christ d'ivoire d'un bon style; une table de bois blanc, une chaise d'église, quelques tablettes en bois et un certain nombre de volumes représentaient tout l'ameublement de cette cellule, qui communiquait à un cabinet, contenant un simple lit de fer, et dans le lit un matelas et une paillasse.

Ainsi s'était habitué à vivre M. de Boisdhyver, qui trouvait son bonheur à se retirer par moments des splendeurs du monde dans sa cellule; mais, rigoureux pour lui-même, il ne pensait pas à faire partager son stoïcisme à ceux qui l'entouraient. Au contraire, son plaisir était de rêver à mille coquetteries pour les autres et de leur en faire naître le goût. Par ses ordres, un mobilier moins simple décora la chambre que devait occuper Cyprien à l'archevêché; M. de Boisdhyver voulait que son secrétaire se délassât de ses visites dans un bon fauteuil, qu'il passât des odeurs nauséabondes d'un pauvre grenier à la vive lumière de ce cabinet décoré exprès pour lui.

— Comment vont vos amis? demanda l'évêque à son secrétaire, car celui-ci ne manquait jamais un jour d'aller rendre visite aux Garnier. — Ils se trouvent mieux, grâce à vous, Monseigneur, dit Cyprien. Heureusement ces pauvres gens ne seront plus seuls, maintenant; j'ai rencontré une dame de la ville qui a pris ces vieillards sous sa protection. — Comment nommez-vous cette dame? demanda M. de Boisdhyver. — Je ne saurais vous le dire, Monseigneur, car elle est restée après mon départ et je n'ai pu interroger les Garnier; toutefois c'est une femme du meilleur monde. Ses manières sont pleines de délicatesse; elle parlait de Monseigneur avec reconnaissance, car, disait-elle, c'est à son exemple que j'ai entrepris de visiter les pauvres, et elle ajoutait que l'aumône faite personnellement rapporte des jouissances qu'elle ne soupçonnait pas lorsqu'elle faisait distribuer ses dons par les bureaux de bienfaisance. Nous avons causé longuement ; le plus grand désir de cette dame est de se rencontrer avec Monseigneur ; je lui ai fait espérer cet honneur pour la semaine prochaine, chez les Garnier. — Vous avez parfaitement agi, mon cher Cyprien, dit l'évêque, je tiens à m'entourer de personnes recommandables par leur piété, leur distinction, et il me sera utile de les connaître avant mon installation à l'évêché.

A la visite que ne manqua pas de faire le lendemain Cyprien chez les Garnier, il trouva avec plaisir madame Le Pelletier, qui, de son côté, attendait des nouvelles de l'évêque. Madame Le Pelletier était la veuve du président Le Pelletier, qui mourut regretté de tout le pays en laissant une de ces réputations d'homme de bien si communes sur les monuments funèbres et si rares dans la vie. Président à la cour de Rouen, M. Le Pelletier montra une telle impartialité dans les fonctions de magistrat, difficiles à cette époque, qu'il s'acquit l'estime des honnêtes gens et même de ceux qui, tout en faisant ployer leur conscience aux événements, ne pouvaient s'empêcher d'admirer l'intégrité du magistrat. Ce fut sous la *terreur blanche* surtout que M. Le Pelletier se montra inflexible dans ses sentiments. Si les ministres de la Restauration eussent pu casser un fonctionnaire qui osait conduire les débats avec impartialité, M. Le Pelletier perdait sa place ; mais il paya d'une vie médiocre son honnêteté, car, loin d'obtenir l'avancement qui était dû à ses hautes connaissances en droit, il resta avec ses modiques appointements de président, en butte aux sourdes dissensions des membres du parquet qui étaient tournés contre lui, et il préféra donner sa démission pour se retirer à Bayeux où il était né. Là, continuant les travaux de droit qui lui avaient valu une importante réputation de légiste au barreau de Paris, il consacra son temps à ses études favorites, travaillant pour les libraires de droit et livrant la moitié de la journée à ses concitoyens qui affluaient de cinq lieues à la ronde. Il devint ainsi le conseil du pays Bessin connu par sa manie de procès. Les jours de marchés, la rue Saint-Jérôme, où il demeurait, était plus tumultueuse qu'un club ; tous les paysans se donnaient rendez-vous à sa porte et discutaient à haute voix leurs affaires avant d'être reçus. La servante introduisait un à un les clients, qui sortaient la tête haute ou la mine basse, en goguenardant ou se taisant, car l'opinion de M. Le Pelletier avait une telle autorité, que chacun se sentait victorieux ou vaincu suivant que le président avait parlé. Les procès n'en allaient pas moins leur train ; échappé à l'influence de M. Le Pelletier, le paysan se révoltait, oubliait de prudents conseils et voulait avoir raison.

On crut dans le pays que le président possédait une belle fortune ; il ne laissa à sa veuve qu'une rente modique de trois mille francs. Les commentaires du code civil de M. Le Pelletier, qui font encore autorité, lui prirent toute sa vie et furent peu payés ; les consultations qu'il donnait à Bayeux étaient entièrement gratuites. Le président, qui ne rêvait que le bien et qui voyait la plaie de la Normandie s'agrandir de jour en jour par la manie processive, essayait d'y mettre obstacle par l'autorité de sa parole. Aussi, sa mort fut-elle un deuil général ; les boutiques de son quartier furent fermées la matinée jusqu'après le convoi, et les paysans des environs, qui n'avaient pas toujours suivi les sages conseils du président, témoignèrent par leur présence des regrets qu'inspirait sa perte au pays.

Madame Le Pelletier, citée dans sa jeunesse pour une des belles personnes de la Normandie, serait morte de chagrin si elle n'avait eu une fille à élever ; la veuve se retira tout à fait de la société pour vivre dans une maison modeste de la basse ville, et après avoir retranché le plus qu'elle pouvait sur le train de maison, elle puisa dans la religion un calme et une tranquillité qu'elle n'eût pu soupçonner alors que le président vivait encore. C'était une femme de quarante-cinq ans, que la mort de son mari avait vieillie prématurément, mais qui conserva sa jeunesse dans les yeux.

Ainsi que toutes les personnes qui n'ont pas eu à supporter les orages des passions, les yeux de la veuve étaient purs comme ceux d'une jeune femme ; la bonté paraissait sur ses lèvres doucement souriantes. Madame Le Pelletier tenait de ces aimables vieilles femmes qui se sauvent toujours par un coin du visage, et qui font plaisir à regarder quand une véritable qualité de cœur apparaît au milieu des rides.

A soixante-quinze ans, la veuve du président devait garder ces précieux dons qu'envient les méchants sans s'en rendre compte, et qui constituent le *charme*, un des mots les plus beaux de la langue française. Madame Le Pelletier avait le charme, et M. de Boisdhyver, quand il la rencontra, fut frappé de cette belle physionomie qui apportait son rayonnement dans la mansarde des Garnier.

IV

L'AVEUGLE

Un matin que le père Garnier rangeait son grenier en se traînant de son mieux sur ses jambes affaiblies, il entendit le lit craquer, car un simple mouvement faisait chanter le bois vermoulu : c'était sa femme qui se retournait. Garnier s'arrêta, respectant les agitations du léger sommeil du matin, et prenant garde de réveiller la pauvre malheureuse pour qui le repos était un bienfait. Les gens souffrants qui peuvent oublier leurs maux dans le sommeil, regardent la nuit comme une faveur inappréciable, et ceux qui craignent le plus la mort rêvent des sommeils sans fin qui leur semblent autant de gagné sur la vie. Garnier s'était assis avec peine, et attendait, pour prendre soin du ménage, que sa femme fût endormie de nouveau ; comme il n'entendit plus aucun bruit, il se remit à sa besogne, jaloux de ne laisser aucun grain de poussière sur les meubles.

— Garnier, s'écria la femme, tu t'es levé bien matin aujourd'hui ?

Le mari, étonné de cette question, regarda le rayon de soleil qui formait un angle près de la fenêtre, et qui constituait le système d'horloge de la mansarde.

— Il est dix heures, répondit-il.

La femme gémit :

— Dix heures ; il y a beaucoup de brouillard ? — Il fait un temps superbe, dit Garnier inquiet : tu ne vois donc pas le soleil ? — Ah ! mon pauvre homme, je ne vois plus... viens près de moi... Quel malheur ! mon Dieu... C'est fini, je suis aveugle... Seigneur, est-il possible !

Il y avait un tel désespoir dans ces paroles entrecoupées, que le vieillard retrouva des forces pour courir au lit de sa femme, dont les yeux s'agitaient avec la mobilité impatiente de quelqu'un qui tourne une clef avec colère dans la serrure, espérant la forcer par des mouvements violents. — Me voilà, ma pauvre femme, dit Garnier qui ne put parler davantage car les larmes lui coupaient la parole, effrayé des gestes convulsifs de sa femme, qui palpait ses habits avec désespoir et s'accrochait convulsivement à ses mains, à sa tête, en essayant de reconnaître par le toucher les formes extérieures. — Tu ne me vois pas? dit le vieillard, ne pouvant se faire à l'idée d'une cécité complète.

Les yeux de la Garnier étaient ouverts, et leur immobilité ne pouvait laisser supposer qu'ils étaient morts.

— Je ne te vois plus, mon pauvre homme, dit-elle. Quelle affliction! Et elle sanglotait. — Ce n'est pas possible, ma chère femme; je vais aller chercher le médecin. — Oui, tout de suite cours après le médecin... Non, reprit-elle, reste auprès de moi; je serais trop seule dans cette nuit... Ah! ne plus voir le soleil, le jour, ma chambre! Qu'est-ce que j'ai fait au bon Dieu pour qu'il m'éprouve si tristement? Si je dois vivre ainsi, j'aime mieux mourir tout de suite. Laisse-moi ta main, Garnier, que je la touche; tu ne me quitteras plus jamais, n'est-ce pas? Tu resteras à côté de moi, sur une chaise, près du lit... Et elle interrompait ses paroles par des flots de larmes, que le mari tâchait d'apaiser par des paroles de consolation. — Ne t'inquiète pas, ma femme, on ne t'abandonnera pas... Quand Monseigneur l'évêque va connaître notre malheur, il viendra avec ce jeune homme que tu aimes tant; et madame Le Pelletier n'est-elle pas là? — Oui, dit la femme d'un ton mélancolique, ils sont si bons! et c'est justement ce qui me fait de la douleur. Je ne les verrai plus, je n'oserai pas les toucher comme je te fais, je ne verrai plus la figure de Monseigneur l'évêque, qui nous faisait tant d'honneur en venant à la maison; rien que de le voir, j'étais si heureuse! Il a quelque chose dans le regard qui ne ressemble pas aux autres hommes; il impose, et cependant on n'est pas gêné devant lui. Quand il me regardait, je sentais que mes paroles ne pouvaient pas rester en moi et coulaient tout naturellement vers lui. Dire que je ne le verrai plus! — Prends courage, ma pauvre femme, reprenait le vieillard, ne pleure pas comme ça, tu me fends le cœur. — Ah! je n'aurai jamais assez de larmes pour pleurer la lumière. Vois-tu, je cherche à me la rappeler, il n'y a rien de plus beau sur la terre. Que c'est beau le jour! et je ne le verrai plus, ni le ciel, ni les nuages, ni les étoiles! On ne sait pas ce que c'est quand on en jouit. Quelle privation, grand Dieu! Penser qu'il faut rester assise toute sa vie sans pouvoir bouger, marcher, regarder! Ah! que ça fait de mal! — Tu t'affectes trop, femme, on dirait que tout est désespéré; laisse au moins venir le médecin, qu'il voie ton état. Ces maladies-là s'en vont comme elles viennent, tu n'es pas la première qu'on guérit. — C'est fini, bien fini, je le sens, disait la Garnier. — Ma femme, écoute-moi donc; si tu avais commis de mauvaises actions dans ta vie; mais pourquoi veux-tu être éprouvée par une maladie si cruelle puisque tu ne la mérites pas? Il y a une justice pourtant!

La Garnier n'écoutait plus son mari; elle était prise d'un désespoir sourd qui lui enlevait toute espérance; elle se roulait sur son lit, enfonçait sa tête dans un maigre oreiller et ne voulait pas entendre les consolations du vieillard, pris également du même découragement. En présence de ce grand malheur subit, il craignait que sa femme ne perdit la raison, et il était frappé peut-être plus vivement que l'aveugle de ce coup imprévu.

Quand la Garnier releva la tête, son mari ne put la croire entièrement privée de la vue; sans doute ses yeux étaient rougis, mais par les larmes qu'elle versait depuis son réveil. Leur mobilité perpétuelle était aussi pénible à regarder que les débats d'un moribond qui lutte contre la mort. Dans son agitation, la Garnier avait porté la main à sa coiffe, et il en sortait quelques longues mèches de cheveux gris qui flottaient sur sa figure; les agrafes de sa vieille camisole de laine s'étaient rompues et laissaient voir une poitrine jaune, osseuse, qui semblait attachée au cou par de vieilles cordes. La misère, la vieillesse avaient creusé des caves sur les épaules, et le désespoir mettait en jeu tous les muscles, qui avaient résisté à la fatigue et aux chagrins mieux que les chairs.

Le vieillard perdait la tête, se demandant s'il devait aller chercher le médecin pour rendre quelque courage à sa femme; mais il marchait difficilement, cette course lui prendrait plus d'une heure, le docteur pouvait être absent. Pendant ce temps que deviendrait la Garnier? La laisser seule était impossible : son délire pouvait augmenter, elle s'échapperait peut-être de son lit, se jetterait par la fenêtre. L'homme réfléchissait à toutes ces raisons pendant que sa femme, brisée par l'émotion, était arrivée tout à coup à un profond silence, la tête toujours enfouie dans l'oreiller. Ce calme subit inquiéta le vieillard plus que l'explosion de la douleur; ne sachant qu'en penser, il se leva de sa chaise et approcha sa tête de celle de la Garnier, afin de recueillir un sentiment de vie chez la malade; mais elle s'était tellement creusé un trou dans l'oreiller, que son souffle n'arrivait pas jusqu'au vieillard.

— Ma femme! s'écriait-il, ma femme? Parle-moi; réponds, je t'en prie.

La Garnier ne faisait aucun mouvement, quoique la voix de son mari prît des inflexions de tendre douleur qui eussent tiré des larmes des cœurs les plus indifférents.

— Joséphine, disait-il, mon ange! ne me laisse pas seul parler, de grâce.

Comme ses supplications n'avaient aucun résultat, le vieillard retomba sur sa chaise comme une chose qui tombe; la tête pendit sur la poitrine, et il resta ainsi, n'ayant conservé de la vie que le sentiment d'une douleur immense.

Jamais, depuis le commencement de leur longue union, le ménage n'avait été mis à pareille épreuve; la vie des deux époux s'était écoulée pauvre, mais simple, sans grandes douleurs, sans grands chagrins : ils s'étaient aimés jeunes, et une douce amitié s'était enracinée plus profondément avec chaque année qui s'écoulait. Jamais la pensée ne leur vint qu'ils pouvaient être séparés l'un de l'autre, car celui qui aurait resté seul sur la terre aurait trouvé son existence plus pénible que dans un désert abandonné. Ils avaient vieilli de la sorte sans le sentir, sans presque s'en apercevoir; ils se voyaient toujours avec leurs yeux de vingt ans, et les rides, et les cheveux blancs, et les dépressions qui accablent le corps, et leurs vieilles histoires de jeunesse qu'ils se racontaient le soir ne les choquaient en rien, car une affection profonde dorait leurs souvenirs et chassait loin d'eux toute idée pénible.

Aussi le mari ressentit un coup douloureux quand la malade cessa de lui répondre. C'étaient des gens naturels, sans passion, qui n'avaient jamais été éprouvés dans la vie par l'ombre d'une querelle; si l'un parlait, l'autre répondait avec bienveillance et douceur. Ils ne connaissaient même pas ces petits orages légers qui rendent les réconciliations plus charmantes, et vivaient unis, le cœur plein de ce rare bonheur que cause l'affection de deux caractères égaux. L'homme ne savait pas ce que c'était que de commander à la femme, la femme ignorait comment on chagrine un homme. La pauvreté était venue petit à petit avec les années; mais moins forte que l'amitié des deux vieillards, si elle leur faisait quelques égratignures, jamais elle ne parvint à les terrasser entièrement. En un jour l'édifice de cet honnête ménage était renversé par la maladie cruelle que le vieillard n'avait jamais osé soupçonner! Tout le passé tranquille vint se présenter devant Garnier qui, par instants, croyait son malheur un rêve, et, une minute après, grossissait la maladie et voyait sa femme morte puisqu'elle ne répondait plus à sa voix. La première crise avait produit chez la Garnier un affaiblissement si profond qu'on eût pu la juger, au premier abord, privée de sentiment.

Cyprien entra, et quoique la porte fît du bruit sur ses gonds rouillés, le vieillard ne releva pas la tête.

Étonné de ce silence, auquel il n'était pas habitué, Cyprien s'avança discrètement au milieu de la chambre, et fut frappé du tableau qui s'offrit à ses yeux : le lit était en désordre, la Garnier étendue comme un paquet, la face enfouie dans l'oreiller, sans donner signe de vie. Cyprien crut d'abord que la mort était entrée dans ce pauvre grenier, et la douleur morne du vieillard le confirmait dans cette idée. Pour la première fois, le jeune homme assistait au spectacle de ces immenses douleurs qui laissent peu de place à la consolation. Il resta ému, inquiet au milieu de la chambre, respectant l'abattement du mari; mais celui-ci ayant fait un mouvement pour reprendre courage, s'aperçut à tout coup de la présence de Cyprien.

— Ah! monsieur! s'écria-t-il.

Et il lui prit les mains qu'il baisa en les arrosant de larmes. En même temps, il lui montrait sa femme étendue dans le lit. Ils ne se dirent pas un mot, car la parole est trop au-dessous de la douleur pour pouvoir l'exprimer.

Cyprien alla droit au lit, écarta les bras de la Garnier, qui entouraient convulsivement l'oreiller et qui lui masquaient la figure. La faible chaleur qu'il trouva chez la femme lui rendit du courage, car il avait pensé que la mort seule pouvait amener un tel désespoir.

— Elle respire! dit-il. — Vrai! monsieur, s'écria le vieillard.

Cyprien prit la main de Garnier et la plaça dans celle de la malade après l'avoir desserrée; car les doigts contractés offraient quelque résistance.

— Elle aura eu une attaque, dit-il. — Rien qu'une attaque, reprit presque gaiement le vieillard : vous ne me trompez pas? — Aidez-moi, je vous prie, à placer commodément votre femme.

Mais Garnier écoutait à peine Cyprien; une joie aussi grande que sa douleur le remplissait tout entier et mettait ses membres en mouvement sans que sa volonté y prît part. Il sautait autant que ses faibles jambes le lui permettaient, chantait, se frottait les mains et ne s'inquiétait plus de la maladie de sa femme. Elle était vivante encore, voilà ce qui le frappait : hors de là, les autres idées n'avaient pas prise sur lui.

Cyprien comprit ce déli e et s'acquitta seul du soin de soulager la malade. Il rajusta les draps, les couvertures, plaça les bras de la Garnier hors du lit et rentra ses cheveux sous la coiffe, de façon à lui rendre une espèce de calme extérieur. Une mère n'eût pas montré plus de soins pour sa fille ; puis il la laissa un moment pour chercher quelque objet dans la chambre.

— Avez-vous du vinaigre ? demanda-t-il au vieillard.

— Oh! vous êtes bon, vous ! s'écria Garnier pour toute réponse. Et il cherchait à prendre les mains de Cyprien, qui n'ayant pas le temps de donner cours à la reconnaissance du mari, ouvrait les armoires, et ne trouvait rien pour rappeler la Garnier à la vie ; le vieillard suivait Cyprien pas à pas, ne pouvant se détacher de celui qu'il regardait comme l'ange gardien de la maison. Le jeune prêtre ayant aperçu un grand pot en grès qui contenait de l'eau, en emplit un verre, retourna près de la malade et lui en frotta les tempes ; mais déjà elle avait repris ses sens. — Qu'est-ce que tu fais ? demanda-t-elle en sentant un linge mouillé sur sa figure, croyant que son mari s'acquittait de cette fonction. — Te voilà donc revenue ? s'écria le vieillard en se jetant sur elle et en la pressant dans ses bras.

Cyprien tira Garnier par la main.

— Laissez-la un moment reprendre ses esprits. — Qui parle donc ? demanda la Garnier. — Elle ne vous reconnaît plus, dit tristement le vieillard : c'est M. Cyprien, ma femme. — Ah! il est venu... seul?

Cyprien, étonné, ne comprenait pas ces questions, et pensait que la maladie de la Garnier avait déterminé une absence complète de facultés. — Elle ne vous voit plus, monsieur, lui dit tout bas à l'oreille le vieillard, ni moi non plus. Cyprien porta par une sorte d'interrogation muette la main à ses yeux.

— Oui, répondit Garnier d'un signe de tête.

Le jeune prêtre alla au lit de la malade.

— Comment vous trouvez-vous, madame Garnier ?

— Bien désolée, monsieur.

Alors elle dit ses sensations depuis qu'elle s'était réveillée et qu'elle avait senti la lumière perdue pour toujours ; elle faisait ce récit avec des mots simples, mais d'une impression navrante. Le son de sa voix tenait du sanglot et se reproduisait comme un écho sur les traits du vieillard dont la douleur avait changé la face depuis le matin. Maintenant, il paraissait résigné; mais chaque pli, chaque ride de son visage étaient empreints d'une profonde tristesse muette que rien ne pouvait combattre.

Cyprien essaya de rendre courage à ces pauvres gens par des paroles consolantes. Il n'était pas encore blasé par la misère, la douleur, les afflictions de l'esprit et du corps : la sensation qu'il en ressentait faisait que l'accent de sa voix était à l'unisson de ceux qu'il plaignait.

Monseigneur serait avisé par lui le même soir du cruel événement arrivé aux Garnier, et l'intérêt qu'il leur avait montré jusqu'ici ne pouvait que s'en accroître. Quoique ignorant en médecine, Cyprien affirmait que la science avait des ressources nombreuses, et qu'il était certain qu'on arriverait à améliorer l'état de la malade. Celle-ci écoutait avidement les paroles de Cyprien, et, quoiqu'elle doutât de sa guérison, elle trouvait une grande consolation à entendre parler ainsi. Quand il crut avoir remonté le moral de la Garnier, Cyprien se leva.

— Je vais aller chercher le docteur Richard. — J'irai bien, dit Garnier; il me semble que depuis que vous êtes entré mes jambes sont revenues. — Le docteur demeure trop loin, dit Cyprien. — Monsieur, dit la Garnier, une prière à vous faire. S'il y avait une opération, je voudrais vous savoir là.

Cette visite, quoique de courte durée, produisit un effet salutaire dans le pauvre ménage; la consolation pénétrait doucement dans le cœur des deux époux et atténuait les scènes poignantes de la matinée; le dévouement de Cyprien s'était montré tel qu'on le pressentait, sincère et durable.

Trop souvent la piété s'émousse en présence de grandes infortunes et se change en indifférence. Un homme peut être frappé par le spectacle de misères profondes; il est attendri, ému, il devient meilleur sur le moment, s'étonne que le dénûment puisse arriver à des effets si pénibles; il délie sa bourse, la vide dans les mains du malheureux et sort le cœur content d'avoir fait une bonne action. A la seconde visite, à la troisième, il retrouve *ses* pauvres dans le même. état; l'impression est moins vive, ses yeux restent secs, son cœur muet; il délie plus lentement les cordons de sa bourse, s'étonne que son premier don n'ait pas tiré le malheureux de l'infortune. En sortant, il lui semble impossible d'éteindre la misère; la fortune du plus riche banquier n'y suffirait pas. Il doit y avoir de la faute des malheureux, insouciance, paresse; il conclut qu'ils sont voués fatalement à la maladie, à la mort. Ayant ainsi fait sa paix avec sa conscience, il n'y retourne plus, et se montrera désormais l'adversaire impitoyable des gens qui souffrent de la faim. Mais la charité toujours durable, se retrempant au sein du malheur, ne raisonnant pas, à l'état de qualité permanente, c'est ce qui se rencontre rarement et ce qui excite souvent la défiance de celui qui reçoit. Quelquefois on s'étonne de trouver le malheureux froid, ne montrant pas cette reconnaissance enthousiaste à laquelle on n'a pas droit (car elle constituerait un paiement immédiat du bienfait). Les malheureux ont un tact délicat, comme les malades acquièrent des perceptions particulières; ils pressentent souvent la nature de l'offrande, d'où quelques-uns en arrivent à l'ingratitude. Les torts sont égaux de part et d'autre.

Il y avait dans les moindres actes de Cyprien dans ses gestes, dans sa voix, des marques telles de compassion, que les plus aigris des malheureux eussent senti leurs amertumes fondre comme les premières neiges au soleil. Sa jeunesse, sa figure sympathique ramenaient les cœurs à la confiance, et les Garnier avaient subi cette douce influence en l'entendant parler. Pendant son absence, il ne fut pas question entre les deux époux de la maladie qui était venue s'abattre à l'improviste sur le ménage; ils s'entretenaient de Cyprien avec attendrissement. L'aveugle avait été consolée par ses paroles : c'était un concert de pieuses bénédictions qui s'échappaient du cœur des deux vieillards en l'honneur du jeune prêtre. Il revint bientôt, n'ayant pas rencontré le docteur Richard, appelé dans les environs pour un cas grave. Il devait arriver seulement le soir à Bayeux, et Cyprien promettait de l'amener le lendemain. Les malades subissent aussi spontanément que la nature des variations dans leur moral : les uns se croient guéris rien que par l'idée que le médecin va arriver, les autres retombent dans l'abattement absolu s'il retarde sa visite de quelques minutes.

La Garnier subit cette impression commune à tous les malades partagés entre le doute et l'espérance; elle retomba non dans la crise où l'avait trouvée Cyprien, mais dans un état de triste affaissement qui fut heureusement atténué par l'arrivée de madame Le Pelletier et de sa fille.

D'un coup d'œil, Cyprien fut frappé de la beauté de mademoiselle Suzanne Le Pelletier, dont les yeux bleus remplissaient l'esprit de tous ceux qui la voyaient du souvenir de bluets dans un champ de blés. Le bleu était tellement accusé, franc et pur dans les yeux de la jeune fille, que la nature seule pouvait prêter à des sujets de comparaison : un peintre n'eût pu les représenter qu'en faisant passer dans ses pinceaux le calme et la pureté des ciels italiens. Après les yeux, les cheveux appelaient immédiatement le regard par leur épaisseur, la pureté de leur blond, qui n'offrait pas cette couleur un peu trop égale commune aux blondes, mais qui devenait fauve-doré à la racine. Il n'y avait pas besoin d'entendre la voix de la jeune fille pour deviner quel son de cristal s'échappait de ce cou blanc, d'une forme élégante, sur lequel était posée une figure souriante et fraîche.

En entrant, Suzanne rougit de se trouver en présence d'un étranger, et un sang rose vint inonder sa figure pour redescendre aussitôt après. A voir ce sang s'ébattre si librement, on eût dit qu'il avait l'orgueil de sa transparence, et prenait plaisir à se montrer et à disparaître avec malice. Des fossettes à l'état naturel, sans que Suzanne sourît, appelaient les yeux vers les joues de sang et de lait de cette belle personne. La vie, la santé, la jeunesse, le calme se montraient avec ses dix-sept ans sur chaque trait de la jeune fille, belle sans le moindre apprêt. Les cheveux étaient noués sans efforts ; il était visible qu'aucune main étrangère n'aurait su les disposer dans une simplicité si charmante. Suzanne portait de petites mitaines de dentelle noire à jours qui faisaient ressortir la gentillesse de ses doigts comme une négresse à nez épaté sert à mieux faire comprendre la jeunesse des courtisanes qui se voient dans les œuvres des maîtres italiens. La respiration agitait doucement une poitrine qui tenait tout à la fois de l'enfance et de la femme de vingt ans.

Suzanne était le type le plus complet de la jeunesse qui s'écoule tranquillement sans les soucis, les déceptions, les amertumes qui sont postés plus loin et qui attendent l'âge où il leur est permis de se montrer ; mais une certaine bonté insouciante qui régnait sur toute sa physionomie, chassait l'idée des misères de la vie. Suzanne ne paraissait pas devoir vieillir, elle n'aurait plus été Suzanne. C'était en même temps un plaisir et une consolation de la regarder et de rafraîchir ses yeux par la vue d'une santé si souriante. L'homme le plus triste eût emporté un sentiment de félicité en rencontrant

Suzanne dans ses costumes qui avaient toujours quelque chose de printanier.

Elle était venue chez les Garnier avec une robe de toile blanche à petites fleurs roses ; un chapeau de paille d'Italie, rehaussé par quelques coquelicots, un nœud de rubans cerise au cou formaient toute sa toilette sans prétention et ces simples vêtements prenaient sur sa personne une distinction qui donnait aux étoffes une marque particulière.

Cyprien se retira quelques pas en arrière afin de laisser approcher madame Le Pelletier près du lit de la malade ; mais c'était plutôt pour cacher l'effet que lui avait produit l'entrée de Suzanne, la première femme qu'il lui semblait rencontrer. La veuve du président salua le jeune prêtre d'un de ces sourires affectueux, signe de franc-maçonnerie entre les personnes vouées au bien qui, d'un coup d'œil, lisent dans l'âme si de vrais sentiments charitables y sont enfouis. Les joues de Suzanne s'empourprèrent de nouveau en passant près de Cyprien ; pour lui, il alla discrètement dans l'embrasure de la fenêtre, afin de laisser madame Le Pelletier causer librement avec la malade.

Malgré les bons soins que Cyprien avait eus pour la Garnier, il était difficile au jeune prêtre de remplacer l'action d'une femme : tout homme qui a été soigné dans une maladie par une femme qui s'intéresse à lui, sait quelles délicatesses exquises viennent lui faire oublier momentanément son état. La voix de madame Le Pelletier, quoiqu'elle fût douce ordinairement, prenait des inflexions plus tendres encore au chevet de l'aveugle. Chacune de ses paroles portait avec elle l'espoir, la confiance, et quand à cette voix succédait celle de sa fille, on eût cru entendre un séraphin qui répondait à la Vierge. Ces deux timbres si purs résonnaient dans le cerveau de Cyprien et le jetaient dans une extase semblable aux émotions que fait éprouver le génie musical lorsque, éclatant en symphonies suaves, il transporte l'homme dans des régions purifiées où les choses de la vie matérielle disparaissent.

Où se trouve-t-on ? on l'ignore. La conscience du corps n'existe plus ; c'est alors seulement que l'homme sent son âme, qui se révèle par ces facultés nouvelles éveillées subitement. Cyprien se laissait aller doucement à cet état plus doux que le pays des rêves, et il était d'autant plus dans l'enchantement, que jusque-là il n'avait rencontré de femmes que les paysannes de son village, les femmes de charge du séminaire et de l'évêché ; il ne soupçonnait pas cette pureté d'accent.

De temps en temps, la voix de la Garnier, qui répondait aux questions de madame Le Pelletier, servait de contraste encore plus frappant. Cyprien serait resté toute une journée à écouter ces voix, comme on écoute le rossignol et les caprices naïfs de son gosier. L'aveugle ressentait vivement l'effet de la présence des deux dames : elle semblait oublier son infirmité depuis qu'elle les savait près du lit, et sa conversation tenait plutôt de la causerie d'une vieille que des pensées d'une personne souffrante.

— Je me sens mieux, disait-elle, beaucoup mieux depuis que vous êtes là, madame... Tiens, Garnier, prends ma main, maintenant. N'est-ce pas que je l'ai moins brûlante ?

Le mari faisait des gestes de compassion et en même temps de remerciment pour les dames Le Pelletier.

— A la bonne heure, madame Garnier, vous êtes plus raisonnable ; sans doute votre maladie est cruelle, mais en vous tourmentant vous augmentez le mal, et je suis persuadée que M. Richard mettra bon ordre à votre vue. — Nous vous enverrons aussi madame Richard, dit Suzanne ; vous ne la connaissez pas, madame Garnier ? — Non, mademoiselle. — Madame Richard vaut son mari, continua madame Le Pelletier, et le docteur le dit bien : elle sauve autant de malades que lui... Pour terminer une cure, M. Richard ne manque pas d'envoyer sa femme... Vous aurez là, madame Garnier, de bons médecins, et bien dévoués. Il me semble que je serai volontiers malade rien que pour avoir auprès de moi le docteur... Connaissez-vous M. Richard, monsieur l'abbé ? demanda madame Le Pelletier en s'adressant à Cyprien que cette question fit retomber sur la terre. — Non, madame ; j'espérais le ramener tout à l'heure, malheureusement il était absent de Bayeux. — Vous verrez un de ces hommes si rares qui se consacrent, comme Monseigneur, à secourir l'humanité.

Madame Le Pelletier avait adressé la parole par politesse à Cyprien, s'étonnant de le voir rester dans l'embrasure de la fenêtre sans mot dire : mais le jeune prêtre se laissa aller de nouveau à ses rêveries, et il n'en fut tiré que par un certain mouvement autour de la malade. Madame Le Pelletier s'était levée et se dirigeait du côté de la fenêtre ; en entendant les pas de la veuve, Cyprien revint entièrement à lui.

— Cette pauvre femme, dit la veuve du président, est bien désolée, monsieur, et cependant elle montre une vive reconnaissance pour les soins dont vous l'avez entourée depuis ce matin...

Madame Le Pelletier demanda conseil à Cyprien sur les moyens les plus propres à adoucir l'infortune des Garnier; mais le jeune homme ne répondait pas: il regardait la femme charitable et cherchait dans ses traits les traits de sa fille. En ce moment, Suzanne rendait de petits services à l'aveugle et Cyprien préférait ne plus rencontrer ses regards. Madame Le Pelletier, sans s'en douter, reflétait sa fille : la même somme de bonté paraissait sur sa figure, et quoique ses cheveux et ses yeux ne fussent pas de la même couleur, certains traits du visage rappelaient directement Suzanne, ainsi que l'ensemble de la physionomie et la personne. D'après madame Le Pelletier, on pouvait prévoir ce que serait sa fille à quarante ans. Suzanne appela sa mère, lui parla bas, et à certains gestes des deux dames, Cyprien s'aperçut qu'il s'agissait de faire le lit de l'aveugle. Il en profita pour demander la permission de s'éloigner, promettant d'amener le lendemain le docteur Richard.

V

LE POUVOIR CIVIL ET LE POUVOIR RELIGIEUX

Le village des Vertes-Feuilles est situé à quelques lieues de Bayeux; il est desservi par l'abbé Caneva, prêtre rigoriste qui faillit occasionner une émeute dans sa paroisse. Le pays normand a conservé dans certaines parties une religion profonde et une foi d'autant plus grande, qu'elle a été comprimée sous la Révolution. Parmi les membres de la congrégation des filles, on remarquait Luce Niquet, la fille d'un bûcheron du pays, qui, jusqu'alors, avait été citée pour la plus sage du village; grâce à sa renommée, elle tenait la tête dans les processions, et M. Caneva, dans les conférences publiques, ne manquait jamais de la citer en exemple à ses compagnes.

Luce Niquet était naïve comme une enfant, quoique arrivant à sa dix-huitième année; elle travaillait à la moisson, et aucun garçon du village ne pouvait se vanter d'avoir obtenu d'elle le plus petit baiser. D'habitude elle restait chez son père le dimanche, au lieu de courir les fêtes des environs; sa seule distraction était de s'entretenir avec ses voisins et voisines. Un mariage survint dans sa famille, auquel elle fut invitée; les noces se firent pendant le carnaval. Comme on était à l'époque du mardi gras, les garçons en profitèrent pour s'habiller en masques, et le village fut mis en révolution par le bouleversement des ménages : chacun se costumait bizarrement, suivant son imagination.

Les garçons s'habillaient en filles, les filles en garçons ; celui-ci s'était enharnaché de batterie de cuisine, celui-là avait décroché les bois de cerf aux portes des chasseurs et présentait de partout un aspect menaçant et pointu. La tradition n'avait aucune part à ces déguisements ; au contraire, l'imprévu le plus baroque y présidait. On en voyait encore couverts de feuillage mort ; d'autres hérissés d'épines, d'autres sortant la tête d'une botte de paille. La farine, la suie de cheminée tenait lieu de masques ; celui qui avait le plus de succès était celui qui gênait le plus les invités par un costume désagréable.

Après qu'on l'eut beaucoup priée, Luce Niquet consentit à revêtir une blouse de paysan, un pantalon de toile et une casquette ; on lui dessina une petite moustache au charbon : sous ces habits, la jolie fille avait l'air du garçon le plus mutin qui se pût voir. Celui dont elle endossa la défroque et dont on parlait vaguement comme d'un fiancé, se montra fier de cette préférence et passa une partie de la nuit à danser avec elle. Luce s'amusait comme une enfant ; jamais elle ne s'était trouvée à pareille fête, et elle était d'autant plus heureuse, que son père riait chaque fois qu'il passait devant elle et lui disait : Va, garçon, va toujours. On exigea même que Luce allât inviter les filles pour mieux entrer dans son rôle, et elle dut les embrasser à la fin de chaque contredanse. Au commencement, Luce était troublée de son costume et du bruit du bal ; mais ses compagnes venaient à elle et l'entraînaient au quadrille comme si elles eussent été fières de danser avec un si joli cavalier.

La fête dura toute la nuit, gaie et bruyante au dedans et au dehors, car les garçons, non contents de s'amuser, eurent l'idée de réveiller tout le village avec leurs cornets à bouquin. Ils se croyaient tout permis, parce que la noce avait lieu chez le maire ; mais ceux qui furent réveillés par les sons rauques de la corne à rappeler les vaches, ceux à la porte desquels on frappa, et d'autres encore dont le sommeil fut troublé par des décharges de pistolets, crurent à une nouvelle invasion des alliés. Les paysans, qui fatiguent beaucoup, aiment qu'on respecte leur repos : bon nombre se fâchèrent d'une pareille perturbation nocturne. Il y avait un groupe de jaloux, qui, mécontents de n'avoir pas été invités aux noces, crièrent plus fort que les autres ; aussi, le lendemain matin, quand les garçons traversèrent le village, encore affublés de leurs habits de masques, pour aller boire un coup au cabaret, les paysans se réunirent-ils à la porte « pour leur donner une danse, » disaient-ils, afin de leur apprendre dorénavant à rester tranquilles la nuit. Des rixes s'ensuivirent, et le village fut partagé en deux camps, dont celui de la noce remporta aisément la victoire, car il était composé de gaillards robustes qui s'entendaient autant en querelles qu'en danses. Quand divers nez eurent saigné abondamment, après quelques dents cassées de part et d'autre, quand certains yeux furent pochés, la discorde se retira, heureuse de sa victoire, et la paix reprit son cours comme par le passé.

Quatre jours s'étaient écoulés entre cet événement et le dimanche. A la messe qui suivit, les vieillards du village remarquèrent que le curé avait une figure plus pâle que de coutume ; la colère semblait peinte sur ses traits. M. Caneva menait sa cure sévèrement : mécontent d'être enfoui dans le petit village des Vertes-Feuilles, l'ambition sortait par ses yeux rougis et chargeait son teint de couleurs olivâtres.

Étant monté en chaire, il promena un regard inquiet sur l'assemblée et dit :

— Mes frères et mes sœurs, un événement déplorable a troublé la paix habituelle de ce village : les garçons, qui ne viennent pas écouter les paroles saintes recueillent les fruits de leur mauvaise conduite. Ils ont mis le pays en émoi, ont troublé le repos des paroissiens, et ont passé la nuit dans la débauche et le libertinage. Ils se sont couvert la figure de masques pour ne pas avoir à rougir de leurs actions insensées, et ils ont jeté leur raison dans la boisson, afin que leur esprit se transformât comme leur visage. Ce sont, mes frères, des divertissements que notre sainte mère l'Église a toujours repoussés. Je voudrais voir ici les coupables, afin de leur inspirer quelques remords ; mais j'espère et je prie ceux de mes paroissiens qui ont de l'influence ou quelque parenté avec ces garçons, de leur transmettre les paroles que je fais entendre du haut de cette chaire. Mes chers frères et mes chères sœurs, prions ensemble et unissons nos vœux pour que de pareils faits ne se renouvellent plus ; je prie Dieu qu'il envoie des rayons de repentir dans l'âme des garçons. Hélas ! les garçons, non seulement ne sont pas seuls coupables ; je vois ici des personnes qui courbent la tête, et qui n'osent affronter les regards du ministre de l'Évangile.

A cette allocution, chacun suivit les yeux du curé, qui fixaient avec insistance le groupe de filles au milieu desquelles se trouvait Luce Niquet. Un sourd murmure éclata parmi les vieilles femmes, qui difficilement pardonnent aux filles leur jeunesse. Le curé Caneva continua à lancer des paroles de blâme contre celles de ses paroissiennes qui s'étaient laissé entraîner à la nuit des noces chez le maire, et il blâma particulièrement le chef de la commune d'avoir autorisé ces débauches en prêtant sa maison, et en ne s'opposant pas aux querelles qui étaient survenues le matin.

— J'en ai dit assez, continua le curé, pour vous édifier sur le compte des filles, qui, je l'espère, se repentiront; mais il en est une à qui je ne puis pardonner : c'est la plus coupable, parce qu'elle a le plus d'instruction religieuse... Levez-vous, fille Niquet.

Luce se leva subitement, mue comme par un ressort, en portant son mouchoir à ses yeux.

— Otez ce mouchoir, hypocrite! s'écria le curé.

Comme Luce continuait à cacher sa figure :

— Qu'on lui arrache ce mouchoir! continua le curé.

Une vieille, qui était auprès de Luce, tira brusquement le mouchoir, et laissa voir à l'assemblée le visage plein de confusion de la jeune fille.

— Fille Niquet! s'écria le curé, regardez-moi en face si vous l'osez... Non, vous ne l'osez pas, n'est-il pas vrai, après la conduite dévergondée que vous avez tenue il y a quatre jours? Comment osez-vous vous représenter dans le sanctuaire, encore toute souillée de fautes? Il faut que vous ayez un front d'airain. Une autre à votre place serait venue au tribunal de la pénitence avouer ses fautes, et aurait demandé pardon à la Vierge des souffrances qu'elle lui a causées par sa mauvaise conduite. Vous, vous êtes venue à l'église tout naturellement, comme on va au marché; et vous avez cru, fille Niquet, qu'un prêtre pouvait tolérer votre présence ici sans gémir? Hélas! mes frères et mes sœurs, ce n'est pas un simple repentir que je demande aujourd'hui; il serait trop commode de commettre le plus abominable des péchés, et de croire qu'on en est lavé pour dire : Je me repens. Non, mes frères, la miséricorde de Dieu est grande et immense, mais il faut que la contrition du pécheur soit dans les mêmes proportions. La fille Niquet n'est pas d'ailleurs une simple coupable, une fille naïve qui a commis une faute par légèreté : de bonne heure, elle a reçu nos instructions religieuses, elle a sucé le lait divin de la religion, et elle nous trompait. Arrière, hypocrite! A une autre on pourrait pardonner, car une autre peut ignorer la portée des actions qu'elle commet. La fille Niquet a assez d'intelligence pour connaître qu'elle s'engageait dans une voie de perdition. L'autre dimanche encore, je la donnais comme exemple à ses compagnes, et deux jours après, comme une garçonnière, elle allait frétiller, en habits de masque, dans un lieu de débauche. Le bel exemple! Eh quoi! viendront à penser ces chères enfants qui m'écoutaient louer son nom, voilà donc l'exemple que M. le curé nous donne à suivre! Allons à la danse, courons avec les garçons, et laissons de côté les instructions du pasteur! Voilà, fille Niquet, à quels raisonnements vous exposez de jeunes filles sages qui peuvent être tentées de vous imiter; car les plaisirs défendus ont un charme puissant, la danse et la musique se présentent aux yeux des filles sous un aspect piquant que n'a pas la congrégation. Hélas! mes filles, on ne goûte que trop tard l'amertume qu'il y a au fond de la coupe de ces plaisirs, et c'est alors qu'on regrette, sans pouvoir la retrouver, cette paix du cœur, cette innocence de sentiments, cette chasteté de pensée qui vous rendaient si heureuses au sortir de la messe. Regardez, mes frères et sœurs, la figure de la fille Niquet; lui trouvez-vous la même candeur que dimanche dernier, quand elle n'avait pas goûté au fruit défendu? S'il en est temps encore, regardez-vous dans votre miroir par un zèle pieux, et ne vous laissez pas flatter par ce trompeur des jeunes filles, qui ne répète que la figure qu'on veut voir : vous y verrez les lignes d'impureté qu'y a tracées une nuit de mascarade. Croyez-vous, fille Niquet, qu'il est possible que la congrégation vous garde dans son sein?... Vous gâteriez tout le troupeau, car il suffit d'une brebis galeuse pour gâter un troupeau, et un troupeau sain ne saurait rappeler à la santé une brebis galeuse. Arrière donc du troupeau, brebis galeuse!... Que chacun s'écarte de vous comme d'une pestiférée!

En parlant ainsi, le curé faisait signe des deux bras à ses paroissiens de s'éloigner. Cet ordre muet fut exécuté, et, pendant que Luce fondait en larmes, la voûte de l'église retentissait du bruit des chaises qu'on remuait pour faire le vide autour de la jeune fille.

— Fille Niquet, continua le curé, vous êtes chassée de la congrégation; deux de vos compagnes, les plus âgées, vont vous dégrader en vous enlevant le ruban qui vous décorait, et dont vous avez terni la blancheur.

Deux vieilles, habituées à obéir aux moindres gestes de M. Caneva, s'avancèrent vers Luce et lui enlevèrent le ruban blanc qu'elle portait autour de la taille, sans que la jeune fille fît un mouvement. Il courut dans l'église un murmure, qui partait du côté des hommes, et que le curé interpréta en faveur de Luce. Cette pitié acheva de l'exaspérer.

— Maintenant, dit-il, que vous êtes dégradée, il reste à purifier l'église que vous avez souillée par votre présence...

Un profond silence s'établit. Ces paroles indiquaient que le curé allait infliger de nouvelles punitions à la jeune fille.

— Sortez d'ici, fille Niquet, dit le curé, sortez, sortez!...

Luce se laissa tomber sur une chaise et fondit en larmes.

— Les pleurs sont faciles aux femmes trompeuses, continua-t-il. Relevez la coupable, qui doit entendre debout son châtiment.

Les mêmes vieilles, qui avaient procédé à la dégradation de Luce, la firent relever.

— Que toute la congrégation des filles se fasse elle-même justice, dit le curé. La fille Niquet va être conduite hors de l'église, dont elle est devenue indigne. Si elle résiste, que chacun la pousse : alors seulement le temple renaîtra à la pureté.

Les femmes, obéissant à la voix de M. Caneva, se levèrent et allèrent à Luce, qui n'avait plus le sentiment de ce qui se passait : ses oreilles bourdonnaient, ses tempes battaient, elle ne voyait et n'entendait plus. On la prit par le bras, on se mit en mesure de l'emmener; mais Luce chancelait à chaque pas. Alors les femmes, excitées par les paroles du curé et les imprécations qu'il lançait du haut de la chaire, se mirent à traîner la pauvre fille comme des gendarmes font d'un voleur qui se défend. Quelques-unes dressaient des chaises en l'air et la menaçaient. Enfin, la porte étant ouverte, Luce fut poussée violemment dehors et la porte refermée.

Luce se laissa tomber sur un des bancs de pierre où s'asseoient les vieillards sous le porche pour causer après la messe, et ne reprit ses sens qu'un quart d'heure après. Un homme qui traversait la place crut remarquer une femme malade sur le banc et il s'approcha.

— Qu'as-tu, Luce? dit l'homme, qui n'était autre que le maire chez qui avait eu lieu la noce.

La jeune fille ne put répondre; seulement elle montra du doigt.

— Quoi? dit-il avec un ton brusque.

Sans pouvoir parler, car un torrent de larmes s'échappait de ses yeux, Luce montrait toujours la porte de l'église, et paraissait sous l'empire d'un sentiment profond de crainte. Un vieux mendiant à barbe grise sortait de la messe ; il s'arrêta en regardant la jeune fille dont le visage était pâle, sauf le tour des yeux et les paupières rouges, brûlées par le torrent de larmes qui venait de s'échapper si brusquement.

— De mon temps, dit le mendiant, les gens du village n'auraient pas souffert pareille avanie. — Que se passe-t-il, Jacques? demanda le maire. — Eh! monsieur le maire, si vous aviez été à la messe, vous auriez peut-être empêché le malheur. Alors Jacques raconta au maire ce qui s'était passé et dit comment le curé l'avait mêlé à la sorte d'excommunication lancée contre Luce.

— Je m'en vais parler au curé dans son église, dit le maire; Luce, rentre avec moi; nous verrons si l'on a le droit de te chasser. — Oh! s'écria Luce épouvantée à l'idée d'un nouveau scandale dont elle pouvait être encore la cause. — Tu ne veux pas rentrer? dit le maire; mais tu n'es pas coupable, viens! — Non! dit Luce en se sauvant, non, je vous en prie, laissez-moi!

Le maire s'arrêta court en regardant Luce s'enfuir; il était indécis et réfléchissait sur la conduite qu'il devait tenir dans cette circonstance. Si la jeune fille eût consenti à entrer avec lui, il n'eût pas hésité à aller, en pleine église, reprocher au curé sa conduite; mais, en se présentant seul, l'effet était moins puissant, et le maire, quoique n'allant jamais à l'église, respectait assez les croyances religieuses de ses administrés pour ne pas vouloir troubler l'exercice du culte. Cependant l'affaire ne pouvait en rester là et exigeait une réparation; il y allait de la tranquillité du village. Tolérer le scandale donné en pleine chaire par le curé, c'était laisser diviser le village en deux camps, car les parents et amis du bûcheron Niquet ne manqueraient pas de faire cause commune avec les ennemis du presbytère, et il en résulterait des discordes profondes qui ne pourraient qu'amener des résultats fâcheux pour le pays.

Après que ces raisons se furent présentées à l'esprit du maire, il entra résolûment dans l'église, au moment où l'office allait finir. Les premiers qui le virent entrer se dirent à l'oreille, avec une certaine surprise : — Voilà le maire! Les chuchotements coururent de banc en banc, aussi prompts que conduits par un fil électrique, et M. Caneva entendit un marguillier répéter à son voisin : — Voilà le maire!

Le curé ne se retourna pas; il craignait de laisser paraître son émotion, car le maire représente la force et la police d'un village; il est le maître absolu, il dispose de la force armée; et le curé, en entendant parler du maire, craignait de le voir escorté de gendarmes. L'émotion était telle parmi les fidèles, qu'ils oubliaient de répondre aux versets du chantre, et que celui-ci chantait d'une voix tremblante, car étant à la fois maître d'école et secrétaire de la mairie, il craignait un conflit entre le pouvoir civil et le pouvoir religieux.

L'*Ite missa est* ayant été prononcé, il fallait sortir de cette position. A l'ordinaire, après ces dernières paroles de l'office, un grand tumulte de chaises et de bancs renversés se fait dans l'église; les galopins, heureux d'aller jouer, se précipitent en courant dans les groupes de femmes et se fraient un chemin en se coulant comme des serpents entre les groupes, ou en écartant hardiment la foule. Ce jour-là les paroissiens ne paraissaient pas disposés à quitter l'église : ils attendaient la fin du drame.

Ainsi que le maire l'avait pensé, la division se faisait déjà : ceux qui prenaient parti pour le curé s'étaient rangés à droite du côté de la sacristie, comme pour en empêcher l'entrée; les amis du maire étaient en face et regardaient ce groupe hostile, tandis qu'une foule plus nombreuse attendait dans la nef, sans oser se prononcer. Tous craignaient de prendre part à ce conflit, et cependant montraient une vive curiosité des faits qui ne pouvaient manquer de se dessiner après la scène du prêche.

Le maire, sans paraître remarquer cette ardente curiosité, entra dans la sacristie au moment où le curé Caneva se déshabillait.

— Monsieur le curé, j'ai à vous parler, dit-il.

Le prêtre fit un signe de la main, comme pour montrer qu'il attendait.

— Vous n'avez pas le droit de chasser une fille de votre église. — Pardonnez-moi, monsieur le maire, dit le curé en affectant beaucoup de froideur dans la parole; étiez-vous par hasard à la messe? — Non, monsieur. — Vous n'avez pas connaissance des précédents de l'affaire, monsieur le maire : si vous étiez venu aux offices, si vous aviez entendu mon sermon, je pourrais peut-être discuter avec vous; mais je ne puis à cette heure vous donner les renseignements relatifs à la fille Luce Niquet; ce serait trop long. Si vous voulez venir à la curé après les vêpres, je ne demande pas mieux que de vous renseigner exactement.

— Je ne demande pas de renseignements, monsieur le curé, je dis que vous avez outrepassé votre pouvoir.

— Monsieur le maire, tous les fidèles qui assistaient à la messe ont trouvé ma conduite tellement raisonnable, que la fille Niquet a été condamnée d'une seule voix, et que ce sont les femmes qui l'ont mise à la porte. — Oui, dit le maire, les femmes ont obéi à vos ordres. Et si j'étais rentré avec Luce Niquet à la main, que croyez-vous qu'il serait arrivé? — Monsieur le maire, permettez-moi de ne pas répondre à cette hypothèse. Vous ne l'avez pas fait, parce que vous avez le sentiment de l'ordre et que vous ne voudriez pas apporter le scandale dans la maison du Seigneur. — Le scandale! s'écria le maire, est-ce moi qui ai commencé, monsieur le curé? Vous allez voir en sortant combien vos fidèles sont divisés : les esprits simples sont pour vous, les gens qui raisonnent pour moi; il y a la moitié du village qui attend les hostilités pour se partager. Par votre faute, voilà le village troublé pour longtemps, plus troublé que s'il y avait moitié protestants et moitié catholiques. — Par ma faute! s'écria le curé Caneva; dites par la vôtre, monsieur le maire. Vous saviez que la fille Luce était une enfant qui donnait l'exemple à nos filles, et vous l'avez laissée, dans votre maison, se livrer à des plaisirs défendus. — Son père était à la fête : une fille ne commet pas de fautes sous l'œil de son père; tout s'est bien passé cette nuit... — Ah! monsieur le maire, tout s'est bien passé! C'est presque un blasphème; si vos principes irréligieux ne vous troublaient pas la vue... Tout s'est bien passé! Hélas! ces combats de garçons et de paysans à coups de fléau, ces scandales nocturnes sont malheureusement une preuve que tout ne s'est pas bien passé.

— Monsieur le curé, si vous étiez depuis longtemps dans nos pays, vous sauriez que les fêtes ne se terminent guère autrement. — C'est bien ce que je veux changer. — Changer le caractère normand! Vous ne le connaissez pas, monsieur le curé... D'ailleurs, vous pouviez aller chez le père de Luce, l'engager à surveiller sa fille, puisque vous voulez en faire une sainte : le père aurait vu ce qu'il avait à faire. — Monsieur le maire, je n'ai pas à recevoir de conseils de vous... Ce qui est arrivé, je le recommencerai aujourd'hui, demain et toujours. — Pas en ma présence, du moins, dit le maire, qui se sentait emporté par cette discussion froide. — En votre présence, monsieur. — Monsieur le curé, songez-y, j'en écrirai au préfet. — Monsieur le maire, j'expliquerai ma conduite à Monseigneur l'évêque.

Le maire sortit de la sacristie, craignant de se laisser entraîner par sa colère à des paroles peu convenables, et il retrouva dans l'église ses administrés qui attendaient impatiemment le résultat de cette conférence. Quoique le maire gardât le silence sur sa conversation avec le curé, la nouvelle en courut le village, et ainsi qu'il était facile de le prévoir, des divisions profondes éclatèrent entre les paysans et amenèrent des événements qui produisirent une vive sensation dans le pays Bessin.

VI

LE TRIBUNAL DE L'OFFICIALITÉ DIOCÉSAINE

M. de Boisdhyver avait été rendre visite aux principaux fonctionnaires de la ville, et ceux-ci étaient venus, à leur tour, au séminaire. On sut bientôt que le préfet du département, arrivé en poste, faisait prier l'évêque de le recevoir. Ce n'était pas l'époque de la tournée départementale du préfet ; l'évêque jugea qu'il y avait quelque événement extraordinaire sous cette visite, et il se hâta d'envoyer un exprès à l'hôtel pour avertir le préfet qu'il l'attendait. Le préfet était un gentilhomme qui avait joué un rôle fort galant à la cour de Louis XVIII ; ses prouesses n'avaient pas peu contribué à le conduire au poste important qu'il occupait. M. de Castres représentait le parfait gentilhomme dans toute l'acception du mot. Ancien émigré, réfugié à Gand, il eut le bonheur d'adoucir les ennuis du roi pendant cette partie agitée de sa vie. M. de Castres passait pour l'homme de la cour qui avait eu le plus de bonnes fortunes ; il lui en resta quelque traces sur la figure, des cheveux blancs, une légère surdité, des manières d'une politesse exquise, et une excellente préfecture.

Voltairien, et se moquant en exil de ce Buonaparte qui voulait restaurer le culte, M. de Castres, en acceptant la mission de gouverner un département sous la Restauration joua la comédie dévote. Ce fut peut-être le préfet qui poussa le plus aux croix de la Mission, qu'il était d'usage de planter alors, et il aurait volontiers fait brûler tous les Voltaire qu'il trouvait dans les bibliothèques de ses administrés, sauf à en relire quelques pages en cachette, comme font les Turcs pour le vin. M. de Castres fut surtout célèbre par la guerre qu'il fit aux colporteurs de livres dans son département. Tout livre porté à dos dans une balle lui semblait immoral, et la librairie de Caen, de Falaise et de Rouen, qui imprimait depuis un temps immémorial diverses facéties grivoises et populaires de la *Bibliothèque bleue*, fut atteinte par les arrêtés du préfet et les saisies que les gendarmes pratiquaient avec ardeur dans les balles des colporteurs.

M. de Boisdhyver connaissait M. de Castres de réputation; le zèle catholique qu'il affectait ne lui en imposait pas, mais il était curieux de voir de près ce fonctionnaire. Après divers compliments de cour dont le préfet avait toujours une forte cargaison, M. de Castres aborda le sujet délicat qui l'amenait à Bayeux.

— Monseigneur, dit-il, votre arrivée dans ce beau pays va être marquée par un événement considérable qui demande une telle prudence, que j'ai voulu moi-même vous en prévenir, pour deux raisons : la première, pour ne pas répandre l'affaire davantage en la faisant circuler par des secrétaires et des employés inférieurs; la seconde, pour avoir le plaisir de me mettre en relation avec vous.

M. de Boisdhyver s'inclina, dit que le temps lui avait manqué, et qu'il comptait la semaine suivante aller au chef-lieu, afin de présenter ses hommages au préfet du département.

— A l'heure qu'il est, Monseigneur, dit M. de Castres, un village du département est en pleine révolte, en état de guerre civile, ou pour mieux dire de guerre religieuse. J'ai été obligé hier d'envoyer une brigade de gendarmerie pour mettre fin à ces discordes. A la suite d'un charivari qui a été donné à M. le curé Caneva, des combats à coups de fourche et de fléau ont eu lieu; plusieurs habitants ont été blessés, deux sont morts, et cela pour une fillette.

Alors le préfet rapporta à l'évêque les faits qui avaient amené ces malheurs. La victoire était restée aux partisans du curé qui formaient la majorité.

— Les gazettes libérales vont s'emparer de ce fait, dit le préfet; le mal en retombera sur mon administration. Ce Paul-Louis Courier, Monseigneur, est un homme dangereux qui n'hésite pas à fouler aux pieds les lois de la morale et de la religion pour se faire lire des masses; nul doute qu'il ne publie un pamphlet sur ce malheureux événement.

J'attends avec impatience le rapport du lieutenant de gendarmerie... — Les gendarmes, dit l'évêque, rétabliront peut-être l'ordre momentanément; mais je crains que ces querelles ne continuent... Comme vous le dites, monsieur le préfet, c'est un événement de la plus haute gravité. — Après tout, dit M. de Castres, force est restée aux gens religieux. — Qu'importe! monsieur le préfet, s'écria l'évêque; à notre époque, deux hommes tués, d'autres blessés par suite de querelles religieuses, font un tort considérable à l'Église... Nous ne sommes heureusement plus à ces temps où l'on enseignait le catholicisme le fer à la main... L'humanité s'est révoltée contre ces mesures de piété trop rigoureuse; notre mission aujourd'hui est plus conciliatrice... Le sang versé de ces malheureux va faire pousser, croyez-le, monsieur le préfet, des vengeurs. Tout martyr, toute victime enfantent d'autres martyrs, d'autres victimes... Je gémis quand je vois l'échafaud se relever pour des crimes politiques; vous tuez un homme qui a une croyance, il en naît à la même heure dix pour le venger... les malheureux paysans des Vertes-Feuilles qui sont morts vont ranimer la colère des ennemis de la religion :
— Que faire? disait M. de Castres.

L'évêque réfléchissait et semblait en proie à une violente émotion.

— Les rapports du lieutenant de gendarmerie peuvent être fort exacts, monsieur le préfet, mais ils ne donnent pas la connaissance précise des passions qui couvent au fond des esprits mécontents. Si vous le permettez, j'enverrai au village des Vertes-Feuilles un jeune prêtre d'une grande intelligence, pour étudier l'état général du pays et les troubles qu'y ont apportés ces funestes divisions. En même temps, il aura pour mission d'amener avec lui M. le curé Caneva, que je désire interroger.

M. de Boisdhyver sonna, et dit qu'on prévînt Cyprien de venir lui parler.

— Vous ne me conseillez pas, Monseigneur, dit M. de Castres, d'aller aux Vertes-Feuilles? — Votre présence, au contraire, monsieur le préfet, ne peut qu'adoucir les esprits. La plainte n'est-elle pas un exutoire aux plus grands chagrins!

Cyprien fut introduit. M. de Castres restait en contemplation devant cette physionomie pleine de charme, qui le rappelait à son jeune temps.

Cyprien entra dans le cabinet de l'évêque en courant plutôt comme un jeune chat que comme un homme habillé d'une robe noire.

— Eh! monsieur, lui dit l'évêque d'un ton de reproche amical qui arrêta le jeune séminariste. Comme vous avez chaud! ajouta-t-il. Monseigneur, nous étions en récréation, et je jouais à la balle.

L'évêque sourit.

— N'êtes-vous pas étonné, monsieur le préfet, du singulier missionnaire que j'envoie au village des Vertes-Feuilles?
— Il est charmant, dit M. de Castres en frappant légèrement d'un doigt la joue de Cyprien qui rougit. — Eh bien, monsieur le préfet, ce très jeune homme est aussi intelligent que léger; il quitte une partie de balle, mais il remplira sa mission mieux que personne... Cyprien, écoutez-moi.

Alors M. de Boisdhyver expliqua au jeune homme la nature des renseignements qu'il attendait de lui; il devait aller aux informations, causer avec les paysans d'une manière bienveillante, et s'instruire également auprès des vaincus comme auprès des vainqueurs.

— Monseigneur, vous serez satisfait de moi, dit Cyprien.
— Voilà un aimable compagnon de voyage, s'écria le préfet... Je l'emmène dans ma voiture, Monseigneur, si vous le permettez. — Mon enfant, dit l'évêque, remerciez monsieur le préfet de l'honneur qu'il vous fait en vous priant de l'accompagner.

Pendant que Cyprien était allé faire ses préparatifs de départ :

— Quel trouble ce jeune garçon eût jeté dans les cœurs à la cour de Louis XVI! s'écria M. de Castres. — Monsieur le préfet!... dit l'évêque. — Monseigneur doit savoir que je suis la discrétion même, je ne voudrais pas mettre de telles idées dans la tête d'un jeune homme. — Quelquefois, dit l'évêque, on se laisse aller à conter certaines anecdotes pour faire passer l'ennui de la route; vous voudriez peut-être enseigner l'ambition à mon Cyprien. — Oh! Monseigneur!... — Si vous saviez combien j'ai d'affection pour lui depuis que je l'ai vu, et combien j'ai peur qu'il ne se gâte, soit dans le monde, soit dans le séminaire!... Je crains les passions de la société; je crains plus encore l'atmosphère du séminaire, qui rend quelquefois nos meilleurs sujets des prêtres intolérants, sans charité, égoïstes.

Depuis qu'il était arrivé, l'évêque passait rarement un jour sans visiter les classes, cherchant à faire des trouvailles, car le chapitre des chanoines, entièrement à la dévotion du vicaire général, n'était composé que de médiocrités ou de prêtres âgés, tels que les Baudrand, les Godeau, les Judde, les Loriot et les Berreur, tous personnages qui menaient l'évêché. En arrivant à Bayeux, M. de Boisdhyver avait conservé le tribunal de l'officialité diocésaine tel qu'il était constitué du vivant de l'ancien évêque, et ce fut seulement l'événement de l'abbé Caneva qui démontra à M. de Boisdhyver la légère faute qu'il avait commise. Il eût pu révoquer à son gré les membres de l'officialité sans faire connaître les motifs de cette révocation ; mais l'évêque n'ignorait pas combien il en coûte de changer un ordre de choses établi, les tourmentes et les tempêtes qui s'élèvent, d'autant plus fortes sur les lacs paisibles, qu'elles semblent plus rares.

Quoique décidé à faire entrer les chanoines dans la voie douce qu'il entrevoyait, l'évêque était assez rompu aux habitudes du monde pour ne pas craindre les perturbations que ses bonnes volontés allaient jeter dans son clergé. M. de Boisdhyver, animé du désir de faire le bien, avait l'esprit trop charitable pour posséder en même temps cette précieuse fermeté de caractère sans laquelle les meilleures intentions avortent. Dès sa jeunesse, il s'était appliqué à extirper de son intérieur les racines de colère, d'orgueil, d'amour-propre ; à la place il avait semé la patience, la bonté, le dévouement, l'amour de son prochain ; il en était résulté un beau caractère, mais qui se laissait aller à des concessions, de crainte de causer un chagrin à quelqu'un.

Il en est des dignités de l'Église comme de toutes les dignités. Le chef peut être rempli des meilleures idées qui seront étouffées par son entourage. Si un maire est garrotté par son conseil municipal, un préfet par son conseil de préfecture, un roi par ses ministres, un évêque peut subir la mauvaise influence de son chapitre. L'homme le plus énergique se lasse ; il arrive avec des réformes, les expose, lutte pour ce qu'il croit la vérité ; mais il a un corps entier contre lui, qui tous les jours recommence son opposition, le harcèle, ne se fatigue jamais. Le chef, à moins d'une de ces individualités tenaces qu'il est si rare de rencontrer, hésite, doute, succombe à la tâche : c'est ainsi qu'il est bridé, couvert de brillants harnais ; mais il ne pense plus, n'agit plus, reconnaît qu'il est impuissant à combattre contre tous, règne sans gouverner et réalise la chimère d'un parfait gouvernement constitutionnel.

L'occasion se présenta bientôt pour M. de Boisdhyver de reconnaître le terrain nouveau sur lequel il ne marchait qu'avec une certaine précaution depuis son arrivée. Cyprien avait exécuté les ordres de son supérieur et ramené le curé Caneva. L'affaire était tellement grave, que l'évêque, ne croyant pas devoir prendre une décision à lui seul, convoqua le tribunal de l'officialité diocésaine. L'official ou président était M. Du Pouget, chanoine honoraire et curé de la cathédrale de Bayeux ; M. Godeau, curé archiprêtre de Bayeux et l'abbé Baudrand, chanoine honoraire et professeur de dogme au grand séminaire, occupaient les places d'assesseurs; les vice-assesseurs étaient l'abbé Trévoux, supérieur du collège Saint-Léger de Bayeux, et l'abbé Judde, chanoine. M. l'abbé Berreur, doyen du chapitre et théologal, occupait le siège du promoteur et, en cette qualité, instruisait l'affaire ; le vice-promoteur était l'abbé Commendeur, chanoine, et l'abbé Aubertin remplissait les fonctions de greffier.

Les réparations de l'évêché n'étant pas encore terminées, une salle du séminaire devait servir à installer le tribunal. Depuis quelques jours cette affaire amenait de chaudes discussions pendant les promenades des prêtres et rompait la monotonie de leur vie habituelle. L'abbé Ordinaire ne se fatiguait pas peu le corps en démarches ; il allait de l'un à l'autre, suivait de l'œil les gestes d'un groupe éloigné, et devenait tout oreilles, afin de mieux saisir l'opinion touchant l'affaire du curé Caneva. Il avait tellement sollicité M. de Boisdhyver, qu'il obtint la faveur de défendre l'accusé : l'évêque, qui ne vit d'abord dans cet empressement qu'un motif louable de charité, comprit trop tard qu'un système religieux se dressait en face du sien.

Le curé Caneva ne quittait pas son défenseur ; pendant tout le temps que s'instruisit son affaire, on le vit donner le bras au vicaire général qui, en se promenant avec lui dans les cours du séminaire, semblait par cette faveur dont il couvrait l'accusé, le poser plutôt en victime qu'en coupable. L'abbé Du Pouget, l'homme le plus éclairé du chapitre, avait rédigé l'instruction sur les notes fournies par Cyprien et sur les interrogatoires du curé Caneva. Son rapport, remarquable par la netteté, la concision et l'impartialité, lui valut un remerciment affectueux de l'évêque ; il ne savait pas encore que M. Du Pouget était un des hommes les plus distingués de France en science archéologique, car deux ans plus tard il devait être nommé membre de l'Académie des inscriptions et belles-lettres pour son livre du *Symbolisme dans l'art religieux du moyen âge*.

Le rapport ayant été lu devant les membres de l'officialité diocésaine, M. Du Pouget interrogea le curé Caneva sur les détails relatifs à l'affaire du village des Vertes-Feuilles. M. Caneva n'avait pas passé quelques jours dans le séminaire sans étudier l'esprit des prêtres qui devaient l'absoudre ou le condamner; d'ailleurs, conseillé par l'abbé Ordinaire, il semblait fier de comparaître devant ses pairs pour la cause de la religion, et ce fut par un discours de cette nature qu'il répondit aux interrogatoires de l'évêque.

— Pardon, monsieur le curé, dit M. Du Pouget, vous plaidez dans ce moment, quand il s'agit seulement de répondre à mes questions. Je ne mets pas en doute votre zèle pieux, il ne m'appartient même pas de le juger; il s'agit seulement de rétablir ici le sermon que vous avez prononcé en présence de vos paroissiens. — Monsieur l'official, dit M. Ordinaire, je vous demande la parole. M. le curé Caneva a prononcé un sermon pour lequel il est mis en cause; mais pourquoi a-t-il prononcé ce sermon? N'est-ce pas en vertu de pensées qui lui dictaient ses paroles? N'avait-il pas raison de croire la cause de la religion menacée dans son village? — Monsieur le vicaire général tombe également dans le défaut de l'accusé qu'il défend, reprit M. Du Pouget; déjà voici qu'il plaide la cause, mais nous n'en sommes pas là, messieurs; je prie donc M. l'abbé Ordinaire de ne pas interrompre l'interrogatoire que j'ai commencé, et j'invite M. le curé Caneva à se renfermer dans une réponse courte et simple, et à ne la faire suivre ni précéder de paroles en faveur du fait. M. le curé Caneva peut-il me dire pourquoi il interpellait d'une manière si dure une jeune fille à laquelle il a fait le plus grand tort? — Parce qu'elle donnait le mauvais exemple, dit le curé Caneva. — Cependant, dit l'évêque, cette jeune fille avait le droit de danser avec son fiancé. — Elle n'avait pas de fiancé. — Je demande pardon à M. le curé Caneva; pendant cette nuit où les garçons du village ont fait quelque bruit, je le reconnais, elle était en compagnie de son fiancé. Le fait est constaté par une déposition du maire des Vertes-Feuilles, que l'abbé Cyprien a recueillie.

Sur un signe de l'official, Cyprien se présenta; ayant été interrogé, il dit les faits qu'il avait recueillis de la bouche des paysans. Luce Niquet était fiancée à un garçon depuis un an; mais l'interdit que le curé Caneva avait lancé contre elle rompait le mariage projeté, par suite des divisions qui s'étaient établies entre les paroissiens. La mère du fiancé de Luce tenait pour le curé, et ne voulait pas pour bru une fille sur laquelle étaient suspendues les foudres de l'Église.

En entendant cette déposition, le curé Caneva faisait des signes de tête négatifs, haussait les épaules, se levait de son siège et s'entretenait avec son avocat d'un air de dédain en montrant Cyprien.

— Monsieur l'official, dit le curé Caneva, ces faits sont mensongers. — Mensongers! s'écria Cyprien en rougissant. — Oui, monsieur, dit le curé Caneva. Vous êtes malheureusement trop jeune pour remplir une mission si importante; vous aurez été abusé. — J'ai entendu les personnes les plus considérables du village, dit Cyprien. — Des ennemis qui jalousent l'autorité du curé. Parmi ces personnes considérables, auriez-vous demandé par hasard l'opinion de M. le maire des Vertes-Feuilles? — J'ai commencé par rendre visite à ce fonctionnaire, dit Cyprien. — Eh! monsieur, c'est là justement que je vous attendais; le maire est celui de tous qui a essayé d'ameuter le plus de haines contre moi. Il n'est donc pas étonnant que dès l'abord vous ayez été prévenu contre mes intérêts, car, aussitôt arrivé, vous avez entendu un homme qui, usant de son autorité civile, s'est dressé en face de moi et a réussi à former un parti contre la cure. — Le maire, dit Cyprien, m'a paru un homme droit, aimant ses administrés, et cherchant avant tout à établir la tranquillité dans son village. — C'est un être sans religion. — Il m'a parlé cependant, repartit Cyprien, des liaisons amicales qu'il entretenait avec le curé votre prédécesseur. — Je n'ai pas connu mon prédécesseur, répondit M. Caneva, mais j'ose affirmer qu'il n'avait pas un sentiment élevé de ses devoirs en fréquentant un impie tel que le maire des Vertes-Feuilles. — Monsieur Cyprien, dit M. Du Pouget, continuez votre déposition sans répondre désormais à l'accusé.

Cyprien déroula le tableau des menées sourdes du curé Caneva, qui, loin d'ignorer les fiançailles de Luce, avait tout mis en œuvre pour les rompre aussitôt après le scandale de son prêche. C'était un démenti formel aux allégations de l'accusé, que l'instruction montrait rôdant le soir par le village, se transportant d'une maison à l'autre, et attisant le feu des rancunes des paysans qui lui étaient dévoués. Cet acte d'accusation avait été fait sans arrière-pensée et sans prévention contre l'accusé; mais la conscience et l'intelligence déployées par

Cyprien dans sa mission déterminèrent un tel groupe de faits significatifs, qu'il fut plus tenté encore de les adoucir que de les présenter crûment. Cyprien n'eut qu'à les disposer dans un certain ordre, à les attacher les uns aux autres par rang de gravité, pour montrer clairement la courbe qu'avait produite la bombe de M. Caneva, du moment où lancée de la chaire elle avait éclaté dans le village.

— Mon cher Aubertin, disait l'abbé Commendeur, portant plus d'attention à ce qui se passait dans son intérieur qu'au jugement de l'abbé Caneva, pourriez-vous me dessiner des intestins ? — Des intestins ! s'écria l'abbé Aubertin, qui, armé d'une petite paire de ciseaux, songeait à remplir la commande du vicaire général et s'appliquait à rendre en ce moment le profil de sainte Eudoxie ; des intestins, pour quoi faire ? — Ah ! si je connaissais leur forme exacte, peut-être bien arriverais-je à me guérir. — Avez-vous vu des serpents boas ? demanda l'abbé Aubertin. — Non, dit l'abbé Commendeur. — Imaginez-vous que vous avez dans le ventre un grand serpent couché, replié en rond vingt fois sur lui-même, et qui reste endormi dans une torpeur absolue pendant qu'il digère. — C'est ça, s'écria l'abbé Commendeur, sauf que je ne ressens pas de torpeur. — Vous n'êtes pas non plus un boa. — L'abbé Godeau serait plutôt le boa... il mange et il boit sans jamais se fatiguer... Est-il heureux !

En effet, en ce moment l'abbé Godeau n'écoutait guère ce qui se disait dans le tribunal : les mains sur la poitrine, les yeux fermés, il était plongé dans une béatitude de gourmand que rien ne saurait troubler. Il conservait pendant ce léger sommeil un sourire tranquille posé sur de grosses lèvres vernies et luisantes ; ce sourire allait, venait, et participait de la respiration qui soulevait son corps pour sortir par sa bouche entr'ouverte. Un calme parfait enveloppait toute la personne de l'abbé Godeau, qui ne paraissait accablé que de porter un triple étage de mentons s'étalant dans leur superbe indolence et couvrant entièrement le rabat.

Tout en portant la plus grande attention aux débats, M. de Boisdhyver ne pouvait s'empêcher de remarquer l'attitude et la physionomie de son entourage. Quitter Paris et le frottement des gens intelligents pour retomber dans un évêché rempli de telles médiocrités fut alors pour le nouvel évêque un sujet de tristes réflexions. Il se demanda comment, seul, il arriverait à faire le bien ; car il comprit qu'il lui était impossible de changer la nature de ces prêtres que leurs petites passions avaient garrottés peu à peu, qui ne s'étaient même pas débattus pendant leur jeunesse, et qui, à l'âge où l'homme se sent puissant et capable de grandes choses, avaient trouvé de mauvaises herbes attachées à leurs moindres mouvements. Les plus heureux furent ceux qui, accomplissant machinalement leurs devoirs religieux, ne manquaient à aucun de leurs exercices, et lisaient leurs prières comme des lettres mortes, sans s'imaginer qu'ils ne faisaient qu'un pieux ron-ron.

Seul avec M. Du Pouget, le supérieur du séminaire, l'abbé Trévoux, était un homme remarquable, droit et plein de ce grand bon sens qui désenchante souvent les esprits faibles.

Ainsi, le procès de l'abbé Caneva se déroulait seulement devant cinq personnes : l'évêque, le supérieur du séminaire, M. Du Pouget, l'abbé Ordinaire et l'accusé, car Cyprien ne faisait pas partie du tribunal. Les autres membres étaient indifférents ; les uns, sans sommeiller comme l'abbé Godeau, ne comprenaient pas l'importance des débats ; les autres se livraient à leurs manies, comme l'abbé Aubertin qui avait abandonné sainte Eudoxie pour découper une longue bande de prétendus intestins sur lesquels méditait l'abbé Commendeur : frappé de leur analogie de forme avec le serpent boa, il était au supplice de voir la séance se prolonger, car il ruminait de consulter le volume de Buffon, à l'article *boa*, se disant à part lui que l'analogie de forme entraîne l'analogie de traitement, et qu'en étudiant la nourriture et la façon de vivre des serpents, il arriverait sans doute à gouverner ses intestins.

Si l'affaire intéressait médiocrement la majorité, les cinq personnes pour qui se déroulaient les débats n'en étaient que plus vivement touchées, et la lutte entre l'accusation et la défense fut un de ces combats oratoires qui ne brillent pas seulement par la parole, mais où l'on sent des questions graves qu'on ne peut guère plus toucher qu'une pierre à fusil sans qu'il en sorte des étincelles.

L'heure de la défense était enfin arrivée, vivement attendue par l'abbé Ordinaire, qui brûlait de mettre en lumière ses idées religieuses. Loin de se poser en défenseur, l'abbé Ordinaire se dressa en triomphateur : il montra la religion s'affaiblissant de jour en jour, perdant son influence sur les masses par de perpétuelles concessions à l'esprit du siècle.

Il fit un tableau sanglant de la Révolution française, comptant les prêtres qui avaient péri victimes de leurs convictions religieuses. A partir de cette époque, malgré les pompes qu'on avait rendues au culte, malgré les efforts des différents gouvernements qui s'étaient succédé et qui avaient fait une large part à l'autorité religieuse, l'abbé Ordinaire dépeignit cette autorité s'affaiblissant de jour en jour, et devant être anéantie dans l'avenir si les chefs de l'Église n'y prenaient garde. La douceur, la modération étaient des crimes aux yeux du vicaire général; de telles concessions rendaient l'Église faible et sans pouvoir. A entendre le grand vicaire, la terreur, les châtiments, la force seuls pouvaient encore retenir le peuple ; et il esquissa un sombre tableau de l'Inquisition, montrant la puissance du catholicisme à cette époque.

Peut-être l'abbé Ordinaire allait-il plus loin qu'il ne voulait, poussé par un esprit d'hostilité vis-à-vis de M. de Boisdhyver; il avait en lui la conviction âpre et dédaigneuse de l'homme emporté par sa nature qui, se sentant incapable de tolérance, s'irrite et veut gouverner par les moyens violents. M. de Boisdhyver écoutait ce discours avec attention, tout en compatissant aux amertumes cachées dans l'âme de son vicaire général, et qui jaillissaient de ses moindres paroles. L'abbé Ordinaire avait mis un feu si âpre à son discours, qu'il troubla même ses confrères qui ne se troublaient de rien. L'abbé Commendeur en oublia momentanément ses intestins. M. Godeau sortit de son sommeil en passant une large langue rose sur ses lèvres brillantes; seul, l'abbé Aubertin, plongé dans la création, continua à découper l'œil de profil de sainte Eudoxie à laquelle il était en train de faire cadeau d'une paire de longs cils semblables aux moustaches d'un chat effarouché.

Ayant laissé de côté les généralités qui avaient duré près d'une heure, le vicaire général exposa brièvement l'affaire du curé Caneva et dit qu'il daignait à peine en parler, car s'il le défendait, il se rangerait avec les ennemis de l'Église, et la défense devait se taire quand l'accusation était si faible; mais, conservant rancune à l'instruction que Cyprien avait faite dans le village, il accabla le jeune prêtre de sarcasmes cruels qui prenaient naissance dans l'amitié que M. de Boisdhyver semblait lui témoigner. Le *jeune homme* (telle était l'épithète qui revenait à chaque moment et sous laquelle Cyprien était désigné) avait recueilli, avec la légèreté de son âge, des propos de vieilles femmes, des bavardages de veillée. Tout en témoignant à l'évêque le respect qui était dû à sa haute position, l'abbé Ordinaire ne pouvait s'empêcher de déplorer qu'il eût choisi un tout jeune homme pour une mission grave, où des questions si importantes étaient en jeu. Par un moyen d'avocat, l'abbé Ordinaire se tournait vers Cyprien, le regardait avec dédain, et semblait vouloir le montrer dérisoirement aux membres du tribunal, jaloux de la faveur dont il avait été l'objet.

Cyprien rougissait, pâlissait, baissait les yeux sous le regard dédaigneux du vicaire général et semblait réellement l'accusé. Par là, il prêtait quelque vérité aux accusations de l'abbé Ordinaire; car, ayant accompli sa mission avec conscience, certain d'être arrivé à la connaissance de la vérité et de l'avoir démontrée aux yeux du tribunal, toutefois n'osant répondre, intimidé, n'ayant pas l'habitude de la parole, écrasé par l'arrogance du vicaire général, Cyprien voulait se lever et semblait cloué sur sa chaise, de même que sa langue était collée à son palais; il sentait l'indignation lui serrer la gorge, et ne pouvait dissimuler cette émotion. Laisser paraître combien il souffrait des acrimonies de l'abbé Ordinaire, c'était prouver que le vicaire général ne médisait pas en attaquant la jeunesse de Cyprien, puisque à la moindre émotion, les larmes lui venaient comme à un enfant. Heureusement, Cyprien fut tiré de cette situation pénible par un regard de M. de Boisdhyver, qui semblait lui dire : Courage!

Ce à quoi n'avait pu parvenir l'amour-propre du jeune homme, l'évêque y arriva par l'empire qu'il avait su prendre sur Cyprien.

A partir de ce moment, le vicaire général put continuer à lancer ses sarcasmes, qui semblaient s'adresser à une statue, tant le calme était revenu sur la figure du jeune homme. Fier du résultat de sa vengeance, l'abbé Ordinaire s'en donnait à cœur-joie de martyriser son ennemi à moitié vaincu, mais il dépassa le but en allongeant son discours, qui, à partir du second tiers, ne fut plus suivi avec la même attention par les membres de l'officialité : ayant usé toutes ses épithètes âcres et amères, sentant qu'elles ne portaient plus, trouvant Cyprien calme, la figure pleine d'une fierté modeste, le vicaire général termina péniblement son plaidoyer qui n'excita pas le murmure favorable si cher à ceux qui parlent en public.

Cependant, par une de ces comédies qui terminent quelquefois les grands mouvements oratoires et que les vieux avocats n'emploient qu'avec prudence, l'abbé Ordinaire se jeta dans les bras de l'abbé Caneva, comme s'il lui témoignait par cette accolade l'estime dans laquelle il le tenait; mais ce coup de théâtre fut perdu pour l'abbé Aubertin qui fouillait avec le bec de ses ciseaux pointus dans son panier noir et cherchait à rendre une délicate narine, telle qu'il la supposait à sainte Eudoxie. M. Godeau était retourné dans le pays des rêves gastronomiques, et les tyranniques boyaux de l'abbé Commendeur l'absorbaient complètement.

Après une réplique molle du promoteur, M. Berreur, dont le devoir était de soutenir l'accusation, mais qui se montra plein d'indulgence pour l'accusé, M. Du Pouget fit un résumé impartial de l'affaire. L'official reprenait les faits un à un, montrait les habitants des Vertes-Feuilles vivant en parfaite concorde jusqu'au malheureux prêche de l'abbé Caneva, qui, par un zèle dont on aurait pu lui savoir gré dans des circonstances menaçantes et dangereuses pour l'Église, avait eu le tort de ne pas se plier aux habitudes normandes et à celles, en particulier, du pays Bessin, fort enclin aux fêtes et aux réjouissances bruyantes.

M. Du Pouget faisait preuve de connaissances profondes des mœurs des diverses provinces de la France en démontrant que chaque pays a des habitudes contre lesquelles il est dangereux de lutter. Tout prêtre doit étudier les tendances de sa localité et l'esprit des habitants. L'abbé Caneva n'était pas nouveau venu dans le village des Vertes-Feuilles ; comment, aveuglé par un zèle religieux trop rigoureux, avait-il prononcé des paroles imprudentes grosses de discorde, peut-être utiles en Bretagne, très dangereuses en Normandie?

Il n'y eat dans le résumé de M. Du Pouget aucune trace de réponse aux attaques de M. Ordinaire ; mais Cyprien fut réconforté par un mot de son supérieur qui l'encouragea à toujours rechercher la vérité avec le soin qu'il avait apporté dans cette affaire, et la conclusion fut d'inviter les membres du tribunal diocésain à se retirer dans la chambre du conseil pour voter sur la conduite du curé Caneva.

La discussion recommença entre M. Du Pouget et le vicaire général sur la question de réprimande ou d'acquittement ; mais l'évêque comprit de quelle puissance disposait l'abbé Ordinaire, car si les membres du tribunal n'avaient pas prêté une vive attention aux débats, ils étaient venus avec un mot d'ordre. Les discussions pour ou contre ne signifiaient rien aux yeux de ces hommes, qui préféraient s'en rapporter à une volonté puissante plutôt que de se donner la peine de fouiller dans leur conscience. Il n'avait pas été difficile à l'abbé Ordinaire de persuader aux Commendeur, aux Aubertin, aux Godeau, aux Berreur, aux Judde et aux Loriot, combien il serait dangereux de condamner un de leurs confrères, appartînt-il aux derniers échelons du clergé.

Le prêtre doit avoir raison, il a toujours raison, il faut qu'il ait raison sans cesse. L'abbé Ordinaire, depuis le commencement de l'instruction, ne disait autre chose à ses confrères, comptant peu sur leur intelligence et s'efforçant de leur faire entrer comme un coin cet absolutisme. Ce ne fut pas avec des discussions qu'il chercha à les convaincre ; il ne descendait pas à discuter avec les chanoines, mais il leur donnait une certitude qui, leur épargnant de descendre en eux-mêmes, leur laissait l'esprit tranquille. MM. Judde, Loriot et Berreur étaient plus raisonneurs que MM. Godeau, Aubertin et Commendeur. L'abbé Ordinaire, qui avait étudié l'esprit de l'évêque dès son arrivée, prouva aux chanoines qu'il était important de se montrer, dans le principe, puissants et ne craignant pas leur supérieur. Rien n'était plus dangereux que de paraître souscrire à ses vœux aussitôt son installation ; c'était courber le front, se donner un maître, se préparer un avenir d'esclaves dans l'évêché.

Ces menées produisirent un résultat auquel ne s'attendait pas M. de Boisdhyver, quoiqu'il eût été prévenu par M. Du Pouget des agissements de son vicaire général. Le curé Caneva fut acquitté, et la peine de la réprimande rejetée, sauf deux voix, celles de l'official et du supérieur du séminaire. Sentant alors contre quelles mesquines passions il avait à lutter, M. de Boisdhyver fut ému malgré lui, mais sa loyale nature triompha, et le calme était revenu dans l'esprit de l'évêque lorsqu'il prononça le jugement du tribunal.

— Monsieur le curé, dit-il à l'abbé Caneva dont la joie pouvait à peine se contenir, le tribunal a jugé que votre zèle ne pouvait avoir aucunes fâcheuses conséquences pour l'Église. Vous sortirez d'ici lavé de toute espèce de reproches....

Les regards de l'abbé Ordinaire se croisaient avec ceux des membres du tribunal, heureux d'avoir remporté une victoire, non dans l'intérêt de la religion, mais contre l'évêque, qui ne semblait pas remarquer cet enthousiasme.

— Mais, continua M. de Boisdhyver, désirant que ces troubles ne se renouvellent plus dans le village des Vertes-Feuilles, et invité par l'autorité civile à y apporter tous mes efforts, usant de mon pouvoir discrétionnaire, M. le curé Caneva attendra au séminaire que je lui aie désigné la nouvelle cure qu'il sera appelé à diriger.

VII

INTÉRIEUR TRANQUILLE

Quelques intérieurs de province étonnent celui qui n'est pas initié à ces mœurs, par un aspect froid, mesquin, une odeur particulière inanalysable. On dirait que la vie est figée dans ces endroits : la forme des meubles, leur position dans les appartements, le papier des tentures, certaines pendules étranges, jusqu'aux plis des rideaux, tout concourt à frapper d'un particulier malaise un esprit actif. Il se sent transporté dans des milieux singuliers, comme si, emporté dans un ballon, il pénétrait dans les couches où l'air se raréfie ; il craint le sort de l'oiseau que la science enferme dans une machine pneumatique et qui ne tarde pas à expirer ; il a peur de vivre quelque temps sous ce toit, comme il est dangereux de s'endormir sous l'ombrage de l'arbre à poison. C'est un calme glacial et non la douce tranquillité : les drames se jouent ici comme ailleurs, mais sur une petite échelle ; des passions sont en jeu, grosses comme la tête d'une épingle, et ces passions passent par autant de bouches que l'épingle par de nombreuses mains d'ouvriers avant d'être fabriquée.

L'intérieur de madame Le Pelletier se distinguait de la plupart des maisons de Bayeux par cette absence de froideur ; la vie y était calme, mais cordiale et simple. Quand, dans l'après-midi, la mère et la fille avaient fait leur toilette et se mettaient à travailler dans le salon donnant sur la rue, le bonheur semblait habiter ce petit appartement, meublé avec un certain goût.

La toilette des deux dames était généralement d'un gris clair pour les saisons de printemps et d'été. La même étoffe leur servait ; la robe de Suzanne était relevée toutefois par quelques rubans, par une bordure plus voyante que la robe de madame Le Pelletier. Un homme corrompu serait devenu meilleur en voyant l'attitude de la mère et de la fille pendant leur travail : nulle mauvaise passion n'avait jamais frôlé la pensée des dames Le Pelletier. La pureté de leur cœur faisait une continuelle et douce explosion sur leur figure ; la vie semblait les avoir exemptées des chagrins, des maladies. Cela se voyait dans leurs yeux.

Si une ombre légère passait quelquefois sur la figure de la mère de Suzanne, c'était quand, levant la tête, elle rencontrait le portrait du président Le Pelletier, accroché à la muraille, qui semblait toujours la regarder. C'est ce phénomène physique qui rend touchantes les plus médiocres peintures : être suivi, de quelque côté qu'on se trouve, par les yeux du portrait, n'est-ce pas la pensée que la personne morte s'associe à chacune des pensées des êtres qui lui survivent? Un léger soupir que madame Le Pelletier tâchait encore d'affaiblir, afin de ne pas chagriner sa fille, s'échappait de sa poitrine, et elle ramenait aussitôt ses yeux sur son ouvrage, craignant de laisser voir son émotion. Cependant d'année en année le souvenir du président tendait à perdre son influence douloureuse, pour se teinter de sensations doucement mélancoliques.

Avec ses idées chrétiennes, madame Le Pelletier entrevoyait une existence impalpable, incorporelle, libre, heureuse, immatérielle, pour son mari défunt qu'elle se plaisait à rêver planant au-dessus de la maison, ou enfermé avec elle dans la chambre, entrant avec un rayon de soleil, peut-être l'un de ces atomes nombreux qui remplissent l'air; mais elle gardait ses réflexions pour elle et ne mettait pas sa fille dans sa confidence : tout en vivant heureuse de ces tendres chimères, elle n'eût pas voulu les faire partager à d'autres, à cause de leur peu de raison. Madame Le Pelletier avait un sens droit de la vie, et s'abstenait de raisonner sur les faits dont l'entendement est fermé à l'humanité.

Elle allait tous les dimanches à la messe avec Suzanne, croyait fermement en Dieu, et avait inculqué cette croyance à sa fille; hors de là, elle n'aurait jamais discuté sur les pratiques de la religion. Pour elle, le bonheur était dans la vie domestique et le travail; même lorsque son mari occupait les fonctions de président, elle s'était contentée simplement d'une fille chargée du gros ouvrage de la maison. Depuis la mort du président, madame Le Pelletier avait renvoyé cette servante, afin d'habituer Suzanne au travail et à l'entretien de l'intérieur.

Tous les jours à à six heures du matin en hiver, cinq heures en été, Suzanne était levée et commençait à mettre en ordre l'appartement. A cette heure sa toilette n'était pas encore faite, et ses lourds cheveux blonds, tordus en un clin-d'œil, laissaient échapper de petites mèches rebelles les plus charmantes du monde.

En costume du matin, la jupe attachée par derrière avec une épingle pour ne pas frôler les marches humides de l'escalier que la jeune fille venait de lessiver, le sang montant légèrement à la tête par suite de sa position, chantonnant quelque fragment de romance que sa mère lui avait apprise, Suzanne semblait une jeune déesse flamande, avec une distinction que les peintres des Flandres ont rarement trouvée au bout de leurs pinceaux.

A huit heures, Suzanne ayant fait le plus gros de la besogne, prenait un morceau de pain, des fruits, et s'en allait, qu'il fît froid ou chaud, dans le jardin. Là, sans s'inquiéter de la neige ou de la gelée, elle déjeunait, tout en émiettant une partie de son pain, afin d'allécher les oiseaux, qui ne manquaient jamais de distribution. Un homme sujet aux rhumatismes en eût gagné de nouveaux à voir entrer dans le jardin Suzanne habillée d'un simple jupon blanc et d'une sorte de petite veste du matin. Elle bravait l'air froid, la gelée, la neige d'hiver et la rosée du printemps : le vif de la saison ne faisait qu'ajouter à la vivacité de son teint, et elle rentrait à la maison le sang en mouvement, en chantant, le cœur plus heureux que si elle avait assisté à la plus belle fête du monde.

Ses amis les oiseaux, les arbres, les plantes qu'elle cultivait, l'air, le soleil, la lumière n'étaient-ils pas pour elle des tableaux toujours changeants, des sensations toujours nouvelles, qui ne laissent aucune inquiétude à l'esprit et qui le meublent de fraîcheurs odorantes inconnues aux grandes villes ?

Après quoi Suzanne procédait à la toilette des meubles ; c'est le luxe de la Flandre que le poli quotidien du bois. On aime les grandes armoires brillantes comme une glace, et les jeunes filles, tenant un morceau de cire qu'elles font courir dans toutes les directions, sur les surfaces planes aussi bien qu'entre les moulures, regardent ce travail plutôt comme un jeu gymnastique que comme une mission pénible.

Ce vernis posé, Suzanne montait à sa chambre, faisait une demi-toilette, rajustait ses beaux cheveux, enlevait le peigne, et disparaissait presque tout entière sous sa chevelure, comme ces statues de naïades portant des vasques qu'on entrevoit à peine entourées des pleurs d'une nappe d'eau. Le peigne séparait cette immense chevelure par masses considérables, avec une souplesse merveilleuse. Suzanne ramenait à l'ordre, comme en un bataillon, tous ces cheveux mutins qui, tout à l'heure, étaient dispersés.

D'un simple coup d'œil à une petite glace, elle s'assurait de sa coiffure. Il n'y avait que deux boucles rebelles derrière le cou, qui résistèrent toujours aux efforts du peigne, par leurs ondulations capricieuses ; mais ces deux boucles poussées à la racine des cheveux, sortant tout à coup du duvet soyeux du cou, semblables à ces tendres feuilles qui traversent la mousse au pied d'un arbre puissant, étaient si mutines et si jolies, qu'elles auraient demandé un poème, et mieux qu'un Pope pour poète.

Cette première toilette terminée, Suzanne descendait à la cuisine et préparait le second déjeuner de midi, consistant en viandes froides provenant du dîner de la veille pour les jours gras ; en une omelette, le plus souvent, et en légumes pour les jours maigres. Le déjeuner terminé et déposé près du feu dans des assiettes renfermées pour conserver la chaleur, Suzanne quittait ses gros gants de peau qui servaient à protéger ses mains, qu'elle avait fort belles, contre les gros travaux et contre l'action du feu. Plus leste qu'un oiseau sautant d'une branche à l'autre, elle courait à sa chambre, changeait de robe, appelait sa mère, et servait le repas en un instant.

Ainsi s'écoulaient les matinées de Suzanne, qui ne variaient que les jours de marché et de blanchissage ; alors elle était aidée par madame Le Pelletier, qui surveillait avec elle les travaux des lessiveuses dans la cuisine, remplie exceptionnellement d'une immense cuve fumante, garnie de cendres, faisant entendre un bruit d'eau roussâtre qui s'échappait du linge qu'on coulait, remplissant la cuisine et les corridors d'une vapeur épaisse. Deux fois par semaine, de huit à dix heures du matin, les dames sortaient en toilette modeste, chacune un panier au bras, et allaient faire leur marché.

Telle était leur vie habituelle. Madame Le Pelletier avait en outre enseigné à Suzanne l'art de la pâtisserie, pour varier la cuisine habituelle : quand il restait un peu de viande, Suzanne la hachait, la combinait, la pelotait en formes diverses et entourait ce hachis, *dit rissole*, d'une certaine pâte qui s'imprégnait à la casserole du jus des viandes, dont la masse était cernée par des dessins et des dentelures obtenus par une roulette de cuivre.

L'abbé Gloriot, cousin éloigné de madame Le Pelletier,

n'eut pas de cesse qu'il n'eût obtenu quelques-unes de ces excellentes pâtisseries qui gagnaient encore à être mangées froides ; c'était pour en faire cadeau à M. le chanoine Godeau, le plus gourmand de tous les chanoines. Mais madame Le Pelletier jugea à propos de voir le moins possible l'abbé Gloriot, homme un peu joyeux, qui portait presque toujours une rose rouge à sa boutonnière, et qui ne savait contenir, même devant Suzanne, ses propos rabelaisiens.

Deux ou trois fois l'année seulement, madame Le Pelletier reçut l'abbé Gloriot, qui passait généralement dans Bayeux pour un prêtre ami des plaisirs de la vie : il ne craignait, disait-on, ni les jolies pécheresses, ni les cigares bien secs, ni le vin bien vieux, ni le jeu, ni les propos salés.

L'abbé Gloriot oubliait trop la robe qu'il portait pour que madame Le Pelletier en fit un intime de la maison ; d'ailleurs, elle ne recevait personne, à l'exception du docteur Richard, ancien ami du président, qui l'avait soigné avec un dévouement tel qu'il passa huit nuits et huit jours sans sortir de la maison du malade, demandant en vain à la science des secours impuissants contre une maladie dévorante.

Les après-midi s'écoulaient entre la mère et la fille dans le salon, toutes deux occupées à travailler, Suzanne ayant, pour satisfaire sa curiosité de jeune fille, la première place dans l'embrasure de la fenêtre donnant sur la rue. En face était la maison du notaire, précédée d'une boutique d'épicerie et suivie d'une marchande de nouveautés. D'un coup d'œil à travers des rideaux brodés par Suzanne (mais elle les avait brodés bien légèrement, sans doute pour mieux voir), elle pouvait suivre les dames de la ville entrant chez la marchande de nouveautés, les paysans discutant à la porte du notaire, et les gens de toute classe se fournissant de tout dans la plus importante boutique de la civilisation, l'épicerie. Dans un intérieur tranquille, ces petits drames offrent un intérêt aussi puissant que, pour les Hollandais, le miroir reflétant les promeneurs de la rue.

Suzanne avait souvent de fous éclats de rire à la vue d'un enfant sortant de l'épicerie avec un grand cornet de mélasse et s'en embarbouillant les joues, le menton et les oreilles. Rien qu'à voir les gestes des paysans assis sur les bancs du notaire ou attendant, après le marché, leur tour d'audience, on pouvait suivre leurs discussions sans entendre ce qu'ils disaient.

La plupart des élégantes de Bayeux se fournissaient chez les dames Boulanger, marchandes de modes ; sans ambitionner les toilettes de ces personnes, Suzanne trouvait cependant un certain plaisir à les étudier et à les observer.

— Maman, viens voir! disait-elle à madame Le Pelletier quand elle voulait faire partager sa curiosité à sa mère. Alors, derrière leurs rideaux, elles faisaient leurs observations sur les comédies de la rue, sans y apporter le dénigrement habituel de la province. Une légère malice sans fiel partait des lèvres de madame Le Pelletier et mettait Suzanne en gaieté pour tout le reste de la journée.

Quelquefois la veuve du président chantait un de ces anciens airs d'opéra-comique de l'empire, dont quelques-uns sont restés jeunes encore, car madame Le Pelletier, du vivant de son mari, avait été quelquefois au Grand-Théâtre de Rouen, et, quoiqu'elle ne fût pas musicienne, elle avait retenu avec une grande justesse de voix des morceaux du *Nouveau seigneur*, de *Gulistan*, du *Calife de Bagdad* et de bien d'autres ouvrages, qu'elle disait franchement en compagnie de sa fille. La pureté des deux dames était si grande, qu'elles chantaient souvent des paroles un peu enjouées auxquelles elles ne faisaient pas attention, occupées seulement de la mélodie qui les recouvrait. Ainsi, madame Le Pelletier avait appris à sa fille le fameux air : *Ah! vous avez des droits superbes*, qui fait allusion au droit du seigneur sur les nouvelles mariées de son village ; si on eût demandé à Suzanne la signification de ces paroles, elle eût été fort embarrassée, car elle s'attachait surtout à l'air de la chanson et en était charmée à tel point, que les paroles existaient à peine pour elle.

Le lendemain de la visite aux Garnier, l'entretien roula, dans l'après-midi, sur ces pauvres gens et naturellement sur le jeune prêtre que les dames avaient rencontré. Madame Le Pelletier ne tarissait pas d'éloges sur Cyprien, qu'elle avait surpris entourant de soins la malade.

— Ce n'est pas, dit-elle, notre cousin Gloriot qui passerait ainsi son temps au chevet d'une pauvre aveugle. Monseigneur donne une grande idée de sa charité en choisissant de pareils missionnaires. — Maman, dit Suzanne, notre cousin Gloriot n'est pas mauvais ; je suis persuadée que, s'il se trouvait en présence de malheurs réels, il ferait tout pour les secourir. — Je ne veux pas médire de l'abbé Gloriot ; mais, mon enfant, il ne s'agit pas seulement de secourir des infortunes, il faut aussi les deviner, les chercher. Ce jeune prêtre que nous avons rencontré chez les Garnier a battu la ville en tous sens. Il a visité toutes les maisons une à une. Il n'a pas attendu qu'on lui dise d'aller à tel endroit, qu'on lui signalât des malheureux. — Je croyais, dit Suzanne, que c'était d'après les ordres de Monseigneur qu'il agissait. — Certainement, ma fille, mais il y a manière de remplir son devoir ; l'abbé Cyprien... — Comment savez-vous son nom, maman ? — Toute la ville en parle ; je croyais te l'avoir dit. — Non, maman, j'ignorais que M. l'abbé s'appelât Cyprien. — C'est un joli nom, trouves-tu ? — Je n'y vois rien de particulier. — C'est singulier, ma chère Suzanne, aujourd'hui nous ne nous entendons pas. — J'ai défendu mon cousin Gloriot ; y voyez-vous du mal ? — Mon Dieu, Suzanne, comment peux-tu parler de notre cousin Gloriot quand il s'agit de M. l'abbé Cyprien ? Est-il possible de les comparer ? — Dame, maman, mon cousin Gloriot m'amuse. — Oh ! Suzanne, quel ton ! — Il est si gai, si drôle, qu'on oublie qu'il a une soutane. — Et c'est bien ainsi que l'abbé Gloriot est dangereux : jamais, dans la vie privée, le prêtre ne doit oublier ni faire oublier sa robe. L'abbé Cyprien, par la réserve dans laquelle il se tient vis-à-vis des pauvres qu'il visite, leur fait une plus vive impression que le meilleur médecin. Il a à peine dit quelques mots quand nous sommes entrées, et chacun de ses mots avait une portée particulière ; tout est bien en lui : le maintien, le son de la voix, le regard... Une mère doit être heureuse d'avoir un tel fils.

La conversation tomba là-dessus, madame Le Pelletier réfléchissant aux réponses de Suzanne, et s'applaudissant d'avoir fermé sa porte au trop aimable abbé Gloriot.

Suzanne allait avoir dix-huit ans ; c'était là le souci de la veuve du président, qui passait souvent une partie des nuits à essayer de percer les nuages qui lui dérobaient l'avenir de sa fille. Rien dans Suzanne n'indiquait la moindre préoccupation d'un mariage prochain ; son humeur ne changeait pas. Une aimable égalité de caractère, une franchise enjouée, une santé parfaite faisaient qu'elle s'endormait régulièrement à neuf heures du soir pour se réveiller à cinq heures du matin, sans que jamais son sommeil fût inquiété par les troubles ordinaires aux jeunes filles rêvant le mariage comme pseudonyme de liberté.

Tant que Suzanne serait heureuse, madame Le Pelletier ne penserait pas à lui parler d'établissement ; mais un jour la jeune fille sentirait poindre en elle l'idée d'un époux. D'où les préoccupations de la veuve. Madame Le Pelletier avait un revenu médiocre, dont la majeure partie passait en aumônes. C'est en province que le manque de dot éloigne les prétendants. On ne connaissait pas dans Bayeux la fortune de madame Le Pelletier ; elle faisait partie de la haute bourgeoisie, et touchait presque à la noblesse par ce *Le* qui se détachait de son nom, et qui joue le rôle de particule nobiliaire. Veuve d'un président à la cour de Rouen était d'ailleurs un beau titre. Si madame Le Pelletier eût voulu fréquenter la société, elle eût été reçue dans les salons les plus difficiles, tels que la maison de la comtesse d'Entraygues, où, avant d'être admis, un étranger devait produire des titres contrôlés comme l'or à la Monnaie ; mais madame Le Pelletier ne songeait pas à aller dans le monde, et elle ne désirait guère, malgré les prévenances de la comtesse qu'elle rencontrait à l'église, être reçue dans son salon, fréquenté par deux ou trois vieilles dames et d'anciens chevaliers de Saint-Louis, qui ne parlaient que whist et goutte, bouillotte et rhumatismes. C'eût été un médiocre divertissement pour Suzanne. Cependant madame Le Pelletier ne se dissimulait pas qu'avec la vie qu'elle et sa fille menaient, il serait très difficile de trouver un prétendu ; si Suzanne ne trouvait pas un mari entre vingt et vingt-deux ans, elle risquait d'arriver à la trentaine, qui sacre une fille vieille fille.

Telles étaient les pensées habituelles de madame Le Pelletier, tourmentée à l'idée de se séparer de sa fille. Toute mère regarde le mariage comme une séparation entre elle et son enfant. L'influence maritale, nécessaire dans un bon ménage, fait le désespoir des mères. Qui sait si l'époux voudra se charger d'une belle-mère ? Mais comme madame Le Pelletier rêvait le bonheur de Suzanne avant le sien, elle chassait ses idées personnelles pour penser à l'avenir de sa fille. Bientôt il serait bon de songer à un mari ; il était nécessaire de connaître les jeunes gens de la ville, certaines personnes étrangères au pays occupant des positions honorables dans Bayeux ; alors la veuve du président se repentait d'avoir tenu peut-être un peu longtemps sa fille à l'écart.

Une visite que vint rendre le docteur Richard à madame

Le Pelletier lui fournit le moyen de connaître la jeunesse masculine cherchant à s'établir.

VIII

LA RECHERCHE D'UN MARI

— Nous allons te laisser un moment seule, Suzanne, dit madame Le Pelletier en priant le docteur de vouloir bien l'accompagner au jardin. — Vous avez quelque chose de particulier, mon amie, n'est-ce pas ? vous semblez tracassée. Est-ce que par hasard vous auriez besoin d'un médecin ?... Prenez garde !

Le docteur Richard était d'une humeur sarcastique qui ne respectait rien, pas même la profession médicale. Quoique d'une nature bienveillante, il se moquait de lui-même, de sa science, de sa femme et de tout ce qui l'entourait. Il démontait souvent les gens par son esprit, et on craignait beaucoup ce railleur qui, la première fois qu'il amena sa femme en société, la présenta ainsi : « Voici le médecin et sa médecine. » Vif, emporté, satirique, le docteur Richard sous cette enveloppe cachait un des cœurs les plus purs, un des esprits les plus droits du pays ; ses amis lui passaient ses travers, car des qualités si puissantes contrebalançaient tellement son naturel moqueur, qu'une fois habitué à un pareil homme, on ne pouvait plus s'en séparer : ceux qui étaient admis à connaître l'homme intérieur savaient quelle bonté se cachait derrière ce teint jaunâtre, ces yeux clignotants, enfouis sous les paupières, et ces lèvres pincées, habituées à la malice pour lutter contre la méchanceté des hommes. Le docteur Richard était adoré ou détesté dans Bayeux ; il n'y avait pas d'entre-deux. Quelques personnes le dépeignaient comme un être orgueilleux, médisant, vaniteux et dénigrant chacun ; la majorité en parlait, au contraire, comme d'un homme ne reculant devant rien pour aller au secours d'un malade. N'importe l'heure de la nuit à laquelle on frappait à sa porte en hiver, il partait aussitôt à cheval à dix lieues de là, si le cas l'exigeait, qu'il s'agît d'un pauvre ou d'un riche. Doué d'une prodigieuse activité, d'une intelligence remarquable, d'une force herculéenne, le docteur Richard, à cinquante ans, était plus jeune que ses confrères de trente ans. Médecin de l'Hôtel-Dieu et de l'Hôpital, il avait senti combien la science s'éteint en province ; il s'était abonné aux principales gazettes médicales de Paris, recevait tous les livres nouveaux de médecine, et correspondait avec les hommes illustres de la Faculté, qu'il avait eus pour compagnons de jeunesse dans le quartier Latin. Il consacrait deux heures tous les soirs, après minuit, à lire et à étudier les comptes rendus d'expériences qui ne peuvent se faire qu'à Paris, car le nombre des malades est trop restreint dans un hôpital de province pour permettre de se maintenir à la hauteur des expériences nombreuses d'une capitale. Tous les ans, le docteur Richard complétait ses lectures en faisant un voyage d'un mois à Paris, et les jeunes étudiants s'émerveillaient de rencontrer dans les hôpitaux ce vieillard à la physionomie spirituelle qui apportait à la clinique une attention de vingt ans.

La médecine redoubla la dose de scepticisme scientifique dont la nature avait doué le docteur Richard ; il ne croyait guère à la science des autres, à la sienne point du tout. Cependant il étudiait, creusait et réfléchissait, espérant que les tentatives modernes pourraient contribuer au soulagement des maladies de l'homme ; non pas que le docteur crût qu'il était impossible de guérir un malade, il en avait guéri beaucoup, mais il disait que la nature plus que la science l'avait puissamment aidé dans le traitement. Les grandes querelles académiques qui se terminaient en injures scientifiques le faisaient sourire, car il sentait le néant de la science. Si le docteur Richard l'avait voulu, il eût occupé un rang considérable en médecine ; l'inflexibilité de ses opinions, son caractère tout d'une pièce, son esprit sarcastique le firent échouer à un concours important, qui était la clef de sa destinée, et il s'en consola philosophiquement en s'établissant à Bayeux, avec la volonté d'y faire le bien.

Au chevet d'un malade, le docteur Richard laissait de côté ses brusqueries souvent blessantes pour ceux qui étaient en rapport avec lui pour la première fois ; il devenait grave, attentif et se recueillait pour attendre la fermentation de ses observations. Son petit œil malin devenait bon, et s'agrandissait comme pour mieux voir dans le corps des malades ; sa main ne quittait pas la main de celui qui l'appelait. On eût dit que, par ce contact, il appelait en lui toutes les émotions, les doutes, les pensées et les souffrances du malade. C'était un *être* qu'il s'agissait de guérir et de sauver : alors, à l'application qui se lisait sur la figure du docteur, le malade se sentait déjà soulagé, car il avait foi en cet homme attentif, observateur, doué d'une force morale puissante, aussi imposant qu'un prêtre pendant la prière des agonisants. En effet, par une singulière contradiction, devant le malade, le docteur Richard oubliait son scepticisme scientifique, et redevenait croyant ; mais il étudiait le tempérament de l'individu bien plus que la maladie, partant du physique pour se rendre compte du moral, et, ces deux observations soudées ensemble, il arrivait plus sûrement à la connaissance exacte de la maladie. Ayant pour système, qui s'enracinait de plus en plus à mesure qu'il exerçait, qu'il est impossible de classer les maladies, et que chaque être a sa maladie particulière, de même qu'il a sa physionomie particulière, il se retranchait derrière les analogies ; mais c'était son désespoir, car rarement le cas d'analogie se présentait. Il aurait voulu rencontrer deux malades se ressemblant de figure et ayant la même maladie. S'il guérissait le premier, il était certain de guérir le second par le même traitement. Aussi, jugeant la médecine inutile, ne croyait-il qu'à l'influence morale ; sans être comédien, le docteur Richard devenait d'une souplesse merveilleuse suivant la position, l'âge, le sexe de ses clients. Il était tour à tour, dans la même journée, brusque, bon, sensible, goguenard, sérieux, galant, s'il le fallait ; au sortir de ses visites, dépouillant le masque qui lui couvrait la figure, ses lèvres reprenaient cet accent sarcastique qui laissait place encore à la bonté.

Madame Le Pelletier et les amis du docteur Richard ne furent jamais dans la confidence des singulières sensations par lesquelles il passait : il eût regardé comme un crime de confier ses doutes à quiconque ; même sa *médecine*, qu'il chérissait et qui était une excellente femme fière de son mari, n'eût jamais soupçon des doutes du docteur. Mais, comme il craignait d'en trop souffrir en les gardant au dedans de lui, il trouva le moyen de s'en débarrasser en faisant un voyage à Paris chaque année. Alors l'homme qu'on avait vu le matin à la clinique étudier religieusement les moindres faits, ce savant vénérable en cheveux gris, cet observateur profond qui écoutait les maîtres avec l'humilité d'un étudiant de première année, devenait intarissable en plaisanteries contre la science, aux dîners intimes que lui donnaient ses anciens amis, presque tous professeurs à la Faculté. Savant et bouffon comme Rabelais en ces matières, enfermé dix mois en province comme dans une prison cellulaire, la parole bridée, ayant fait vœu de silence comme un Trappiste, alors il éclatait en sarcasmes, déversait tout ce qu'il avait amassé de doutes en un an, ouvrait la porte aux épigrammes qu'il avait puisées dans ses études scientifiques, étonnait les *Parisiens* par sa prodigieuse verve, sa moquerie puissante, basée sur l'incomplet de la science, et chacun se demandait : — Comment le docteur Richard peut-il vivre en province avec ce scepticisme railleur ? Effectivement, le médecin eût jeté l'épouvante dans Bayeux, si on eût soupçonné l'ironie enfouie si profondément en lui ; mais il la cachait comme une arme dangereuse que lui seul pouvait manier. Il devait en mourir dans la force de l'âge.

Hors de la science, le docteur Richard redevenait un homme excellent, bon, serviable, s'intéressant aux moindres détails de la vie, heureux de rendre service à ses amis. Doué d'un grand bon sens, il était rare que ses conseils ne fussent pas suivis par les gens qui les lui demandaient : malheureusement une certaine brusquerie dans la forme choquait les esprits timides, car le médecin voyait les choses vivement, et ne se perdait pas en détours. Quand une affaire était entamée maladroitement, il le disait net, ne se doutant pas qu'il choquait l'amour-propre de celui qui avait conçu le projet. Pour redresser une chose fausse, le docteur Richard employait immédiatement le moyen brutal, certain que ce ne sont pas les précautions de langage, les phrases adoucies, qui servent à prouver ; et ceux auxquels il plaisait ainsi, qui l'appréciaient et qui n'avaient pas la faiblesse de s'effaroucher de ce rare bon sens, l'adoraient. De ce nombre était madame Le Pelletier.

— Savez-vous, docteur, dit-elle quand ils furent ensemble dans le jardin, quel âge a maintenant notre chère Suzanne ? — Elle aura demain l'âge de se marier : est-ce là que vous voulez en venir ? — Docteur, vous êtes un sorcier. — Non, mais ma *médecine* m'a fait songer que c'était la fête de Suzanne, c'est-à-dire qu'elle aura bientôt ses dix-huit ans. — Votre femme est toujours bonne, docteur. — Il serait beau que la marraine ne pensât pas à la fête de sa filleule ! Ne dites rien à Suzanne, nous allons arriver avec de gros bouquets, à moins toutefois que je ne sois pris par une visite au dehors ; alors vous embrasseriez Suzanne doublement, une fois pour moi et une fois pour vous. — Mon cher docteur, vous pensez donc comme moi ? — Est-ce que vous avez quelqu'un en vue ? — Non ; mais un mari peut se présenter tout d'un coup, et c'est justement ce que je redoute, car il me faut un bien bon mari. — Oui, un bien bon mari pour notre Suzanne, un bon mari, vous avez raison... Il y en a, mais ils ne poussent pas tous les jours. — Je voudrais connaître un jeune homme de la ville, s'il est possible, l'étudier pendant quelque temps, le bien observer, le sonder, et à un moment lui faire faire des ouvertures. — Vous ne m'avez pas tout dit, madame Le Pelletier? — Si, vraiment. — Tout absolument? Mais, oui. — Cependant vous ne m'avez pas dit ceci : Je ne sors pas de la maison, ni ma fille non plus; je vis isolée du monde, je ne reçois personne, il n'y a que mon ami le docteur qui puisse traiter cette affaire-là; est-ce bien votre pensée, dites? — J'allais vous le demander. — Bon. Et le docteur vous aurait répondu : J'aime ma chère Suzanne comme si elle était ma fille ; je connais toute la ville et les maisons à dix lieues à la ronde, et je n'aperçois pas un épouseur pour l'instant. — Vraiment, docteur ? — Il ne manque pas de futurs, mais vous serez peut-être difficile, et vous avez le droit de l'être... Une si charmante fille! Voyons, auriez-vous de la répugnance à faire de Suzanne une avouée? — Non, dit madame Le Pelletier. — Une avocate? une notairesse? une femme de procureur royal, de juge? Vous ne sortirez pas de la robe ? — J'ai été heureuse avec M. Le Pelletier, et je n'ai rien contre le barreau. — Eh bien, ma chère amie, les charges d'avoué et de notaire sont aujourd'hui hors de prix; n'oublions pas que c'est mademoiselle qui paie en se mariant... Vous n'avez pas quatre-vingt mille francs à lui donner ? — Tout au plus vingt mille. — Mettons donc les notaires et les avoués à la porte s'ils se présentent... Ils ne se présenteront pas, d'ailleurs... Restent les avocats et les juges... Nous avons à Bayeux deux avocats qui se font de quinze à vingt mille francs ; mais ils sont mariés et ne céderont pas de longtemps leur place ; je connais leurs poumons. Le reste, des marmailles qui crèvent de faim et qui ne valent pas tripette... Pas d'avocats, cela est convenu. Les juges, vous savez, mon amie, ce que vous a laissé le défunt ; n'eût-il pas été si généreux, qu'il n'aurait jamais pu économiser une grosse fortune... Refusés, les juges... Suzanne a-t-elle quelque parti pris contre le commerce? — Je ne crois pas. — Suzanne tient-elle absolument à habiter la ville ? — Vous savez, mon cher docteur, combien peu elle profite des plaisirs de la société... Elle n'a jamais pensé aux bals. — Qu'elle épouse quelqu'un de la ville, et ses goûts peuvent se développer tout à coup. — Suzanne tient trop de moi pour aimer le bal... A Rouen, dans ma jeunesse, malgré les instances de mon mari, j'ai toujours préféré notre intérieur tranquille à ces nuits où la toilette développe la coquetterie. — Et la coquetterie la toilette, dit M. Richard. Alors Suzanne habiterait volontiers la campagne, un hameau peut-être? Certainement, si elle trouvait un bon mari. — Il ne manque pas de cultivateurs à établir. — Oh! s'écria madame Le Pelletier. Je vous entends; vous craignez des prétendus un peu grsosiers, à la figure rougeaude, qui ne comprendront pas votre mignonne Suzanne. — Il est commode d'être taciturne avec vous, mon cher docteur : cela n'empêche pas de suivre la conversation. — Eh bien, vous avez tort, et vous vous faites une idée fausse des cultivateurs. Les fermiers dont je vous parlais sont des jeunes gens qui maintenant font une partie de leurs études à la ville et reivennent dégrossis chez leurs parents. J'en connais à Bayeux, dans les études d'avoués et de notaires, qui prennent quelque teinture des affaires. Ceux qui n'ont pas une passion immodérée pour la chicane retournent dans leurs familles ; le séjour de la ville les a policés, ils sont moins paysans, et deviennent d'excellents fermiers. Voilà de bons maris : vie facile, bon air, occupation perpétuelle, peu de temps pour s'ennuyer, l'activité qui chasse la réflexion, le calme que donne la nature qui nous entoure, des chevaux, des brebis, des chiens qu'on voit tous les jours et qui valent mieux que les hommes... Décidément, j'ai eu tort, ma chère amie, de vous parler de la campagne. — Au contraire, docteur, vous m'enthousiasmez. — Mais les fermiers se mésallient rarement; presque jamais ils ne viennent chercher de femmes à la ville... Beaucoup sont riches et veulent des demoiselles riches. — Docteur, je me vois obligée d'oublier la campagne. — Il y aurait peut-être quelque inquisition à faire du côté de la jeunesse marchande de la ville ; je verrai cela. Mais pendant que nous y sommes, allons jusqu'au bout... Les employés du gouvernement ! Il en est peu de bien payés ; exceptez-en le receveur des contributions indirectes, le payeur, l'agent-voyer chef... et tout ce monde est en possession de femme... Et puis ils peuvent être envoyés on ne sait où... Tenez, mon amie, je voudrais pour votre fille un honnête bourgeois, un homme sage, pas trop âgé, qui connût la vie. Cela peut se trouver; s'il vous est jamais présenté par moi, vous pouvez être certaine d'avoir pour Suzanne un mari d'or... — Ah! dit madame Le Pelletier, s'il pouvait vous ressembler !

Le docteur se pinça les lèvres.

— Je ne le lui souhaite pas, dit-il. Et il ajouta d'un ton plaisant : Je suis trop occupé. — Est-ce que madame Richard n'est pas la plus heureuse des femmes ? — La plus heureuse, c'est beaucoup dire ; seulement elle a le bon esprit d'être contente de ce qu'elle a, et de ne pas chercher midi à quatorze heures... C'est moi qui suis heureux de l'avoir trouvée, car son calme me repose souvent des fatigues de mon métier. — Je souhaite seulement que Suzanne trouve en mariage la moitié de vos qualités, docteur. — Je lui trouverai mieux que ça... Ah ! je n'y pensais pas... Oui... peut-être un jour... — Qu'y a-t-il ? demanda madame Le Pelletier.

En ce moment, une heure sonnait à l'horloge publique ; le docteur tira sa montre de sa poche.

— Bon, dit-il, la Malva est encore en retard d'une demi-heure aujourd'hui ; on l'a arrangée dernièrement, je me fiais sur elle, je suis en retard.

La *Malva* est le surnom populaire de l'horloge de l'hôtel de ville, que depuis dix ans un ferblantier du pays s'obstinait à raccommoder, sans y réussir.

— Soyez tranquille, mon amie, dit le docteur à madame Le Pelletier, je crois avoir trouvé l'affaire de Suzanne.

IX

UN ÉTUDIANT DE PROVINCE

Tous les matins, à huit heures, le docteur Richard se rendait à l'hôpital, où sa visite était attendue avec une véritable impatience. Il n'est pas rare de trouver un hôpital tiraillé dans tous les sens par trois pouvoirs qui y dominent et y luttent sans cesse. L'administration civile est en guerre avec la corporation des religieuses, les religieuses avec le corps médical ; on voit même des schismes s'élever entre les médecins et les pharmaciens. Chacun tirant à soi pour acquérir de l'importance, les malades se trouvent pris au milieu de ces conflits et en souffrent nécessairement, mais le docteur Richard, par la loyauté de son caractère et sa franchise, s'était attiré les sympathies des pouvoirs différents.

Souvent il arrivait que les sœurs et le directeur le prenaient pour arbitre quand une difficulté se présentait entre eux. Sans doute le médecin de l'hôpital n'avait pas obtenu cette immense confiance de prime-abord ; mais depuis vingt ans qu'il occupait sa place, après avoir vu passer trois directeurs, une cinquantaine de sœurs, il avait été à même d'étudier la conduite à tenir au milieu de ces petits drames intérieurs.

L'hôpital de Bayeux, élevé dans l'enceinte d'un ancien couvent, a conservé quelques parties glaciales et humides. Le docteur Richard, par des améliorations prudentes faites chaque année, prit à tâche de remplacer l'architecture monacale par des constructions modernes moins sombres, qu'il jugeait devoir être d'un grand effet pour la convalescence des malades. La cour où se promenaient les convalescents fut plantée d'arbres ; un grand bassin y fut creusé, servant à alimenter un jet d'eau : on sema du gazon et on dessina des parterres dans un grand terrain vide où ne poussaient que des chardons et de mauvaises herbes. Des bâtiments vides et de grands hangars s'élevaient au bout de ce terrain abandonné ; le docteur les changea en écuries, et y fit établir des vaches et des chèvres, afin d'avoir du lait excellent pour les malades. Les beuglements des vaches, l'odeur du fumier, le mouvement des gens attachés au service des écuries, produisaient l'action la plus favorable sur les malades, qui, au lieu de l'ancien cloître aux murs noirâtres autour desquels ils se promenaient dans les longs corridors, pouvaient se croire presque à la campagne. Le docteur avait une grande foi dans tout ce qui frappe les yeux : l'hôpital de province est plus effrayant à l'esprit que l'hôpital parisien.

A Paris, la vie est tellement agitée, si remplie de bas et de hauts, que l'homme qui lutte arrive à une complète indifférence pour ce qu'il adviendra de sa guenille. La répulsion est si peu vive contre l'hôpital, que certains êtres déclassés le regardent presque comme une maison de campagne d'hiver ; mais en province le préjugé contre l'hôpital est resté dans toute sa force ; aller à l'hôpital, c'est avouer hautement sa détresse. Le docteur Richard jugeait que l'effet moral produit sur le malade par la nécessité d'entrer à l'hôpital, était déjà trop grave pour n'être pas obligé de corriger cette impression par des embellissements intérieurs qui devaient rendre au malade sa tranquillité. Il fit diviser les immenses salles qui ne contenaient pas moins de soixante lits, en petites chambres de quatre lits ; il chassa ainsi l'humidité, qui avait trop beau jeu dans ces grandes salles. Le médecin fit enlever les dalles du couvent pour les remplacer par de petits carreaux vernis, d'une manufacture voisine de la ville ; chaque année, il apporta des améliorations tellement visibles, qu'on ne discutait plus ses projets et qu'on le laissait maître absolu de l'hôpital.

Il augmenta d'un le nombre des internes, s'adjoignit deux externes qu'il dressait en cinq ans à faire d'excellents officiers de santé ; les sages-femmes qu'il forma étaient toujours les premières reçues à l'époque des examens. Le docteur Richard avait pour élève favori Claude Bernain, qui, quoique externe, avait su mériter sa confiance ; plus intelligent que ses compagnons, Claude allait quelquefois visiter les malades à la campagne, quand le docteur était appelé ailleurs.

— Mon cher Claude, lui disait le médecin, vous devriez travailler beaucoup, vous feriez un excellent praticien ; mais vous pensez trop aux femmes... Prenez garde, les femmes vous joueront un mauvais tour... Elles vous enlèvent la force, le courage ; et il en faut pour être reçu docteur.

— Bah ! disait Claude, j'en saurai toujours assez pour être officier de santé et gagner ma vie dans un village.

— Ne croyez pas que vous serez heureux au village, mon cher Claude ; les temps ne sont plus où un homme se retirait à la campagne après quelques études, et exerçait tranquillement la profession d'officier de santé. Il y a vingt ans, l'éducation s'adressait seulement à quelques êtres privilégiés. Chacun en prenait ce qu'il pouvait ou ce que les parents voulaient. Mais vous, avec votre intelligence, jeune encore, perdu dans un petit village, vous vous repentirez de n'avoir pas profité de mes conseils ; vous serez au-dessus de votre condition, vous la trouverez mesquine, et en rougirez. C'est ainsi qu'on se crée une vie misérable, car l'homme qui a de continuels reproches à se faire mène une existence empoisonnée. Croyez-moi, étudiez à force, ne manquez pas à mes visites, comme il vous arrive, et pourquoi ? Parce que vous avez passé une partie de la nuit à courir les rues, à boire, au jeu... Vous avez une nature malheureusement faible qui vous entraîne à des excès ; résistez une seule fois, vous verrez le contentement qui poindra à l'intérieur, et dont vous serez tout fier.

Tous les mois, le docteur Richard avait besoin de remonter son élève, qui protestait de ses bonnes intentions et pourtant retombait toujours dans ses faiblesses ; cependant un progrès se manifesta chez Claude Bernain qui, reçu officier de santé, continua de suivre les leçons du docteur Richard. Si ce jeune homme eût été dans un grand centre, le contact des gens intelligents et des travailleurs eût pu changer sa destinée ; mais la petite ville amène trop souvent la paresse et la débauche. Malheur à celui qui tombe dans les groupes des jeunes gens riches et désœuvrés qui peuplent les cafés d'une petite ville ! Il sera pris comme dans un piège, et il aura besoin d'une force morale immense pour échapper au danger. C'est la vie commune ; il n'y a pas, comme à Paris, à choisir entre le vice et la vertu. Les avis du docteur Richard étaient excellents, mais en sortant de l'hôpital Claude Bernain retrouvait ses amis et se laissait entraîner sans pouvoir résister.

Il eût fallu un courage considérable pour s'enfermer, au sortir de la clinique, dans sa chambre, étudier et passer les nuits ; en province on ignore ces moyens qui font qu'un travailleur, à Paris, peut rester invisible des mois entiers à ses amis les plus dévoués. Claude Bernain eût-il essayé ce moyen que, la nuit, ses camarades de débauche eussent fait le siège de sa maison ; tout le liait à eux, jusqu'à sa maîtresse, qui était la compagne des maîtresses de ses amis.

Le docteur Richard, sans connaître tout à fait la situation de Claude Bernain, la soupçonnait assez pour lui dire, le lendemain de sa visite à madame Le Pelletier :

— Claude, il faut absolument que vous entriez comme interne à l'hôpital : mon second s'en va, je désire que vous preniez sa place.

Dans la pensée du docteur se rattachait l'idée de Claude à celle de Suzanne ; dès les premières ouvertures de madame Le Pelletier, touchant l'avenir de sa fille, les noms de Claude et de Suzanne s'étaient soudés dans son esprit, brusquement et sans motifs antérieurs. D'abord le docteur Richard repoussa cette idée comme irréfléchie et manquant de bases ; mais il en fut poursuivi aussitôt qu'il eut connu la veuve du président, et la nuit elle se représenta, empruntant de nouvelles forces à sa continuité. Claude Bernain n'avait pas de position, pas d'avenir, Suzanne pas de fortune ; cette union semblait contre toutes les lois du bon sens ; peu à peu l'idée première se développa et fit entrevoir au docteur des détails favorables qui, se campant solidement les uns à côté des autres, finirent par prendre l'aspect d'un corps sérieux, déterminé à lutter contre les raisons contraires dont l'armée ennemie se dessinait vaguement dans le lointain.

Claude Bernain était jeune et intelligent. Tel fut le premier boulet lancé par les soldats qui défendaient la cause. A cela il fut riposté par l'armée ennemie : Claude a une intelligence vive et prompte, mais se contentant d'effleurer un sujet, ne creusant rien et reculant devant le travail. Et pour porter un coup plus vif : Claude a une jeunesse dissipée.

— Qu'importe une jeunesse dissipée, reprirent les auxiliaires de l'étudiant, s'il oublie dans sa maturité les excès de la jeunesse.

Le docteur Richard, qui avait eu tant de peine à Paris à modérer son ardeur de plaisirs, retrouvait dans sa mémoire les noms de certains de ses camarades qui, malgré une vie agitée, étaient arrivés vers trente ans, à se faire une carrière honorable. Aussi se rangea-t-il du côté des alliés de Claude. On pourrait le garder deux ou trois ans comme interne à l'hôpital, l'étudier ; s'il échappait à ses mauvaises relations, n'était-ce pas un signe qu'il était corrigé ?

La clientèle d'une petite ville est rude à conquérir. Claude n'avait pas le moyen de végéter, marié à une femme qui ne lui apporterait qu'une faible dot ; mais là, le docteur vint en aide à l'armée qui l'assiégeait :

— Claude me succédera, pensait M. Richard ; j'ai encore cinq ou six ans à exercer, jusque-là je le garderai avec moi, il m'accompagnera dans mes visites. Peu à peu j'habituerai mes clients à le regarder comme un autre moi-même ; il a un abord assez sympathique pour plaire aux malades, nul doute qu'il ne conserve toute ma clientèle. De ce jour il aura largement de quoi vivre, entretenir un ménage, et Suzanne sera heureuse.

Les ennemis firent une nouvelle sortie : Suzanne aura-t-elle jamais quelque penchant pour Claude ? Alors le docteur posa la main devant ses yeux ; c'était sa manière de réfléchir et d'appeler, comme dans une chambre noire, le souvenir des choses qu'il avait vues. Dans le demi-jour produit sur sa figure par sa main vint se retracer l'image de l'intérieur de madame Le Pelletier : le petit salon aux panneaux gris, le portrait du président regardant sa femme et sa fille qui travaillaient près de la fenêtre. Et la figure pleine de sérénité de Suzanne, sur laquelle aucune passion n'avait prise, sembla sourire au docteur pour le remercier de ce qu'il voulait bien s'occuper de son avenir. Le docteur Richard ne put s'empêcher de se frotter les mains de plaisir ; comme il voyait que sa pensée fortement appliquée à ce sujet allait s'ébattre ainsi toute la nuit et chasser le sommeil, il sauta résolûment au bas du lit et se plongea dans la lecture de volumes médicaux qu'il venait de recevoir. Ce fut plein d'ardeur qu'il arriva à l'hôpital le lendemain matin et qu'il manifesta à Claude son désir de le voir entrer comme interne dans son service. Claude ne répondit pas d'abord.

— Alors tu ne seras jamais bon à rien, dit le docteur avec sa brusquerie ordinaire, qui prenait un ton plus rude de ce qu'elle était contrariée dès l'abord ; va-t'en, je n'ai plus besoin de toi ; va-t'en ; tu n'as plus besoin de moi... Tu en sais trop pour un officier de santé ; va t'établir dans un village, tu me diras au bout d'un an ce que tu auras tiré des paysans normands. Je n'ai plus qu'un conseil à te donner : quand un malade se présentera chez toi, tâte-lui avec adresse la poitrine, l'estomac, descends ta main soigneusement et pratique alors l'auscultation du gousset ; voilà la vraie médecine, monsieur l'officier de santé... Quand tu auras ausculté de la sorte six cents paysans par an, qu'ils t'auront fait crever deux chevaux de fatigue, que tu auras passé des nuits à l'humidité et à la neige, tu verras ce que rapporte un brevet d'officier de santé. — Mais, monsieur Richard... — Adieu, te dis-je, tu en sais assez pour laisser crever tranquillement cinq ou six communes. — Je n'ai point parlé de m'établir. — Autant vaudrait l'avoir dit puisque tu refuses de travailler. La vie d'externe à Bayeux est donc bien agréable, bien réjouissante, que monsieur l'officier de santé craigne d'y renoncer un moment. — Monsieur Richard, je ferai comme il vous plaira. — Eh bien, je te croyais plus de caractère, Claude ; je ne sais si je dois compter sur toi maintenant ; demain tu peux me planter là, et vraiment ce serait dommage de perdre un officier de santé si savant... Sais-tu ce que c'est que d'être interne ? Je m'en vais te le dire. Tu t'engageras à ne sortir de l'hôpital que quand je t'en donnerai la permission... Après ma visite, tu travailleras à la pharmacie à confectionner toutes les ordonnances : il faut qu'un médecin connaisse à fond la manipulation des drogues. L'après-midi tu étudieras et tu me rédigeras des extraits des livres que je t'indiquerai ; tu couperas ce travail par trois visites aux malades... A huit heures du soir, après une dernière visite, tu te coucheras, afin que si on te réveille la nuit pour un besoin urgent, tu puisses reprendre sans trop de fatigue ton service du lendemain. — Je le ferai, dit Bernain. — Ce n'est pas tout : tu devras apporter une grande circonspection dans les rapports avec le directeur ; tu représentes le médecin, mais tu n'es pas moins sous ses ordres. Évite toute espèce de conflit, et s'il se présentait quelque difficulté, ne te laisse pas emporter par la jeunesse ; attends jusqu'au lendemain et préviens-moi, car je ne veux pas que, par quelque faute irréfléchie de ta part, tu sois forcé de faire des concessions. Les sœurs de l'hôpital sont excellentes, sauf la sœur Sulpice, qui a les nerfs un peu délabrés, et que cet état rend difficile à vivre... Ne fais pas attention à ces irritations passagères ; si tu n'es pas de force à les supporter, arrange-toi pour ne pas te rencontrer avec elle quand ses crises la prennent... Pour les infirmiers, traite-les sévèrement et veille à ce qu'ils n'exploitent point les malades... Je veux savoir tout ce qui se fait ici, même quand je n'y suis pas, et tu seras mon bras droit... Ne crois jamais avoir trop d'égards pour les malades ; ils sont malheureusement poussés par leur état à la défiance, à l'inquiétude, à l'amertume, ils disent du mal de moi; je ne les ai pas entendus, mais cela ne peut être autrement. S'ils m'aimaient trop, c'est qu'ils ne seraient pas malades... Sois donc bon avec eux : si tu les entends grommeler contre mes ordonnances, feins de ne pas les entendre... Songe, Claude, que je suis parti de plus bas que toi ; si tu veux, tu as ta position dans la main... Applique ta volonté à devenir un médecin considérable et tu le deviendras... L'homme peut ce qu'il veut ; mais garde ton orgueil au dedans, et ne l'étale pas de façon à choquer les gens... Si j'avais de l'ambition politique, je serais maire de Bayeux il y a longtemps ; j'aurais peut-être pu me faire nommer député... Songe à cela, travaille, et je me fais fort de ton avenir.

Claude Bernain promit tout ce que désirait le docteur, et le remercia vivement des bons conseils qu'il venait de lui donner ; l'étudiant en comprenait la justesse et se trouvait heureux de sortir de la vie fainéante que depuis longtemps il menait dans la ville. Enfin, il échappait à ses camarades de débauche, il lui était donné de se retremper dans un endroit tranquille où tout l'invitait au travail. Claude se sentait un certain orgueil à diriger l'hôpital en l'absence de son patron ; car dans la journée, à moins d'un cas extraordinaire, il pourrait décider de tout, faire une opération qui se présenterait, commencer un traitement, étudier les symptômes d'une maladie, en faire un rapport au docteur le lendemain. C'était déjà une confirmation de son savoir qu'une telle place : combien serait-il heureux s'il ne s'était pas trompé, si le docteur Richard approuvait les premiers secours donnés à ses malades en son absence ! En ce moment, Claude était tout dévoué à la science, et ne rêvait plus que maladies, épidémies, fatigues de jour et de nuit, dans l'intérêt de l'humanité souffrante.

Ayant ainsi songé dans sa cellule, il alla rendre visite au directeur pour lui annoncer sa nomination. Le directeur le félicita d'avoir accepté ce poste et d'être sous la tutelle du docteur Richard. Les sœurs firent également l'éloge du médecin, et les infirmiers saluèrent l'interne avec plus de considération qu'ils n'en accordaient à l'externe. Claude visita également les salles des malades, qui lui inspirèrent plus de pitié qu'auparavant ; en devenant *ses* malades, une partie de leur guérison et de leur bien-être était dans ses mains.

A neuf heures, l'étudiant était couché, ce qui ne lui était pas arrivé depuis bien des années ; ne trouvant pas le sommeil immédiatement il réfléchissait à la tranquillité de cette vie facile, au bien-être que le corps doit rencontrer dans une vie uniforme et réglée. En même temps il se demandait à quoi pensaient à cette heure ses amis de ne pas le voir, car il était toujours le premier au rendez-vous, et, pour ne pas perdre la bonne impression des paroles du docteur, il n'avait voulu prévenir personne. Comme il logeait en garni, il avait envoyé chercher sa malle, son linge, et il espérait vivre à l'abri des importunités de ses camarades. Une seule chose lui tenait au cœur, c'était d'abandonner sa maîtresse, la plus jolie ouvrière en dentelles de Bayeux, Julienne, fille de la Matussière, qui joua un grand rôle dans la ville, trente ans auparavant. Claude aimait Julienne d'autant plus que la Matussière s'opposait autant qu'elle pouvait à leurs rencontres.

La Matussière, beauté célèbre sous l'Empire, qu'on citait à Bayeux comme une merveille à cette époque, après avoir mené un train de princesse, était tombée dans la misère et exerçait l'état de repasseuse de fin. Jusqu'à quarante-cinq ans elle trafiqua de ses charmes, tint table ouverte et reçut nombreuse société de jeunes gens. C'était chez elle que s'organisaient des liaisons entre jeunes gens et jeunes filles ; elle était en quête d'ouvrières pauvres et leur procurait des relations, Claude Bernain, mené dans cette maison, signalée à Bayeux comme un lieu de perdition, devint amoureux de Julienne un an avant son entrée à l'hôpital.

Jusque-là Julienne, malgré les fâcheuses leçons qu'elle recevait de l'entourage de sa mère, avait résisté à toutes les galanteries et aux offres nombreuses des soupirants. La liaison de l'étudiant et de la jeune ouvrière resta quelque temps ignorée de la Matussière, mais elle finit par l'apprendre, et elle menaça sa fille de la battre si elle continuait de *rouler avec un pareil gueux* ; car la misère s'était introduite dans le logis de la Matussière, et peut-être se faisait-elle encore des idées de splendeurs et de bien-vivre en pensant à sa fille. Cependant, après des scènes violentes, après avoir enfermé Julienne, la Matussière, voyant que ces violences ne faisaient qu'accroître la passion de sa fille pour Claude, la laissa tranquille. Elle espérait qu'un jour Julienne se fatiguerait de Claude, et que, bien dirigée, elle entendrait mieux ses intérêts.

Claude avait compris la tolérance de la Matussière, et n'oubliait pas qu'il avait une ennemie près de sa maîtresse : c'est pourquoi il craignit que la mère ne profitât de son entrée à l'hôpital pour lui enlever sa fille. Désormais il était lié à son service, et le docteur Richard l'avait prévenu qu'il ne devait compter tout au plus que sur une sortie par semaine ; mais Claude commençait à se fatiguer de cette liaison qui lui prenait une bonne partie de ses soirées ; il trouva même que la difficulté de voir souvent Julienne ne pouvait qu'ajouter au plaisir de la retrouver, et il s'endormit la conscience en paix.

X

NOUVELLE VISITE AUX GARNIER

Cyprien, après avoir prévenu le docteur Richard, était resté quelque temps sans voir les Garnier, car le docteur lui avait dit qu'il fallait étudier la marche de la cécité et que certainement il n'opérerait pas la Garnier avant un mois ou deux. L'instruction faite par Cyprien au village des Vertes-Feuilles l'occupa beaucoup ; cependant toujours sa pensée se tournait vers cet intérieur honnête et pauvre, le plus digne de compassion qu'il eût rencontré dans ses visites charitables. D'un autre côté, le nouveau palais épiscopal allait être inauguré, et ce n'était pas sans grandes occupations que M. de Boisdhyver songeait à quitter le séminaire.

Cyprien, surchargé de besogne (il avait à faire une partie de la correspondance de l'évêque), employait la majeure partie de la journée à presser les ouvriers qui auraient fait damner un concile de saints par leur lenteur, car la bâtisse provinciale est renommée par le calme qu'elle apporte à ses constructions. Malgré ses occupations, Cyprien qui avait laissé quelques misères en suspens, demanda un jour de congé à l'évêque pour rendre visite à des malades : c'était véritablement pour lui plus qu'un congé, une fête. M. de Boisdhyver, qui lisait dans les yeux de son secrétaire l'impatience qui le tenait, lui dit en lui serrant la main et en lui glissant en même temps une bourse qui sonnait gaiement :

— Allez, mon cher Cyprien ; si un peu d'or peut faire un heureux d'un malheureux, ne le ménagez pas... revenez les mains vides. Aussi bien, il y a huit jours que nous faisons des économies.

C'était assis devant une petite table chargée d'un seul plat de légumes que M. de Boisdhyver parlait ainsi : comment n'eût-il pas fait passer la charité dans les cœurs les plus durs ? Cyprien s'étonnait moins qu'un autre de la frugalité de l'évêque ; lui-même, fils de paysans pauvres, ayant passé jusque-là sa vie au séminaire, ne connaissait pas les superfluités de la table des riches. Il put flairer les grasses et fines odeurs qui s'échappaient de la cuisine du chanoine Godeau ; entrevoyant quelquefois par une porte entre-bâillée le service brillant de la table du supérieur du séminaire lorsqu'il recevait les autorités de la ville, il fut à même de comparer la vie de privation de M. de Boisdhyver et celle des autres prêtres qui veillaient aux jouissances de leur corps.

Il n'y avait point de réformes et de petites économies que ne s'imposât l'évêque. Bien souvent Cyprien l'avait vu marcher à grands pas pendant un quart d'heure dans une petite cour isolée dépendant du corps de bâtiment où il logeait : c'était pour rendre le mouvement au sang et le réchauffer, sans avoir besoin d'allumer deux maigres tisons du foyer dont on ne vit jamais la fin. L'évêque arrivait à de sublimes avarices pour ses pauvres ; de même que ces ladres qui jettent tout à coup leur argent dans le gouffre d'un vice, M. de Boisdhyver, quand il s'agissait d'aumônes, laissait aller sa générosité à toutes voiles ; mais il avait trouvé dans Cyprien le meilleur distributeur de secours.

Peu à peu le jeune prêtre put sonder la véritable misère et en reconnaître les deuils; si, dans les premières visites, il se laissa entraîner aux apparences, plus tard, une sage expérience et une connaissance exacte de la souffrance lui servirent à distribuer des offrandes réellement utiles. Il étudia les pauvres sans y apporter de défiance, et prit à tâche de donner beaucoup là où il croyait qu'une famille pouvait encore se relever; alors il devenait prodigue comme M. de Boisdhyver, sans trouver ses secours suffisants. Rentré à l'évêché, il dressait un tableau exact de la situation des malheureux sur lesquels il appelait l'attention de son supérieur, sollicitant celui qui n'avait pas besoin d'être sollicité. L'évêque en devenait quelquefois sage :

— Mon cher Cyprien, lui disait-il, nous allons dépenser tout notre mois d'un coup. — Qu'importe! s'écriait Cyprien ; ces gens ont besoin... — S'il se présentait, demain, quelque infortune cruelle, si un malheur arrivait, laisserions-nous notre porte fermée à ceux qui s'y présenteraient?

Alors l'évêque plaidait pour garder une certaine somme de réserve en cas d'infortunes imprévues ; lui et Cyprien faisaient des chiffres, débattaient le budget; mais il se trouvait que M. de Boisdhyver était presque toujours en avance, et que chaque mois mordait de plus en plus le mois suivant, ainsi que les pendules qui avancent d'une minute, d'un quart d'heure, et finissent par tellement avancer, qu'elles font une fois de plus qu'elles ne devraient le tour du cadran. En continuant de la sorte, il était évident que M. de Boisdhyver se trouverait à découvert d'une année de ses émoluments ; mais il empruntait toujours, et ne craignait pas de s'endetter pour les malheureux.

Ce fut muni de la petite bourse aux louis d'or sonnants que Cyprien sortit de l'évêché, heureux de sa mission, heureux de revoir ses pauvres, plus heureux encore de retrouver les Garnier. Il était sorti, à sa dernière visite, et si ému et si content d'avoir laissé l'aveugle entre les mains de madame Le Pelletier et de sa fille, que, certain désormais que ses favoris n'étaient pas tout à fait abandonnés, il s'était consolé un peu de ne pas leur avoir rendu visite. D'ailleurs, ce que lui en avait dit le docteur Richard le rassurait, car il n'aurait pas voulu manquer d'être présent à l'opération de la pauvre aveugle, lorsqu'elle aurait lieu.

Cyprien sentait combien sa présence était utile dans une

telle circonstance. Les opérations sont dures, cruelles aux malheureux ; s'il est possible d'adoucir la rigueur de la science par des paroles et des consolations chrétiennes, le malade se laisse aller plus facilement à la volonté de l'opérateur, le moral fait contrepoids au physique terrifié.

Cyprien se surprit en route à marcher plus vite que ne le comportait sa robe ; il enjambait les rues, et se hâtait de peur de ne pas arriver. Quelle raison le poussait à cette agitation ? Il se le demandait quand il arriva au pied des escaliers, qu'il gravit vivement en sautant des marches. Aussi, quand il fut en haut, il tira son mouchoir pour s'essuyer le front, car il comprenait qu'en entrant il ne pourrait plus parler.

Une douce musique s'échappait à travers la porte mal jointe quand Cyprien se présenta. Cette musique partait du coin sombre où était dressé le lit de la Garnier.

— Allons, madame Garnier, un peu de courage, vous voyez qu'on ne vous abandonne pas... Le docteur a bonne opinion de votre accident ; il espère vous guérir...

La musique s'arrêta tout à coup au bruit de la porte qui s'ouvrait. Cyprien, qui avait repris ses forces sur le palier, resta indécis, tenant la porte entre-bâillée, et sentant une émotion extraordinaire courir dans tout son être. Ses genoux tremblaient, ses tempes battaient, le sang lui montait au visage ; il ne pouvait ni avancer ni reculer.

La douce musique était la voix de Suzanne, assise près du lit de la Garnier.

D'un regard qui fut permis à Cyprien quand la sensation singulière qui l'avait frappé fut dissipée, il s'aperçut que Suzanne était seule auprès de la malade, et que madame Le Pelletier n'était pas dans la mansarde. Cyprien s'avança, remis de son émotion.

— Mademoiselle, balbutia-t-il. — Monsieur, dit la jeune fille, encore plus troublée que lui. — Et madame Garnier ? demanda Cyprien. — Ah ! c'est vous, monsieur Cyprien, dit l'aveugle, qui reconnut la voix du jeune prêtre... Je ne vous voyais plus depuis longtemps... Si vous saviez comme nous avons parlé de vous, mon bon monsieur. — Votre mari va bien, madame Garnier ? — Oui, le cher homme est allé au bureau de bienfaisance chercher des bons de pain... — Et vous, madame Garnier, prenez-vous votre mal en patience ? — Non, dit-elle, je ne m'accoutume pas à la nuit, mes yeux pleurent mes yeux qui sont morts... J'étais tout à l'heure dans un état affreux d'accablement; sans cette bonne demoiselle Suzanne qui cherche à me consoler... Comprenez-vous que je ne peux pas croire qu'il est impossible de voir ?.. La chère enfant me fait du bien; elle me dit de si bonnes paroles, que je sens mon chagrin se fondre goutte à goutte quand elle parle. Heureusement qu'il y a encore de bons cœurs sur la terre. Vous êtes bons tous les deux, monsieur l'abbé, et vous aussi, mademoiselle Suzanne... Mon Dieu, je m'en veux, monsieur l'abbé, de ne pas vous faire asseoir; excusez-moi... Quand on ne voit pas, on n'est bonne à rien... Mademoiselle Suzanne, voudriez-vous donner une chaise, s'il vous plaît ? — Pardon, mademoiselle, je vous remercie, dit Cyprien à la jeune fille qui lui offrait une chaise, je ne fais que passer... — Je vous en prie, monsieur l'abbé, restez un moment... Garnier sera si heureux de vous voir; il ne parle, sauf votre respect, que de son jeune homme... Il s'inquiétait si vous n'étiez pas malade; il disait : il y a huit jours que je n'ai vu mon jeune homme... Vous allez rester, n'est-ce pas ?...

Cyprien prit une chaise et s'assit au milieu de la chambre, laissant l'aveugle parler, car son émotion ne pouvait s'éteindre tout à fait; mais la Garnier se tut, et un silence s'établit dans la mansarde, qui n'était troublé que par le tic-tac sourd d'une vieille horloge noire placée dans un coin. Chaque tic-tac répondait aux battements des tempes du jeune prêtre, qui n'avait jamais éprouvé une telle sensation; les secondes lui paraissaient des années, les minutes des siècles. Il eût voulu rompre ce silence embarrassant, et son cerveau était troublé; il aurait essayé de se lever qu'il ne l'eût pas pu, il semblait avoir perdu l'usage de ses sens et de ses facultés. Dans ses oreilles résonnaient toujours les paroles de Suzanne à son entrée; c'était l'idée qu'il se faisait des concerts célestes.

La vie de Cyprien avait été privée des soins maternels, car sa mère mourut en couches; il fut élevé à la ferme de son père un peu rudement, sans recevoir les soins délicats que seule une mère peut donner. Ainsi se passa l'enfance de Cyprien, qui sortit bien jeune de la ferme pour entrer au petit séminaire, et de là au grand séminaire. Toujours il fut élevé par des hommes, c'est-à-dire avec une dure fermeté à laquelle il obéissait sans murmurer; aussi la vue d'une femme jetait-elle Cyprien dans un monde de réflexions qu'il ne pouvait analyser. Il subissait un charme, s'en étonnait et ne faisait rien pour le dissiper. Tout le remplissait de surprise dans la femme. Par quel pouvoir une femme remplissait-elle son sang d'un trouble inconnu, faisait-elle passer une nouvelle chaleur dans ses veines ? Comment analyser cette voix plus douce que le murmure d'un ruisseau ? Comment regarder sans baisser les yeux ces traits si doux, si bons, si pénétrants ? Toute l'adoration que Cyprien avait apprise à reporter à la Vierge, il en dotait la femme, et de toutes celles qu'il avait rencontrées, Suzanne était la plus parfaite : elle avait une figure si pure, que Cyprien mourait d'envie de le lui dire ; toutefois un sentiment secret l'arrêtait et garrottait ses paroles. Qu'il eût été heureux de s'écrier : Mademoiselle, que vous êtes belle ! Mais sa langue était enchaînée, la timidité et la honte se joignaient ensemble pour l'avertir de n'en rien faire... Que craignait-il ? que redoutait-il ? Il ne le savait pas ; il craignait de blesser Suzanne, comme on craint de toucher un papillon, et de voir envoler la fragile poussière qui colore ses ailes...

— Est-ce que M. Cyprien est parti ? demanda la Garnier, inquiète du silence qui régnait dans la mansarde.

— Non, madame Garnier, il est là, dit Suzanne.

Cette réponse fit au jeune prêtre un des plus vifs plaisirs de sa vie. Suzanne s'était occupée de lui, elle avait parlé de lui, elle avait dit : *Il est là*. Elle l'avait remarqué, elle s'occupait de lui, elle savait qu'il était assis au milieu de la mansarde. Quelle jouissance que d'occuper une seconde seulement la pensée d'une personne si charmante ! Cyprien reprit un peu courage : les avances venaient de Suzanne, elle avait parlé de *lui*, il appela tout son courage pour parler à *elle*.

— Madame Le Pelletier n'est pas indisposée, mademoiselle ?

C'était une question bien simple, il sembla à Cyprien qu'il avait soulevé une montagne.

— Non, monsieur l'abbé, dit-elle ; ma mère est allée faire une course, elle doit venir me trouver ici.

Cette réponse chagrina Cyprien ; il était seul avec Suzanne, heureux de la rencontrer seule ; maintenant il craignait de voir arriver madame Le Pelletier. Il voulait continuer la conversation, rien que pour entendre la voix de Suzanne, et ce qu'elle venait de lui dire lui coupait encore une fois la parole. Il craignait qu'on ne remarquât la singulière transfiguration qui s'était opérée en lui : ses yeux plus brillants, sa peau plus humide, ses joues plus ardentes, car il sentait qu'une nouvelle vie circulait en lui, comme un malade épuisé à qui on fait l'opération de la transfusion du sang. L'activité de tout son être semblait être doublée. Du moment où il était entré dans la mansarde, et où il avait entendu la voix de Suzanne, tout avait pris une nouvelle vivacité : le petit jour qui entrait par la fenêtre, plus brillant que le soleil ; la mansarde, plus riche qu'un palais ; chaque objet se teintait de rayons lumineux, et se dorait comme dans un rêve enchanté.

Cyprien se sentait sous le coup d'un vertige bienfaisant dans lequel il oubliait la vie. Il ne sentait plus son corps, il ne savait plus s'il était assis ou debout, s'il volait dans l'azur pour se reposer sur le pic des montagnes bleuâtres de l'horizon. Il n'entendait plus qu'une voix, ne voyait qu'un doux ovale souriant, entouré de cheveux blonds. En ce moment, il oubliait ses timidités vis-a-vis de la femme ; il fixait ardemment, sans pouvoir s'en repaître, ce visage de jeune fille si calme et si pur qu'il défiait le rêve d'en produire de plus suave. Cela lui était d'autant plus permis que Suzanne avait apporté sa tapisserie et n'en levait pas les yeux depuis l'arrivée de Cyprien ; son instinct, un trouble secret l'avertissaient qu'elle rencontrerait les yeux du jeune homme. Sa tête, qu'elle baissait, servait d'excuse à la pourpre qui inondait sa figure, et qui lui enlevait la faculté de s'occuper sérieusement de sa tapisserie.

Elle était en train alors de suivre avec son aiguille les contours d'un jeune chien assis devant une bergère. Ce ne fut que plus tard, le lendemain matin, en reprenant son ouvrage, qu'elle fut frappée de la baroque physionomie que prenait la tête du chien en tapisserie ; car si son aiguille obéissait à la volonté qu'elle tâchait d'appeler à son aide et qui lui commandait de ne pas paraître inoccupée, d'un autre côté, les agitations secrètes, le trouble qui l'agitaient faisaient que les points étaient suivis avec une irrégularité et un désordre dignes d'un singe capricieux voulant imiter avec l'aiguille le travail de sa maîtresse.

La tête penchée, Suzanne croyait échapper aux regards de Cyprien ; mais celui-ci, assis sur une chaise basse de coin de feu, la seule qu'on pût lui offrir dans ce pauvre ménage, était beaucoup moins élevé que Suzanne, et, malgré l'ombre portée sur la figure de la jeune fille, Cyprien n'en suivait pas moins le cours des émotions diverses qui s'y succédaient. Il résultait de la situation de Suzanne et de Cyprien des silences inquiétants pour eux-mêmes, inexplicables pour l'aveugle ; aussi, de temps en temps, pour la rassurer sur sa présence, Suzanne affectait-elle une petite toux, et quelques instants après Cyprien avait soin de remuer sa chaise basse. Faisant un suprême effort sur lui-même :

— Votre mari ne revient pas, madame Garnier ? — Il commence à devenir si impotent des jambes que j'ose à peine le laisser sortir... Vous êtes peut-être pressé, monsieur Cyprien ? — Monseigneur m'a chargé de beaucoup de courses, et je craindrais, en attendant plus longtemps, de ne pouvoir les faire aujourd'hui ; mais je reviendrai, madame Garnier, en retournant au séminaire, et je verrai votre mari.

Cyprien s'était levé ; après avoir pris congé de mademoiselle Le Pelletier, il sortit et respira alors plus librement, car il se sentait étouffer comme par ces chaudes journées d'été où l'atmosphère enlève toute force et tient l'homme dans un état de moite pâmoison. Cependant, malgré ce singulier état, Cyprien se sentait doublement heureux de vivre. A peine sentait-il son corps ; il marchait sur le pavé de la rue comme s'il eût marché sur des flots. Tout devenait une fête pour ses yeux : il avait le bonheur d'un enfant qui regarde pour la première fois dans un kaléidoscope ; jamais les passants, les boutiques ne lui avaient paru revêtus d'un si heureux aspect. Le beau et le bien lui apparaissaient attachés à chaque chose, à chaque être : c'était un enchantement, des aspects consolants, des félicités entrevues pour la première fois.

Réfléchir, penser, Cyprien ne le pouvait pas ; il était entré dans un royaume vague, mystérieux, de sons et de parfums dont à peine l'orgue et l'encens pouvaient donner une idée. Dans ce royaume, les formes n'avaient rien de précis et semblaient plutôt flottantes et diaphanes, occupant les yeux sans les arrêter sur des angles et des contours. Il semblait à Cyprien que des ombres d'anges défilaient devant lui au son d'une symphonie douce et lointaine, en laissant dans l'atmosphère une odeur suave qui était suivie d'une autre apparition et d'une nouvelle délicate odeur... A l'horizon se détachait un profil blond, qui n'était autre que le portrait affaibli de Suzanne, un souffle de portrait inarrêté comme les nuages.

Ce fut poursuivi par ces chimères souriantes que Cyprien visita les pauvres gens qu'il avait à soulager. Ce jour-là il les trouva plus misérables que de coutume ; son cœur s'attendrit plus ouvertement sur leurs souffrances, il regretta de n'avoir point à sa disposition un grand coffre plein d'or dans lequel il pourrait puiser toujours, sans crainte de le voir s'épuiser.

Il leur parla de bonheur, de félicité, d'espérance, avec un tel accent qu'il s'en étonnait le premier, et que ces malheureux, convaincus, embrassaient sa robe en pleurant.

Jamais Cyprien ne s'était montré plus éloquent ; les paroles lui montaient de la poitrine aux lèvres aussi librement que la respiration ; elles semblaient couler de source, et Cyprien jouissait lui-même des bienfaits de son éloquence. Ému de l'attendrissement qu'il provoquait, il sentait que ses paroles n'étaient pas perdues, que, sorties du plus profond de son être, elles entraient profondément dans le cœur de ceux qui l'écoutaient et adoucissaient l'aigreur qu'amène trop souvent la misère...

Il comprit ce jour-là la portée de sa mission, car elle atteignait son but immédiatement. Qu'on juge du bonheur du laboureur qui, semant une graine, la verrait poindre en herbe, grandir, mûrir et porter fruit en un instant ! Telle était la situation de Cyprien qui jusqu'alors avait pu sentir sa parole s'infiltrer doucement dans l'esprit du malheureux, mais agir aussi lentement que la goutte d'eau qui, sans cesse tombant au même endroit, finit après de longues années par percer le roc.

Ce fut avec une jouissance mêlée cependant d'une certaine anxiété que Cyprien reprit le chemin qui conduisait à la maison des Garnier : il allait revoir Suzanne, et il craignait de la revoir. Un nouveau sentiment venait de s'éveiller en lui, et il se sentait coupable d'une faute grave en désirant ardemment de voir renaître les émotions étranges et nouvelles qui l'oppressaient.

Quoique ne pouvant encore analyser ce qui se passait en lui, n'étant pas à même de comparer ces sensations avec d'autres, déjà la défiance se montrait armée et lui remettait en mémoire l'image de Saint-Michel terrassant le dragon ; mais ce dragon, qu'il avait regardé maintes fois dans le chœur de la cathédrale de Bayeux, lorsqu'il levait les yeux de son livre de messe, était un monstre hideux, couvert d'écailles livides, l'œil ensanglanté, bavant le poison par la langue bleuâtre, et saint Michel était en droit d'immoler un pareil épouvantail, tandis que les rêveries, les extases qui avaient assailli Cyprien ne ressemblaient en rien à ce monstre. Cependant, pourquoi cet avertissement secret se présentait-il à l'esprit de Cyprien baissant la tête, fermant à demi les yeux pour mieux concentrer ses réflexions, et marchant à cette heure avec autant de calme que tout à l'heure il apportait de précipitation ?

Il arriva ainsi à la maison des Garnier, l'esprit troublé, attendant de l'avenir de nouvelles lumières. Ce ne fut pas sans une vive émotion qu'il leva le loquet de la mansarde. Le soleil avait disparu et ne coupait plus la chambre en deux par son rayon oblique et bienfaisant ; la mansarde était noire et humide, le mobilier triste et boiteux ; de grandes ombres grises s'allongeaient à la place du rayon de soleil, la vie était absente, et la mort serait venue rendre visite aux Garnier qu'elle n'eût pas laissé de traces plus amères de sa visite...

Suzanne n'était plus là !

— Voilà M. Cyprien, s'écria le père Garnier qui était assis auprès du poêle et épluchait des pommes de terre pour mettre dans le pot-au-feu. — Ne vous dérangez pas, dit Cyprien, forçant Garnier à s'asseoir. — Quelle bonne journée pour moi ! je craignais tant de ne pas vous voir... — Oui, dit l'aveugle, mon mari disait : Voilà la nuit, M. l'abbé ne viendra pas... Ce n'est pas comme moi, je ne m'inquiète plus s'il fait nuit ou jour. — Je vous avais promis de revenir, dit Cyprien ; j'ai quelque chose à vous remettre de la part de Monseigneur. — Il est trop bon. Ah ! monsieur Cyprien, dites-lui combien je ne l'oublie pas... — Voilà ce qui me soutient un peu, dit l'aveugle ; ce n'est pas tant les secours, c'est surtout de ne pas se voir abandonnée, seule, quand on est malheureux... Je le disais encore tout à l'heure à mademoiselle Suzanne, combien votre visite m'a fait de bien, monsieur Cyprien... Maintenant, je vous vois presque, malgré mon infirmité ; je me suis fait détailler par cette chère mademoiselle Suzanne comment vous étiez...

Cyprien ne respirait plus. — Il a l'air si bon, disait-elle, et si jeune, qu'on ne pourrait pas croire qu'il est prêtre... Je lui demandais si vous ressembliez à M. l'abbé Émilion, qui est parti de Bayeux depuis deux ans.. Il est mieux, m'a-t-elle dit ; c'est le premier prêtre qui a l'air franc, simple, et qui ne cache rien... Vous pensez bien, monsieur Cyprien, que j'ai déjà fait causer Garnier sur votre extérieur ; je deviens curieuse, maintenant que je ne vois pas, mais les hommes ne voient pas si bien que les femmes, et je vous comprends mieux maintenant d'après le portrait que m'a fait mademoiselle Suzanne... Elle a beaucoup entendu parler de vous dans la ville où chacun vous aime et vous chérit... Savez-vous comment on vous appelle ? — Ma femme ! s'écria Garnier d'un ton de reproche. — Dites, madame Garnier. — Non, ma femme, je te le défends. — Quel mal y a-t-il, dit l'aveugle, puisque c'est mademoiselle Suzanne qui me l'a appris. Dieu merci, cette bonne demoiselle n'est pas mauvaise langue ; elle a cru me faire plaisir en me l'apprenant... Maintenant, je n'ose plus... — N'ayez pas peur, madame Garnier. — Si vous vous fâchiez, monsieur Cyprien ! Dites-moi que vous n'en voudrez pas à mademoiselle Suzanne. D'ailleurs, elle l'a entendu dire dans la ville... — Mademoiselle Suzanne, dit Cyprien, a une figure trop douce pour se prêter à de malins propos. — Oui, elle est belle, mademoiselle Suzanne !... Je l'ai vue, moi, avant d'être aveugle ; je l'ai connue tout enfant lorsqu'elle venait avec sa mère nous porter quelques effets d'hiver... Elle annonçait déjà ce qu'elle a tenu plus tard... C'était comme un petit ange blond ; vous pensez, monsieur l'abbé, si je songe à faire des malices... — Vous ne me dites pas, madame Garnier, comment mademoiselle Suzanne m'a appelé. — Bah ! dit l'aveugle, en prenant son courage, le petit évêque ; c'est votre nom dans Bayeux.

Cyprien sourit et fut heureux de sourire, car l'épanouissement qu'il avait au dedans avait besoin de se montrer sur sa figure.

— N'est-ce pas, monsieur Cyprien, que vous n'en voulez pas à mademoiselle Suzanne ? — C'est un compliment, au contraire, madame Garnier, et j'ai encore bien des efforts à faire avant de le mériter tout entier... Monseigneur est si bienfaisant que je n'espère jamais d'atteindre à sa charité. — Vois-tu, dit l'aveugle, je le savais bien ; du reste, c'est madame Le Pelletier qui l'a appris à sa fille ; elle vous aime beaucoup aussi, allez, madame Le Pelletier... Ah ! tous les honnêtes gens se reconnaissent.

Cyprien aspirait ces propos plutôt qu'il ne les écoutait ; les paroles de l'aveugle lui semblaient dorées. Sans le savoir, naïvement, l'aveugle répondait aux secrets sentiments du jeune prêtre, et elle lui rendait l'absence de Suzanne moins sensible. Les femmes ont souvent de ces délicatesses dont elles ne se rendent pas compte, qui prennent racine dans leur nature aimante, qui font qu'elles versent des baumes délicieux sur les plaies des cœurs qui souffrent. Ainsi, la Garnier, par un instinct qu'elle ne raisonnait pas, parce qu'elle était femme, faisait plus de plaisir à Cyprien que tout ce qu'aurait pu inventer la reconnaissance de son mari. Le nom de Suzanne revenait à chaque instant sur ses lèvres et prenait un accent caressant, tel que Cyprien ne se souvenait pas d'en avoir entendu de pareil accolé au nom d'une autre femme.

7

L'aveugle disait tout au long la vie pure et tranquille des dames Le Pelletier, et Cyprien s'y intéressait comme aux vies les plus tourmentées de saints dans le désert. Il apprit ce jour-là pourquoi madame Le Pelletier n'était pas venue : souvent souffrante, elle envoyait Suzanne répandre à sa place ses bonnes œuvres. Cyprien sortit de chez les Garnier emportant en lui des trésors de souvenirs, des mots gravés à jamais dans sa mémoire ; pour se remettre avant de rentrer au séminaire, il promena ses émotions pendant une heure sur le cours des Ormes.

XI

LA RETRAITE

— Mon cher Cyprien, dit un jour l'évêque, ne retournerez-vous pas bientôt chez les Garnier ?

Jamais parole ne causa plus d'émotion au jeune prêtre, qui rougit de ce que M. de Boisdhyver avait mis pour ainsi dire le doigt sur la plaie. Cyprien brûlait d'envie de revoir la mansarde où il avait passé des heures si heureuses ; en même temps il se retenait, et se contraignait à chasser cette pensée. La crainte qu'on ne devinât son secret faisait qu'il retardait de plus en plus sa visite ; il n'osait passer dans la rue des Garnier, car un matin il s'était trouvé en contemplation devant la porte de la mansarde ; ses souvenirs s'étaient envolés là, et il lui eût été impossible de dire le temps qu'il avait passé dans la rue à regarder la maison. Y aller trop souvent, c'était peut-être s'exposer aux commentaires des Garnier, qui pouvaient parler de ses visites fréquentes, le dire innocemment à madame Le Pelletier, à Suzanne !

Tout parlait d'elle au jeune prêtre maintenant. Son souvenir ne le quittait plus, ni la nuit ni le jour... Quelquefois l'idée vint à Cyprien de se décharger de cette confidence dans le sein d'un ami, mais il n'avait d'autre ami au séminaire que M. de Boisdhyver, et cette affection, si tolérante qu'elle fût, n'autorisait pas le jeune prêtre à de telles confidences. Que dire d'ailleurs ? Cyprien avait rencontré une jeune fille. Entre elle et lui trois ou quatre phrases banales échangées, des regards furtifs rencontrés : c'était tout. Quant à rendre les sensations qui avaient assailli Cyprien, elles étaient trop vagues pour être analysées ; la parole, les mots étaient aussi impuissants à les rendre que la plume l'est à vouloir traduire une symphonie, le pinceau à rendre le silence de la nuit.

Sous prétexte de fatigue, Cyprien demanda à M. de Boisdhyver l'autorisation de faire une retraite absolue pendant huit jours ; l'ayant obtenue, il essaya de revenir à cette règle, à cette distribution du temps qui assouplissent les esprits les plus indomptables, et il reprit ses habitudes de séminariste, en se plongeant dans la prière et dans l'étude. De même qu'on dompte un animal féroce par la faim, les passions sont vite bridées par l'emploi exact et méthodique de chaque heure de la journée. Ceux qui s'étonnent de trouver le prêtre sans passions au milieu de la société, ne se rendent pas compte par quelle discipline sévère son corps a été de bonne heure rompu, assoupli et rendu propre à des privations que ne connaissent pas les heureux du monde. Ce n'est pas dans l'âge mûr qu'il est possible de faire subir un joug à ses passions, pas plus qu'on ne saurait habituer le corps à des gymnastiques faciles aux tendres et souples muscles de l'enfance ; mais la vie de séminariste commence de dix à douze ans, et dure quelquefois jusqu'à trente ans ; beaucoup de prêtres subissent cette longue épreuve et n'en sortent que mieux attachés à la règle.

Cyprien, pendant le congé que lui donna l'évêque, se leva à cinq heures du matin et se joignit à ses anciens camarades du séminaire pour la prière en commun. Ce pieux exercice ne durait pas moins d'une heure, et consistait à s'agenouiller un quart d'heure, à se relever un autre quart, à s'agenouiller de nouveau et à se relever encore. Les fraîcheurs du matin, le corps reposé, faisaient paraître cette prière la plus salutaire de la journée. C'était une purification pour ceux qui avaient eu le sommeil troublé ; c'étaient aussi des actions de grâce au Seigneur de se réveiller plein de santé ; c'était encore la demande de passer une journée heureuse. La messe à la chapelle durait une demi-heure, après quoi chacun montait en cellule pour y apporter les soins domestiques les plus simples : Cyprien faisait son lit, se plongeait encore une fois la tête dans l'eau froide, et s'était donné la tâche de traduire du latin un des ouvrages les plus obscurs de Guillaume Durand, le *Rational* ou *Manuel des divins offices*, un livre où tout est porté à un symbolisme mystique qui peut donner à travailler à l'esprit, mais qui le laisse dans un néant plein de troubles.

Le premier déjeuner, d'un quart d'heure, servait à couper un travail trop prolongé : Cyprien, ainsi que les autres séminaristes, ne mangeait qu'un morceau de pain, des fruits suivant la saison ; puis il rentrait à sa cellule et continuait sa traduction, s'appliquant à creuser le sens des symboles sans sens, car Guillaume Durand a écrit son Rational sans aucuns doutes : qu'elles fussent justes ou fausses, il trouvait explication à tout. Ce fut un auteur sacré très heureux, qui ne paraît pas avoir connu le trouble et l'inquiétude. Cependant, craignant de se fatiguer et d'endormir son esprit dans une tension trop exclusive, Cyprien demanda à l'abbé Berreur la permission de suivre le cours de dogme, qui le menait jusqu'à dix heures ; à ce moment, la cloche de la chapelle sonnait, et après une demi-heure, on rentrait à la cellule jusqu'à l'heure du dîner. Cette heure seulement coupait la journée en deux et rompait le travail. Un silence profond régnait au réfectoire pendant le repas, et permettait de suivre plus attentivement la voix du lecteur.

Une soupe aux légumes trois fois par semaine, les autres jours une soupe grasse qui pouvait être rangée également parmi les soupes maigres, du bouilli, des pois ou des haricots, du fromage, du vin largement trempé qu'on appelait *abondance*, composaient le repas principal de la journée ; mais les séminaristes ne se trouvaient pas mal de ce frugal ordinaire. Il était facile de s'en apercevoir à l'issue du repas, où les cris, les poussées, les sauts des jeunes gens, qui pouvaient parler pour la première fois depuis le matin, témoignaient de la force de leurs corps. Les balles se croisaient avec une vivacité extrême, et rien n'était plus curieux que de retrouver sous les robes noires des séminaristes l'agilité et la pétulance des collégiens.

Cyprien profitait de cette heure de récréation comme les séminaristes, et il se faisait remarquer parmi les plus agiles et les plus vifs, mais c'était une fatigue qu'il s'imposait plutôt qu'un exercice. Ayant passé quelques nuits sans sommeil, il voulait briser son corps, le harasser, le rendre plus propre à l'esclavage du sommeil ; aussi étonnait-il les professeurs, qui se promenaient tranquillement dans une allée couverte d'arbres, et qui auraient été fiers de l'avoir dans leur société.

La faveur dont M. de Boisdhyver avait honoré Cyprien était si grande que chacun lui faisait des avances ; mais lui, ne tirant pas de vanité de sa position, ne soupçonnait guère qu'on pût le courtiser, et ne le remarquait pas. Ayant été froissé par ses supérieurs lors du procès du curé Caneva, maintenant il s'éloignait d'eux autant qu'il le pouvait, et préférait se distraire pendant la récréation avec les simples séminaristes, avec ceux qui n'en étaient encore qu'aux petits ordres. Là, du moins, il ne trouvait ni fronts plissés, ni visages jaunis, ni paroles amères : il lui était permis de garder son secret devant des jeunes gens ignorant encore les troubles de la vie, et qui ne cherchaient pas ce que cachait sa vivacité apparente.

Après une retraite de huit jours, Cyprien se trouva plus calme, et il pensa que le doux fantôme qui lui était d'abord apparu trop distinct, et qui s'affaiblissait, finirait par s'envoler tout à fait ; mais l'invitation de M. de Boisdhyver d'aller rendre visite aux Garnier le replongea dans l'état où il était avant sa retraite. Les macérations d'esprit et de corps qu'il avait essayées durant une huitaine devenaient inutiles : il hésita s'il s'ouvrirait à l'évêque, mais le charme était si puissant qu'il se dit : La revoir encore une fois, une seule fois, pour l'oublier à jamais.

— Qu'avez-vous, Cyprien ? On dirait à votre air que vous ne vous souciez plus d'être mon aumônier... — Pardonnez-moi, Monseigneur, je brûle d'envie de recommencer mes visites. — Il est présumable que vous trouverez aujourd'hui le docteur Richard chez les Garnier ; je sais cela par une visite que j'ai faite aux dames Le Pelletier, deux femmes intéressantes... Vous les connaissez sans doute ? — Je les ai entr'aperçues seulement quelques minutes, dit Cyprien se sentant devenir confus. — Aujourd'hui, le docteur étudiera les yeux de l'aveugle : le délai qu'il s'était donné vient d'expirer. Vous me direz le résultat de cette visite... D'après l'avis de M. Richard, il est important que quelques personnes se trouvent là, afin d'occuper la malade, qui ne doit pas se douter que l'opérateur est présent. Il est donc entendu que vous irez chercher le docteur chez lui ; il vous instruira en route de ce que vous aurez à faire. Allez, mon cher Cyprien, et rapportez-moi de bonnes nouvelles.

Cyprien alla chercher le docteur, comme il en était convenu, avec la persuasion de rencontrer dans l'après-midi, Suzanne et sa mère, et peut-être Suzanne seule.

— C'est bien, monsieur l'abbé, lui dit le docteur Richard, vous êtes de parole ; mon interne va venir tout à l'heure, et puisqu'il n'est pas encore arrivé, je m'en vais vous dire ce que j'attends de vous. Le père Garnier est prévenu du complot : vous entrerez le premier dans la chambre en faisant un certain bruit, afin que la femme ne nous entende pas marcher... L'inquiétude qu'elle manifesterait en sachant que le médecin l'observe pourrait m'empêcher de bien étudier l'état de sa vue ; elle serait émue, agitée ; je la veux, au contraire, calme et à l'état ordinaire. Il s'agit, sachez-le, d'une opération grave et douloureuse, qui peut être inutile. A quoi bon des essais infructueux, si ce n'est à faire souffrir une femme qui n'en a pas besoin. Je vous prierai donc, monsieur l'abbé, d'entretenir la conversation de telle sorte que la malade soit très occupée de vous répondre, et qu'elle ne puisse se douter qu'il est entré quelqu'un avec vous... Je ne veux pas lui donner d'espérances inutiles, encore moins l'assaillir de craintes... Si elle me savait là, elle m'assiégerait de questions sur sa maladie ; elle voudrait connaître le jour où elle verra clair... Y verra-t-elle jamais ? Je n'en sais rien ; j'attends tout de la nature bien plus que de mon art.

Claude Bernain arriva qui coupa court à ces instructions ; tous les trois sortirent pour se rendre chez Garnier.

— Il est fâcheux, dit le docteur, que nous ne puissions faire transporter la Garnier à l'hôpital ; elle serait mieux soignée et j'aurais plus souvent l'occasion de suivre sa maladie. — Elle n'est pas mal chez elle, dit Cyprien, je crois qu'elle ne manque de rien. — Je sais, dit le docteur, les soins dont vous l'avez entourée, monsieur l'abbé. Suzanne me l'a appris, ainsi que l'intérêt que porte à ces braves gens M. de Boisdhyver ; malgré tout, l'hôpital serait plus convenable à la malade.

Ces paroles cuisaient à Cyprien, qui entrevoyait une séparation absolue entre Suzanne et lui.

— Comment ferait le père Garnier seul? dit-il. — Sa femme ne l'aide guère dans les soins du ménage ; elle ne lui donne que de l'embarras. Quand il s'agit d'un traitement sérieux, d'une opération grave, j'ai plus de confiance dans le succès une fois que le malade est à l'hôpital, car il obéit à mes prescriptions, il suit exactement le traitement ; je suis certain que mon ordonnance est exécutée, tandis qu'un malade en ville ne prend jamais ce que j'ai ordonné. Il se défie de moi ; il suivra mon ordonnance pendant un jour et aura une certaine confiance en moi jusqu'au lendemain, époque à laquelle il espère être guéri. Naturellement la maladie n'est pas envolée le lendemain, car elle est prompte à arriver, elle est longue à s'enfuir. Voilà donc un malade qui, n'apercevant aucune amélioration dans son état, se plaint de moi et doute de ma science ; il arrive malheureusement une commère ou deux qui, loin de lui faire prendre patience, l'enveniment contre le médecin et proposent toutes sortes de remèdes qui ne font pas de bien, mais qui peuvent faire beaucoup de mal... J'arrive, je demande si on a pris mon ordonnance, on ne manque jamais de me dire oui, et je continue, si l'état n'est pas aggravé, à recommander les mêmes prescriptions ; aussitôt parti, les bonnes femmes accourent et m'injurient de plus belle, par la raison que je n'ai rien indiqué de nouveau ; le traitement des voisins continue, il ne produit pas d'effet, mais chose bizarre, les malades ne perdent pas la foi vis-à-vis de la science populaire. Le plus souvent on passe à une seconde invention, à une troisième, et je suis pris pour dupe, jusqu'à ce qu'un jour j'aperçoive quelque petit pot, quelque flacon, quelque drogue, qui traînent, qu'on a oublié de ranger avant mon arrivée. Voilà, monsieur l'abbé, ce qu'est la médecine à domicile : personne ne l'exécute. Je serais trop heureux si mes malades ne voulaient rien prendre du tout, ni les drogues que j'indique, ni celles des autres. Mais les riches ont une autres manie, c'est de faire appeler un autre médecin, qui peut juger le contraire de ce que j'ai indiqué ; alors ce sont des combinaisons de traitements, des mélanges de médecines, qui tueraient l'homme le mieux portant... Le malade, pour avoir la conscience pure, obéit un peu à chacun de ses médecins ; il prend moitié d'une ordonnance, moitié d'une autre. Et on attaque la médecine, on se rit des médecins ; on prétend qu'ils n'entendent rien aux maladies. Tenez, monsieur l'abbé, j'ai souvent envié votre position : vous cherchez à guérir l'âme et on vous croit ; nous, nous cherchons à guérir le corps, et on ne nous croit jamais. — La Garnier a l'air plus raisonnable, monsieur Richard. — Oui, jusqu'à présent je ne lui ai rien ordonné, mais si nous faisons l'opération chez elle, vous verrez quelle patience il me faudra. Claude, je vous recommande une extrême attention ; ne perdez pas la malade de vue... Vous pourrez causer avec les dames Le Pelletier, qui ont dû annoncer qu'un de leurs cousins viendrait les retrouver ; surtout ne vous laissez pas prendre aux beaux yeux de Suzanne ; certainement les yeux morts de l'aveugle sont moins séduisants, mais ils ont pour vous un côté intéressant... Peut-être serai-je obligé de vous quitter dans une heure, et j'ai besoin que la Garnier soit étudiée pendant ce temps.

Cette conversation déplut à Cyprien, qui voyait avec peine un jeune homme de moitié dans un complot avec la famille Le Pelletier. Le mot du docteur relatif aux beaux yeux de Suzanne le blessa; il sentit en un moment un épais brouillard gris s'élever lentement en lui et envelopper peu à peu le bonheur qu'il se promettait depuis le matin.

En entrant dans la mansarde, Cyprien fut surtout frappé de l'air réservé avec lequel madame Le Pelletier le recevait, tandis qu'elle faisait mille affabilités à son *cousin* Claude Hernain. Suzanne rougit en saluant l'étudiant; quoique invité à faire partie du demi-cercle qui se formait autour du lit de la malade, Cyprien préféra se retirer à l'autre bout de la mansarde où se tenait le père Garnier, inquiet de l'issue de cette conversation muette. Le docteur Richard s'était placé près du chevet de la malade, non loin de son élève, et par ses regards, semblait inviter le jeune prêtre à causer avec la Garnier, mais des sensations désagréables et douloureuses emplissaient l'esprit de Cyprien, et le poussaient à ne pas se mêler au petit artifice qui faisait de l'étudiant un cousin de Suzanne. Au lieu de la conversation qu'avait préméditée le docteur Richard, un demi-silence régnait dans la mansarde; les questions étaient suivies de brèves réponses qui s'éteignaient aussitôt... La malade elle-même paraissait se douter qu'un événement inaccoutumé se passait autour de son lit; elle était muette et résignée, contre son habitude.

Chacun portait l'embarras sur la figure; le docteur le premier, car il craignait qu'avec l'instinct si fin des personnes qui souffrent, la Garnier ne soupçonnât sa présence. Maintenant M. Richard se repentait presque d'avoir employé ce moyen, et il hésitait, se demandant s'il ne devait pas prendre la parole, puisque ses auxiliaires lui faisaient défaut. Il faisait force gestes pour inviter madame Le Pelletier, Suzanne, Cyprien, Claude, à entamer la conversation, et personne ne répondait à son invitation.

Sans avoir rien confié de ses projets à madame Le Pelletier, le docteur avait assez longtemps parlé de son élève pour occuper l'esprit de la veuve du président. Suzanne, qui avait assisté à cette conversation, ne trouvait pas dans la figure de l'étudiant en médecine les brillantes qualités dont le docteur l'avait doué; Cyprien souffrait de voir près de Suzanne un jeune homme lancé tout d'un coup dans son intimité par la ruse à laquelle il était associé.

De temps en temps, Garnier relevait la tête et cherchait, sans la trouver, une espérance dans les yeux du docteur mécontent du singulier état des esprits réunis dans la mansarde; cependant, comme il était près de Claude, il le poussa du coude, lui montra la malade et lui fit un geste qui signifiait : Allons, parlez ? Claude ne put résister à cet ordre, et fit une question banale à la Garnier; mais la distinction manquait ou son de sa voix : l'intérêt que l'aveugle trouvait ordinairement dans le timbre de ceux qui lui parlaient était absent. Elle fit un geste de surprise.

— Est-ce votre cousin qui me parle, madame Le Pelletier ?
— Oui, répondit très bas la veuve du président, qui se sentait honteuse de ce petit mensonge. Peut-être même n'eût-elle pas répondu si elle n'avait rencontré les yeux du docteur Richard. La Garnier sortit son bras de dessous la couverture et chercha hors du lit. Le médecin comprit le geste et fit signe à Claude de donner sa main à la malade. Les aveugles jouissent d'une délicatesse exquise de toucher qui les trompe rarement : la Garnier parcourut lentement de sa main celle de l'interne ; elle semblait l'étudier dans tous ses détails, et le résultat ne parut pas satisfaisant, à voir la singulière physionomie qu'elle prit après avoir palpé longuement la main de Claude.

Cyprien suivait cette scène avec un intérêt particulier ; il eût été heureux que l'aveugle reconnût qu'on la trompait.

— Est-ce bien la main de votre cousin? demanda-t-elle. — Oui, répéta encore d'un ton de voix plus bas que le premier madame Le Pelletier. — Il s'appelle?

A cette question, le silence commença, car la veuve du président avait oublié le nom de l'étudiant en médecine.

— Parlez donc! fit d'un geste brusque le docteur à son interne. — Claude Bernain, répondit l'étudiant. — Merci, monsieur, dit l'aveugle en laissant retomber la main de Claude. Mademoiselle Suzanne est là ? ajouta-t-elle. — Oui, madame Garnier, tout près de vous.

Était-ce pour comparer les deux timbres de voix que la malade avait fait cette question ? Peut-être cherchait elle entre Claude et Suzanne les traces d'une parenté qui l'étonnait ; semblant poursuivre son examen, elle prit tour à tour les mains de Suzanne et de sa mère, et la jouissance qu'elle éprouvait dans cette pression fit évanouir l'impression désagréable qui avait paru un moment sur ses traits ridés.

Le docteur Richard suivait cette scène avec attention;

quoique recouverts d'un voile, les yeux de l'aveugle étaient pour ainsi dire voyants. Le fait important était de constater que la vie n'avait pas quitté le siège de ce sens. Quant aux petits drames intimes qui se jouaient dans le cœur de chacun des personnages présents, le docteur n'y prêtait qu'un médiocre intérêt. Ce qu'il avait désiré se réalisait : mettre en présence Claude et Suzanne lui suffisait pour l'instant ; plus tard, il interrogerait tour à tour chacun d'eux et recueillerait les observations de madame Le Pelletier sur l'étudiant. Mais si les trois personnages intéressés ne se rendaient pas compte des projets du docteur, il n'en était pas de même de Cyprien, qui, retiré dans un coin de la mansarde, assis près du mari de l'aveugle, se sentait blessé par les mille serpents de la jalousie qu'il tâchait d'étouffer en lui-même et qui le mordaient sans relâche.

Combien il trouvait amère cette punition, et combien son châtiment lui paraissait mérité ! S'il avait été seul dans sa cellule, il eût crié, pleuré. Dans cette mansarde, soumis à sa robe, il lui fallait affecter le calme, la tranquillité. Pour la dernière fois il venait chez les Garnier ! A l'avenir il ferait passer les secours de M. de Boisdhyver, mais il ne mettrait plus les pieds dans cet endroit dangereux où il ressentait les tortures de l'enfer. Ainsi arriverait-il à oublier l'ovale pur de la jeune fille qui semblait à peine s'être aperçue de sa présence.

Tout à coup son nom le fit tressaillir et coupa court à ses réflexions amères. L'aveugle demandait si M. Cyprien était parti.

— Je suis ici, répondit-il.

— Pourquoi si loin ? demanda la Garnier. J'aime tant à vous savoir près de moi ; il me semble que j'ai un ange gardien. — Laisse M. Cyprien, dit le mari qui, en voyant un livre de prières ouvert sur les genoux du prêtre, s'imagina qu'il priait.

Madame Le Pelletier, qui le croyait aussi, le dit à l'oreille de l'aveugle.

— Alors, reprit-elle, ne le dérangez pas.

Peu de temps après, le docteur Richard vint près de Cyprien en marchant sur la pointe des pieds et l'entraînant vers la fenêtre :

— Monsieur l'abbé, lui dit-il, je suis obligé de m'absenter ; j'ai suffisamment observé la malade : je me décide à attendre... Veuillez donc, je vous prie, dire à Monseigneur qu'il n'y a encore rien à faire... Je vous laisse avec ces dames.

Après avoir serré la main de Cyprien, le docteur fit signe à Claude Dornain de sortir avec lui ; l'étudiant, que cette scène intéressait médiocrement, prit congé des dames Le Pelletier en les appelant *mesdames*. Ce qui frappa la Garnier.

— Je ne vous avais pas encore entendu parler de ce cousin, dit l'aveugle.

Ne recevant pas de réponse :

— Est-ce qu'il habite Bayeux ? — Oui..., depuis quelque temps, répondit Garnier, qui était tranquillisé par les paroles du médecin, et qui voulait éviter un nouveau mensonge à madame Le Pelletier.

Un poids avait été enlevé du cœur de Cyprien à la sortie de l'étudiant ; cependant, il ne se rapprocha pas tout d'abord des dames Le Pelletier. Retiré dans l'ombrasure d'une fenêtre, rafraîchissant sa tête à l'air pur, il regardait dans la rue.

Le grenier de ces pauvres gens est situé au-dessus d'un troisième étage : c'est le dernier degré de la misère dans les petites villes, surtout à cette époque où une maison à trois étages était une innovation. De la fenêtre du grenier on plonge sur une rangée d'ormes tranquilles qui forment des voûtes de verdure sur la tête des rares promeneurs de Bayeux. Au-dessus des arbres, au bout de la promenade, se détache le clocher gothique de la cathédrale : l'esprit de Cyprien s'envola vers ce clocher qui lui représentait sa vie future, mais ce ne fut pas sans s'arrêter d'abord aux cimes des ormes verdoyants. La nature apparut avant la société ; mille souvenirs du village où avait été élevé Cyprien se présentèrent en foule. Il retrouvait ses camarades, avec lesquels il avait joué dans les bois, arrivés à la jeunesse, devenant laboureurs, vivant à l'air pur, au soleil, menant une vie fatigante aux champs, rentrant à la ferme, trouvant la ménagère occupée à dresser la table, pendant que les enfants couraient autour en frappant la table de leurs couverts de bois. Son père n'était pas riche ; sa vie avait été une longue fatigue pleine d'inquiétudes sur la récolte ; cependant, il vécut en paix avec sa mère, et il vivait seul depuis longtemps sans regretter le passé et sans craindre l'avenir. La vue de la cathédrale inspirait à Cyprien ces souvenirs : les pierres noires à l'extérieur, les murs verdâtres au dedans, les prêtres, les chanoines que la vie ecclésiastique avait marqués de son cachet austère, les mœurs claustrales lui apparurent en un moment froides et rigoureuses. Pour la première fois depuis son entrée au séminaire il se laissa aller à ces pensées qui l'étonnaient.

Au bas de la maison des Garnier est un atelier de charron qui a établi en pleine rue des poteaux de bois à demeure pour ferrer les chevaux ; un ouvrier était occupé à cette besogne et sifflait en enfonçant des clous dans la corne d'un cheval : il était libre ! Le facteur passait avec sa boîte vernie sur la poitrine et portait ses lettres en ville ; il était libre ! Dans les greniers voisins, on apercevait entre deux pots de fleurs des mères de famille qui, faisant danser leurs enfants sur les bras, les penchaient à la fenêtre pour leur montrer le mouvement de la rue ; heureuses mères, elles étaient libres ! Au loin, tout au bout de la rue, les garçons revenaient de l'école en se poursuivant : libres aussi ! Un vieux militaire, débitant de tabac, assis sur un banc de bois adossé contre la maison, fumait tranquillement sa pipe dont la fumée se perdait dans le feuillage d'une vigne grimpante, libre encore ! Les oiseaux qui descendaient des tours de la cathédrale pour s'abattre sur les ormes verts, libres ! libres ! Et au bout de la promenade, le vieux clocher recouvrait un petit groupe d'hommes enchaînés pour la vie, renonçant à la société, privés des joies de la famille, enfermés dans l'étroitesse d'une vie mesquine.

C'est ainsi que s'amassent dans l'esprit des réflexions qui couvent longtemps comme une maladie, s'abattent sur le front, plissent les yeux, mordent les joues, et enlèvent aux lèvres la pureté des premières années de la jeunesse.

XII

LA NOCE NORMANDE

Le vicaire que l'évêque envoya au village des Vertes-Feuilles en remplacement du curé Caneva avait ordre de tenir M. de Boisdhyver au courant de la situation des esprits à la suite des faits qui s'étaient passés dans le pays. Les dissensions aiguës commençaient à se calmer, mais le calme n'était pas encore revenu dans les familles, et le parti de l'ancien curé avait conservé un sentiment d'hostilité sourde que le vicaire ne jugeait devoir s'éteindre que longtemps après. Les haines subsistaient entre parents, entre amis ; elles tiraient leur force de ce que, journellement, les partis se trouvaient en présence et ne manquaient pas de les raviver par des paroles d'amertume.

C'étaient les partisans du curé Caneva qui se montraient les plus intolérants : cela se voit surtout dans les petits pays où la religion, mal interprétée par des esprits étroits, leur montre leurs antireligionnaires comme des cacodémoniaques qui corrompent tout ce qu'ils touchent. En descendant des causes générales aux particulières, le vicaire signalait à l'évêque divers faits isolés qui montraient la profondeur des dissensions, et Luce Niquet, la base et la victime du désordre. Fiancée à un garçon du village qu'elle aimait et dont elle était aimée, la famille de son futur s'opposait maintenant à son mariage. Les deux jeunes gens, dans le principe, avaient tenté d'échapper à l'autorité de leurs parents, et se donnaient des rendez-vous ; mais une coalition de vieilles femmes s'était formée pour soustraire le jeune homme à l'influence de Luce Niquet, et la famille de Louis Clérin fut informée que toutes les nuits le garçon s'échappait pour aller causer à la fenêtre de celle qui passait pour une diablesse.

Les propos les plus singuliers coururent sur le compte de la pauvre fille, qui était retournée à l'église accomplir ses devoirs religieux et qui faisait frissonner, disait-on, l'eau du bénitier, quand en entrant elle y trempait ses doigts : elle passait pour irréligieuse depuis le prêche du curé Caneva ; elle devint facilement sorcière. Son chat ne tarda pas à devenir son complice ; il avait l'habitude de la suivre jusqu'au bout de la rue, devinait quand elle rentrait et allait à sa rencontre ; si jusque-là on avait admiré sa gentillesse, il fut déclaré bientôt suppôt de Satan, et il eût péri victime de ses prétendues connivences diaboliques, si l'effroi qu'il inspirait n'eût empêché de s'en approcher.

A l'église, le vide se formait autour de la pauvre Luce ; chacun suivait de l'œil ses moindres mouvements. La terreur même s'emparait des esprits les plus faibles, qui craignaient que sa présence n'amenât un malheur, peut-être la chute soudaine de la voûte, pour châtier une fille hypocrite qui affectait les semblants de la religion. Les variations de la température étaient attribuées à Luce Niquet. Quand, au sortir de l'église, un grand vent s'élevait ou que la pluie commençait à tomber, on parlait des récoltes en secouant la tête, surtout si Luce avait passé près d'un champ ou d'un enclos, car on lui supposait la puissance d'empoisonner de son souffle les biens de la terre. Sans la protection vigilante du maire et du nouveau curé, Luce Niquet eût couru de grands dangers, car quelquefois dans les veillées on abordait la question de détruire la sorcière, l'ennemie du village.

Un seul moyen était offert à Luce Niquet et à son père de recouvrer leur ancienne tranquillité : quitter le pays ; mais le père Niquet, sans fortune, vivait entièrement du travail de ses bras, et il entrait dans d'énormes fureurs quand on l'entretenait de ces propos.

M. de Boisdhyver suivait ces rapports avec un cuisant intérêt, soucieux du mal qu'avait causé le curé Caneva dans cette commune si tranquille. Un matin l'évêque fit prévenir Cyprien de se disposer à l'accompagner au village des Vertes-Feuilles ; il était rayonnant, car il croyait avoir trouvé le véritable moyen de ramener la concorde dans ces cœurs troublés. L'abbé Ordinaire était du voyage : ce fut la seule vengeance que tira l'évêque de la conduite de son vicaire général aux assises du tribunal de l'officialité. Seulement celui-ci ne fut pas prévenu de l'objet du voyage de l'évêque ; aussi sa physionomie bilieuse prit-elle d'abord une expression de joie mal dissimulée.

L'abbé Ordinaire se croyait victorieux ; dans le fond de sa pensée il s'imaginait que ses actes et ses discours avaient inspiré quelque crainte à M. de Boisdhyver, qui, pour ne pas l'avoir pour ennemi, préférait à l'avenir l'initier à ses projets ; mais sa joie fut de courte durée lorsqu'il s'aperçut que le cocher prenait le chemin du village des Vertes-Feuilles. Sans comprendre le but du voyage de M. de Boisdhyver, il sentait qu'un événement allait se passer qui ne cadrait pas avec les idées qu'il caressait.

On arriva bientôt au village, situé à deux lieues seulement de Bayeux ; aussitôt l'évêque se fit conduire à la cure, pour se faire rendre compte de vive voix des moindres petits faits que le nouveau curé n'avait pu faire entrer dans sa correspondance. Un autre que M. de Boisdhyver, après avoir écouté tous ces rapports, eût dit à l'abbé Ordinaire :

— Voyez, monsieur, à quoi peut mener un zèle religieux mal compris ; jugez maintenant la conduite de l'abbé Caneva ?

Mais l'évêque n'employait pas ces moyens trop directs ; il n'aimait pas à sermonner. Sa vie se résumait à étaler d'un côté le bien et le mal, à en démontrer les bons et les méchants côtés et à faire en sorte, par sa douceur, que l'on choisît plutôt le bien que le mal. Le vicaire général feignit de ne pas comprendre cette leçon et ne dit pas un mot en faveur du curé Caneva, son protégé ; mais cette nouvelle enquête n'était pas seulement le but de M. de Boisdhyver, qui pria le curé des Vertes-Feuilles d'envoyer chercher le maire. Celui-ci arriva bientôt, qui confirma l'état de désordre des esprits : il avait assisté aux premières étincelles de l'incendie, l'avait vu se développer peu à peu, enfin gagner tout le village. Il déplorait le mal sans accuser le curé Caneva, son principal auteur. L'évêque lui demanda si l'on pouvait faire venir à la cure Luce Niquet. Il avait le dessein d'entendre de la propre bouche de la victime ses souffrances ; mais le maire ouvrit un avis plus favorable.

— Monseigneur, si vous le désirez, j'enverrai chercher la famille de Louis Clérin, et la jeune fille avec son père. Il se peut qu'en votre présence les parties perdent cette aigreur et cette hostilité devant lesquelles jusqu'ici mon bon vouloir a été impuissant.

Le maire était un homme de sens ; n'ayant pas réussi par l'autorité civile, il espérait que le pouvoir religieux pénétrerait plus vivement au fond de ces esprits naïfs ; des ordres furent donnés pour que les Clérin et les Niquet vinssent au presbytère, sans connaître par avance le but de leur démarche.

La cure des Vertes-Feuilles est située presque en haut du village qui s'étend et se déroule sur un versant de monticule. De là on aperçoit presque toutes les maisons des paysans qui, dans cette partie de la France, sont aisés. La portion du village la plus pauvre est occupée par les chasseurs de mulots et de taupes, célèbres par leur adresse dans toute la Normandie. C'est aux Vertes-Feuilles qu'a été composée la fameuse chanson :

> Taupes et mulots
> Sors de mon clos
> Ou je te casse les os.

A cette saison, les chasseurs de taupes étaient partis : aussi ne voyait-on que peu de cheminées laisser échapper de petits flocons de fumée qui montrent la vie à l'intérieur.

L'évêque regarda longtemps ce village aux toits d'ardoise et de tuiles qui semblaient n'abriter que la tranquillité : les clos étaient entretenus avec soin, les pommiers et les poiriers couverts de fruits. Un grand soleil inondait toute la vallée; un petit vent fin de mer aidait à supporter les ardeurs du midi. On eût juré que cet endroit était le plus heureux de la terre, qu'il n'y avait qu'à s'y laisser vivre et que les agitations de la ville ne pouvaient pénétrer dans ce riant séjour. Cependant, par la faute d'un seul homme, sous ces toits de chaume, dans ces vergers fertiles, la discorde avait introduit son poison.

M. de Boisdhyver, pour réfléchir plus paisiblement à sa mission, entra dans une petite allée d'arbres faisant partie du jardin de la cure. Là il échappait à l'ardeur pénétrante du soleil, et il se promena à grands pas jusqu'à ce qu'il fût averti par la sonnette de la cure que quelqu'un venait d'entrer. Bientôt le curé lui présenta la famille du jeune homme qui faisait tant d'opposition à l'union de Luce. Il ne fallut pas une longue conversation à l'évêque pour s'apercevoir que des intérêts matériels, bien plus que religieux, séparaient les deux familles.

Les Clérin avaient laissé leur fils Louis se porter comme prétendu de Luce, espérant qu'à la première occasion il serait facile de hâter une rupture. Le père de Luce était pauvre et il ne donnait pas de dot à sa fille, fait aussi mal vu au village qu'à la ville ; mais comme les Clérin ne voulaient pas faire mine de peser sur la volonté de leur fils, ils attendaient une brouille quelconque entre les promis pour essayer de ramener Louis vers un meilleur parti. L'anathème lancé par le curé Caneva servit merveilleusement les vues des fermiers qui devinrent tout à coup les plus zélés défenseurs de la religion : une partie des troubles qui éclatèrent dans le village des Vertes-Feuilles fut leur ouvrage, car ils avaient intérêt à envenimer l'affaire et à faire naître de tels désordres, que Luce fût obligée de quitter le village. Quoique rusés, les fermiers laissèrent passer dans la conversation le bout de l'oreille, et M. de Boisdhyver feignit de croire qu'ils avaient été réellement emportés contre Luce par une dévotion outrée.

— Voilà des gens bien pieux, dit-il à M. Ordinaire qui l'assistait pendant cette conversation. — Oui, Monseigneur, répondit le grand vicaire triomphant d'avoir rencontré dès l'abord des partisans du curé Caneva. — Cependant je regretterai toujours que cette malheureuse fille soit sacrifiée à une sorte d'intolérance.

M. Ordinaire répondit en parlant de la foi dont on ne pouvait trouver la preuve que dans l'intolérance.

— Ces paysans ont-ils la foi ? demanda en souriant M. de Boisdhyver.

Pour s'en assurer, étant retourné à Bayeux, il chargea de nouveau le curé des Vertes-Feuilles d'offrir, de sa part, une dot à Luce Niquet, et de rendre le fait assez public dans le village et les environs pour que la pauvre fille fût vengée des attaques dont elle avait été l'objet.

A la première nouvelle que l'évêque avait doté Luce, la renommée publique voulut que la fille du bûcheron devînt tout à coup une riche héritière : c'était cependant une dot modeste, mais, dans les circonstances actuelles, elle prenait de l'importance par la qualité de celui qui l'offrait.

Les Clérin oublièrent aussitôt leurs rancunes religieuses, et d'après les menées adroites du nouveau curé, qui, suivant les instructions de M. de Boisdhyver, employait son influence à rapprocher ses paroissiens autant que M. Canova en avait dépensé à les séparer, une réconciliation eut lieu entre les deux familles.

A quelque temps de là, le curé annonça à l'église les bans de Luce Niquet et de Louis Clérin. Un murmure bruyant et joyeux se fit entendre à cette nouvelle, car chacun était embarrassé de la situation pénible où il se trouvait depuis l'anathème.

La moitié des familles étaient divisées ; on se rencontrait à chaque pas avec un adversaire ; les affaires en souffraient. Aujourd'hui, le mariage annoncé rapprochait amis et ennemis; la joie éclatait sur tous les visages. Mais la surprise et la stupéfaction furent poussées au plus haut degré quand le prêtre fit suivre la lecture des bans de cet avertissement inusité : « Monseigneur de Boisdhyver, évêque de Bayeux, viendra bénir l'union des époux. » C'était la réhabilitation la plus complète que Luce eût jamais pu espérer ; l'honneur de cette bénédiction dissipait les tortures morales par lesquelles la jeune fille avait passé. Elle s'évanouit de joie dans cette église dont elle s'était vue chasser six mois auparavant ; mais l'évanouissement ne fut pas de longue durée. Les femmes l'entourèrent, s'empressèrent auprès d'elle, lui prodiguèrent mille soins, et les mêmes vieilles qui l'avaient dégradée précédemment auraient regardé comme une faveur de tomber à ses genoux à cette heure.

— Ah ! disaient en sortant les vieilles superstitieuses, Luce n'a pas marché sur la patte d'un chat. — Ni sur la queue, disait une autre.

Dans cette partie de la Normandie, on croit que la fille qui a marché sur la patte d'un chat ne se mariera pas avant quatre ans, si la queue a été atteinte du même coup.

Les cérémonies particulières qui entourent une noce normande sont trop longues pour être décrites ici; on les avait augmentées encore pour la réception de M. de Boisdhyver. Le pays, d'ailleurs, se prêtait tout entier à cette noce : il fallait effacer la discorde qui séparait les habitants, et l'année semblait devoir être *pommeuse*. On ne voyait pas sur les routes de tas de *quélines*, qui sont des pommes tombées avant la maturité ; et la récolte s'annonçait avec abondance.

Tous les jours, maintenant, Louis voyait Luce et remplissait ce qu'on appelle dans le pays la *bienvenue*; la dot convenue, les parents s'étaient donné les bonnes paroles. Tout le village se préparait à cette solennité, qui devait laisser dans le pays des souvenirs imposants. M. de Boisdhyver vint de Bayeux avec M. du Pouget, qui pouvait lui expliquer le mieux les coutumes du pays ; Cyprien et les serviteurs ordinaires de l'évêque le suivirent également.

Si un village est mis en émoi par une simple noce, on pense quelle curiosité emplissait les esprits. Chacun était avide de contempler l'évêque officiant avec ses habits de pompe. Le suisse de l'église avait peine à contenir la foule turbulente qui s'entassait devant la porte de la sacristie, attendant la sortie de M. de Boisdhyver avec une curiosité telle, que rien n'aurait pu la déloger de ce poste ; cependant le cortège triomphal s'avançait au dehors.

Les mariés se placèrent d'abord au milieu de la nef, sous le crucifix pendu à la voûte. suivant le cérémonial usité; ensuite, ils allèrent entendre l'Évangile au maître-autel et firent une station à l'autel de la Vierge pour y déposer leurs cierges.

Les anneaux échangés, M. de Boisdhyver monta dans la même chaire d'où le curé Caneva avait anathématisé la jeune fille qui, à cette heure, était triomphante, près de son fiancé, subissant l'influence de la belle physionomie de l'évêque. Autant les voûtes avaient retenti des cruelles paroles du précédent curé, autant M. de Boisdhyver prit à tâche de les effacer, pour ainsi dire, en prenant pour texte la Miséricorde.

Ayant commencé par faire une allocution aux nouveaux mariés, maintenant il s'adressait aux paysans, qui l'écoutaient comme le Messie. M. du Pouget eut, à propos du sermon, un de ces mots heureux qui peignent tout à la fois l'évêque et ses auditeurs : — « Si l'oreille ne comprend pas, disait-il, l'âme entend. » Suivant son habitude, le discours de M. de Boisdhyver fut court; rarement il dépassait un quart d'heure dans ses prêches, et il recommandait instamment aux prêtres de ne jamais parler plus de dix minutes, certain qu'ils produisaient plus d'effet dans ce bref espace de temps.

Certainement, ce conseil n'eût pas été suivi par les orateurs de profession, qui ont besoin d'un temps plus considérable pour préparer leurs effets, s'échauffer, et arriver à de certains mouvements oratoires que M. de Boisdhyver n'ambitionnait pas. Ses discours ne ressemblaient en rien à des discours préparés : l'artifice de la parole en était chassé ainsi que les grands mots, les citations latines, et tout ce qui sert d'ordinaire à provoquer l'admiration des masses. L'évêque parlait simplement et savait se faire entendre des gens de toutes les classes. Ses discours roulaient presque constamment sur des sujets à la portée de tous, et il se gardait d'entrer dans les abstractions théologiques. Aussi les paysans des Feuilles-Vertes écoutaient-ils le prélat avec admiration ; on pouvait dire d'eux qu'ils étaient suspendus aux lèvres de l'évêque.

Cependant la cérémonie touchait à sa fin ; déjà on entendait à la porte de l'église le tumulte du cortège, précédé du *sonneur* de violon, qui attendait la mariée. Quand Luce et Louis sortirent, fiers de la solennité avec laquelle ils avaient été unis, des décharges de vieux mousquets et de boîtes les accueillirent. Suivant l'usage, un garçon présenta la main à la mariée, la fit danser un moment et en reçut un ruban ; un autre garçon eut le privilège de prendre Luce par la taille et de la porter sur la selle d'un cheval ; ainsi que le premier, il fut payé de ses soins par un ruban que la mariée détacha de sa ceinture.

Tout l'attirail des grandes noces était préparé sur la place : l'armoire couchée sur une charrette, la fameuse armoire, qu'apporte en mariage toute fille à son fiancé ! C'est une haute armoire, sculptée par un habile ouvrier, qui représente la consécration du mariage mieux que le *oui* prononcé devant le maire. N'est-ce pas le symbole de l'économie, de l'emmagasinement, que cette armoire envoyée par la fiancée à la maison des noces avant d'y entrer elle-même ? Le symbole est encore plus vivement confirmé par la présence de la sœur de la mariée sur le devant de la charrette, assise sur les oreillers du lit nuptial, tenant en main un rouet et une quenouille. Luce n'avait pas de sœur; mais une de ses cousines avait accepté avec empressement de jouer le rôle de la personnification du travail dans cette heureuse noce. Avec ce rouet et cette quenouille, on comprenait que la grande armoire sculptée serait bientôt remplie de linge tissé par une habile ménagère. Sur le chemin, d'après le cérémonial usité, la couturière distribuait des paquets d'épingles aux jeunes filles qu'elle rencontrait.

M. de Boisdhyver et son cortège de prêtres suivaient la noce, car il restait encore quelques cérémonies religieuses à accomplir, quoique, au sortir de l'église, les symboles profanes prissent le dessus. La porte du fiancé était défendue par trois barrières de rubans, de chapelets, de fleurs, que la mariée devait franchir; ensuite le cortège entra dans la chambre, où l'évêque bénit le lit nuptial, et pendant que la mariée rendait visite aux voisins et aux voisines, leur portant des épingles et recevant en échange des quenouilles de chanvre et de lin, M. de Boisdhyver rentrait au presbytère pour dépouiller ses habits épiscopaux, car il avait promis d'assister au festin, au premier repas seulement, l'habitude étant de rester trois jours et trois nuits sans se lever de table. Déjà le mari aidait le cuisinier pour hâter la réussite de ce gros repas, et les pauvres se présentaient, réclamant la part à Dieu sur les rimes d'un vieux couplet orné d'une mélodie touchante. Par les soins de Luce, de la soupe et des pains avaient été préparés pour les pauvres, qui doivent être les premiers servis, pour que le mariage tourne à bien.

Des masques, des *follets*, des cavaliers montés sur des chevaux de bois emplissaient la rue des mariés de leur sauvage musique. Une coutume singulière fit que M. de Boisdhyver, qui revenait du presbytère, fut accompagné par ces masques grotesques, qui s'imaginaient naïvement lui rendre hommage en soufflant deux fois plus fort qu'à l'ordinaire dans leurs cornets et leurs trompes. C'étaient les mascarades qui avaient poussé si loin l'indignation du curé Caneva. Qu'aurait pensé le vicaire général Ordinaire s'il eût vu un évêque suivi et acclamé par une bande de masques? M. de Boisdhyver sentait quel singulier rôle le hasard lui avait ménagé ce jour-là, et il pria le curé des Feuilles-Vertes d'engager les masques à ne pas le suivre; mais les garçons du village, croyant que leur cortège était le plus grand hommage ils pussent rendre à

M. de Boisdhyver, ne voulaient pas entendre les remontrances de leur curé. L'évêque sourit et prit cette burlesque cérémonie en patience. D'ailleurs on approchait de la maison des fiancés, où les masques n'avaient pas le droit d'entrer avant la nuit.

Déjà la noce était à la danse ; car les Normands ne perdent pas de temps les jours de fête, où l'on ne quitte la table que pour la danse et la danse que pour la table. Danser, manger, jamais dormir, telle est la conduite ordinaire d'une noce pendant trois jours, sans compter le raccroc du dimanche suivant où l'on recommence cette vie de félicités, qui se traduit par ce dicton : « Manger la paille du lit de la bru. »

M. de Boisdhyver était revenu avec le curé des Vertes-Feuilles offrir un cadeau à la mariée. A la fin d'une contredanse, les époux font le tour des quadrilles, et la mariée tend son tablier afin que les danseurs y jettent leurs présents. Luce recueillait ainsi de la toile, des bouteilles de vin, de la faïence. M. de Boisdhyver lui passa au cou une jolie croix. Une grosse et bruyante joie emplissait les salles ; mais le repas n'était pas encore prêt, et l'évêque put aller visiter, avec le desservant du village, un malheureux qui se mourait d'une lente phthisie dont la durée étonnait les paysans, car, aux derniers feux de Saint-Jean, il avait été porté près du *candiot;* on avait recueilli des charbons du *candiot* pour lui porter bonheur en les mettant sur sa cheminée, et il n'était pas guéri !

Il y a encore dans ces villages des restes de superstitions dont témoignent des couronnes de lierre et d'œufs entrelacés, placés à chaque porte ou au-dessus du foyer, avec des couronnes d'herbes de la Saint-Jean, pour préserver de la foudre et des voleurs. Quelques-unes de ces coutumes sont touchantes et dénotent dans ce peuple un fond de bonté ; mais d'autres sont purement inspirées par la peur et l'ignorance. Cependant M. de Boisdhyver ne put voir sans émotion, aussitôt qu'on eut découpé à table, le premier morceau de rôti enfermé dans une armoire, et réservé pour les parents absents. Le frère de Luce Niquet était un matelot de la marine militaire, parti depuis deux ans sur un vaisseau faisant une expédition autour du monde ; on lui conservait un morceau de viande qui devait servir à connaître de ses nouvelles. Si la viande restait intacte, on augurait qu'il se portait bien ; si elle se moisissait, l'absent était malade ; si elle se gâtait, il était mort.

Le cidre aussi jouait un grand rôle dans la cérémonie. On avait fait asseoir une jeune fille sous la poutre ; elle devait boire le premier et le dernier verre de cidre du repas pour se marier dans l'année. Sans doute, vers la fin de la Restauration, les paysans commençaient à rire de ces usages et de ces superstitions, mais elles étaient encore fortement enracinées chez quelques-uns.

Le chanoine Godeau manquait à ce repas énorme, où se trouvait placé, comme une statue sur une colonne, un croupion d'oie fiché sur des allumettes et posé sur une bouteille afin de stimuler l'ardeur des buveurs de cidre. Ce délicat morceau était la récompense de celui qui avait le plus englouti de pots de cidre ; sans cette prime, deux tonneaux de cidre mis en perce exprès pour le repas et posés sur une table haute, décorés de rubans et de faveurs de toutes couleurs, n'en eussent pas moins été bus et vidés le même soir. L'eau-de-vie, le genièvre servaient à pousser le cidre, et M. de Boisdhyver, qui n'avait jamais assisté à une fête de paysans, était surpris de la rapidité avec laquelle on allait de la table aux tonneaux, d'autant plus que le verseur se plaisait à constater à haute voix le vide qui s'opérait à chaque instant dans les tonnes.

Les chansons commencèrent à se réveiller dans le gosier des buveurs, d'où elles ne demandaient qu'à sortir. Le futur chanta une espèce de chanson de noce qui sert à déployer toutes les richesses de sa garde-robe.

Il s'agit des bottes, si révérées dans certains villages, qu'on en voit pendues au plafond qui ont chaussé trois générations. La Normandie n'est pas tout fait aussi ménagère des bottes que la Bretagne où les jeunes gens vont pieds nus à la messe et ne chaussent leurs bottes que sous le portail de l'église, mais les bottes ont toujours été un objet de respect pour le campagnard. Louis chanta le premier couplet :

> J'ai encore dans mon coffre,
> Les bottes à papa grand,
> Que je mets fêtes et dimanches
> Le jour de carême prenant.

Cette chanson à laquelle toute la table répondait par un refrain, ne variait que suivant la condition de fortune de l'époux. Au second couplet il chantait :

> J'ai encore dans mon coffre
> Les chemises à papa grand,
> Etc.

Au troisième, c'était la perruque du grand-père ; le chapeau arrivait au quatrième couplet, et le mari détaillait ainsi chaque objet provenant de ses aïeux et formant un nouveau couplet. Plus il y avait de couplets, plus le futur était pourvu d'effets, de linge et de mobilier, et plus la noce répétait avec joie le refrain. M. de Boisdhyver jugea prudent de laisser la noce à sa jubilation. Déjà les propos salés allaient leur train et les buveurs voulaient apprendre à Luce Niquet la fameuse oraison : « Benedicite, je me couche ; je ne sais pas ce qui va me venir, je m'en doute. »

XIII

L'ÉVÊCHÉ RESTAURÉ

Les travaux de l'évêché étaient terminés ; M. de Boisdhyver put y faire son entrée et recevoir dignement les personnes qu'il désirait inviter à ses soirées. Sans avoir une apparence somptueuse, le nouvel hôtel prit l'aspect qui convient à la grandeur de l'épiscopat moderne. Les anciens murs d'enceinte que le temps avait couverts de sa rouille noirâtre, furent grattés jusqu'au vif, et retrouvèrent leur couleur primitive de pierre un peu jaune. Toute la rue du Cloître qui mène à l'évêché fut dépouillée des mousses humides et des bouquets d'herbe entre chaque pavé, qui ne contribuaient pas peu à donner à ce quartier l'aspect des grandes voies abandonnées. La cour d'honneur de l'évêché fut dallée avec d'anciennes pierres tombales usées qui emplissaient depuis longtemps les galeries supérieures de la cathédrale. Une statue de Fénelon en marbre blanc, envoyée de Paris, s'élevait au milieu de la cour selon les ordres de M. de Boisdhyver : c'était placer l'évêché sous le patronage d'un prélat distingué par son beau caractère et la pureté de ses écrits. A la place de l'ancien escalier de pierre qui menait à la grande porte vitrée du rez-de-chaussée, et qui se composait de vieilles marches presque toutes ébréchées et disjointes, l'architecte construisit un bel escalier à marches larges, s'étalant sur le devant de la façade et donnant au corps de bâtiment une base plus importante. Les greniers de l'ancien évêché étaient remplis de débris de toute espèce : vieilles grilles, vieilles boiseries, vieilles statues mutilées, auxquelles personne ne prenait garde, à cause de la poussière et des toiles d'araignées qui s'en étaient emparées.

Un état analytique avait été tenu de toutes ces vieilles boiseries, que Cyprien reçut ordre d'examiner. D'après son rapport, M. de Boisdhyver put choisir des objets d'art curieux qui, restaurés, reprirent leur ancienne magnificence. C'est ainsi que des grilles basses, ouvrages de serrurerie remarquables par la finesse de leurs sculptures, vinrent étaler leur ventre et leurs somptueux ornements dorés de chaque côté de l'escalier. En grattant les murs intérieurs de la cour qui avaient été couverts à différentes reprises de couches de chaux épaisses, sur lesquelles la pluie et le mauvais temps avaient déposé leur crasse, on retrouva d'abord au rez-de-chaussée des sculptures en ronde-bosse peu accentuée, sorties vraisemblablement du ciseau d'un élève de Jean Goujon.

Le bâtiment semblait avoir été construit à trois époques différentes : la base appartenait à la Renaissance ; le premier étage, contenant des marqueteries en briques de couleur, était évidemment de la fin du règne de Louis XIII ; pour le second étage, il avait été refait après coup par suite d'éboulement ou d'incendie, et l'art ronflant et maniéré du dix-huitième siècle y avait imprimé ses contournements, ses choux et ses astragales. Ainsi restauré à l'extérieur, le palais épiscopal fournit de curieux commentaires aux imaginations archéologiques de la Normandie. M. du Pouget n'apporta pas un mince concours à l'embellissement de l'évêché ; guidé par lui, Cyprien put prendre une teinte de connaissances monumentales qu'il ignorait jusque-là. Zélé et pieux conservateur des églises du diocèse, on ne pouvait reprocher à M. du Pouget que de se laisser entraîner trop loin par l'archéologie. Si un trait peut donner l'idée d'un homme, l'anecdote suivante circulait dans le clergé sur M. du Pouget, qui, prêchant l'Avent dans une petite église de campagne des environs de Bayeux, monta en chaire, s'agenouilla, pria, se releva : « Mes frères ! » s'écria-t-il. Et il promenait ses regards dans le vaste espace de l'église pour mieux assembler ses idées. Tout à coup, sa figure changeant d'expression, il saisit un crayon placé près de ses notes, fixa ses regards sur un pilier, les reporta sur son panier ; ses yeux s'animèrent, sa main s'agita, l'auditoire s'inquiétait, et pendant un quart d'heure demeura stupéfait.

M. du Pouget, frappé par un bizarre chapiteau où s'entrelaçaient des moines et des diables, oubliant tout à coup ses auditeurs, s'était mis à dessiner le chapiteau. Quand, plein du contentement d'avoir fixé sur le papier un spécimen curieux de l'art symbolique du moyen âge, M. du Pouget fut tiré de sa fièvre artistique, il s'aperçut seulement alors que depuis vingt minutes il tenait l'auditoire dans la stupéfaction. Troublé, ayant perdu le fil de ses idées, il renonça dès lors à prêcher en public.

Ce fut lui qui fit décorer le grand salon du nouvel évêché de vastes panneaux de l'époque de Louis XVI, où se remarquaient quelques nœuds d'amour sculptés et quelques colombes trop éprises ; mais la couleur de chêne qu'on retrouva sous celle un peu coquette de gris-perle ajoutée précédemment, refroidit et apporta quelque calme dans ces délicieuses sculptures mondaines. Un mobilier d'ébène, avec des encoignures en cuivreries dorées, acheva de décorer ce salon. A cette époque, la Normandie était pleine de ces sortes de mobiliers, alors sans valeur, qui n'avaient pas encore conquis le titre pompeux de *curiosités*. M. du Pouget fut heureux de pouvoir appareiller, en courant tout le pays, un salon unique en son genre par l'harmonie des étoffes, des boiseries et des meubles.

M. du Pouget fit part à M. de Boisdhyver des connaissances spéciales que le curé de la paroisse Saint-Nicolas, l'abbé Gratien, avait dans la science du jardinage. Il est rare que le prêtre ne soit pas atteint d'une passion innocente : la manie s'empare de ces existences tranquilles et leur impose son joug tyrannique. L'abbé Gratien jouissait, non loin de son presbytère, d'un assez grand jardin dans lequel il passait les deux tiers de sa vie, et il en était le seul directeur. Jamais un terrassier n'aida le curé de Saint-Nicolas dans les travaux fatigants du jardinage ; M. le curé bêchait, greffait, pompait, arrosait, brouettait, taillait, arrachait et semait.

Dans l'activité du jardinage, l'abbé Gratien enlevait sa soutane, sans s'inquiéter des ardeurs de l'été ni des frimas de l'hiver, et il restait ainsi en plein air, en culottes courtes, en bas noirs, en bras de chemise, ne conservant de son costume d'ecclésiastique que son rabat et sa calotte. Ce gros petit homme rubicond, avec son ventre proéminent qui ne demandait pas mieux que de se faire porter par la brouette, ruisselait de sueur en puisant de l'eau, en transportant du terreau, du fumier ; il n'eût certainement pas rêvé un avenir plus agréable en paradis. Son jardin était pour lui un Éden, et les mauvaises langues prétendaient que le premier coup de la messe lui faisait toujours faire la grimace, car il ne quittait qu'à regret ses chères plates-bandes, sa serre si bien ornée et ses arbres fruitiers qui étaient son orgueil. Sans y attacher d'idée religieuse, il avait une dizaine de poiriers particuliers qu'il veillait l'hiver avec autant de soin qu'une mère en a pour son enfant : c'étaient des poiriers de *bon-chrétien*, qui auraient fait paraître rabougris les plus beaux fruits des étalages parisiens de marchands de comestibles.

M. Gratien s'était acquis une renommée proverbiale par ses poires de bon-chrétien. Les paroissiens qui voulaient l'amadouer ne lui demandaient pas comment il se portait, mais commençaient par l'interroger sur l'état des poiriers de bon-chrétien ; alors l'abbé Gratien disait ses transes, ses insomnies, ses rêves, ses petits bonheurs à l'époque de la floraison, ses grands malheurs quand survenaient les vers rongeurs et les gelées tardives. Les poires de bon-chrétien remplissaient sa vie ; entre tous les fruits, c'étaient les favoris. S'il consacrait huit heures par jour à son jardin, les poiriers de bon-chrétien accaparaient deux tiers de ses regards et de ses pensées. Quand il disait l'hiver la messe à Saint-Nicolas, et que le froid le prenait aux pieds et aux mains, l'abbé Gratien ne pouvait s'empêcher de songer combien devaient souffrir des rigueurs de la saison ses pauvres poiriers ; et il combinait sans cesse des engrais particuliers pour leurs racines, des bonnets bien chauds pour leur tête, des vestes bien ouatées pour leur corps, car il les habillait et les vêtissait dans la froide saison, comme de délicats enfants de prince.

L'égoïsme ne poussait pas M. le curé de Saint-Nicolas à agir ainsi, car il n'eut jamais les goûts friands du chanoine Godeau ; son plus grand plaisir était d'obtenir des fruits nouveaux d'une taille extraordinaire et d'une couleur remarquable, qu'il envoyait par sa gouvernante, en cadeaux, aux membres principaux de sa paroisse. A Paris, une assiette de ces beaux fruits eût coûté cinquante francs, mais M. Gratien ne mangeait jamais une poire chez lui. Quelquefois il acceptait une invitation à dîner ; sa joie était immense au dessert quand il reconnaissait ses enfants, et il dégustait avec une sorte de joie gourmande les éloges que les fruits amenaient sur les lèvres des convives.

Si on ajoute à cette innocente distraction certains péchés qui tenaient une place de second plan dans l'esprit du curé de Saint-Nicolas, on aura un portrait exact de cet excellent homme, qui, en envoyant ses cadeaux à domicile, recommandait surtout de garder soigneusement les noyaux, car il avait l'orgueil des arbres qu'il avait plantés ; s'il envoyait vingt pêches, il voulait qu'on lui rendît vingt noyaux, afin d'être le seul possesseur de cette espèce. Il se brouilla pendant une année avec le juge de paix qui, oubliant cette recommandation, avait laissé jeter à la rue les noyaux de ces pêches savoureuses ; et ce ne fut qu'à la suite d'une enquête constatant que la servante seule était coupable de légèreté en cette affaire, qu'il rendit ses bonnes grâces au juge de paix.

En voyant le petit jardin noir et humide de l'évêché, M. Gratien, loin de se laisser aller au découragement, se sentit transporté d'orgueil. Il avait de la besogne. Les allées étaient obstruées par les excroissances parasites de rosiers qu'on ne taillait pas depuis plusieurs années, et qui semblaient vouloir revenir à leur état sauvage primitif. Les allées n'étaient jamais ratissées ; l'accumulation des feuilles, des branches pourries et tombées, formait une sorte de fumier naturel fort bon à être employé utilement ailleurs, mais qui ne témoignait guère des aptitudes de celui qui prenait soin du jardin du vivant de l'ancien évêque. Effectivement, madame Compère trouvant largement de quoi nourrir ses lapins dans le potager, le jugeait suffisamment entretenu pour servir de lieu de plaisance à son corbeau.

La distribution du jardin était déplorable et faite sans goût : des allées trop étroites, un boulingrin morne et désolé, couvert d'une herbe maladive, des arbres à fruits enfouis sous des sapins, des fleurs entassées sous les arbres à fruits, se contrariaient, s'annihilaient. Une main semblait avoir jeté dans l'air des graines d'arbustes, de plantes, sans s'inquiéter où elles tomberaient. Le curé de Saint-Nicolas ne se rebuta pas devant cette incurie, il lui en coûta quelques contemplations perdues pour ses chers poiriers, mais M. Gratien en conservait une image dans son cerveau, comme ces profils de maîtresses que les amants regardent sans cesse. Aussi réfléchi que ces fameux joueurs d'échecs qui peuvent jouer une partie sans regarder l'échiquier, M. Gratien, tout en travaillant au jardin de l'évêché, eût pu dire : J'ai encore tant de poires de bon-chrétien à cueillir cette année. Celles du côté gauche sont plus avancées en maturité : à droite, il y en a trois d'un vert particulier qui m'inquiètent un peu, surtout la troisième de la seconde branche près du tronc. Pour M. Gratien, autant il y avait de fruits sur un arbre, autant chacun avait sa physionomie particulière : il leur prêtait une telle attention, qu'il les distinguait, comme on est frappé par un enfant pâle ou un enfant rose ; d'après la robe, la pelure des fruits, il reconnaissait leur supériorité intérieure. Nouveau Cabanis pour ce qui regardait les produits des arbres fruitiers, le curé de Saint-Nicolas eût été tout étonné s'il avait su se rencontrer avec un matérialiste.

En deux jours le jardin de l'évêché fut bouleversé par M. Gratien, qui arrosa réellement la terre de ses sueurs : déplanter les arbres, faire des terrassements, dessiner des allées, des parterres, rien ne coûta au gros curé de Saint-Nicolas ; certainement si l'exercice enlevait de l'embonpoint, comme le soutiennent les empiriques, M. Gratien serait sorti au bout de huit jours de l'évêché gros comme une flûte traversière. Cependant son ventre ne s'en avançait pas moins d'une façon menaçante dans la brouette quand il la ramenait vide.

Ce que M. du Pouget avait fait pour la restauration de l'évêché, M. Gratien le fit pour le jardin. Après fortes déplantations, ébranchements d'arbres, les allées humides purent recevoir enfin les rayons bienfaisants du soleil qui n'y était peut-être pas entré depuis vingt ans. L'humidité rentra honteusement dans la terre, chassée par les rayons brillants de l'astre à qui le curé de Saint-Nicolas avait ouvert de nouvelles promenades, et un aspect riant vint changer la façade de derrière de l'évêché, qui naguère remplissait l'âme de tristesse. Huit grands orangers en caisse furent placés de chaque côté des marches descendant du corps de bâtiment au jardin, et formèrent une rampe qui correspondait à la belle grille en serrurerie de la façade opposée. M. Gratien mit à néant l'ancien potager qui révélait des goûts bourgeois dans un jardin si peu considérable : il put agrandir ainsi le promenoir de verdure et l'orner de plantes plus divertissantes à l'odorat et à la vue.

M. de Boisdhyver, entré jadis dans l'évêché avec un serrement de cœur provoqué par le désordre, l'incurie, le manque des soins les plus simples, crut visiter un palais quand MM. du Pouget et Gratien eurent terminé leurs restaurations. Tout avait changé à tel point, que les oiseaux eux-mêmes s'en faisaient fête et remplissaient les arbres de cris et de chansons joyeuses. Du temps du précédent évêque, seules les chauves-souris animaient cet endroit de leurs battements d'ailes sourds et sinistres ; aux heures où le jour tombait, elles étaien maîtresses absolues du jardin et venaient s'y livrer à leurs nocturnes ébats.

— Monsieur Gratien, dit l'évêque, je prierai saint Fiacre qu'il vous protège... Vous êtes le digne fils du patron des jardiniers. J'espère, monsieur le curé, qu'on vous verra souvent à l'évêché... Je recevrai une fois par semaine, et je tiens à m'entourer des prêtres que j'aime.

Pour M. du Pouget, l'évêque lui fit cadeau, en remerciment des soins qu'il avait apportés à la restauration du bâtiment des *Acta sanctorum* des Bollandistes, ouvrage d'un grand prix. C'est par des attentions sans nombre que M. de Boisdhyver se faisait tous les jours des partisans dans le clergé de Bayeux, et qu'il ramenait peu à peu ceux qui d'abord marchaient sous la bannière de M. Ordinaire.

De telles restaurations avaient fait un grand bruit dans la ville : on parla d'abord de vingt mille francs dépensés dans la construction de l'évêché ; de vingt mille on enjamba jusqu'à cinquante mille. A cent mille les gens ne s'arrêtèrent plus ; c'était par millions qu'ils comptaient.

— M. de Boisdhyver a dépensé des millions dans l'évêché, disait-on.

La statue de marbre de Fénelon ne contribua pas peu à entretenir l'idée d'un évêque millionnaire ; cette statue était le seul objet de luxe que se fût permis le prélat dans sa vie. A Paris, elle ornait son appartement ; exécutée de grandeur naturelle peu de temps après la mort de l'évêque de Cambrai, et remarquable par cette ampleur de draperies que le sculpteur, évidemment élève de Lebrun, imagina pour rehausser la noble figure d'un des plus nobles personnages du grand siècle, cette figure fut acquise par M. de Boisdhyver alors qu'exerçant des fonctions modestes à l'archevêché de Paris, il voulut toujours avoir sous les yeux les traits du prélat de Cambrai. Fénelon et François de Sales furent ses modèles, ses patrons ; il s'appliqua à les étudier, à les méditer, à les continuer. Dans sa cellule, en face d'un Christ en bois, un magnifique portrait gravé de saint François de Sales faisait pendant ; tous les soirs, M. de Boisdhyver, agenouillé devant l'image du prélat savoisien, repassait chacune de ses actions de la journée et se demandait comment, dans cette situation, François de Sales eût agi. Puis, avant de s'endormir, l'évêque relisait une des nombreuses biographies qui ont été laissées sur le prélat, ou il s'inspirait de quelques-unes de ses lettres spirituelles. La simplicité, la grandeur d'âme, la bonté, l'amour de la nature qui sont enfouis dans chacune des lignes du pieux écrivain pénétraient jusqu'au cœur M. de Boisdhyver, et il s'endormait le sourire sur les lèvres, trouvant dans chacune de ses lectures une confirmation à ses moindres actes. Ce fut ce qui décida sa fortune rapide. Sans ambition, content de sa position, ne rêvant ni grandeurs ni dignités, heureux de faire le bien, trouvant dans les émoluments de sa place à l'archevêché de Paris de quoi satisfaire ses nombreuses aumônes, M. de Boisdhyver fut surpris d'être appelé à l'évêché de Bayeux, poste qu'il n'avait jamais brigué et dont il comprenait la haute importance ; car tous les jours des solliciteurs en robe assiègent l'archevêché, comme d'autres en habit emplissent les ministères. Les demandes sont aussi nombreuses d'un côté que de l'autre. Le but est le même, l'intrigue joue le même rôle ; les sollicitations, les recommandations se retrouvent aussi bien au religieux qu'au civil. On se courbe dans les bureaux de l'archevêché comme dans les bureaux des ministères. Si les vêtements changent de formes, seules les passions de l'homme ne varient pas.

Les chanoines n'ont pas l'habitude de demeurer à l'évêché ; ils s'établissent, suivant leur convenance, dans des maisons particulières où ils prennent leur pension ; généralement, dans les petites villes de province, on les voit faisant partie, pour ainsi dire, d'une famille pieuse qui se trouve trop honorée, moyennant une modeste pension, d'avoir sous son toit un dignitaire de l'Église. Comme M. de Boisdhyver n'avait pas de train de maison, et que l'évêché restauré laissait plusieurs logements vacants, le prélat fit offrir à quelques chanoines un appartement convenable qui apportait une économie dans leur budget. M. du Pouget accepta, trop heureux de se rencontrer plus souvent avec un supérieur dont il admirait le beau caractère. L'abbé Baudrand et le chanoine Godeau y installèrent également leur petit mobilier, ainsi que le chanoine Locart, connu par l'attachement qu'il portait à l'argent. L'un des premiers il profita de l'occasion qui lui fut offerte de ne pas payer de loyer : quant au chanoine Godeau, il flairait les dîners de l'évêché et s'imaginait qu'étant sur le terrain même, son couvert serait mis souvent à la table de M. de Boisdhyver ; mais il se trompait dans ses calculs, car les dîners de l'évêché ne tardèrent pas de passer en proverbe pour la frugalité et la simplicité de la desserte.

M. Commendeur serait venu volontiers s'installer au palais

épiscopal, mais il refusa par les motifs qui avaient déterminé M. Godeau à accepter : il craignait une nourriture trop substantielle et trop excitante pour ses intestins. Logé dans un petit appartement de la Vieille-Rue, il faisait faire expressément une cuisine particulière par une femme de ménage à laquelle il donnait sept francs par mois. Ce qu'il faisait souffrir à cette malheureuse serait trop long à détailler. Pris d'un malaise permanent, M. Commendeur s'imaginait que ses désordres gastriques provenaient de l'alimentation. La femme de ménage fut obligée de changer ses systèmes culinaires à chaque médecin nouveau que le chanoine consultait. Il passa de la sorte, au commencement de sa maladie, par les viandes rouges, pour les changer contre des viandes blanches. Tout d'un coup il supprima la viande et se mit au régime des légumes et des fruits ; puis il mit de côté les légumes et les fruits et entra résolûment dans la marée, qui le brûla comme s'il eût mangé du phosphore ; enfin il arriva aux soupes exclusivement. La femme de ménage fut obligée de s'instruire sur les différents potages gras et maigres, anciens et nouveaux ; car M. Commendeur ayant pensé que nos aïeux étaient plus robustes que 'es gens d'aujourd'hui, s'imagina de faire faire de la cuisine rétrospective, sur la foi d'un vieux livre qui lui était tombé dans les mains. Enfin, il se mit à la diète pour le plus grand repos de l'imagination de la femme de ménage, se livra aux sangsues, et n'ayant pas trouvé de contentement dans aucun de ces différents systèmes; il reprit un train de nourriture ordinaire ; mais, avant que quelques viandes ou quelques légumes fussent livrés à la cuisson, M. Commendeur se les faisait apporter dans sa chambre, et les étudiait avec une attention extrême. Les plus petites taches sur un fruit, un œuf manquant de transparence, certains filaments dans la viande crue, retombaient sur la tête de la femme de ménage, victime des intestins mal organisés de son maître.

En voyant la santé robuste du chanoine, il était permis de douter de ses malaises intérieurs ; mais il ne fallait pas lui trouver bonne mine le matin, et la femme de ménage était dressée à écouter les souffrances du chanoine et à s'y apitoyer. Qui sait où aurait pu se porter la colère de M. Commendeur, s'il eût trouvé sa domestique doutant de ses maux! S'étant condamné de la sorte à des régimes plus variables que la température, le chanoine préférait rester dans son modeste appartement.

Il n'y avait pas dans l'évêché de salle assez vaste pour contenir le musée de M. Aubertin, sans quoi il eût volontiers transporté ces silhouettes dans les bâtiments de la rue du Cloître; mais comme sa collection augmentait toujours, il ne trouva rien de mieux que de louer un bâtiment à foin qui avait fait partie d'une ancienne église. Seules restaient intactes une sacristie assez grande et une partie du chœur. Ce fut là que l'abbé Aubertin alla loger, convertissant la sacristie en petit logement, et le chœur en musée, où vinrent s'étaler toutes ses pieuses découpures.

M. de Boisdhyver comprit ces raisons et reçut amicalement les remercîments des chanoines qui ne pouvaient profiter d'une hospitalité si généreusement offerte ; mais le vicaire général, M. Ordinaire, refusa net, sans donner de motifs, et son refus fut tellement accentué, que l'évêque fut peiné de la lutte que voulait éterniser son grand vicaire.

M. de Boisdhyver croyait pouvoir ramener tous les esprits à lui par la douceur ; c'était son rêve, son unique désir, et, quoi qu'il fît, rien ne pouvait adoucir les lignes dures, hautaines et chagrines de la figure de M. Ordinaire. Au contraire, il semblait que plus l'un faisait de concessions, plus l'autre se montrait rogue ; l'évêque s'avançait sans cesse, le rameau d'olivier à la main, et le vicaire général n'en secouait pas moins sa robe.

Craignant les fâcheux effets de la discorde entre prêtre d'un rang élevé, inquiet de les voir se répandre dans le public, M. de Boisdhyver souffrait de la situation dans laquelle il se trouvait vis-à-vis de M. Ordinaire ; il repassait les moindres actes qui s'étaient passés entre lui et le grand vicaire depuis son arrivée à Bayeux, et, sauf l'affaire du curé Caneva, où ils s'étaient trouvés en dissidence, M. de Boisdhyver n'avait aucun reproche à se faire. Toujours il était allé le cœur ouvert au-devant de M. Ordinaire, et toujours il avait trouvé un cœur hérissé. Les natures bienveillantes recèlent de vifs chagrins de se sentir repoussées par des esprits irascibles et se refusant à toute conciliation. On n'eût pas dit à l'évêque combien le vicaire général conservait de rancune et de jalousie contre sa nomination, que la physionomie de M. Ordinaire ne pouvait cacher le désordre de sa bile, malgré une froideur apparente.

M. Ordinaire était roux, nuance que les physionomistes s'accordent presque tous à présenter comme recouvrant des instincts méchants ; l'évêque croyait pouvoir, à force de de bonté, de bienveillance, corriger ces mauvaises dispositions. Jaloux de triompher d'un adversaire difficile, de même qu'un avocat s'enthousiasme pour une cause impossible, M. de Boisdhyver ne répondit jamais aux regards verdâtres et clignotants de son grand vicaire. Les yeux de M. Ordinaire étaient *bigles,* suivant un mot presque disparu de la langue ; l'évêque attribuait ce regard particulier plutôt à une imperfection de la nature qu'à l'opinion des physionomistes qui disent : « Tout défaut physique se retrouve au moral. Garde-toi de l'homme bigle : son cœur est bigle aussi. » Mais M. de Boisdhyver l'évêque n'admettait pas que la nature ayant donné certains travers physiques à l'homme, il ne fût pas possible de les corriger. Ayant visité les prisons, il rencontra des criminels endurcis dont il toucha le cœur, qui s'étaient repentis en versant des larmes.

La société change l'homme, l'éducation le transforme ; en veillant sur ses instincts mauvais, il est possible de les atténuer, de les affaiblir en les faisant combattre par les instincts supérieurs, et en donnant à ceux-ci une telle force, qu'ils sont certains de vaincre les premiers.

M. de Boisdhyver résolut d'appeler à son aide les bons instincts du vicaire général.

XIV

LES DEMOISELLES LOCHE

A Bayeux, il est une comparaison qu'on ne manque jamais d'appliquer lorsqu'il s'agit de dévotion : on dit dévot comme les demoiselles Loche. Ce sont deux vieilles filles qui demeurent dans la rue du Chardonneret et dont la propriété a une apparence d'hôpital. Jamais personne ne se montre aux douze grandes et hautes fenêtres qui donnent sur la rue. Les volets sont constamment fermés, sauf ceux d'une petite fenêtre du rez-de-chaussée. A quel usage les demoiselles Loche emploient leur vaste maison, c'est ce que tout le monde se demandait dans Bayeux, et les faiseurs d'affaires, brocanteurs de propriétés, soupiraient de voir un si beau bâtiment dans l'abandon.

— A la place des demoiselles Loche, disait-on, je voudrais au moins tirer douze cents livres de location de ma propriété.

Les demoiselles Loche n'entendaient pas de cette oreille, et se souciaient peu de ce qu'on pensait et de ce qu'on disait d'elles dans la ville. Elles ne savaient même pas qu'on s'occupât d'elles au dehors. Toute leur vie était tournée vers l'église : elles faisaient partie du quartier du Cloître, elles y étaient nées, elles voulaient y rester toujours. Élevées par des prêtres pour ainsi dire (de fondation la maison Loche ne reçut que des prêtres, et elles ne concevaient pas qu'il y eût d'autres hommes au monde), elles ne sortaient jamais dans la ville, n'avaient jamais voyagé et ne connaissaient que le chemin de la cathédrale, où elles allaient, trois fois par jour, assister aux nones, vêpres, complies, saluts, ainsi qu'aux offices du Sacré-Cœur, à ceux des Cinq-Plaies, à ceux de la Commémoration de saint Paul, comme à la dévotion du Saint-Scapulaire, à celle de Notre-Dame-Auxiliatrice et à la dévotion aux Neuf-Cœurs des Saints-Anges.

C'étaient deux petites vieilles dont le costume tenait de la sœur de charité. Elles étaient reconnaissables à deux paroissiens volumineux qu'elles portaient sous le bras pour se rendre aux offices ; ce qui distinguait surtout l'aînée était une énorme clef qu'elle tenait à la main avec le respect qu'inspire la clef du Paradis. Cette clef pesante fermait la porte de la maison, criait dans une énorme serrure rouillée ; la porte fermée, les demoiselles Loche seraient parties pour un voyage autour du monde avec la persuasion que personne ne pouvait forcer leur serrure. Il y avait quelque chose de menaçant dans cette clef considérable qui, certainement, pouvait servir d'arme de défense ; d'un coup d'une semblable clef et d'un coup de paroissien, il semblait facile de terrasser aisément deux voleurs. Aussi les demoiselles Loche s'en allaient-elles aux offices pleines de confiance, même quand elles étaient suivies de leur vieille servante, mademoiselle Minoret, qui était depuis soixante ans dans la maison.

Le véritable évêché anciennement se tenait chez les demoiselles Loche, amies dévouées du vicaire général, M. Ordinaire. Dans la vie privée, il les appelait *mes sœurs*, et elles ne lui parlaient qu'à la troisième personne et sans jamais l'appeler par son nom : Monsieur le vicaire général veut-il ? Monsieur le vicaire général accepterait-il ? Monsieur le vicaire général consentirait-il ? Fait qui indiquait la puissance de M. Ordinaire. Quoique sans cesse en rapport avec les deux sœurs, es confessant, mangeant à leur table, y passant une partie de ses soirées, M. Ordinaire n'avait pas perdu, aux yeux des deux sœurs, un rayon de son auréole. Il était regardé dans la maison comme un saint, et chacun de ses coups d'œil était étudié avec inquiétude, afin d'éviter au grand vicaire la fatigue de parler ou de donner un ordre.

M. Ordinaire avait beaucoup perdu de son prestige quand la nomination de M. de Boisdhyver fut connue, car dans tout Bayeux, depuis la maladie de l'évêque, chacun le regardait comme l'héritier certain du fauteuil épiscopal. Les demoiselles Loche ne virent dans cette nomination retardée qu'un obstacle ajouté par la Providence pour faire ressortir plus vivement la grandeur de leur hôte. Peut-être éprouvèrent-elles un secret sentiment de contentement en apprenant que M. Ordinaire continuait ses fonctions de vicaire général. Qui sait ce qui pouvait arriver de sa nomination? Sa future position d'évêque l'empêcherait de rester l'hôte assidu de la maison Loche, son nouveau grade lui prendrait plus de temps, le forcerait à d'autres relations ; les deux sœurs pouvaient être sacrifiées. Aussi, à la nouvelle de l'arrivée de M. de Boisdhyver, elles cajolèrent le vicaire général comme ces mères qui savent trouver de douces flatteries pour leur enfant qui s'est cogné le front et qui l'empêchent de pleurer.

Il y avait beaucoup de sécheresse dans l'enveloppe des demoiselles Loche, âgées, l'une de cinquante-sept ans, l'autre de soixante ; mais, de même que les plus douces confitures se conservent mieux sous une garde de parchemin ridé, derrière la figure froide et jaune des deux sœurs, malgré leurs lèvres serrées, le vicaire général trouvait des trésors de chatteries, de douceurs, de paroles mielleuses dont il avait seul la jouissance. Un sentiment d'amour-propre dirigeait la conduite des demoiselles Loche, fières de l'amitié du vicaire général qui s'était imposé dans cette maison avec une inflexibilité qui dénotait sa force. Pour lui, les vieilles filles n'étaient que des pécheresses qu'il fallait traiter rigoureusement : s'asseoir à leur table était une immense faveur qu'il leur témoignait.

Chacune des deux sœurs tenait un registre exact des moindres actions de la journée, heure par heure, et l'abbé Ordinaire ne manquait pas, en entrant dans la maison, de jeter un coup d'œil attentif sur ce registre, qui lui occasionnait force froncements de sourcils, car chaque action était arrivée à devenir une faute, un péché. Aussi les demoiselles Loche tremblaient-elles quand le vicaire général consultait les reglaires : s'il était mécontent, il sortait sans dire mot et ne reparaissait pas de la soirée ; alors les deux sœurs se prenaient de querelle, l'une accusant l'autre d'avoir mécontenté leur directeur spirituel.

— Mon Dieu, Udoxie, voyez ce que vous avez encore fait aujourd'hui ! disait l'aînée ; M. le vicaire général a paru consterné de votre conduite. — Ma sœur Irénée, croyez que c'est votre cahier qui l'a fâché ; je l'ai bien regardé pendant qu'il lisait, il m'a semblé que la douleur se peignait sur son visage au milieu du rapport de votre journée. — Est-il possible, Udoxie, de joindre encore le mensonge à la faute... Mon cahier est plein de péchés, jamais je n'en avais autant observé. — Précisément, ma sœur. — Eh bien, c'est ce qui vous trompe. M. le vicaire général me faisait entendre dernièrement que plus on se reconnaît de péchés, meilleur on devient, parce que celui qui ne connaît pas ses devoirs religieux ne se sent pas en faute... C'est bien vous, Udoxie, qu'il veut punir ; par votre faute, je suis privée de la présence de M. le vicaire général. — Si je n'ai pas péché, je ne dois pas en inventer. — Vous croyez n'avoir pas péché de la journée... Ah ! ma sœur, vous ne vous étudiez pas assez à fond... Les anachorètes eux-mêmes dans le désert s'accusaient de fautes perpétuelles.

Sauf quelques rares exceptions, la conversation des demoiselles Loche roulait presque exclusivement sur ces matières qui engendraient de longues discussions ; elles passaient une partie de la journée à se gratter l'intérieur, comme des ramoneurs dans une cheminée, pour enlever leurs fautes, aussi noires à leurs yeux que la suie. Le cahier de péchés des demoiselles Loche était cité dans la ville comme le modèle le plus parfait de l'excellente catholique, et on racontait à ce sujet une histoire qui fit longtemps le plaisir des sceptiques.

Madame Périchon, une des dames de la haute bourgeoisie qui donne le ton à Bayeux, entreprit de lier commerce d'amitié avec les demoiselles Loche. Jalouse de la réputation de piété des deux sœurs et de l'affection que leur portait le vicaire général, madame Périchon finit par s'introduire dans les bonnes grâces des vieilles filles à force de prévenances, de compliments et de petits cadeaux. La bourgeoise comprenait qu'il y avait un mystère au fond de la vie des demoiselles Loche, et elle brûlait d'arriver à le connaître ; mais elle perdit un temps considérable à étudier le mystère qui n'existait pas. Que pouvait-on cacher dans cette maison froide, propre et sèche ? C'était la vie des vieilles filles qu'il fallait étudier de près, en la prenant à diverses heures du jour, en commentant l'emploi de leur journée, et la vie des demoiselles Loche n'était guère mystérieuse. La plus grande partie de leur temps se passait à l'église en pieux exercices, au dedans en pieuses méditations. Madame Périchon aurait voulu enlever le vicaire général « à ces demoiselles ». Quel honneur pour elle dans la ville ? Comme son salon eût été relevé par la présence d'un tel hôte. Si les demoiselles Loche étaient citées dans toutes les bonnes familles de Bayeux, n'était-ce pas grâce à l'auréole que dessinait au-dessus de leurs bonnets la présence de M. Ordinaire dans leur intérieur ?

Ces sortes d'inquiétudes, qui arrivent quelquefois à dépasser celles de l'amour, prennent des proportions considérables dans les existences tranquilles : autour des prêtres se jouent mille drames tissés avec l'habileté d'une toile d'araignée et dont les moyens sont aussi faibles que leurs fils. La robe noire a un attrait particulier pour certaines femmes, comme le plumet d'un militaire pour les jeunes filles. De même qu'il existe en province des rivalités profondes quand il s'agit de loger le colonel d'un régiment en passage, de même l'honneur d'avoir en pension chez soi un chanoine peut se comprendre.

Madame Périchon rêvait de posséder M. Ordinaire ; son dédain, ses lèvres pincées, son teint blême, ses cheveux roux l'enthousiasmaient. Elle le trouvait *digne*, et plus les difficultés lui semblaient grandes d'enlever le vicaire général aux demoiselles Loche, plus son désir augmentait. Le mari lui-même, qui ne voyait que par les yeux de sa femme, attendait avec impatience le moment où il aurait le bonheur d'avoir M. Ordinaire en pension chez lui. Quelquefois les deux époux passaient des heures, avant de s'endormir, à parler de M. Ordinaire ; mais ces beaux rêves noircissaient à peine allumés, et s'éteignaient plus vite qu'une pièce de feu d'artifice tombant dans la rivière.

Le siège du vicaire général était d'une difficulté extrême. Madame Périchon, en pénétrant chez ses rivales, croyait avoir fait un grand pas ; mais s'étant approchée du trésor, elle comprit combien il était difficile de s'en emparer. M. Ordinaire appartenait trop aux demoiselles Loche pour qu'on pût l'enlever ainsi en un tour de main. Les deux sœurs, prudentes à l'excès, ne permettaient pas qu'on approchât de trop près leur cher vicaire. A la moindre tentative de séduction, elles eussent fermé leur porte pour toujours à madame Périchon ; aussi celle-ci devait-elle employer des moyens si fins, que M. Ordinaire ne pût s'en douter. Au premier abord, il semblait facile à madame Périchon de se mettre en rapport avec le vicaire général hors de la maison des demoiselles Loche : mais le vicaire général allait rarement en soirée, on ne le rencontrait qu'à intervalles irréguliers à l'église, son temps étant pris à l'archevêché. M. Périchon, dans sa simplicité, disait à sa femme : — Ne pourrait-on faire savoir à M. Ordinaire que chez nous il serait mieux traité, mieux nourri, mieux logé ?

— Tu en parles aisément, Périchon ; il ne s'agit pas seulement d'ajouter deux plats de plus au dîner de M. Ordinaire, ni de lui offrir un appartement convenable ; nous ne réussirons pas. Quelque chose m'échappe qui fait que M. le vicaire général est lié à ces demoiselles. Je le saurai, pourvu toutefois qu'elles ne se doutent de rien. Elles me font des cachotteries : déjà je les ai vues changer de voix et de couleur la dernière fois que je suis entrée chez elles sans frapper à la porte.

A force de soins, madame Périchon, en sortant de la messe, parvint à entraîner les demoiselles Loche chez elle, et elle leur fit parcourir sa maison, comme dans un but de curiosité. Une semaine après, à l'heure du dîner, madame Périchon se rendit à la maison du cloître, au moment où elle supposait que M. Ordinaire était à table avec les deux sœurs. Sa combinaison réussit ; les demoiselles Loche n'aperçurent rien d'extraordinaire dans cette visite. L'entretien n'en fut ni plus spirituel ni plus animé ; le vicaire général avait l'habitude de laisser aller la langue des deux sœurs, et il répondait, soit par un sourire de dédain, soit par un haussement d'épaules qui montraient assez quelle pitié il avait pour ces sortes de propos. Madame Périchon lança son premier trait.

— Mon petit salon, mesdemoiselles, ne vous semble-t-il pas une idée plus grand que le vôtre. — Je n'ai pas remarqué, dit l'aînée des Loche. — Je me trompe peut-être, reprit hypocritement madame Périchon : le vôtre a l'air plus petit et il n'est pas petit... Ce n'est pas que mon petit salon soit bien grand ; si vos rideaux n'alourdissaient pas un peu l'appartement, mesdemoiselles, votre salon gagnerait en grandeur... Pour vous qui menez une existence si tranquille, vous avez toujours un salon assez grand; mais je crois que je ne pourrais pas faire tenir tout mon monde dans votre salon... Décidément, mon salon est plus grand... Oui, vous devez vous rappeler, mesdemoiselles, qu'il y a un grand guéridon en acajou au milieu, vous savez, le guéridon sur lequel est mon service à thé, qui provient de grand'maman ; vous l'avez connue, ma pauvre grand'maman, mesdemoiselles... Je me rappelle même qu'elle me vantait dans mon enfance la piété des demoiselles Loche... Ce que c'est ! je ne pensais guère alors que j'accomplirais tous mes devoirs religieux avec zèle, et que j'épouserais M. Périchon.. Pour en revenir à ce grand guéridon, ça emplit l'appartement, quoique ça n'ait l'air de rien... Les guéridons mangent beaucoup, beaucoup de place... Mettez ici un guéridon, mesdemoiselles, et vous ne pourrez plus vous retourner... C'est ce qui prouve que mon salon est plus grand d'un quart au moins que le vôtre... Eh bien, le soir, quand la table de jeu est mise, et sans déranger le guéridon, nous avons encore de la place... Ah ! mesdemoiselles, que M. Bailly serait heureux de vous voir à une petite table de nos soirées, et tous ces messieurs également..! Nous avons d'abord à jouer avec M. Bailly, M. Primorin, de l'administration des tabacs... Vous ne connaissez peut-être pas M. Primorin ? Sa dame porte de grandes anglaises... elle est de ce pays-là ; vous la voyez à l'église seulement les jours de grande fête avec la petite Primorin, en chapeau de peluche rose... M. Launois vient aussi et fait sa petite partie avec M. Bailly, c'est un homme très gai... Il tourmente un peu cette pauvre madame Primorin sur l'Angleterre, mais pas méchamment, car il sait bien que ce n'est pas la faute de madame Primorin si elle est née en pays étranger. La table à ouvrage, la table de jeu, le guéridon, ça nous fait donc trois tables dans le salon, et cependant on se retourne, on marche, et personne n'est gêné... Certainement mon salon est beaucoup plus grand que le vôtre, mesdemoiselles.

La seconde des demoiselles Loche ayant fait une certaine grimace à la suite de cette comparaison :

— Le vôtre est plus coquet, plus bonbonnière, ajouta madame Périchon ; je ne sais pas, mais on y est plus à l'aise, plus chaudement peut-être, quoique le mien ne soit pas froid, car M. Bailly, avec ses rhumatismes, n'y mettrait pas les pieds... On voit des endroits spacieux qui, cependant bien clos, ne laissent pas arriver le froid. Périchon non plus n'aime pas le froid ; quoique fort, il est délicat, et c'est lui qui tamponne les fenêtres ; si vous vouliez, mesdemoiselles, accepter quelques aunes de tampon que Périchon a fait de trop, je vous les enverrai demain... Vous avez là, derrière M. le vicaire général, une fenêtre qui a besoin d'être tamponnée. Les personnes qui vivent dans les églises ont besoin de beaucoup de ménagements, dit madame Périchon en envoyant un regard dans la direction de M. Ordinaire.

Mais le vicaire général, fatigué de ce déluge de paroles, avait depuis longtemps baissé la tête et n'écoutait plus.

Telles furent les premières manœuvres employées avec un art diabolique par madame Périchon, manœuvres sur lesquelles l'historien ne saurait trop insister, car elles forment la base de la vie sociale en province. Cette comparaison de deux salons, ces guéridons, ces tables de jeu, ces bavardages, semblent plus frivoles qu'un grain de sable ; répétés chaque jour, ils s'agglomèrent les uns aux autres, et finissent par faire des montagnes. Madame Périchon employait naïvement l'arme de l'analogie, en en tirant peut-être plus de parti qu'un rhéteur rompu aux déductions.

A force d'entendre ces sortes de comparaisons qui tournaient au détriment de la maison Loche, il était évident que M. Ordinaire finirait par comprendre qu'il se trouvait à Bayeux un endroit où on ne demandait qu'à le recevoir comme un pape, une société qu'il ne trouvait pas chez les demoiselles Loche, une table mieux servie, plus d'égards, plus de complaisances, plus de soins, plus de coton dans le nid que madame Périchon lui offrait. Mais quelque adresse que la rivale des demoiselles Loche déployât dans cette lutte, toutes ces offres et ces câlineries devaient passer sous le nez des deux sœurs avant d'être offertes au vicaire général, et il fallait que les Loche ne pussent rien comprendre au langage détourné adressé à M. Ordinaire. On a vu des fuites de prison extraordinaires, des prisonniers se laissant glisser de murs élevés, à cinq pas d'une sentinelle en observation. Telle était la situation de madame Périchon, obligée d'offrir sans cesse des gâteaux miellés aux deux argus femelles qui veillaient sur *leur* vicaire général.

Qui sait si M. Ordinaire n'eût pas été enlevé par les Périchon à la suite d'une victoire définitive sur les Loche ! Mais madame Périchon commit une imprudence qui éclaira ses adversaires et la ruina à jamais dans leur estime. Entre autres choses qui prenaient racine dans l'esprit de madame Périchon, la plus inéclairée était l'attachement que M. Ordinaire conservait pour la maison Loche, attachement prouvé par le long séjour du vicaire général, et qui ne concordait cependant pas avec l'intelligence des deux sœurs : madame Périchon, quoique courbée sous le joug de l'habitude, omettait de se rendre compte de l'habitude, la seule raison valable dans ce cas. Sans doute, M. Ordinaire, avec son orgueil de géant et ses rêves charriant la bile, n'était pas un de ces hommes qui sont garrottés pour la vie par l'amour d'un petit coin. S'il rêvait constamment la mitre épiscopale sur la tête, si le matin, en se regardant devant la glace verdâtre à biseaux encadrée dans un maigre cadre peint en gris, sa vue hallucinée par l'ambition lui montrait la coiffure d'or de pontife suspendue au-dessus de sa tête, M. Ordinaire était loin de borner son horizon à la maison Loche ; mais s'y trouvant à peu près bien, de là seulement il voulait faire un saut à l'évêché, et les transitions par des maisons de meilleure compagnie lui semblaient sans importance. C'était ce qui échappait à madame Périchon, qui se creusait le cerveau à en faire sortir des raisons filles de Minerve.

La dévotion des demoiselles Loche était célèbre dans Bayeux ; madame Périchon entreprit de la surpasser, car elle jugeait que le vicaire général ne pouvait entrer que dans une maison renommée par sa piété. M. Périchon, qui n'avait rien à faire, ne quitta plus l'église, d'après les avis de sa femme, et quoiqu'il fût d'un naturel borné, ce fut lui qui découvrit les cahiers de confession qui faisaient la gloire des demoiselles Loche. Ayant rencontré un jour Irénée Loche qui sortait de l'église d'un air triomphant, le mari l'aborda, lui fit des compliments sur le rayonnement de sa physionomie.

— Je suis bien heureuse en effet, dit Irénée, la plus naïve des deux sœurs ; M. Ordinaire a goûté seulement aujourd'hui ma confession, et j'en suis redevable à Eudoxie. Elle me prête son cahier, je copie ses péchés, elle les revoit, les corrige, en ajoute au besoin : au moins j'ai quelque chose à dire à M. le vicaire général. Auparavant je n'avais pas encore ouvert la bouche que j'avais fini, ce n'était pas la peine de se confesser ; maintenant j'intéresse M. Ordinaire.

M. Périchon ne fit qu'un saut de l'église à la rue.

— Ma femme, dit-il en entrant, les demoiselles Loche ont un cahier de confession.

Madame Périchon se fit expliquer longuement la conversation d'Irénée et entra dans les idées de son mari. Certainement les deux sœurs avaient trouvé le moyen d'intéresser le vicaire général, car la cadette avait dit *intéressé*. Mais quel était ce cahier de confession et que contenait-il de si particulier ? C'est ce que se proposa de connaître le soir même madame Périchon. En effet, elle en toucha quelques mots prudents aux demoiselles Loche, mais celles-ci firent mine de ne pas comprendre. Au renversement subit de la conversation, il fut démontré à madame Périchon que les sœurs tenaient à ce cahier comme un avare à son or, et n'étaient pas disposées à le communiquer ; mais sur le point d'arriver à un résultat, tourmentée, inquiète, ne calculant pas les conséquences de son action, madame Périchon, qui avait remarqué dans la corbeille à ouvrage d'Ironée un certain petit cahier à couverture particulière, prit son temps et, profitant d'un moment où les sœurs mettaient en ordre l'appartement, elle fourra audacieusement le mystérieux cahier dans sa poche.

Ce fut une joie plus vive pour les époux Périchon que s'ils avaient trouvé un portefeuille plein de billets de banque : conçu d'après les plans d'Eudoxie Loche, la plus forte tête des deux sœurs, ce cahier de confession était réellement un petit chef-d'œuvre d'observation de soi-même. La liste des péchés véniels était considérable, tout devenait prétexte à péché véniel, et il était impossible qu'avec un pareil memento on ne se présentât au tribunal de la pénitence, y allât-on tous les jours, avec une forte provision de pardons à demander. C'était un dictionnaire divisé par époques, car il y avait nombre de péchés véniels suivant les saisons. Madame Périchon ne passa pas moins de huit jours à l'étudier et à le copier ; mais déjà l'alarme était répandue chez les Loche. Toute fine que fût madame Périchon, le tour qu'elle avait donné à la conversation en parlant du cahier des péchés revint à la mémoire d'Eudoxie : elle entra pleine de colère chez les Périchon, traita la femme plus mal que si elle eût dérobé un trésor, et madame Périchon, confondue, ne put faire autrement que d'avouer son vol innocent. Ce fut ainsi que se terminèrent les relations des dames, et que M. Ordinaire échappa aux tentatives d'enlèvement projeté par les Périchon.

XV

LA FÊTE-DIEU

L'époque de la Fête-Dieu était arrivée. M. de Boisdhyver voulut donner à cette solennité toutes les pompes ecclésiastiques ; d'après la connaissance des mesures qu'on prenait à l'évêché, chaque habitant essaya de contribuer de son mieux à la fête qui se préparait. Chez madame Le Pelletier, Suzanne et les jeunes filles du quartier travaillèrent pendant huit jours à faire des guirlandes de fleurs et des enjolivements pour le reposoir de la rue. Les garçons des environs avaien été mis en réquisition pour enlever dans les champs les coquelicots, bluets et autres fleurs de la saison.

Toute la ville était en déroute ; pas une maison qui ne fût remplie de feuillages, d'herbe et de lierre. On eût dit une fête de printemps dans les temps mythologiques. De petites comédies se jouaient à l'occasion de ces reposoirs, car chaque quartier élevant son monument, avait la prétention d'éclipser l'architecture voisine ; les dames ne trouvaient rien d'assez riche pour orner les reposoirs. D'après ce qui se passait chez madame Le Pelletier et qui se répétait aille· on pourra juger quelle importance prenait cette fête.

Dans chaque rue les dames se réunissaient et nommaient celles qui paraissaient les plus dignes pour les représenter : c'était une sorte de conseil municipal féminin ayant pour mission de se charger entièrement de la construction du reposoir. A leur tour, les dames élues nommaient une directrice absolue de l'édifice, celle qui y prenait le plus de part, qui donnait tous ses soins, qui supportait l'éloge ou le blâme, suivant le *succès* du reposoir. Une telle place était bien enviée ! La nomination à ce grade amenait des intrigues aussi compliquées que pour l'élection d'un député, car le reposoir prenait ordinairement le nom de la présidente, et celle-ci recueillait ainsi des hommages et des flatteries fort enviés ; c'étaient en outre des conférences avec les dignitaires civils et religieux, et les dames de Bayeux briguaient cette faveur d'autant plus que la présence du nouvel évêque y ajoutait un intérêt particulier.

Madame Le Pelletier fut nommée directrice du reposoir sans le désirer. C'était la huitième année qu'elle recevait cette marque d'estime des dames de son quartier, et elle eût volontiers abandonné cet honneur en faveur de voisines qui le briguaient ; mais sa douceur de caractère, son exquise politesse, sa vie simple et retirée, ses goûts modestes, sa charité, forçaient même les esprits jaloux à s'incliner devant elle. Jamais élection n'obtint un suffrage si universel, un consentement plus unanime. Tout n'était pas agrément dans ces grandeurs. Il fallait une certaine imagination pour varier les formes architecturales du reposoir, et ne pas le montrer semblable à celui de l'année précédente. Les fleurs, les tentures et les ornements ne suffisaient pas d'ailleurs : les tapissiers et les menuisiers y avaient une certaine part, car tout un système de charpente servait de squelette à l'édifice, et c'était après avoir rêvé longuement à une décoration nouvelle que madame Le Pelletier en conférait avec les menuisiers, peu disposés par leur intelligence à entrer dans ses idées.

Feu le président Le Pelletier avait réuni de son vivant une collection de faïences de Rouen, remarquables par leur ornementation. La vue fréquente de cette collection, qui fut vendue à la mort du président, l'enthousiasme savant que M. Le Pelletier mettait à analyser les ornements courant autour des marlis, un certain goût que la veuve avait naturellement, lui rendaient la construction du reposoir moins difficile qu'à toute autre ; aussi ne consultait-elle que pour la forme les dames que l'élection lui avait adjointes, tout ce qu'elle proposait était approuvé par suite de l'empire que sa supériorité lui avait acquis. L'habitude était d'aller dans toutes les maisons aisées du quartier, et de solliciter quelques prêts pour le reposoir : draperies, caisses de fleurs naturelles et nombre d'objets disparates qu'on ne remarque que trop dans les reposoirs, madame Le Pelletier avait coutume de n'employer que des feuillages et des fleurs. L'esprit meublé des faïences qu'elle avait eues longtemps sous la vue, elle dessinait d'ingénieux ornements de fleurs sur le papier, et elle savait en assortir les couleurs comme un peintre. Alors, réunies sous sa direction, les jeunes filles du quartier dessinaient à l'aiguille ce que l'ingénieuse veuve avait conçu sur le papier. Les charpentes une fois posées, de grand matin, le jour de la Fête-Dieu, madame Le Pelletier, entourée d'ouvriers, ne quittait plus la rue ; elle faisait poser sous ses yeux les capricieux ornements sortis de son imagination.

Ce jour-là, dès l'aube, la ville de Bayeux était en révolution : faire la toilette des maisons et des êtres qui sont dedans n'est pas une petite affaire. On ne voyait qu'allants et venants : petits garçons, petites filles, déjà heureux rien que du remue-ménage, ouvriers en réquisition, maçons, charpentiers, menuisiers, serruriers, manouvriers. Il n'y avait pas assez de bras pour laver les rues, nettoyer les façades, accrocher les tapisseries, les rideaux blancs, faire des bouquets, voiturer du sable, effeuiller des fleurs et travailler aux dix reposoirs, jaloux de briller les uns aux dépens des autres. Ces préparatifs devaient être faits instantanément, car chacun voulai aller à la messe, suivre la procession et visiter les reposoirs l'un après l'autre, en faisant le tour de la ville.

La majeure partie des ouvriers appartient au corps de pompiers qui accompagne la procession : il n'y avait pas une heure à perdre ; aussi était-ce réellement un spectacle animé comme celui d'une fourmilière. Chacun courait. Là où tout à l'heure il n'y avait pas d'arbres, on voyait un petit taillis s'élever à l'aide de grands branchages fichés entre les pavés. La ville changeait à vue d'œil : les vieilles façades noires étaient couvertes de rideaux blancs accrochés du premier étage et flottant jusqu'au bas ; les plus pauvres, ceux qui n'avaient pas de nappes et de serviettes, décoraient leurs maisons de torchons attachés les uns aux autres par des épingles. La ville devenait blanche ; sur cette blancheur étaient accrochés de gros bouquets de roses, des guirlandes de lierre ou de simples fleurs des champs. Toutes les rues étaient sablées de sable jaune ; il n'y avait plus trace de ruisseaux ; sur le sable se détachaient des feuilles vertes, des coquelicots rouges et des bluets bleus.

Quoique la nature prenne rarement part aux solennités des hommes, il était rare qu'à cette époque la pluie vint contrarier la Fête-Dieu. Si le soleil se mettait de la fête, l'aspect de cette petite ville, parée comme une fiancée un jour de noces, donnait un bonheur momentané à ceux qui souffraient de corps et d'esprit ; mais toutes ces pompes laïques n'étaient rien en comparaison des pompes religieuses. Le clergé revêtait ses habits brodés ; la pourpre des vêtements était plus rouge, l'encens plus odorant, l'orgue plus majestueux, les desservants plus nombreux. Ceux qui ont assisté à de telles fêtes dans leur jeunesse en seront toujours touchés et ne les oublieront jamais, quelque croyance que l'âge mûr déracine.

Cyprien, désigné par M. de Boisdhyver comme maître des

cérémonies pendant la procession, fut placé à la tête des enfants de chœur, qu'il dressa pour cette fête à chanter des hymnes en musique. La procession était ainsi distribuée : en avant du cortège, les tambours des pompiers avec leurs casques de cuivre reluisant et leurs plumets rouges se détachant sur la crinière de crin noir recourbée ; derrière les tambours, un groupe de six enfants de chœur portant des encensoirs d'or, et lançant la fumée dans la direction du ciel à chaque pause que faisait le cortège. Immédiatement après venaient six autres enfants de chœur portant de grandes mannes tendues de soie blanche, garnies de rubans bleu de ciel à franges d'argent ; ces mannes étaient remplies de feuilles de roses que les enfants de chœur jetaient en l'air en chantant des cantiques, pendant que leurs camarades brûlaient l'encens. Les pompiers faisaient la haie, pressée par un flot de spectateurs devançant la procession ; parallèlement à la haie des pompiers, les jeunes filles de Bayeux, habillées de blanc, voilées, marchaient en tenant des cierges.

Ensuite venait un seul petit enfant de chœur habillé de noir, perdu dans un immense camail jusqu'à mi-corps et précédant le cortège en portant un aspersoir d'or. La conscience que l'enfant rose, avec ses cheveux rasés, avait de sa mise on importante, l'orgueil qui l'enveloppait d'être seul en avant du cortège, faisaient contraste avec l'espièglerie malicieuse de sa figure et le sourire mal contenu de l'amour-propre qui se dessinait sur ses lèvres. Hors de l'église, cet enfant de chœur était peut-être un franc polisson, poursuivant les chats, cassant les sonnettes, se prenant aux cheveux avec ses camarades. Son habit lui donnait tout à coup une haute estime de lui-même ; il se redressait dans sa petite taille, et semblait fier de sa dignité. Derrière lui marchaient sur deux rangs les prêtres de la cathédrale et des autres paroisses de Bayeux, dans le costume de simples desservants, en camail noir tranchant sur le surplis blanc ; ceux qui précédaient la croix avaient de lourdes chapes en or gaufré, formant des angles carrés aux épaules.

Si le groupe de prêtres entourant le porteur de croix attirait les yeux par la splendeur des dorures des chapes, l'admiration était plus vivement éveillée encore par le dais sous lequel marchait l'évêque, entouré de ses vicaires généraux et du curé de la cathédrale. Le velours, la soie, l'or, les bannières, les fleurs, l'encens, la musique, se combinaient pour la plus grande fête des yeux. Le catholicisme laisse bien loin toutes les autres religions par l'art avec lequel il parle à tous les sens... Celui qui peut voir le même jour une solennité religieuse à la magnifique cathédrale de Strasbourg, et visiter dans l'église de Bâle la salle où se tenaient les assemblées protestantes qui remuèrent un moment l'Europe, pourra s'expliquer pourquoi le protestantisme, avec sa froide raison et son analyse sèche, n'a jamais pu enlever au catholicisme, qu'un petit nombre de partisans. La faible humanité voudra échapper toujours par instant aux misères et aux arides réalités de la vie. Les beaux spectacles de la religion catholique frappent les masses, caressent la vue, enivrent, en montrant des vieillards vénérables priant, des enfants et des jeunes filles chantant, de suaves parfums, des concerts s'échappant du plus puissant et du plus majestueux des instruments. Comment une population n'eût-elle pas été touchée à la vue de M. de Boisdhyver portant le saint-sacrement et bénissant le peuple qui se pressait sur son passage ? Si le prêtre est rehaussé par l'appareil de ce pompeux spectacle, il peut encore le rehausser lui-même suivant la sympathie qu'il inspire, sa physionomie majestueuse, l'air de dignité empreint sur ses traits. M. de Boisdhyver n'avait pas besoin de la mitre, de la crosse, pour inspirer le respect. En bénissant, sa main semblait appeler à lui tous les fidèles ; les plus endurcis n'auraient pu résister à ses regards.

M. Ordinaire était un de ces prêtres qui ont besoin d'imposer par le costume et l'entourage. Le dais de velours rouge avec ses aigrettes triomphantes, le valet portant la queue, le *lucifer* porteur de lumière lui eussent été utiles ; car indépendamment de sa physionomie verte et amère, on sentait que des passions terrestres s'agitaient en lui. N'est-ce pas pour atténuer ces passions qui appartiennent à quelques prêtres que le catholicisme a inventé un pompeux cérémonial, afin de voiler ce que le dignitaire montre de trop humain ?

Depuis la sortie de l'église, les cloches lancées à toute volée remplissaient les airs de leurs sonneries éclatantes ; le soleil commençait à paraître et illuminait les belles et précieuses tapisseries du seizième siècle tendues le long du quartier du Cloître. De l'évêché au marché, c'était une galerie de tableaux sacrés et profanes tracés à l'aiguille sur des étoffes par d'habiles ouvriers, inspirés par les meilleurs cartons de l'Italie et des Flandres. Ce quartier triste, abandonné à l'ordinaire, quoique rempli par la procession, n'avait pu perdre tout à fait son ancienne physionomie. Les tapisseries contribuaient certainement à son aspect sévère : les couleurs vives étant passées et remplacées par un ton général verdâtre ou jaunâtre offraient une harmonie grave qui était loin de la gaieté des maisons tendues de draps blancs et de bouquets de roses. Tout le quartier du Cloître, habité par de petits nobles et d'anciennes familles qui s'éteignaient, était le seul décoré par ces grandes tapisseries, précieuses reliques dont on ne se servait qu'à la Fête-Dieu. Ce jour-là seulement, la ville de Bayeux pouvait connaître si les rangs des anciennes familles s'étaient éclaircis pendant l'année, car on ne les voyait guère dans la ville qu'à la procession. Chaque famille avait sa chapelle à la cathédrale, ou son banc particulier autour du chœur. Il y a dans les églises de province un fait particulier : l'église semble partagée en deux quartiers, et l'aristocratie a toujours avoisiné le chœur, laissant la nef au reste des fidèles. Aussi, sortant par la porte nord du transsept et communiquant avec les hôtels du Cloître, l'aristocratie de Bayeux ne peut se rencontrer avec les autres fidèles qui sortent de la messe par le portail de la façade principale. Quand on avait admiré les brillants costumes des prêtres accompagnant l'évêque, quand on avait suivi chaque groupe entourant les porteurs de bannières, quand les jeunes filles de la congrégation de la Sainte-Vierge avaient défilé après le passage des marguilliers et des zélés serviteurs de l'Église, la curiosité tout entière se portait sur les nobles du Cloître suivant la procession. C'étaient de vieux chevaliers de Saint-Louis, expiant par la goutte et les rhumatismes, la légèreté de leur vie passée ; de petites vieilles à bouches rentrantes, dont le nez cherchait à connaître la forme du menton ; des dames roides et sèches, de contenance altière, à l'allure dévotieuse et compassée, ou de beaux vieillards à cheveux blancs, le dos voûté et retrouvant encore pour cette cérémonie un reste de dignité. Les décorations des hommes, les costumes des dames, formaient un singulier contraste avec ceux des bourgeois et des marchands de Bayeux. Les curieux qui suivaient le défilé de la procession se nommaient les nobles les uns aux autres, et les titres de marquis, de comtesse, de chevalier, circulaient de bouche en bouche, pour le plus grand étonnement des bourgeois, qui, les croyant morts, les retrouvaient, à un an de distance, aussi vivaces que par le passé. Cette caste suivant la procession prêtait à nombre de questions et de pronostics ; des tables de mortalité étaient dressées pour les nobles à la vie si dure.

— Comment, disait-on, M. le marquis n'est pas mort?
— Je ne lui donne pas six mois à marcher.

L'étonnement redoublait quand on voyait ingambes des vieillards qu'on savait chevillés sur leurs fauteuils depuis longtemps par l'âge et les maladies ; mais les habitants du Cloître, au risque d'abréger leur vie de quelques mois, n'auraient pas voulu manquer à la procession de la Fête-Dieu. C'était une fatuité pour eux, une sorte de dandysme que de braver les outrages des années et de paraître encore marcher droit, fût-ce appuyés sur le bras d'un valet ou d'une gouvernante. Les douillettes de soie de couleur n'étaient pas épargnées à ce cortège ; mais il fallait le dernier degré de la décrépitude pour oser les endosser, quoique les vieillards d'apparence robuste qui offraient aux intempéries de l'air un mollet couvert d'un bas de soie noire eussent recours à des pièces de flanelle enroulées autour du corps sous les habits. Ce jour-là, les nobles qui se servaient habituellement de béquilles ou d'une haute canne les quittaient pour prendre le bras de leurs domestiques, et ceux moins impotents qui se promenaient à l'ordinaire soutenus par un valet tenaient à honneur de paraître à la cérémonie sans tuteur.

Cette vieille race, qui allait disparaître sans connaître la France nouvelle et bourgeoise de 1830, conservait encore une allure particulière, des airs de grandeur et de politesse, des manières exquises, et des soins de toilette si remarquables chez les vieillards, qu'elle frappait l'imagination de ceux qui ont pu voir la fin de la Restauration et le nouveau gouvernement de Juillet. Il se passa là un fait analogue au gouvernement impérial lors du retour des émigrés : ces hommes étaient les derniers servants de la monarchie, et la bourgeoisie, qu'un caricaturiste a figurée sous la forme d'une poire gonflée d'écus, a peut-être été gravée pour toujours par ce crayon ironique. Jamais l'industrie et la banque n'arriveront au relief de médaille un peu effacé de la noblesse, aux traits délicats et distingués qu'on retrouvait encore à travers les rides des vieux nobles suivant à quatre-vingts ans la procession de la Fête-Dieu. Ce qui les faisait le plus souffrir était de se mettre à genoux quand la procession s'arrêtait ; car une fois à genoux, la noblesse ne pouvait plus se relever. Il fallait les efforts des valets et des gouvernantes pour remettre sur pied les vieux chevaliers et les vieilles comtesses.

La procession arriva ainsi sur la place du Marché, où le premier reposoir obtint un grand succès. Les marchands avaient profité de la grille ouvragée d'un puits public pour y placer leur tabernacle. De papier doré, adapté avec soin sur les sculptures de cette grille, en faisait la rivale du fameux puits de Quintin Metsys, à Anvers. Tous les enfants du voisinage, de quatre à cinq ans, avaient été mis en réquisition, et les plus jolis, les plus roses et les plus bouffis, agenouillés, s'échelonnaient au milieu de la place jusqu'aux dernières marches de l'autel. Habillés simplement de robes blanches, le cou, la poitrine, les bras et les jambes nus, ces enfants lâchèrent, au moment de la bénédiction, des colombes blanches qui voltigèrent au-dessus de l'autel et prirent leur vol en tournoyant vers les nuages.

Quoiqu'il fût très occupé de ses fonctions de maître des cérémonies, Cyprien n'en remarqua pas moins deux têtes à la fenêtre de la mansarde des Garnier. L'aveugle avait voulu *voir* la procession, et pour la première fois sortait de son lit; mais elle voyait par les yeux de son mari qui lui expliquait la marche de la procession, les tentures des maisons, les personnes qu'il reconnaissait. Le souvenir de Suzanne revint à l'esprit de Cyprien, qui tressaillit à mesure que le cortège approchait du reposoir élevé par madame Le Pelletier. Peut-être reverrait-il la jeune fille! Mais la maison était tendue de rideaux blancs; ainsi que tous les habitants de la ville, les dames Le Pelletier devaient suivre la procession. Il entrait dans la mission de Cyprien de remplir des fonctions semblables à celles d'un aide de camp : tantôt il était à la tête de la procession, tantôt à la queue; il invitait les groupes à se mettre en marche, gouvernait les enfants de chœur, communiquait de l'activité ou inspirait le repos à cette foule nombreuse.

Quoique ses allées et venues lui eussent permis de voir défiler presque toutes les figures du cortège, Cyprien n'avait remarqué jusque-là ni Suzanne, ni sa mère. Il espéra que, veillant au reposoir, il les trouverait dans leur quartier; mais Suzanne était absente là comme ailleurs.

L'évêque avait parcouru une partie de la ville. Il ne restait plus qu'un reposoir à consacrer dans la partie basse de la vieille ville, qui offre agglomérée une population de petits marchands tenant aux anciennes modes. Là seulement se voient encore des chapeliers qui ont conservé pour enseigne d'énormes chapeaux de bois rouge galonnés d'argent et d'or : un géant seul pourrait se coiffer de ces chapeaux à cornes considérables; d'immenses canardières allongées se voient à la porte des armuriers et se dressent vers le ciel ; les objets servant d'enseigne aux boutiques prennent tous des proportions considérables, et, pour frapper davantage la vue, sont bariolés des couleurs les plus voyantes. Un mercier-bimbelotier, qui vend un peu de tout, a au-dessus de sa porte d'entrée d'énormes lunettes avec deux verres, l'un vert-pomme et l'autre bleu, qui doivent singulièrement contrarier la vue de quiconque oserait s'en servir. Des parapluies considérables, en bois colorié de couleurs voyantes, qui se dressent jusqu'au toit de la maison, semblent avoir été imaginés pour Gargantua ; mais ces chapeaux rouges de laquais, ce fusil long comme une maison, ces lunettes, ces grands parapluies, ne sont en montre que pour étonner le regard.

La forme des bâtisses du quartier n'a pas plus varié que l'ancienne tradition commerciale : ce ne sont que vieilles maisons en bois lézardées, enchevêtrements de poutres aux étages supérieurs, pignons sur la rue, pauvres bâtiments qui perdent leur équilibre, fenêtres à vitres enchâssées dans du plomb, mascarons grimaçants au bout des poutres, petites portes à clous, fenêtres basses protégées par des grilles ventrues, vieilles sculptures à demi effacées, ornements d'ardoises courant le long des poutres de la façade. Au dedans des maisons, les mœurs et les coutumes sont restées purement normandes ; aussi le reposoir différait-il entièrement des précédents. L'aspect général faisait penser à ces chapelles célèbres par leurs saints guérisseurs, où les pèlerins couvrent les murs d'ex-voto. L'autel offrait un amas confus d'objets remarquables par la variété de leurs couleurs. Les marchands avaient dévalisé leurs magasins pour orner le reposoir : c'étaient des fleurs de papier colorié mélangées de clinquant, de petits tableaux de sainteté grossièrement enluminés, des vases de fleurs artificielles, des ornements en paillettes, d'anciennes franges d'argent noirci.

Le cortège devait arriver à l'autel par une avenue formée de grands rideaux d'indienne à sujets imprimés en rose, qui étaient fort de mode dans les petites villes il y a cinquante ans. Ces rideaux, inspirés des compositions de Boucher, étaient couverts de bergers et de bergères se poursuivant dans les bocages ; mais les marchands ne s'inquiétaient pas de ces sujets, et l'idée ne leur était pas venue qu'on pût y prendre garde pendant la procession.

Le cortège avançait vers le reposoir, l'avant-garde des enfants de chœur saluait l'autel et lançait en l'air des fleurs effeuillées, lorsqu'un cri perçant de femme fit tressaillir Cyprien qui se retourna vivement. Une jeune fille s'échappait des rangs de ses compagnes marchant à la file : le feu d'un cierge ayant pris au voile de l'une d'elles, toutes, perdant la tête au lieu de la secourir, se sauvaient en poussant des cris de détresse. Cyprien se précipita d'un bond sur la jeune fille dont la voix l'avait douloureusement impressionné ; en arrachant le voile enflammé, il reconnut Suzanne. Déjà le haut de sa robe commençait à prendre feu ; une odeur de cheveux brûlés indiquait la violence du danger. Cyprien saisit la jeune fille dans ses bras et la serra convulsivement en appuyant ses mains sur sa tête. Il agissait instinctivement, car il ne savait ce qu'il faisait ; il ne raisonnait plus, il avait à peine conscience du danger qu'il courait, son surplis léger pouvant s'enflammer facilement au contact de la robe de Suzanne. Toute la procession était en déroute ; les curieux avaient rompu les rangs et séparaient le cortège de ce petit drame. On criait : De l'eau ! de l'eau ! Suzanne était évanouie dans les bras de Cyprien, qui, le cœur plein d'émotion, suivait avec inquiétude les traces que le feu avait laissées dans la chevelure de la jeune fille ; heureusement, la rapidité et le sang-froid que Cyprien déploya dans cette action firent que la flamme étouffée ne put continuer ses ravages. Un petit jet d'eau disposé en avant du reposoir permit de faire revenir Suzanne à elle ; aussitôt les premiers soins donnés, elle put être transportée à la maison de sa mère.

XVI

INQUIÉTUDES DE CYPRIEN

Le bruit de cet accident s'était répandu parmi la foule. De même que ceux qui suivaient la queue de la procession ne pouvaient connaître le nom de la jeune fille à qui l'accident était arrivé, de même la nouvelle avait grossi : on ne parlait de rien moins que d'un enfant dévoré par les flammes. Madame Le Pelletier apprit cet événement sans connaître d'abord combien il la touchait de près ; cependant elle en fut émue extraordinairement, car elle ressentait le chagrin que toute mère doit éprouver en présence d'un tel malheur. Le cortège défilait entre les deux haies de jeunes filles qui conduisaient au reposoir: naturellement la veuve du président jeta un coup d'œil à la place où elle supposait devoir trouver Suzanne ; ne l'apercevant pas d'abord, elle sentit son cœur se resserrer, car au précédent reposoir elle était certaine d'avoir vu Suzanne entre deux de ses compagnes de la même rue. Puis elle espéra que sa fille avait changé de rang. D'un rapide coup d'œil, elle suivit la ligne des robes, des voiles blancs et des cierges allumés, et quoique ces jeunes filles fussent à peu près de la même taille, vêtues de la même manière, madame Le Pelletier ne put s'y tromper : sa fille n'était plus dans le cortège !

— Suzanne ? où est Suzanne ? s'écria-t-elle en s'adressant justement à l'enfant dont le cierge avait allumé le voile de Suzanne. La petite fille, déjà sous le coup de l'impression de ce malheureux événement, fut effrayée des inquiétudes que trahissait la voix de madame Le Pelletier ; n'obtenant pas de réponse, la veuve du président crut sa fille morte, poussa un cri de désespoir et tomba inanimée sur le pavé.

Ce fut seulement alors que M. de Boisdhyver connut le trouble qui s'était manifesté à deux reprises pendant la procession et la consécration du reposoir. Cyprien lui apprit l'accident, en exagérant le malheur arrivé à Suzanne. De même que madame Le Pelletier, Cyprien avait ressenti une inquiétude si vive, qu'il lui fallut appeler à lui tous ses esprits pour se contenir et ne pas voler auprès de la malade. Quoique l'ayant secourue, il ne savait pas l'état de ses blessures ; il avait vu une flamme s'élever au-dessus de la tête de Suzanne, et cette flamme restait perpétuellement devant ses yeux. Il était d'une pâleur mortelle, sauf une plaque rouge qui s'étendait sur la tempe gauche et qui provenait d'une légère brûlure communiquée par la pression exercée sur Suzanne.

Ce fut en revenant à l'évêché que Cyprien put donner à l'évêque quelques détails sur l'événement. Heureusement le jeune prêtre avait joué un rôle assez actif pour expliquer la pâleur et l'émotion qui le tenaient encore. M. de Boisdhyver se dépouilla de ses habits épiscopaux et manifesta l'intention d'aller aussitôt chez les dames Le Pelletier. Cyprien était auprès de lui, inquiet, faisant mille questions, s'agitant pour attirer son attention, car son plus vif désir était d'accompagner M. de Boisdhyver, qui ne paraissait pas l'engager à le suivre. Demander à accompagner le prélat, n'était-ce pas liver son secret ? Ne valait-il pas mieux s'abstenir de paraître devant Suzanne ? Cyprien, rien qu'en pensant à cette entrevue, sentait le trouble s'emparer de lui et accuser l'état secret de son cœur.

— Vous êtes encore ému, mon cher Cyprien ; je ne vous emmène pas... je vous conseille de vous reposer... Cette journée a été fatigante pour vous, mon enfant ; attendez-moi, je vais seulement dire à madame Le Pelletier la part que je prends à son malheur, et je rentre aussitôt. — Son malheur ! s'écria Cyprien d'un singulier son de voix ; auriez-vous appris des nouvelles fâcheuses, Monseigneur ? — Je ne sais rien que par vous, mon cher Cyprien ; j'espère que vous aurez exagéré cet accident. — Certainement, Monseigneur, vous avez raison d'y aller vous-même... Madame Le Pelletier sera bien heureuse de vous voir, si quelque chose peut adoucir son affliction...

L'évêque partit, suivi de son valet de chambre, et reconnut la maison de la veuve du président à la quantité des personnes qui se pressaient autour : la rue était remplie de groupes de femmes qui commentaient l'accident et en racontaient des détails nouveaux à chaque personne qui arrivait. On vantait surtout la présence d'esprit et le courage du petit évêque qui devait avoir, disait-on, la moitié du corps brûlé. Comme on le vit revenir pâle et défait, chacun commentait les plaies que le feu avait faites sur son corps et la force avec laquelle il avait pu les supporter. Dès que les voisines aperçurent l'évêque déboucher dans la rue, elles firent un profond silence, se signèrent sur son passage et le laissèrent entrer sans mot dire ; mais aussitôt la foule s'agglomèra devant la porte, comme si elle eût dû entendre ce qui se disait au dedans, et les langues les plus alertes se rendirent en ville afin de colporter la nouvelle que M. de Boisdhyver lui-même était venu à pied apporter les derniers secours de la religion à Suzanne qui se mourait.

M. de Boisdhyver fut introduit dans la chambre de la malade par la femme du docteur Richard qui avait accompagné son mari pour aider madame Le Pelletier, elle-même prise de spasmes nerveux. Le plus grand calme régnait dans la petite chambre de Suzanne qu'on avait déshabillée et mise au lit. Près d'elle était le docteur Richard préparant des compresses sur une table près du lit. La veuve, assise sur une chaise, paraissait plongée dans un profond accablement.

— Madame Le Pelletier, lui dit la femme du docteur, voici Monseigneur qui vient vous demander des nouvelles de

Suzanne. — Ah ! Monseigneur ! s'écria-t-elle en fondant en larmes et en tombant à ses genoux. — Relevez-vous, madame, lui dit l'évêque.

En même temps il interrogeait le docteur du regard.

— Ce ne sera rien, madame Le Pelletier, dit le docteur en laissant ses compresses ; la peur a été plus forte que les brûlures.

M. de Boisdhyver s'était approché du lit de la malade et ne pouvait voir la figure de Suzanne, presque tout entière entourée de linges.

— Elle ne me parle pas, elle ne veut pas me parler, disait la mère qui avait suivi l'évêque. — Mieux vaut ce qu'elle a, dit le docteur, que ce qu'elle aurait pu avoir... Je n'aurais jamais guéri les brûlures... — Vous entendez le docteur, madame Le Pelletier, dit l'évêque en entraînant la veuve dans un coin de l'appartement et en essayant d'apaiser ses inquiétudes par des paroles pleines d'onction inspirées par cette vive douleur. D'après le conseil de l'évêque, la veuve prit un livre de prières et endormit ses peines en les rafraîchissant à la rosée salutaire de l'*Imitation*.

Pendant que la femme du docteur restait près de Suzanne, M. de Boisdhyver avait entraîné M. Richard dans un coin de l'appartement et lui demandait ce qu'il pensait de l'état de la malade.

— Suzanne, dit le docteur, a été prise d'une telle frayeur que ses facultés se sont renversées sur le moment. Elle a une forte fièvre, le délire viendra certainement la nuit ; c'est ce que je crains le plus pour madame Le Pelletier, aussi vous prierai-je, Monseigneur, d'employer tout votre ascendant pour l'engager à se reposer, car je ne voudrais pas la laisser tête à tête avec sa fille en un pareil moment. Je ne quitterai pas Suzanne cette nuit ; j'espère que le délire ne durera guère plus de douze heures. Ma femme me remplacera demain matin pendant mon service à l'hôpital, et je reviendrai aussitôt...

M. de Boisdhyver, voyant que madame Le Pelletier était sous l'influence de la prière, ne jugea pas à propos de lui parler sur l'instant ; il prit une chaise près du lit de Suzanne, qui ne remuait pas, mais qu'on entendait respirer.

En examinant cette petite chambre de jeune fille, l'évêque se rendit compte de la simplicité de la vie des dames Le Pelletier. Un modeste papier gris-perle ornait les murs de cette chambre tranquille, garnie des meubles les plus indis-

pensables, et dont les fenêtres et l'alcôve n'étaient formées
que par des rideaux de calicot blanc. Des deux côtés de la
petite glace, au-dessus de la cheminée, se voyaient deux miniatures représentant le père et la mère de madame Le Pelletier; sous des costumes et des coiffures d'un autre règne,
apparaissait toujours cette suprême bonté bienveillante de
famille inscrite sur les lèvres de la veuve.

Divers petits objets de jeune fille rehaussaient la simplicité
de cet appartement : c'étaient, sur la cheminée, de petits corbillons ou fleurs de lavande, tressés de soie jaune et rose. Un
ancien piano de forme étroite et allongée tenait la plus grande
place; des tableaux en tapisserie représentant des fleurs étaient
accrochés au mur. Le mobilier n'était pas de la dernière
mode; mais le soin et l'entretien que Suzanne donnait aux
moindres objets de sa chambre la rendaient plus gaie
qu'ornée d'un riche ameublement.

Tout le luxe avait été reporté sur la toilette qui servait à
Suzanne à s'habiller; non pas que cette toilette fût garnie des
mille flacons et boîtes à onguents qu'emploient les femmes à
la mode : une carafe seule se détachait sur le marbre blanc
de ce coquet petit meuble ancien, et démontrait que l'eau pure
était le seul liquide employé par la jeune fille pour sa toilette. Sous le meuble était un vieux vase de faïence ornée de
dessins chinois bleus, dans lequel on avait coutume jadis de
mettre de petits arbustes de jardin. Le matin, après avoir
soigneusement tiré ses rideaux, Suzanne se versait de grandes
carafes d'eau sur le corps, et cet immense bassin était destiné à empêcher l'eau de se répandre dans l'appartement.

Une haute armoire de chêne, que le docteur avait ouverte
pour y chercher ses compresses, montrait des montagnes de
draps, de serviettes, de chemises empilés avec méthode.
L'accident survenu à Suzanne, en introduisant des étrangers
dans sa chambre, disait toutes ses qualités de fille élevée en
bonne ménagère. Peut-être eût-elle rougi de voir tout à coup
sa vie intérieure livrée à l'examen de personnes étrangères;
mais l'évêque et le docteur ne pouvaient retirer de leurs
observations que la pensée d'une jeune fille pure, élevée par
une femme connaissant tout le prix du travail en ménage.

De ce côté, la province a ses grandeurs particulières que
rien ne lui saurait enlever : les tranquillités de la vie de famille, les douces satisfactions d'une journée bien occupée, la
monotonie des existences vertueuses, l'accomplissement des
devoirs domestiques, le sentiment de calme qu'un esprit

inquiet éprouve en respirant cette atmosphère sont loin des petites passions, des intérêts médiocres, des oisivetés de la conversation et des menus propos qui se remarquent chez d'autres provinciaux plus actifs.

Quoique habitant une petite ville de basse Normandie, madame Le Pelletier n'était pas une *provinciale*. Sa vie recluse, le soin qu'elle mettait à fuir la société, le mépris qu'elle avait pour les commérages de petits endroits, ses instincts charitables, sa pitié, en faisaient une de ces femmes si rares à rencontrer. S'il est donné à un petit nombre d'esprits de se rendre compte par le moindre fait d'une existence entière, de même que Cuvier reconstruisait un animal fossile en retrouvant une simple dent, M. de Boisdhyver, en parcourant de l'œil les objets peu significatifs qui ornaient la chambre de Suzanne, put, mieux qu'il ne l'avait fait jusqu'alors, sonder le fond de l'existence tranquille des dames Le Pelletier. Pour la première fois depuis son arrivée à Bayeux, il rencontrait un de ces esprits-sœurs qui réjouissent d'autant plus l'homme de bien qu'ils sont plus clairsemés. Aussi, plongé dans ces réflexions prenant racine par le silence qui les faisait germer, M. de Boisdhyver passa deux heures près du lit de la malade, oubliant la présence de Suzanne, du médecin qui allait et venait, de madame Le Pelletier qui lisait. L'évêque reconstruisait lentement cette existence de veuve sans passions, et se laissait aller avec charme à ses réflexions. Le timbre aigu d'une petite pendule vint le rappeler à la réalité; sept heures sonnaient, la nuit était venue, il fallait songer à rentrer à l'évêché. Avant de partir, M. de Boisdhyver prit madame Le Pelletier à part, lui dit que le docteur passerait la nuit près de Suzanne, rassura la pauvre mère et l'engagea à se reposer. L'esprit de la veuve était plus calme; sa pieuse lecture l'avait consolée, surtout la présence de l'évêque. Elle promit d'obéir.

Ne voyant pas revenir son supérieur, Cyprien fut pris d'une inquiétude mortelle. Sa pensée suivait M. de Boisdhyver et était entrée avec lui chez les dames Le Pelletier. Au début, Cyprien fut heureux du départ de l'évêque, qui rapporterait certainement des nouvelles : il aurait vu la malade, il se serait approché d'elle, il aurait vécu dans son milieu, il aurait respiré le même air. C'est ce qui explique comment un messager qui a vu une personne chère dont on est séparé devient souvent plus qu'un ami, car il apporte presque la moitié de l'objet désiré : ses yeux ont communiqué avec les yeux de l'absente, ses oreilles ont recueilli sa voix; on se plaît à douer l'être le plus grossier de sensations délicates, parce qu'il a approché de personnes chéries. M. de Boisdhyver, s'il avait pu voir Suzanne, n'était-il pas l'homme qui pouvait rendre le plus délicatement les moindres mots sortis de la bouche de la jeune fille ?

Un quart d'heure se passa ainsi pour Cyprien, qui calculait le temps que l'évêque pouvait mettre à se rendre chez madame Le Pelletier. Les yeux fixés sur une horloge, il suivait M. de Boisdhyver dans la maison, donnait quelque temps aux consolations, et s'imaginait entendre l'évêque fermer la porte de la rue et revenir à son palais; mais, ainsi qu'il arrive quand on attend, la pendule ne marchait pas, les aiguilles accomplissaient leur rotation avec une lenteur désespérante. Les minutes deviennent des siècles quand la vue s'obstine à suivre la marche invisible des aiguilles. Cyprien, inquiet, résolut de ne plus regarder la pendule et lui tourna le dos; ces petites colères contre les heures ressemblent aux bouderies d'amoureux qui jurent de se fâcher à jamais, et qui caressent un moment après. A peine sa résolution était-elle prise, que Cyprien se retournait pour regarder de nouveau la pendule; ni les regards suppliants, ni les regards irrités n'avaient le pouvoir d'accélérer le lent balancier de cuivre, peu soucieux des passions humaines, qui marque indifféremment mort, naissance, amour, amitié, joies, haines, duels, commerce, rendez-vous, les grandes actions et les misères de l'humanité.

Au bout d'une heure, Cyprien jugea Suzanne plus malade qu'il ne le croyait. M. de Boisdhyver serait rentré s'il n'avait trouvé la famille dans l'affliction et hors d'état, par sa douleur, de s'occuper de la jeune fille. Chaque minute qui s'ajoutait à la précédente confirmait Cyprien dans cette idée, et même l'exagérait; il en arriva à la croire morte. S'il ne s'était retenu, il serait sorti de l'évêché, et aurait couru chez madame Le Pelletier, tant l'image de Suzanne lui tenait au cœur. Que de tourments! Il voulait pleurer; ses yeux étaient secs et brûlants. La flamme qu'il avait éteinte sur la tête de Suzanne, il la sentait maintenant au dedans de lui, dévorante, semblable à celle qui s'abat sur une forêt en automne, et qui laisse un terrain sec et calciné; ainsi étaient dévorées ses idées, ses sensations, depuis qu'il avait âge de jeune homme, pour laisser à la place des landes mornes et rougeâtres. Il restait à Cyprien un corps en apparence, mais dont il ne pouvait plus se servir, pas plus qu'on ne peut se loger dans une maison incendiée où ne sont à l'intérieur que poutres noircies, vitres brisées et pas de meubles.

L'homme a besoin de s'asseoir sur quelque idée ; la mort de Suzanne avait tout détruit, comme une bande de voleurs qui s'emparent d'un château. Un éclair de joie amère passa sur les traits de Cyprien, qui s'applaudit tout à coup de la liberté que lui donnait cette mort : déjà il avait trop souffert, déjà il avait connu la jalousie, déjà il avait oublié ses devoirs, son ministère. Il était indigne de la faveur dont l'honorait l'évêque ; ses souffrances étaient une expiation. Suzanne morte le rendait à la vie pieuse. Après avoir échappé à ce piège, que lui tendait le démon, désormais Cyprien se sentait fort, il baisserait les yeux pour ne plus rencontrer les doux yeux des femmes ; mais ces projets de réforme que le jeune prêtre croyait sincères s'écroulèrent quand, en levant la tête, il s'aperçut que M. de Boisdhyver était absent depuis près de deux heures. Alors la mort de Suzanne lui parut confirmée par cette absence, et la douleur revint à son poste remplacer la fausse sentinelle qui s'en était emparée par surprise.

Tout ce que venait de penser Cyprien, cette sorte de contentement amer qu'il avait ressenti n'étaient que des pensées variables comme la forme des nuages. La douleur est capricieuse et revêt mille costumes plus sombres les uns que les autres. Cyprien était assis près de son bureau ; il saisit machinalement une plume et écrivit *Suzanne* sur une feuille de papier. Les noms aimés ont des assonances harmonieuses particulières ; les syllabes elles-mêmes participent à ce charme, chaque lettre devient un emblème de la personne chère. Aussi, malgré sa douleur, Cyprien se complaisait-il à tracer le nom de Suzanne sur le papier : l'épithète de *chaste*, qui s'accole bibliquement à ce prénom, ne suffisait plus à Cyprien, qui eût voulu trouver pour la jeune fille des termes inconnus aux litanies. Il avait ainsi couvert une grande feuille de papier de *Suzanne*, les uns en gros caractères, les autres imperceptibles, lorsqu'un léger bruit le fit tressaillir et froisser convulsivement la feuille de papier dans sa main.

M. de Boisdhyver rentrait. Tenant son secret enfermé et bouillonnant, Cyprien se leva, et quoiqu'il eût hâte de demander des nouvelles de Suzanne, il ne put trouver un mot, à cause du trouble qui l'agitait. — Mon pauvre Cyprien, dit l'évêque en jetant les yeux sur la pendule, je vous ai fait attendre votre dîner... Vous avez mangé j'espère ? — Non, Monseigneur. — Vous avez eu tort, je m'étais oublié... Dites, je vous prie, à Augustin qu'il nous serve.

Cyprien ne remuait pas, attendant des nouvelles.

— Allons, je vois que vous n'avez pas grand appétit ; ce petit jeûne vous aura été moins sensible. En effet, Monseigneur, j'avais oublié l'heure de dîner, à cause des événements...

Ici Cyprien s'arrêta, espérant qu'après avoir remis M. de Boisdhyver sur la voie de l'accident, il pourrait en tirer quelque nouvelle ; mais cette politique n'aboutit à rien pour le moment.

— Je m'étonne qu'Augustin n'ait pas encore mis le couvert. Veuillez donc le prévenir...

Cyprien n'osant parler de ce qui l'intéressait si vivement, car il lui semblait que chaque parole ayant trait à Suzanne trahissait son secret, courut à l'office, et pressa le valet de chambre de servir l'évêque. Jamais Augustin n'avait vu le jeune prêtre si pétulant ; il accablait de reproches le vieux serviteur qui était en retard, qui avait besoin d'être prévenu, qui aurait dû entendre rentrer Son Éminence. Dans ce moment il était inutile que Cyprien rentrât dans l'appartement de M. Boisdhyver, en train de changer de costume ; il harcelait Augustin qui se disait au dedans de lui :

— Quel démon que l'abbé Cyprien ! — Allons, Augustin, vous n'êtes pas encore prêt ; Monseigneur se meurt de faim. — Monsieur l'abbé, ce n'est réellement pas de ma faute ; la cuisinière avait retiré depuis une heure les plats de devant le feu, crainte que le dîner ne fût brûlé... Il a fallu le réchauffer. — Monseigneur n'est pas content.

Augustin tremblait, car il jugeait de l'impatience de l'évêque par celle de son secrétaire ; c'était la première fois qu'il constatait cette impatience, car ayant suivi M. de Boisdhyver depuis vingt ans, jamais, jusque-là, il n'avait subi de sa part ni caprices ni brusqueries. Frappé de ce changement subit, il croyait aux moindres paroles de Cyprien, que jusque-là il avait trouvé également bon et doux vis-à-vis de lui. Aussi quoique le service de la table fût peu compliqué, le vieux domestique perdait-il la tête, en ressentant une partie des troubles qui emplissaient l'esprit de Cyprien. Il allait et venait de l'office à la cuisine, préparant ses plateaux, oubliant les choses les plus nécessaires ; enfin, harcelé par Cyprien, il se décida à dresser le couvert.

Sous le coup des événements de la journée, l'évêque était absorbé ; l'image de cette famille désolée était restée si vive dans son cerveau, qu'il la pouvait regarder comme au fond d'une chambre noire. Cyprien, plus inquiet que jamais, craignait la première parole qui aurait trait à Suzanne. Tout son sang était au cœur ; il lui semblait qu'au moindre mot il allait remonter au cerveau et colorer ses joues d'un rouge accusateur. La perplexité du vieux domestique n'était pas moins grande : Augustin, en jetant un regard timide sur M. de Boisdhyver, le voyant dans une méditation profonde, s'imagina que l'évêque cherchait à étouffer sa bonté naturelle pour lui faire de grosses réprimandes.

La pensée de Suzanne flottait en ce moment dans le petit salon et agitait les esprits, sauf celui du vieux valet de chambre qui en recevait le contre-coup. M. de Boisdhyver, tout entier à ses méditations, ne s'apercevait pas que l'esprit curieux de Cyprien était entré en lui et le fouillait pour ainsi dire. Si le mot de magnétisme n'avait été déshonoré par le honteux emploi que des charlatans en font, ce mot seul pourrait rendre compte de la sorte de seconde vue qui mettait à même Cyprien de suivre les pensées de l'évêque, comme s'il eût pu regarder par une fenêtre du cerveau. La passion amène ces étranges phénomènes difficiles à analyser, et que seul peut comprendre tout être qui a profondément aimé.

— Elle est bien malade, Monseigneur ?

A ce cri qui faisait explosion et que Cyprien n'avait pu retenir, l'évêque, sans s'étonner, répondit :

— Oui, je la crois très souffrante.

Si M. de Boisdhyver n'avait eu la pensée fortement tendue vers la jeune fille, il eût été frappé du son de voix de Cyprien et du mot *elle*, qui prenait dans la bouche du jeune homme un son particulier ; mais la question répondait tellement aux inquiétudes de l'évêque, qu'il la trouva toute naturelle.

— Vous êtes brûlé aussi, mon cher Cyprien ! s'écria M. de Boisdhyver en jetant un coup d'œil sur son secrétaire. — Oh ! ce n'est rien, Monseigneur. — Vous avez dû souffrir, mon pauvre ami, et vous ne m'en avez rien dit... Augustin, pourquoi n'avez-vous rien préparé pour panser la blessure de Cyprien ? — Monseigneur, M. l'abbé n'a rien dit ; je ne m'en étais pas aperçu. — J'aurais voulu avoir été brûlé plus profondément, si j'avais pu sauver mademoiselle Le Pelletier. — M. Richard croit à une maladie d'une certaine durée, mais il espère que mademoiselle Le Pelletier aura la vie sauve. — Ah! s'écria Cyprien. — Je n'ai pu voir cette pauvre jeune fille ; elle a la tête enveloppée d'ouates... Demain j'y retournerai ; si je ne pouvais y aller le matin, vous seriez bien bon, Cyprien, d'y passer. — Oh! oui, Monseigneur. — Madame Le Pelletier veut vous voir, elle m'a parlé de vous, elle vous regarde comme le sauveur de sa fille... — Ah! madame Le Pelletier l'a dit. — Quelle honnête famille et comme l'affliction peut prendre en un instant la place du bonheur...! Voyez, mon cher Cyprien, la belle fête qui se préparait et qui a eu un si fâcheux dénoûment. — Demain, à quelle heure du matin? demanda Cyprien. — De bonne heure, mon ami, madame Le Pelletier pense à peine à se reposer... Que ceci, mon cher Cyprien, vous montre le néant des joies humaines... Un rien ternit la beauté la plus accomplie... La vie est une série d'épreuves douloureuses.

XVII

LA DISTRIBUTION DE PAIN

Séparé de Suzanne par sa propre volonté, Cyprien allait de nouveau se retrouver vis-à-vis d'elle. Cet accident 'ne provenait-il pas d'un mystérieux enchaînement de choses que l'esprit humain est incapable de résoudre ? Cyprien en arrivait presque à se réjouir de la maladie de Suzanne, tant la passion rend égoïste. Maintenant les occasions ne lui manqueraient pas de rendre visite aux dames Le Pelletier ; plus la maladie était vive, plus les fréquentations paraîtraient naturelles. Aussi le lendemain matin, dès le petit jour, Cyprien était-il éveillé et appelait-il les premiers rayons du soleil, comme ces enfants qui, le cerveau frappé par l'idée des cadeaux qu'ils rêvent, ouvrent des yeux joyeux aussitôt que sonnent les premières heures de la nouvelle année. Premières et douces sensations d'affections au début, qui pourra jamais vous peindre, vous rendre avec le charme que vous laissez dans l'esprit! Tout ce qui nous entoure en ressent une douce influence, les moindres objets de la nature en sont colorés de teintes fraîches et vivaces, et, de même qu'on en devient plus tendre, les hommes aussi semblent meilleurs.

Cyprien, pour la première fois de sa vie, sentit quelques idées de coquetterie germer en lui : il arrangea ses cheveux bouclés avec plus de précaution que de coutume, trouva que sa soutane était plissée et que la ganse moirée de son chapeau avait besoin d'être renouvelée. Quoique les boucles d'acier ciselé de ses souliers fussent de grande cérémonie, il les tira de l'armoire pour les comparer avec les boucles d'or dont M. de Boisdhyver lui avait fait cadeau, et qu'il portait la veille. S'il eût osé, il serait entré chez le coiffeur pour faire donner un coup de fer à ses cheveux, quoiqu'il eût entendu blâmer sévèrement ces soins extrêmes reprochés à l'abbé Gloriot.

Ce fut en passant devant la boutique du coiffeur que Cyprien se laissa aller à ces idées ; mais il doubla le pas en jetant un regard de côté dans l'intérieur du magasin, qu'on ne pouvait malheureusement pas sonder, car les rideaux, tirés avec soin, ne permettaient pas de reconnaître si des clientes se trouvaient dans la boutique. Cyprien soupira d'avoir manqué cette occasion : il était si matin, que certainement personne ne le rencontrerait. Le mal était-il énorme ? Sans doute, on blâmait l'abbé Gloriot du soin qu'il prenait de sa personne, mais par là on sous-entendait bien des gros péchés sensuels que cet extérieur annonçait. Cyprien ralentissait sa marche et marchait timidement, comme quelqu'un qui hésite à revenir sur ses pas ; effectivement, le démon qui le tenait à cette heure était un démon grêlé qu'on appelait Cador, qui avait pour sceptre des fers à friser singulièrement tentants.

Cyprien se retourna et revint vers la boutique de Cador avec autant de lenteur qu'il avait mis de précipitation à s'en éloigner cinq minutes auparavant. Diverses raisons combattaient contre l'arrangement de sa chevelure. Si un de ces bavards de petite ville, qui font élection de domicile dans la maison des barbiers, rencontrait Cyprien, que faire ? Tout Bayeux le saurait. Cador est le coiffeur à la mode de Bayeux ; il coiffe les principales bourgeoises, fournit de tours la noblesse féminine, et de perruques les chevaliers et les vicomtes de la rue du Cloître. Une idée nouvelle poussa Cyprien vers la boutique du coiffeur : il était naturel qu'il fît rafraîchir sa tonsure. Quoiqu'il y eût pour le séminaire et l'évêché un perruquier spécialement affecté à cette besogne, il pouvait se présenter chez Cador sans inspirer de soupçons ; cependant, ce ne fut pas sans une certaine crainte qu'il tourna le bouton de cuivre de la porte du magasin, car il se sentait coupable, et sa conscience lui reprochait cette démarche. Heureusement, la boutique était vide ; une dame seule le regarda avec ses yeux de faïence et ses cils allongés. C'était une personne de cire, aux airs penchés, à la bouche souriante et vermillonnée, le buste chastement enveloppé d'un fichu de nuit que Cador lui mettait le soir, afin de protéger sa blanche poitrine, objet de scandale pour quelques vieux bourgeois, indignés de ces modes nouvelles de perruquiers qui ont l'audace d'offrir au public, en plein jour, des nudités s'étalant sur toutes les faces par le jeu du ressort du piédestal. Cette tête amoureuse et provocante, disposée sur le comptoir, tournant les regards fixement du côté de la porte, et attendant sa toilette du matin, surprit Cyprien, qui ne s'attendait pas à être reçu par une figure de cire. Le bruit de la sonnette du magasin attira bientôt la femme du coiffeur qui dit avec son plus agréable sourire :

— Que désire monsieur l'abbé ?

Cyprien, ne s'étant pas attendu à être reçu par une femme, oublia ce qu'il était venu chercher, ou plutôt le trouble l'empêcha de manifester son intention de frisure, car il n'était pas possible que madame Cador s'occupât des boucles de sa chevelure, et il oubliait les divers motifs qu'il avait combinés avant d'entrer dans la boutique.

— Monsieur l'abbé désire ?.... reprit la marchande. Mais Cyprien, sans lui répondre, fit signe de la tête qu'il cherchait quelque objet dans la montre posée sur le comptoir. — Une jolie tabatière, monsieur ? Nous avons tout ce qu'il y a de plus nouveau en article tabatières, depuis dix francs jusqu'à trente... Tenez, monsieur, en voici une d'écaille tout à fait légère et de bon goût... Cyprien secouait la tête... — Nous en avons aussi avec peintures, dit la marchande en soulevant un rayon. — Je vous remercie, madame. La marchande crut qu'elle offrait des objets trop riches. — Après ça, dit-elle, nous avons plus commun, de dix sous à trois francs, en corne, en écorce de poirier, à calendrier... Elle grimpa sur une chaise pour atteindre le tiroir des tabatières ordinaires. — Ne vous dérangez pas, madame, je vous prie. Pour cacher son trouble, Cyprien se retournait vers une autre partie de la boutique : — Ce sont des parfumeries que désire monsieur ? Justement nous en avons reçu hier une forte partie de la maison Laffineur, rue Grénetat, la meilleure fabrique de Paris... Monsieur n'aura que l'embarras du choix : poudre d'iris pour la barbe, savon de Windsor, eau dentifrice, crème de Bengale pour la peau, eau capillaire onctueuse, poudre de riz...

Cyprien était effrayé de ce catalogue et aurait acheté bien cher en ce moment de n'être pas entré dans la boutique, car il se sentait pris dans les lacs d'une de ces marchandes qui lâchent difficilement l'imprudent qui se hasarde dans leur magasin. Il tournait dans la boutique et n'apercevait que des bretelles brodées, des cannes de toute espèce, des calottes grecques de velours, et mille autres objets qui ne lui étaient d'aucune utilité.

— Je voudrais des gants, s'écria-t-il par une lueur d'inspiration qui perça la fumée de son trouble. — Gants à trois francs cinquante, monsieur? s'écria la marchande.

Cyprien les eût payés dix francs pour sortir.

— Permettez-moi, monsieur l'abbé, de mesurer sur votre main... Vous avez une petite main fine, dit madame Cador, je ne sais si j'aurai un numéro assez bas pour vous ganter... Nos messieurs les plus élégants ont la main plus forte que vous.

En même temps elle mettait ses boîtes au pillage, prenant des gants, les regardant, n'en trouvant pas à sa convenance.

— Vous devriez, monsieur, m'en commander une douzaine de paires. Cador vous en prendrait mesure et on les ferait exécuter à Paris ; vous auriez tout ce qu'il y a de bien, et votre main gagnerait encore sous le chevreau... Vous avez une main, monsieur l'abbé, à rendre jalouse plus d'une jolie femme...

La marchande courut à d'autres tiroirs. — Que d'embarras je vous donne, madame, dit Cyprien qui fit un pas vers la porte. — Ce n'est rien, monsieur, restez donc, vous allez voir comme vous serez divinement ganté. — Je suis pressé, dit-il en faisant un nouveau pas vers la porte.

Mais la marchande, sentant que son client cherchait à s'échapper, sortit du comptoir, se plaça entre Cyprien et la porte, prit le jeune prêtre par la main et le força de s'asseoir. Précisément le coiffeur rentrait au moment où sa femme insistait pour retenir Cyprien.

— Cador, dit-elle, prends mesure à monsieur d'une douzaine de gants à trois cinquante. — Merci, madame, je n'en ai pas besoin. — Allons, monsieur, vous ne voudriez pas nous priver de cet honneur; regarde donc, Cador, les petites mains de monsieur l'abbé, de véritables mains d'enfant.

— Madame! s'écria Cyprien, confus de tant d'éloges.

— Cador, tu en feras couper une treizième paire en plus, afin que nous la gardions en magasin pour faire le désespoir de nos élégants... Tenez, monsieur, dit-elle en lui mesurant de nouveaux gants, voici votre mesure exacte: c'est celle de madame la marquise de Beaulieu. Quel malheur que monsieur l'abbé ne porte pas de gants de couleur, des gants de paille, sa main paraîtrait encore plus allongée. — Monsieur l'abbé appartient à l'évêché, je crois? demanda le coiffeur. Je m'en vais prendre votre nom, et dans quinze jours je vous porterai la douzaine de gants.

Cyprien eut beau répéter qu'il n'avait pas besoin d'une si grosse fourniture, le coiffeur jura ses grands dieux que, dût-il en faire cadeau à monsieur l'abbé, il se trouverait trop honoré d'une pareille pratique. D'ailleurs la mesure était prise, et la commande serait envoyée à Paris le même jour.

En sortant de cette boutique, à la tête d'une collection de gants dont il n'avait que faire, Cyprien se trouva déjà puni des coquetteries qui l'avaient poussé chez le coiffeur, où il avait passé une heure inutilement, sans même arriver à l'objet de ses désirs; aussi doubla-t-il le pas pour arriver plus tôt chez madame Le Pelletier, car il avait pris l'habitude de coucher sur un papier l'emploi de sa journée, et cette heure perdue au milieu des parfumeries lui pesait comme un remords.

En arrivant dans la rue de la veuve, Cyprien ayant remarqué une foule amassée devant la porte de madame Le Pelletier, fut pris d'un tremblement suivi d'une défaillance qui le força de s'appuyer contre une de ces hautes bornes en forme de pains de sucre, destinées à protéger les murs contre les roues des voitures.

— Un nouveau malheur serait-il arrivé? pensa Cyprien.

Dans certaines villes normandes, on a coutume, lorsqu'une personne de quelque condition est décédée, d'appeler les pauvres de la paroisse et de leur donner un pain de quatre, huit, dix livres, suivant la fortune de la famille. Si, dans d'autres pays, les pauvres suivent le convoi avec des cierges, à Bayeux, à Rouen et ailleurs, ils accompagnent le mort avec leurs pains sous le bras. Plus il y a de pauvres aux funérailles, plus leurs pains sont gros, plus l'enterrement est riche. Cette petite vanité, qui au moins trouve une application charitable, vaut bien les tentures, les galons et les panaches de première classe de l'administration des pompes funèbres. C'étaient bien des pauvres et des pauvresses qui s'agitaient devant cette maison de madame Le Pelletier, et Cyprien traversa cette foule, ne voyant plus, n'entendant pas les prières, les litanies qui l'accueillaient à son passage. Dans le corridor, il rencontra la veuve qui descendait de l'escalier du premier étage.

— Ah! monsieur l'abbé, dit-elle, que vous avez bien fait de venir!... Je suis auprès de cette pauvre Suzanne, je ne puis la quitter... Voudriez-vous me rendre le service de distribuer deux livres de pain à chacun de ces malheureux qui sont à la porte?

Avant que Cyprien eût pu répondre, madame Le Pelletier remontait l'escalier. Malgré la promesse qu'elle avait faite à M. de Boisdhyver, la mère n'avait pas voulu quitter sa fille de la nuit, et elle avait été témoin, malgré la vive opposition du docteur Richard, des troubles cruels qu'amène un transport au cerveau.

Suzanne ne restait pas calme ; elle voulait, tantôt arracher ses compresses, tantôt sauter au bas du lit, ou bien elle se livrait à des discours sans suite. La mère répondait par des prières et des paroles affectueuses que la malade n'entendait pas : alors madame Le Pelletier se répandait en larmes, et le docteur laissait s'exhaler sa douleur. Connaissant avec certitude le cours de la maladie, il se trouvait empêché par la présence de la mère d'employer des moyens un peu violents, car il ne fallait pas laisser Suzanne s'échapper de sa couche, l'idée de destruction étant dominante dans les cerveaux atteints de pareilles maladies, et ce n'était pas madame Le Pelletier qui retiendrait sa fille par des supplications et des caresses maternelles. Le docteur se fâcha à plusieurs reprises, et réclama de la veuve l'exécution de la promesse de se reposer qu'elle avait faite à M. de Boisdhyver ; mais la pauvre femme subissait le trouble dont était atteinte son enfant, et elle résista aux ordres du docteur comme elle avait résisté d'abord à ses prières et à ses conseils.

La nuit se passa de la sorte en tourmentes perpétuelles ; mais, ainsi que l'avait prévu le docteur, au petit jour, Suzanne fut prise d'un abattement qui devait durer douze heures. Le docteur Richard ne vit donc aucun inconvénient à aller faire son service à l'hôpital ; sa femme s'étendit sur le lit de madame Le Pelletier, et la veuve, puisant des forces dans l'amour maternel qui ne redoute ni fatigues, ni privations, ni nuits sans sommeil, s'assit auprès du lit de Suzanne, résolue à ne pas la quitter d'une minute. Elle avait oublié au milieu de ses angoisses que le samedi était son jour de distribution charitable, car, une fois par quinzaine, elle distribuait aux pauvres cinquante livres de pain; c'était pour elle une occasion de voir de près les mères et les pères de familles malheureuses, et, suivant leurs plaintes, leurs maladies ou l'accroissement des enfants, elle ne manquait pas le lundi suivant d'aller les visiter. Cyprien ouvrit la porte et fit la distribution de pain en recevant les actions de grâces de ces pauvres gens qu'il connaissait déjà pour les avoir soulagés dans leur misère.

— N'oubliez pas mademoiselle Suzanne dans vos prières, dit-il aux pauvres.

Femmes, vieillards, enfants, répétèrent le nom de Suzanne d'une voix si pénétrée, que le jeune prêtre sentit combien l'affection qu'ils portaient à mademoiselle Le Pelletier était profonde. Trop souvent on voit l'aumône engendrer l'hypocrisie, surtout l'aumône qui s'échappe des mains pieuses; mais les prêtres intelligents ne sont pas dupes de ces momeries, de ces marmottages, de ces prières inintelligibles, de ces signes de croix trop fervents, de ces égrènements sempiternels de rosaires, de cet étalage d'imageries sacrées, de ce trop de zèle saint qui ne peuvent tromper que des esprits vulgaires. Il y a partout une population crasseuse qui s'attache aux sacristies et qui en vit. M. de Boisdhyver avait le plus grand mépris pour cette race de mendiants, les doigts perpétuellement trempés dans l'eau bénite, et il communiqua à Cyprien ces idées que ne partage pas toujours le clergé.

Pour le vicaire général, M. Ordinaire, il suffisait qu'un être affectât des semblants de dévotion pour être secouru par l'Église; il demandait aux pauvres une présence assidue à tous les offices, l'accomplissement des devoirs religieux, la confession, la communion, et ne s'inquiétait pas de la sincérité des pratiquants. Certainement M. de Boisdhyver ne perdait pas son temps à scruter le fond des consciences; mais il était frappé souvent, à première vue, de la mine basse et repoussante de ces prétendus dévots qui faisaient payer à l'Église leurs pieuses manœuvres, et il déplorait l'hypocrisie que ces secours engendrent.

Cyprien, en entendant les mendiants parler de Suzanne,

connut combien ils l'aimaient et la vénéraient. Il y a dans les réelles marques d'affection des signes positifs, des physionomies qui s'illuminent, mille détails dont on ne peut révoquer la sincérité. Servis le plus souvent par Suzanne, visités par elle et sa mère, les pauvres étaient frappés de cette beauté de jeune fille qui leur rappelait les images de vierges. La charité double, faite par de jeunes mains, une bouche souriante, des yeux attendris.

Cyprien avait terminé sa distribution et se trouvait embarrassé de la conduite à suivre, car madame Le Pelletier, l'esprit entièrement occupé de sa fille, était remontée près d'elle sans inviter le jeune prêtre à la visiter après la distribution des aumônes.

Cyprien se doutait que Suzanne reposait dans sa chambre, et la chambre d'une jeune fille éveillait dans son esprit un sentiment de pudeur qui lui en interdisait l'entrée. Il errait du corridor à la cuisine, essayant de saisir les moindres bruits provenant des étages supérieurs, espérant que pour un motif quelconque madame Le Pelletier descendrait et le prierait de monter. Être si près de Suzanne et ne pas la voir lui causait plus de mal peut-être que s'il en avait été séparé.

La porte du rez-de-chaussée s'ouvrit, et la femme du docteur, qui avait pris quelque repos, aperçut le jeune prêtre.

— Comment va mademoiselle Le Pelletier? demanda Cyprien. — Elle a passé une mauvaise nuit, bien agitée ; cependant mon mari est parti, et m'a paru plus tranquille pour la journée. — J'étais venu savoir de ses nouvelles de la part de Monseigneur... — Et vous n'êtes pas monté? — J'ai vu tout à l'heure madame Le Pelletier, qui m'a chargé de distribuer le pain aux pauvres ; elle paraissait inquiète, j'ai craint de la déranger. — Il n'est pas présumable que Suzanne se trouve plus mal ; je l'ai quittée il y a deux heures seulement. Mais je vais monter, et je préviendrai madame Le Pelletier de votre présence.

Cyprien remercia la femme du docteur avec une telle effusion, qu'il s'arrêta court, s'apercevant que pour un homme qui vient simplement savoir des nouvelles de la part d'un tiers, il mettait une ardeur dans ses paroles qui prêtait à l'interprétation ; mais madame Richard ne s'arrêta pas à cette chaleur de discours, et prévint la veuve qu'un jeune prêtre, venu de la part de l'évêque, l'attendait au rez-de-chaussée.

— Ah! je l'avais oublié, s'écria la veuve, qui n'avait qu'une idée en tête, Suzanne. Ma chère amie, veuillez, je vous prie, ne pas quitter ma fille des yeux, je remonte aussitôt.

Ce fut avec une singulière inquiétude que Cyprien entendit des pas légers résonner dans l'escalier : son bonheur était attaché à ces pas, on venait le chercher, il allait enfin revoir Suzanne.

— Pardonnez-moi, monsieur, lui dit madame Le Pelletier, de vous avoir laissé seul ; je n'ai plus ma tête, je ne vois que la maladie de mon enfant, et j'oublie tout. — N'est-ce pas naturel de la part d'une mère ? — Je ne vous ai seulement pas remercié encore de votre courage et de votre belle conduite... Vous avez sauvé Suzanne ; et je ne l'oublierai pas... Elle prit la main de Cyprien et fondit en larmes... Sans vous, qui sait si la flamme n'eût pas dévoré entièrement ma pauvre fille... Ah ! c'est beau de votre part... Et cependant je me sens ingrate vis-à-vis de vous ; je ne vous remercie pas comme je le devrais... La maladie maintenant m'occupe tellement, qu'il me semble qu'on ne saurait trop réunir de force pour lutter contre elle... Je ne songe qu'à la maladie, et j'oublie le sauveur de Suzanne ; mais quand elle ira bien, vous verrez, monsieur l'abbé, si j'ai de la reconnaissance... Dites à Monseigneur, je vous prie, que ma fille va mieux ce matin, elle repose ; si elle ne dormait pas, je vous aurais prié de monter.. Monseigneur a été bien bon aussi ; c'est dans l'affliction qu'on connaît vraiment les cœurs charitables... Remerciez bien Monseigneur, n'est-ce pas, monsieur l'abbé, et promettez-moi de revenir.

Il ne fallait pas beaucoup prier Cyprien pour l'engager à revenir ; toutefois il s'en alla chagrin de n'avoir pas vu Suzanne, presque consolé de l'espoir que lui donnait madame Le Pelletier, de ne pouvoir rendre visite à la malade. En revenant, il fit un détour pour aller chez les Garnier, qu'il n'avait pas vus depuis longtemps. Les dernières consultations du docteur Richard n'étaient pas favorables à l'aveugle : le docteur croyait que la paralysie s'était déclarée dans les yeux, et il jugeait à peu près inutile toute opération, n'étant pas persuadé qu'elle pût amener une secousse assez vive pour déplacer la paralysie du centre qu'elle s'était choisi. Aussi le docteur insistait vivement près du mari pour qu'il entrât à l'Hôtel-Dieu avec sa femme ; mais Garnier avait une répulsion marquée pour l'hospice, et il craignait d'affecter sa femme qui reconnaîtrait ainsi l'incurabilité de son mal.

— Vous marchez difficilement, disait le docteur Richard à

Garnier, vous pouvez à peine sortir, votre femme ne se lève pas, et vous n'êtes pas riches. En entrant à l'Hôtel-Dieu, vous aurez des sœurs pour vous servir, rien ne vous manquera; que peut-on demander de plus? — Ah! monsieur, disait Garnier, il est si triste, quand on a vécu libre et honnête toute sa vie, d'être enfermé dans une maison, d'être assujetti à de certaines règles, de porter un costume de pauvre! — Vous avez été militaire, reprenait le docteur Richard, et vous parlez ainsi ? Étiez-vous assujetti à une discipline, ne deviez-vous pas rentrer à une certaine heure? — Oui, monsieur Richard. — Ne logiez-vous pas dans une caserne? — Il est vrai. — Portiez-vous un uniforme? — Certainement. — Vous voyez donc qu'il n'y a rien de changé entre la caserne et l'Hôtel-Dieu, excepté que vous serez plus heureux maintenant qu'autrefois. Vous n'avez rien à faire, vous ne craignez ni corvée ni salle de police; seulement, votre uniforme est moins coquet... Je crois, père Garnier, que vous regrettez l'épaulette rouge ? — Oh! non, monsieur Richard, je regrette la liberté seulement. — A la bonne heure, je vous trouve plus sage; il n'y a plus que votre femme à décider. — Monsieur Richard, je crains que ça ne la tue! — Non ; préparez-la vous-même, habituez-la à cette idée petit à petit. Jamais elle n'aura été plus heureuse; elle sera soignée par d'excellentes sœurs. — Vous croyez donc, monsieur Richard, qu'elle ne guérira pas? — Ne lui dites pas que je renonce à l'opération, car je n'en sais rien moi-même... Il se peut que la nature vienne à mon aide tout à coup; mais le mieux est de l'habituer à l'idée qu'elle restera longtemps encore dans cet état.

Tels étaient les discours que tenait à chaque visite le docteur Richard au vieux soldat. Ainsi qu'il en avait été convenu avec l'évêque et le docteur, les visites de Cyprien devaient être moins fréquentes. Les secours ne manquaient pas, mais il était utile de priver pendant quelque temps les Garnier de visites, afin que le mari sentît plus vivement le besoin d'entrer à l'Hôtel-Dieu. M. de Boisdhyver combattit longuement cette dure mesure, quoiqu'il comprît la justesse des raisons du docteur, et depuis près d'une quinzaine Cyprien n'était pas allé chez les Garnier. Aussi sa visite inattendue fut-elle le signal de démonstrations affectueuses du vieillard, qui embrassait les mains du jeune prêtre.

— Voilà mon jeune homme ! s'écria-t-il; le voilà, ma femme, M. Cyprien!... Je le croyais parti...

L'aveugle émut Cyprien au récit de ses tristesses. Elle réfléchissait plus que son mari. Les yeux plongés dans une nuit perpétuelle étudient mieux certains faits que les personnes distraites par la vue des objets variés qui se présentent au regard.

La Garnier, en rapprochant l'absence de Cyprien de celle des dames Le Pelletier, avait creusé les motifs de ces visites interrompues ; sans les deviner, elle en tirait mauvais augure. Les conversations entre son mari et le docteur, quoique tenues sur le palier à voix basse, lui donnaient à penser ; son chagrin, longtemps comprimé, s'exhala en paroles amères. Elle souffrait surtout de ne plus voir près d'elle madame Le Pelletier et sa fille. Ce fut une occasion pour Cyprien de parler longuement de Suzanne et de raconter le cruel événement qui avait jeté cette famille dans la désolation. Au moins Cyprien pouvait, dans la mansarde, décharger son cœur sans crainte : il n'était plus obligé de se contraindre. La maladie de Suzanne lui permettait de parler d'elle longtemps, certain de trouver un écho dans le cœur de ces pauvres gens.

Deux heures se passèrent ainsi, la Garnier oubliant ses propres inquiétudes pour s'intéresser à celles de madame Le Pelletier, Cyprien laissant couler ses larmes au souvenir de Suzanne, et ne craignant pas que l'aveugle s'en inquiétât. Cependant il fallut se séparer, et Cyprien, malgré les instructions du docteur, promit de revenir plus souvent, car il avait trouvé de naïfs confidents auxquels il pouvait parler longuement de Suzanne sans les fatiguer. Les malheureux, s'ils ne deviennent égoïstes, s'intéressent plus que les autres aux souffrances d'autrui ; ils les connaissent par eux-mêmes, en ont mesuré la profondeur, et trouvent pour les consoler des paroles inconnues aux heureux du monde.

XVIII

LE GOURMAND CHANOINE

Quelques jours après la Fête-Dieu, M. de Boisdhyver donna un grand dîner auquel fut invité le clergé de Bayeux et des environs; malgré l'hostilité sourde qui couvait toujours dans le cœur de M. Ordinaire, il ne put se dispenser d'assister à cette fête destinée à inaugurer le palais épiscopal : ses fonctions de vicaire général lui en faisaient un devoir ; d'ailleurs, il avait assez de force sur lui-même pour, dans une réception officielle, ne rien laisser paraître des amertumes secrètes qui lui verdissaient le teint.

Une assemblée de prêtres n'a pas cet aspect imposant qu'on est tenté de lui accorder d'après le caractère sacré que revêt l'ecclésiastique à l'église. Aussitôt que chacun s'est reconnu et a trouvé un confident pour l'écouter, un interlocuteur pour répondre, quand le prêtre a tâté le terrain et s'est préparé un voisin de table avec lequel il peut entrer en relations, l'*homme* y apparaît comme dans toutes les classes de la société, avec ses qualités et ses vices, ses défauts et ses ridicules.

Avant que le diner fût servi, les invités de M. de Boisdhyver s'étaient séparés en deux groupes bien distincts. Les curés de campagne, les prêtres des villages voisins s'étaient réunis autour de leur doyen, auquel ils manifestaient une sorte de respect ; à l'autre bout du salon les chanoines se mêlaient aux prêtres de Bayeux. Indépendamment de leur costume, il était facile de reconnaître les chanoines à l'air de contentement et d'orgueil qui s'échappait de leur physionomie et de leurs gestes. La majeure partie des curés de campagne était composée de bonnes figures, hautes en couleur, tenant *de la nature du paysan* ; les soucis, les inquiétudes, les ambitions, une santé moins grossièrement accentuée, perçaient sur la figure des chanoines.

En entrant, M. de Boisdhyver alla d'abord aux curés de campagne, pour leur faire oublier la hiérarchie qui les tenait séparés des hauts dignitaires de l'Église, et il ne salua son clergé qu'en second. Le valet de chambre ayant annoncé que le couvert était servi, chacun se dirigea vers la salle à manger, où Cyprien servait de maître de cérémonies. M. Ordinaire était à droite de l'évêque, M. Du Pouget à gauche. En face avaient été placés le curé de Saint-Nicolas et le doyen de Mont-Saint-Jean, petites villes des environs ; les chanoines se succédaient, et le bas clergé des environs occupait les deux bouts de la table.

D'abord, le premier service se passa dans un certain silence ; on attendait que M. de Boisdhyver donnât le ton à la conversation. Tous s'étudiaient à la dérobée entre deux cuillerées de potage, préparant des motifs de causerie suivant l'humeur de l'évêque ; mais dès ses premiers mots la glace fut rompue, et ceux des prêtres du diocèse qui ne connaissaient pas encore M. de Boisdhyver furent mis à l'aise par une parole familière, une simplicité que l'évêque apportait dans tous les actes de sa vie. Sauf la présence de M. Ordinaire et de quelques chanoines qui prenaient l'orgueil pour symbole de leur dignité, une gaieté sans apprêt remplit tous les esprits. M. de Boisdhyver interrogeait tour à tour chaque curé sur sa paroisse, d'un ton cordial qui mettait à l'aise des prêtres plus habitués à vivre avec les paysans que dans la société.

Aussi, dès les premières paroles, l'évêque avait-il gagné les cœurs des curés de campagne, et le vicaire général fronçait-il le sourcil. Les personnes peu sympathiques à leurs semblables le sentent, et sont punies par cette connaissance de l'éloignement qu'elles inspirent.

M. Ordinaire comprenait l'espèce de répulsion que sa vue faisait naître; loin de se corriger par des manières affables et affectueuses, il se hérissait davantage et prenait à tâche de paraître plus amer qu'il ne l'était réellement. En voyant les cœurs voler, pour ainsi dire, au-devant de M. de Boisdhyver, le vicaire général s'aigrissait et regardait comme un ennemi celui qui paraissait sympathique au prélat. Étant ami de l'évêque, il est mon ennemi; telle était la pensée, fille de la jalousie, qui s'emparait de M. Ordinaire en voyant les curés de campagne, sur les lèvres desquels les moindres paroles de M. de Boisdhyver faisaient pointer des sourires affectueux. Il était trop près de son supérieur pour communiquer ses pensées jalouses aux chanoines Commendeur et Aubertin, qui se trouvaient à ses côtés. D'ailleurs, l'abbé Commendeur était plus obsédé que Tantale, à ce festin de l'évêque, car il ne savait comment résister à la succession de plats qui passaient devant lui et le grisaient rien que par leur odeur. Le rêve de l'abbé Commendeur était de pouvoir gloutonner à son aise; il avait de secrètes envies de tout, et son estomac, aussi bien que ses intestins, se refusait aux moindres excès. A force de se ménager, l'abbé Commendeur avait habitué son estomac à une prudence excessive. L'imagination avait été la première cause de son état languissant; aussi toutes ses colères et ses acrimonies, lorsqu'il sortait de sa mélancolie, étaient-elles dirigées contre la bonne chère. Il voyait dans les plaisirs de la table tous les maux de l'humanité; il n'avait à la bouche que des exemples d'hommes fameux qui avaient péri par excès de gourmandise, et citait les criminels fieffés qui avaient accompli leurs forfaits sous l'empire de la boisson ; son estime était réservée aux peuples sauvages qui suivent le régime pythagoricien.

M. Godeau, qui était en face de lui, fut victime des souffrances demi-imaginaires de l'abbé Commendeur. Ce chanoine, gros comme une tonne, rouge comme un verre de vin vieux, ne mangeait pas ; il dévorait. On lui eût donné soixante-quatre dents, tant il avalait avec précipitation de petits carrés de viande respectables par leur volume. Le chanoine avait des narines au vent et de petits yeux perdus à l'horizon de grosses joues ; son nez lui suffisait : il n'avait pas besoin de voir. Quoique sa figure fût composée de petits mamelons de chair épais, l'abbé Godeau jouissait d'une certaine faculté, consistant dans la mobilité d'un système nasal fort développé. Quand un plat fumait à quelque distance de lui, la nature lui avait permis de tourner légèrement le nez dans cette direction, et de humer d'avance la fumée de ce plat. Ce n'était certainement pas une trompe dont était pourvu M. Godeau ; mais il en possédait quelques-unes des plus heureuses propriétés. La mâchoire du chanoine était en outre fortement constituée ; elle offrait une apparence carrée à l'extérieur, et se refermait comme une paire d'excellents ciseaux du meilleur acier. Ses dents trapues avaient à la racine quelque analogie avec les rochers ; elles semblaient doublées de contre-forts, comme les murs de certains monuments.

Quoique gros et lourds, les bras de l'abbé Godeau étaient agiles, comme rompus particulièrement à une sorte de gymnastique que les autres membres ne partageaient pas ; jamais couteaux et fourchettes ne furent mieux saisis que par les mains du chanoine.

M. Godeau était le supplice vivant de M. Commendeur, qui ne pensait jamais à son estomac sans que le souvenir de M. Godeau ne vînt lui amener quelques nouvelles rancunes. Quelquefois, M. Commendeur s'imaginait que le chanoine avait des recettes particulières pour admirablement digérer, et il le suppliait de les lui communiquer. M. Godeau frappait d'un coup de poing sur son estomac et s'écriait : Voilà mon secret ! Alors M. Commendeur le suppliait de se ménager ; il l'entretenait d'histoires terribles d'indigestions, de congestions cérébrales, et, pour s'en débarrasser, M. Godeau se versait deux verres d'excellent vin de Bourgogne qu'il avalait coup sur coup, afin de montrer qu'il n'avait pas peur de semblables présages.

— Vous ne finirez pas en état de grâce, lui disait l'abbé

Commendeur. Une apoplexie foudroyante vous renverse dans la rue, on vous relève, vous êtes mort. — Mon Dieu ! s'écriait l'abbé Godeau, monsieur Commendeur, si vous me répétez encore pareille chose, je finis la bouteille.

Il était homme, après un excellent dîner, à manger une demi-terrine de foie gras, quelques rondelles de saucisson d'Arles, uniquement pour se faciliter un nouveau repas. On eût dit qu'il employait le moyen de certains oiseaux qui avalent une pierre avant le repas et une autre après, afin de broyer les aliments comme par deux meulières de moulin. L'abbé Godeau, rien que par sa vue, poussait à manger ceux qui en avaient le moins d'envie ; il communiquait l'appétit. La satisfaction produite par des morceaux engloutis dans son estomac paraissait si visiblement sur sa figure, qu'il n'était pas permis de douter de la supériorité d'une cuisine déterminant de pareilles jouissances.

La jalousie de M. Commendeur contre le ventre de M. Godeau s'était changée en haine, car plus d'une fois le chanoine malade fut victime, étant placé à table vis-à-vis de son confrère, du fâcheux exemple qui le poussait à imiter la voracité de M. Godeau. A différents intervalles, ayant macéré son estomac pendant trois mois et n'en ayant obtenu aucun meilleur résultat, M. Commendeur se disait : Je ne réussis pas avec le régime, avec les privations. M. Godeau, qui ne se prive de rien et qui abuse de son appétit, ne s'en porte que mieux Il est présumable que M. Godeau est dans le vrai et que son système hygiénique est préférable au mien. Alors il ne reculait devant aucun tonique, aucun excitant, et il en était récompensé par une énorme indigestion.

— Voyez donc, disait M. Commendeur au doux chanoine Aubertin, l'abbé Godeau a repris trois fois de ce rôti de lièvre, le goulu ! Ne croyez-vous pas qu'il sera châtié de sa gourmandise ?

Mais M. Aubertin ne critiquait jamais personne : vivant en paix au milieu des fantaisies que son imagination traduisait en silhouettes, il n'avait aucun instinct critique, et la faculté de dénigrement lui manquait absolument.

De l'autre côté de la table, M. Du Pouget taquinait avec malice un curé de village qui avait commis récemment un crime horrible de lèse-archéologie. M. Du Pouget, dans ses courses à la recherche des monuments, découvrit dans l'église de Jussieu-aux-Belles des peintures cachées sous un badigeon épais de chaux ; heureusement cette chaux s'enlevait par écailles sèches et il suffisait de tamponner légèrement ces écailles pour qu'on arrivât à faire reparaître des dessins symboliques bizarres, d'une époque ancienne. M. Du Pouget passa une journée d'hiver à retrouver sous la chaux une fresque considérable qu'il dessina, tant elle lui semblait curieuse ; s'étant assuré que les deux autres murailles étaient également peintes à fresque, et que non seulement cette chapelle, mais toutes celles de l'église avaient été décorées pareillement aux environs du xiie siècle, il pensa devenir fou de joie. C'était une monographie importante à écrire sur cette petite église ignorée et perdue dans le village de Jussieu-aux-Belles. Quel beau mémoire à envoyer à la commission des monuments historiques dont M. Du Pouget était membre correspondant ! Quelles recherches précieuses et quelle imagination à dépenser dans l'éclaircissement des symboles !

L'archéologue symbolique se sépare volontiers de l'archéologue qui s'en tient purement à la description. Les deux écoles se méprisent : celle du fait dénigre celle de l'imagination ; les injures de *platitude* et de *nuage* sont les deux puissants projectiles qui sont lancés perpétuellement. L'école symbolique, planant dans les immensités, dédaigne sa rivale, qui se traîne terre à terre. M. Du Pouget, avec la haute et puissante intelligence qui le caractérisait, appartenait tout à la fois aux deux écoles, dont il sut fondre les plus précieuses qualités. Partisan de l'exactitude et de l'observation, il étudiait d'abord le monument en architecte et en dessinateur : ayant une base certaine, il ne craignait pas de quitter ce terrain exact pour s'élancer vers les sentiers difficiles du symbolisme religieux, et, s'il s'y égarait parfois, du moins la première partie de ses observations avait son utilité.

Ce fut plein de joie d'avoir retrouvé ces fresques, peintes en trente tableaux sur les murailles, que M. Du Pouget entra chez le curé de Jussieu-aux-Belles, auquel il fit part de sa découverte. Il félicita le prêtre sur le bonheur qu'il avait de jouir d'une église entièrement peinte, lui montra le dessin qu'il avait tiré d'une de ces fresques, et promit de revenir.

— Ayez soin de ces peintures, dit-il en quittant le jeune prêtre ; vous possédez le monument le plus curieux du diocèse.

Comme on était en hiver et qu'il devenait impossible par

le froid, l'humidité, les fenêtres percées, de dessiner ces fresques, M. Du Pouget remit sa visite aux premiers jours du printemps. Deux mois après, il retournait à Jussieu-aux-Belles, rêvant au grand livre qu'il allait exécuter d'après ces matières archéologiques. Il arrive à la chapelle où il a enlevé la chaux d'un pan de muraille, et ne trouve à la place que des murailles bleu de ciel. Inquiet, la sueur au front, il croit s'être trompé, parcourt l'église ; toutes les chapelles sont peintes en bleu de ciel ! Éperdu, M. Du Pouget revient à la première chapelle. Alors seulement il s'aperçoit qu'une inscription en lettres noires se trouve au bas de la muraille, comme une signature à un tableau. Il s'approche et lit : « *Repint en* 1828 *par* Champeaux. » Quoique frémissant et prêt à se trouver mal, M. Du Pouget a encore un vague espoir que le *peintre* a apposé son horrible bleu de perruquier sur l'ancien badigeon à la chaux : il frappe le mur avec le doigt. Aucune écaille ne se détache ; on a enlevé le badigeon pour cette belle entreprise.

Heureusement le curé était absent. M. Du Pouget avouait lui-même plus tard qu'il ignorait comment, dans son indignation, il aurait traité le pauvre prêtre. Il revint de Jussieu-aux-Belles n'ayant tiré de la servante du curé que ce seul renseignement, à savoir, que le *Champeaux* qui avait écrit son nom en grosses lettres au bas des murs, et qui n'était pas médiocrement glorieux de sa couleur bleu-perruquier, était le vitrier de la commune. Ce fut seulement au dîner donné par M. de Boisdhyver que M. Du Pouget retrouva le curé qui lui avait fait passer de si mauvaises nuits ; mais sa colère archéologique lui était passée, et M. Locard, le curé de Jussieu-aux-Belles, en fut quitte pour un interrogatoire malicieux.

— Voyons, monsieur le curé de Jussieu, lui disait M. Du Pouget, expliquez-nous un peu la passion pour ce terrible bleu qui vous a fait détruire les peintures les plus curieuses du moyen âge. — Mon Dieu, monsieur le vicaire, c'est tout simple : j'ai été effrayé à la vue des monstres à têtes d'animaux qui me paraissaient une décoration digne de l'enfer. Tous ceux qui ont vu ces images ont pensé de même : le maître d'école, l'adjoint faisant fonctions de maire, ma gouvernante ; il n'y avait qu'une voix. Chacun disait qu'il n'était pas bon d'offrir aux paroissiens des représentations de diableries, et qu'il y avait de quoi faire fuir de l'église. Nous n'avons déjà pas trop de monde. J'ai réfléchi que ceux qui avaient couvert précédemment ces peintures n'agissaient pas sans motifs, et que sans doute le bon sens avait fait justice de ces monstres peints. — Ah! s'écria en soupirant M. Du Pouget en qui ces raisonnements ravivaient une blessure mal fermée. — Je ne vous avais pas bien compris, quand vous me disiez qu'une église peinte partout était plus propre, et j'ai fait appeler notre peintre... — Le vitrier de la commune. — Oui, dit M. Locart: il raccommode aussi nos vitres, et le bleu de ciel a encore coûté gros à la fabrique. — Tenez, monsieur Locart, s'écria M. Du Pouget vous avez fait plus de mal à votre église que les révolutionnaires de 93.

Le digne curé de Jussieu-aux-Belles était stupéfait.

— Monsieur Du Pouget, dit l'évêque, ayez quelque commisération pour M. le curé de Jussieu. Il ne se connaît pas en archéologie ; le mal n'est pas grand... Quand vous aurez terminé votre *Manuel*, monsieur Du Pouget, et que vous l'aurez envoyé à tous les desservants de mon diocèse, alors ils seront coupables de ne pas l'étudier, et j'espère que ces messieurs veilleront à la conservation de leurs monuments ; mais jusqu'ici ils sont innocents. Tenez, monsieur Du Pouget, j'ai envie de prendre un peu le parti de M. le curé de Jussieu... J'ai vu à Paris beaucoup de ces messieurs qui montrent un grand zèle pour les cathédrales. Ils pleurent sur la moindre statue mutilée, plus peut-être que si un de leurs enfants s'était cassé un membre ; ils étudient à fond nos vieilles basiliques, et les connaissent mieux que les prêtres qui y sont depuis vingt ans. Aucun détail n'échappe à leurs ardentes investigations; ils se mettent l'imagination à la torture pour faire que les cathédrales soient autres qu'elles ne sont. Tantôt ils disent que l'église est un livre, tantôt une forêt ; je les regarde comme des anatomistes qui ne s'occupent que du squelette, qui connaissent parfaitement tous les os, et qui ne s'inquiètent guère de ce qui faisait la vie de ce squelette. Ces archéologues oublient Dieu, l'âme de l'église, comme les anatomistes oublient l'âme absente du squelette. Ce que j'admire le plus dans les églises, ce ne sont pas les groupes de sculptures fameuses, mais les groupes de fidèles priant; ils sont les vraies colonnes du temple, et auprès de ces groupes humains les curiosités de la façade, qu'on se plaît tant à décrire aujourd'hui, me semblent comme les riches vêtements d'un prince, oripeaux sans valeur si le prince n'a pas conscience de sa mission.

M. Ordinaire entendit avec un certain plaisir ces paroles, et il s'empressa de doubler le raisonnement de M. de Boisdhyver par une sorte d'approbation qui devait blesser M. Du Pouget ; mais l'évêque, qui ne voulait pas donner de mercuriale à un homme qu'il estimait et dont il se plaisait à vanter le beau caractère, ne laissa pas la discussion s'engager dans ce sentier.

— Loin de désapprouver vos travaux, dit-il à M. Du Pouget, je me plairai toujours à les encourager. J'engage MM. les desservants à étudier sérieusement l'excellent Manuel archéologique que M. Du Pouget prépare, et qui sera certainement approuvé par Son Éminence Monseigneur l'archevêque de Paris ; mais ce que je disais tout à l'heure relativement à la fièvre archéologique purement artistique et ne partant pas du pur sentiment religieux, s'applique spécialement aux hommes qui ont trouvé dans nos cathédrales une spécialité nouvelle, facile à étudier, et dont ils se servent de marchepied pour arriver à des honneurs et des places. L'archéologie, messieurs, est un devoir pour tous les prêtres ; on peut adorer Dieu dans une grange quand le prêtre n'a pas d'église, mais jamais le temple ne sera assez magnifique pour honorer Notre-Seigneur.

Pendant que ce discours commandait plus spécialement que les conversations particulières l'attention générale, l'abbé Godeau, sans s'inquiéter de la discussion archéologique, finissait de nettoyer les plats qui étaient devant lui ; son appétit se tendait comme un arc, à tel point que M. Commendeur fut fasciné une fois de plus par la voracité du chanoine et qu'il tomba comme l'alouette sur le miroir du chasseur.

— Il faut manger les oiseaux petits et les poissons gros, lui disait M. Godeau en tranchant par la moitié une énorme truite saumonée et en la partageant avec son voisin de face.

En présence de cette belle chair orangée, les systèmes du chanoine malade s'affaiblirent, et il allait se régaler d'une moitié formidable de truite, lorsqu'il rencontra le regard terrible du vicaire général. Par une manœuvre adroite, M. Commendeur fit décrire une courbe à son bras et présenta le plat à M. Ordinaire.

— Un peu de truite, monsieur le vicaire.

Mais M. Ordinaire était d'une grande sobriété, ainsi que les personnages ambitieux, et il secoua si dédaigneusement la tête que M. Commendeur, tout en priant mentalement son estomac de se montrer complaisant vis-à-vis du formidable poisson qui allait entrer en lui, fut heureux que le vicaire n'eût pas accepté. Malheureusement l'abbé Gloriot, qui était au côté opposé de la table et qui ne se souciait guère plus de la science archéologique que M. Godeau, avait vu passer ce beau poisson. Ne le voyant pas revenir, il appela le domestique en lui manifestant l'envie d'y goûter. Celui-ci vint à la recherche, et ne trouva pas la truite.

— Que voulez-vous? lui demanda l'abbé Godeau en remarquant son air inquiet. — M. l'abbé Gloriot désirerait un peu de truite. — Est-ce qu'on ne lui en a pas passé? demanda M. Godeau. — Non, monsieur l'abbé. — J'en ai mangé un petit morceau ; c'est M. Aubertin qui l'aura trouvée cuite à point... Une truite excellente, excellentissime, bien préparée surtout... Ce n'est pas ici qu'on l'a fait cuire. — Non, monsieur l'abbé, dit le domestique ; Son Excellence a commandé le dîner en ville. — Quel bon morceau que cette truite, n'est-ce pas, Aubertin? — Je n'y ai pas touché, dit le chanoine.

M. Commendeur rougissait, car il sentait que l'instruction commencée par M. l'abbé Godeau allait amener la découverte de sa moitié de truite.

— Mais c'est M. Commendeur qui a mangé la truite ; je lui ai passé le plat, dit le gourmand chanoine. — Il n'en restait qu'un morceau. — Plus de la moitié, monsieur Commendeur. — C'était la queue. — Ne vous plaignez pas, monsieur Commendeur, j'avais la tête, moi; enfin, je vois avec plaisir que vous digérez mieux... Plus de la moitié de la truite! à la bonne heure! — Madère? dit le domestique à M. Commendeur. — Non, s'écria M. Godeau, ne buvez pas de madère ; du bordeaux, à la bonne heure. *Au matin bois le vin blanc, le rouge au soir pour le sang.*

Quand M. Commendeur eut bu, l'abbé Godeau, nourri de proverbes gastronomiques, s'écria :

— *Qui bon vin boit, Dieu voit!*

Le cynisme avec lequel M. Godeau affichait sa gourmandise était surtout ce qui blessait le plus M. Commendeur, qui voulait absolument passer pour malade tout en dévorant.

— Monsieur Commendeur, lui disait le chanoine, je vous recommande pour déjeuner quelque chose d'admirable : au lieu de pain, servez-vous de croûtes de pâté rissolées au four : voilà qui est divin. — Que me dites-vous là, monsieur Godeau? Les croûtes de pâtés sont lourdes et indigestes. — Quand on mange tranquillement plus de la moitié d'une

12

énorme truite, l'estomac résiste à tout. — Je vous en prie ! monsieur Godeau, dit le chanoine en implorant le silence de son voisin sur sa gloutonnerie, car M. de Boisdhyver venait de terminer son discours, et la conversation devenait générale. On était arrivé au dessert. — Je mangerais bien, disait M. Godeau, quelque compote, des massepains, un fruit.

Et il accumulait sur son assiette tout ce qui se trouvait à sa portée. Les honneurs du dessert furent pour M. le curé de la paroisse de Saint-Nicolas, l'abbé Gratien, qui avait envoyé des raisins de la plus belle conservation, ainsi que ses meilleures poires de bon-chrétien.

— Quel suc ! quelle saveur ! quel fondant ! s'écriait M. Godeau en plongeant ses dents solides dans une poire qui disparut presque en entier d'une seule bouchée dans sa large mâchoire. Il se recueillit et conclut ainsi : Quel *jusse !*

Car il prononçait ainsi ce mot pour mieux accentuer. Le *jusse* était le terme le plus flatteur que l'abbé Godeau pût trouver pour caractériser un morceau de viande, des légumes, une sauce, des fruits. Il se taisait ordinairement après avoir prononcé : Quel *jusse !* Car c'était sa récompense la plus flatteuse pour le cuisinier, pour l'hôte ; c'était aussi la dernière et la plus éminente épithète de son dictionnaire gastronomique.

— Monsieur Commendeur, dit-il, un petit verre de liqueur des Îles... Comment, vous refusez ? Une goutte seulement après la truite, cette énorme moitié de... — Un travers de doigt alors, monsieur Godeau, dit M. Commendeur pour éviter la dénonciation de son complice.

Bientôt on se leva de table ; les curés de campagne devaient regagner leurs villages, et M. Commendeur, qui commençait à sentir le poids de la truite, fit tomber toutes ses souffrances indigestes nocturnes sur la tête de l'abbé Godeau.

XIX

L'EMPLOYÉ

Depuis son entrée à l'hôpital en qualité d'interne, Claude Bernain avait plus d'une fois donné à M. Richard l'occasion de le réprimander. Le premier mois, l'étudiant accomplit son devoir avec ponctualité ; mais peu à peu ses habitudes reprirent le dessus. Il reçut d'abord ses amis de la ville dans sa cellule, et ayant pris pour complice un aide-pharmacien qui ne valait pas mieux que lui, ils mirent à sac la pharmacie pour en tirer des liqueurs de toute espèce qui firent les frais de cette soirée. La supérieure Sainte-Marguerite entendit le bruit que faisaient les jeunes gens, et réprimanda doucement Claude Bernain ; mais celui-ci, se fiant sur la bonté de la sœur, recommença de nouveau à traiter ses amis. Comme les bruits et les chants qui s'échappaient du pavillon de l'interne pouvaient troubler le repos des malades, la supérieure en avertit le docteur. M. Richard entra dans un emportement qu'expliquait l'intérêt qu'il portait à son élève.

— Je croyais, dit-il, que vous m'aviez promis de vous corriger ; n'avez-vous pas honte, à vingt-huit ans, de vous conduire comme un garçon qui sort du collège, dont les passions bridées jusque-là, et qui s'emportent tout à coup, peuvent servir d'excuses ? Comment, à votre âge, vous songez encore à boire et à passer la nuit en compagnie de je ne sais quels mauvais drôles de la ville ! Voilà pourquoi je vous retrouve quelquefois, à mes visites, les yeux fatigués, l'air ennuyé, ne prêtant aucune attention à mes prescriptions... Je vous le répète, quittez la carrière médicale si vous n'en voyez pas la grandeur et si vous ne comprenez pas la vie de dévouement qu'elle exige... Si vous ne fortifiez pas votre corps dès à présent pour les fatigues qu'exigera votre service plus tard, si vous vous usez en débauches dans la force de l'âge, croyez-vous qu'à quarante ans vous pourrez vous reposer ? Au contraire, c'est alors que vous appartiendrez au premier venu ; pauvre ou riche, alors vous aurez à peine mangé votre potage qu'on coupera votre dîner en deux, et nécessairement votre corps devra être plié à tous ces caprices de l'humanité souffrante. En plein midi, dans la canicule, vous serez obligé de traverser des pays sans ombrages ; à deux heures du matin, en décembre, à peine serez-vous dans votre lit, bien chaudement, qu'on vous fera lever. Les grands médecins vivent moins que les autres hommes ; les statistiques démontrent que la vie des médecins est plus courte que celle des autres hommes d'un quart... Pourquoi, si ce n'est qu'ils travaillent plus rudement que les laboureurs en pleine campagne, que les manouvriers en plein air ? Est-ce par des orgies que vous vous préparez à remplir cette belle mission ? Est-ce en compagnie des piliers de café de Bayeux que vous vous formerez à réussir dans le monde ? Je vous vois embarrassé quand vous vous trouvez en présence de personnes distinguées ; lorsque je vous ai mené chez les Garnier, vous ne saviez que dire devant madame Le Pelletier... En effet, vous n'avez pas l'habitude de la société ; accoutumé à entendre les grossiers propos de vos compagnons, vous vous troublez devant les personnes de condition... Sachez que le médecin doit se prêter à toutes les exigences des différentes classes sociales. Si vous étiez médecin de campagne, alors vous pourriez vous faire aux manières des paysans, les adopter même, personne n'y trouverait à redire ; mais à Bayeux, vous devez chercher à ne froisser ni nobles, ni bourgeois, ni commerçants, ni ouvriers. Vous vous trouverez nécessairement en rapport avec des personnes de toutes les conditions, et vous êtes obligé de leur plaire, sous peine de ne pas réussir. Je ne vous dirai pas de vous faire comédien et de changer de masque, suivant que vous entrez dans un salon ou dans un galetas : ces moyens sont bons pour les médecins qui ne savent rien, qui se plient aux caprices des femmes, qui s'habillent à la mode, et font plus de conquêtes que de guérisons. Non ! la science nous donne ce grand secret d'imposer à toute la société. Si vous avez l'amour de l'art et que vous entriez quelque part avec la ferme volonté d'étudier consciencieusement la maladie et de faire tout ce que la science vous a appris pour favoriser la guérison, vous plairez à tout le monde, car votre conscience de médecin brillera dans vos yeux, illuminera votre personne. Aussitôt vous serez un homme à part ; chacun sentira votre supériorité ; la politesse, la bonté, les soins, les complaisances et le caractère sérieux de votre mission, remplaceront avantageusement les manières de salon.

Ainsi, de temps en temps, le docteur Richard remontait le moral de son élève. Il espérait toujours qu'il réussirait à le ramener dans la voie de l'étude ; mais Claude Bernain semblait inguérissable. Avide de plaisir, n'osant plus recevoir ses amis dans sa cellule, il entreprit d'aller les rejoindre la nuit en escaladant les murs du jardin qui donne derrière l'hôpital : il attendait que tout le monde fût couché, et il revenait par le même chemin, de grand matin, afin de n'être pas rencontré. Seul un infirmier connaissait ses escapades, car il pouvait arriver qu'on eût besoin de l'étudiant tout à coup au milieu de la nuit, et Claude avait prévenu le garçon de salle de venir le chercher au café, au cas où sa présence serait d'une absolue nécessité ; mais il arriva que l'infirmier en causa avec un de ses camarades, le camarade le répéta à un autre ; celui-ci le dit à une sœur, la sœur le confia à la supérieure.

La sœur Sainte-Marguerite avait été souvent interrogée par le docteur Richard sur le compte de l'interne ; elle savait l'intérêt que lui portait le médecin, elle connaissait une partie des projets d'avenir que M. Richard méditait, elle voulut s'assurer de l'exactitude des rapports qui lui étaient parvenus. Une nuit elle se posta de telle sorte qu'elle entendit Claude descendre à pas de loup de sa cellule, gagner le jardin et de là escalader le mur ; cinq heures après, elle entendit dans le corridor des pas plus lourds, une marche moins assurée, Claude tombant plutôt sur son lit que s'y couchant. Il n'y avait plus à hésiter : l'interne revenait d'une orgie. La supérieure en prévint le lendemain M. Richard aussitôt son arrivée, celui-ci fit son service comme à l'ordinaire, suivi de son élève, et l'invita ensuite à l'accompagner dans le cabinet du directeur.

— Où avez-vous passé la nuit dernière ? s'écria le docteur en regardant fixement l'étudiant qui baissait les yeux. — Monsieur le directeur, continua M. Richard, veuillez faire savoir dans les journaux du département qu'une place d'interne est vacante à l'hôpital. Monsieur Bernain, je vous chasse.

L'étudiant sollicita vainement le médecin de lui pardonner. M. Richard semblait inflexible : il ne pouvait plus avoir de confiance dans l'élève qu'il avait tant de fois cherché à relever. On le sentait dans sa parole brève ; il ne discutait plus avec Claude, et sa physionomie, qui devint froide autant qu'irritée, démontra à l'étudiant qu'il avait entièrement perdu la confiance de son patron. Comme tous deux restaient sans parler et rendaient cette situation pénible, le docteur Richard sortit le premier du cabinet du directeur, laissant celui-ci régler les appointements de l'interne. Claude Bernain vit que la résolution du médecin semblait inflexible, et il essaya de se justifier auprès du directeur de l'hôpital ; mais l'administrateur ne pouvait rien contre la décision de M. Richard, et il engagea l'étudiant à voir plutôt la sœur Sainte-Marguerite, pour laquelle le docteur avait une vive sympathie.

La supérieure, excellente femme pleine d'indulgence, se repentait déjà d'avoir dénoncé la mauvaise conduite de l'interne au docteur, puisque la suite de cette dénonciation amenait le renvoi de Claude. Elle fit une petite morale à l'étudiant, l'engagea doucement à mieux se conduire, et promit de parler pour lui le lendemain à M. Richard. Il était difficile de résister à une créature si bonne, qu'elle atténuait le mal même en le peignant. Pour la première fois de sa vie, la supérieure fit un mensonge en disant au docteur, quoiqu'elle fût certaine du contraire, que c'était la première fois que l'étudiant découchait; elle montra tant de dévouement pour la cause de l'interne, que M. Richard se laissa attendrir et permit à Claude de continuer son service comme par le passé; mais il l'avertit de ne plus compter sur son indulgence ni sur les recommandations de la supérieure, car à la première faute il prendrait pour interne un jeune étudiant qui suivait les consultations et qui paraissait montrer un grand zèle dans ses études.

Cependant les illusions du docteur Richard étaient envolées; les plans qu'il bâtissait pour l'avenir de Claude étaient écroulés. Désormais il regardait l'interne comme un élève qui pouvait le quitter le lendemain sans lui laisser aucun souvenir dans l'esprit. M. Richard n'avait pas d'enfant, son seul regret, car il se sentait plein d'amour paternel qui ne trouvait pas de pâture. Avoir un enfant, tel fut pendant vingt ans son rêve; aussi, toutes les tendresses paternelles qui étaient accumulées en lui débordaient quand il avait à soigner un enfant malade. Les soins, l'attention, la persévérance qu'il apportait au lit des enfants, servirent plus à sa réputation qu'il ne s'en doutait. La médecine se sent plus d'une fois aux abois quand elle se trouve en présence d'un jeune enfant qui souffre, sans pouvoir indiquer le siège de son mal; si la connaissance intérieure de l'homme est déjà mystérieuse à l'œil du médecin, quelles difficultés viennent s'ajouter dans le traitement d'un être qui n'a pas atteint l'âge de raison, qui ne manifeste ses souffrances que par des cris ou des larmes! Pénétré de sa mission, M. Richard abandonnait sa clientèle pour un enfant malade : un prince l'eût envoyé chercher qu'il eût d'abord visité l'enfant d'un pauvre qui ne payait pas sa visite. Il se disait : on trouvera toujours dans la ville un médecin pour guérir un homme, on n'en trouvera pas pour soulager un enfant. Et il allait à lui, sans crainte de perdre sa clientèle. Il lui consacrait le double du temps qu'il accordait à un malade ordinaire, étudiant les sensations naïves de ces petits êtres, qu'il essayait d'analyser. Un docteur égoïste, aimant l'argent, eût regardé ces visites comme du temps perdu : l'égoïsme calcule mal, et ne se rend pas compte de l'enchaînement des choses, qui fait que le plus souvent une belle action trouve sa récompense. On eût pu croire que M. Richard ne s'enrichirait pas, alors qu'il lui arrivait souvent de passer une journée tout entière au chevet du lit des enfants de parents dans la misère. Les mères firent la éputation du docteur.

Il y avait aux environs de Bayeux une petite chapelle fort célèbre par son patron, saint Canitius, dont les ossements enfermés dans une châsse attiraient les paysans de dix lieues à la ronde. Saint Canitius jouissait du privilège de faire marcher les enfants tardifs, de leur redresser les membres, de les guérir de la variole, de la teigne et de beaucoup de maladies qui attendent l'enfant à sa croissance. La châsse de saint Canitius, supportée par des pieds assez hauts, était toute l'année dans la chapelle; moyennant une légère redevance, les paysans étaient admis à faire embrasser saint Canitius par l'enfant et à faire toucher au saint les parties maladives. Saint Canitius fut exposé à bien des cris, à bien des colères de ces pauvres êtres qui, ne comprenant pas la portée de l'acte qu'on leur faisait accomplir, ne se gênaient pas pour battre la figure sculptée du saint. Ayant embrassé saint Canitius, une dernière cérémonie consistait à faire marcher les enfants sous la châsse, afin de les envelopper pour ainsi dire du parfum de sainteté qui s'exhalait des reliques. Ce que les enfants commettaient d'incongruités sous cette châsse est délicat à définir ; un sacristain était spécialement occupé à nettoyer avec un petit balai et une pelle le dessous de la châsse et à préserver le nez de saint Canitius d'odeurs malfaisantes.

Ce pèlerinage avait une immense réputation et la petite chapelle possédait un trésor considérable jusqu'à l'arrivée du docteur Richard à Bayeux. L'incrédulité moderne s'en mêla-t-elle ? Toujours est-il qu'on n'envoya désormais plus d'enfants malades dans le cabinet du médecin que sous la châsse de saint Canitius. Ce fut ainsi que grandit vivement la réputation de M. Richard, qui, grâce aux mères de famille, recueillit le fruit de son dévouement. Qu'y a-t-il de plus reconnaissant qu'une femme à qui on a sauvé la vie de son enfant ? De tous les cœurs des pauvres sortait un concert d'exclamations et de bénédictions qui s'attachèrent au nom du docteur et lui donnèrent une popularité décisive sur laquelle l'envie ne pouvait mordre.

Cependant il restait dans l'esprit de M. Richard le chagrin de ne pas avoir d'enfant. Avec les soins qu'il apportait dans le traitement des enfants des pauvres, on pense quelle éducation il eût donnée à un fils ; mais les années de mariage s'allongeaient anneau par anneau, et le docteur reconnaissait l'impossibilité d'avoir un héritier. Ce fut à cette époque que lui vint l'idée de pousser Claude Bernain dans la voie du travail, et de le diriger de telle sorte, qu'il eût au moins un successeur qu'il aurait regardé comme un fils. L'alliance avec Suzanne, avec la fille de son ami, lui faisait rêver une famille qu'il pourrait encore élever ; maintenant la conduite de l'étudiant, la maladie de Suzanne renversaient tous ses projets, et il était un matin dans son cabinet, prenant un modeste repas, seul, ne perdant pas un moment, lisant de l'œil, tout en mangeant un morceau, des livres nouveaux qu'il venait de recevoir, lorsque la servante l'avertit qu'une personne le demandait. S'étant levé de table, le docteur reconnut un jeune homme, employé de la sous-préfecture, qu'on appelait Jousselin. Le docteur avait soigné jadis la mère de l'employé, une pauvre femme qui vivait des appointements de son fils et d'une allocation de deux cents francs que le conseil général lui allouait chaque année comme veuve d'un ancien employé de la sous-préfecture.

— Est-ce que madame Jousselin est malade ? demanda le docteur, qui attendit quelques secondes que l'employé s'expliquât sur le motif de sa visite.

A vingt-trois ans, ce jeune homme, étouffé par l'atmosphère des bureaux d'une sous-préfecture, était resté timide comme un enfant. Charles Jousselin fut élevé par son père avec une certaine dureté, et il conserva, même en avançant vers l'âge mûr, le joug de cette tyrannie dans toute sa personne, ce qui ne fit que redoubler sa timidité. La vie de famille avait contribué au moins autant que la vie de bureau à rétrécir le cercle de ses aspirations, et les médiocres appointements auxquels il semblait condamné jusqu'à la fin de ses jours, firent qu'il ne put fréquenter les jeunes gens qui dépensaient largement l'argent.

Tout jeune et sous le patronage de son père, Jousselin fut habitué à rapporter intégralement ses appointements à la fin de chaque mois. Deux pièces de cent sous ne tintèrent jamais dans les goussets de l'employé, qui ignorait positivement le roulement de l'argent dans la société. Sa mère achetait le drap, le linge, prenait soin de son entretien, et si

Charles Jousselin fût devenu malheureusement orphelin, jamais sauvage n'eût été plus embarrassé dans une ville civilisée. C'était ce qu'on appelle en province un homme rangé. Mieux que la *Malva*, l'horloge détraquée de la mairie, il disait l'heure exacte aux boutiquiers des rues par lesquelles il passait, car s'il était habitué à arriver à son bureau à la minute, il en sortait de même.

Cette suprême exactitude, ces mœurs si tranquilles avaient déteint nécessairement sur toute la personne de l'employé, qui, jeté dans un autre milieu, aurait pu passer pour un garçon de figure aimable ; mais la besogne de sous-préfecture n'ouvre pas l'imagination. Elle ne tue pas, mais elle momifie un homme à la longue, surtout si au sortir de cette atmosphère de dossiers d'une odeur particulière, l'esprit ne se frotte pas à des contacts plus vifs.

L'employé rougit, pâlit, en entendant la question du docteur et se laissa tomber sur une chaise plutôt qu'il ne s'y assit : en l'observant, M. Richard pensa qu'il s'agissait d'une affaire grave.

— Allons, dit-il, madame Jousselin n'est pas malade, tant mieux ! — Non, monsieur Richard, elle n'est pas malade. — Mais qu'avez-vous, monsieur, vous ne semblez pas à votre aise ? — Je n'ai rien, monsieur Richard, je suis monté chez vous en allant à mon bureau.

L'employé s'arrêta de nouveau. — Et tout le monde va bien à votre bureau ? — Vous êtes bien bon, monsieur Richard, sauf M. Giboreau qui a toujours la goutte. — Bah ! il n'y a pas de mal ; c'est de sa faute, s'il a la goutte ; depuis dix ans, au lieu de rester dans son bureau, il devrait marcher, courir, respirer... Je le lui ai toujours dit ; il n'a pas voulu m'écouter, par avarice... Est-ce que le vieux Giboreau ne devrait pas laisser sa place à de plus jeunes qui en ont besoin ? Vous y gagneriez en appointements, monsieur Jousselin. — Je serais peut-être augmenté de deux cents francs. — Eh bien, deux cents francs à vous, quatre cents à d'autres ne feraient de mal à personne... Quel ladre que ce Giboreau ! Si j'étais sous-préfet cinq minutes, je l'aurais bientôt mis à la retraite.

L'employé se taisait ; le docteur crut qu'il n'osait médire de son chef, et comme il avait mis le jeune homme à son aise, il attendit le motif de sa visite, mais Jousselin ne disait rien.

— Que vient-il faire chez moi ? se demanda le docteur en

interrogeant la figure tranquille du jeune homme ; il n'a pas la mine d'un homme qui attend une consultation. Pour faire comprendre à l'employé combien son temps était précieux, le docteur tira la montre de son gousset et regarda l'heure.
— Je vous dérange peut-être, monsieur, dit Jousselin plus ému qu'en entrant, car il était dans la situation d'un patineur lancé par un curieux élan, qui sent la glace craquer sous ses pas sans pouvoir échapper à l'abîme. Il n'y avait plus moyen de reculer pour l'employé. — Mon temps appartient à ceux qui en ont besoin réellement, dit M. Richard en appuyant sur ce dernier mot.

Il y eut un moment de silence ; aux diverses nuances qui passaient sur la figure de Jousselin on eût dit qu'il allait chercher ses paroles au fond d'un puits.

— Monsieur Richard (il s'arrêta), ce que j'ai à vous dire est tellement grave... il m'en coûte tellement, vous le voyez bien, que je vous demande d'avance le plus profond secret... J'ai peur de vous formaliser... — Mais prenez donc courage, monsieur Jousselin ; ai-je donc l'air si farouche ? Quant au secret, c'est notre état... Vous comprenez ce que je vois, ce que j'entends toute la journée dans les familles... Les malades doivent avoir autant de confiance en un honnête médecin qu'en leur confesseur... Vous êtes malade ?

Quoiqu'il ne comprît pas la portée de cette question, l'employé rougit.

— Non, monsieur Richard, seulement je souffre, dit-il en mettant sa main sur son cœur.

Le médecin regarda attentivement Jousselin sans comprendre d'abord le sens de ses paroles.

— Ah ! dit-il. — J'aurais bien voulu savoir... Ma mère et moi, nous aurions désiré avoir des nouvelles de mademoiselle Le Pelletier. — Madame Jousselin s'intéresse aux dames Le Pelletier ?

L'employé se troubla de nouveau.

— Nous ne sommes pas de la même condition, mais le terrible accident dont la ville a parlé... — Oui, un accident bien affreux... Cette pauvre enfant si heureuse la veille... Vous auriez dû, monsieur Jousselin, passer chez ces dames ; je n'ai pas vu la pauvre Suzanne depuis hier. — Eh bien ? s'écria Jousselin. — Elle est toujours dans le même état ; mais pourquoi venez-vous ici ? — Je n'aurais pas osé aller sonner chez madame Le Pelletier et m'informer de la santé de sa fille. — Au contraire ; madame Le Pelletier eût été touchée de l'intérêt que lui porte madame Jousselin. — Je craignais de déranger sa mère, qui doit être si affectée de cette cruelle maladie; et je savais l'amitié qui vous unit à la famille Le Pelletier, je vous ai vu si souvent sortir de la maison de ces dames. — Ah! vous m'avez vu sortir! — J'y passe deux fois par jour, en allant et en revenant de mon bureau. — Ce n'est pas cependant le plus court chemin pour aller à la sous-préfecture; vous vous détournez de votre quartier...

Comme le jeune homme se troublait : — Vous faites un petit détour, il n'y a pas de mal, les employés ne sauraient trop marcher. Eh bien, monsieur Jousselin, je vous remercie, au nom de madame Le Pelletier, de la démarche que vous avez faite auprès de moi; je vais tout à l'heure voir Suzanne en faisant mes visites en ville; j'entrerai dire un mot à votre mère... — Oh! monsieur Richard, je vous en prie, ne le faites pas. — Que vous prend-il? s'écria le docteur en fixant son regard sur les yeux de l'employé... Vous venez de la part de madame Jousselin savoir des nouvelles de Suzanne; j'irai lui en porter. — Pardonnez-moi, monsieur Richard. Je vous ai trompé, s'écria Jousselin en se cachant la figure dans les mains. — J'oubliais, en effet, dit le docteur en souriant, que vous m'aviez prévenu d'une sorte de mystère... Voyons, jeune homme (il lui prit les mains); votre pouls augmente; il n'y a pas de quoi être bien honteux.

Les yeux de l'employé étaient humides; au son de sa voix, le médecin comprit les larmes qui montaient dans le gosier.

— Remettez-vous, monsieur Jousselin; quoi de plus simple? — Oh! non, monsieur Richard, je vous ai dit des choses que je n'osais m'avouer à moi-même. Je n'avais qu'un bonheur dans la vie, c'était, en passant dans la rue de ces dames, de jeter un coup d'œil sur leurs fenêtres et d'apercevoir, à travers les rideaux, mademoiselle Suzanne; cela me suffisait, j'étais heureux, et la journée était une fête pour moi... Quand, le matin, je ne voyais pas mademoiselle Suzanne sur sa chaise, comme d'habitude, je souffrais, j'étais triste, le travail me semblait pénible... C'étaient trois heures bien dures à passer... De neuf heures à midi, quel supplice! Mais comme j'oubliais mon chagrin si je pouvais seulement apercevoir son ombre en revenant de déjeuner! C'était peut-être plus doux que d'habitude; ainsi, j'avais des provisions de bonheur pour me délasser à mon bureau, car toujours l'image de mademoiselle Suzanne était présente à mes yeux.

Il y a deux ans que j'ai de pareilles fêtes deux fois par jour. — Deux ans ! s'écria M. Richard. Ces dames ont dû vous remarquer. — Je ne crois pas, je faisais tout mon possible pour baisser mes paupières quand je passais devant les fenêtres, afin que la direction de mes yeux ne me trahît pas. — A quoi cela vous menait-il ? — J'étais heureux. — Vous n'avez pas cherché à vous introduire auprès de ces dames ? — Non, monsieur, il me suffisait de la voir. — Ah ! jeune homme ! s'écria le docteur, jeune homme ! — Vous comprenez, monsieur Richard, quelles peines j'ai éprouvées depuis la maladie de mademoiselle Le Pelletier : on dirait que je suis privé de soleil, de lumière. Le travail me répugne, mon bureau est lugubre ; mais je me sens plus triste au fond que mon bureau. Je ne sais à qui parler d'elle, et je voudrais en parler toute la journée... Est-elle bien malade ? — Oui, dit le docteur. Il fit une pause, et d'un son de voix douloureux : Elle sera défigurée toute sa vie ! — Vraiment, monsieur, s'écria l'employé d'un ton de compassion. — Une si belle fille défigurée ! s'écria M. Richard d'un ton soucieux.

En entendant ces paroles, la figure de Jousselin changea tout à coup d'expression : la sérénité revint sur ses traits, ses yeux brillèrent.

— On dirait que vous êtes content ? s'écria le médecin. — Eh bien, monsieur Richard, c'est mal ce que je pense, oui, je suis presque content... si elle en réchappe. — Elle n'est pas en danger. — Oh ! merci, monsieur Richard, s'écria l'employé en se jetant sur les mains du médecin et en les serrant. Mademoiselle Suzanne était trop belle... — Trop belle ?... — Oui, trop belle pour moi... Elle n'aurait jamais levé les yeux sur moi que pour me montrer du dédain ; maintenant que sa figure est ravagée, je l'aime encore davantage, plus qu'avant, si c'est possible... Oh ! oui, je l'aime ! — Mais sa mère, monsieur Jousselin, croyez-vous qu'elle ne souffrira pas de cet accident qui laissera des traces pénibles ?... Elle-même peut être au désespoir quand elle se verra dans une glace... C'est de l'égoïsme que votre amour. — Je ne sais, je ne raisonne pas mon sentiment ; je l'aime du plus profond de mon cœur, et si ce que j'éprouve pouvait consoler mademoiselle Suzanne de la perte de sa beauté, vous me le direz, monsieur Richard, je vous en prie ; vous me conseillerez s'il est prudent que j parle... Maintenant, il me semble que je ne craindrai plus de m'adresser à elle... Il n'y a plus autant de différence entre nous...

Pour la première fois de sa vie, l'employé avait dépassé l'heure à laquelle il se rendait à son bureau ; il obtint du docteur la permission de revenir demander des nouvelles de Suzanne, et il s'en retourna le cœur soulagé de l'avoir déversé dans le sein d'un homme estimable.

XX

DÉCEPTIONS D'UN SOUFFLEUR D'ORGUE

Voilà un des rares hommes qui aiment tout à fait, pensa le docteur en réfléchissant à la confidence de Jousselin. M. Richard avait éprouvé le jeune homme en lui montrant Suzanne défigurée pour la vie, et, contre son attente, au lieu de retrouver un amant refroidi, hésitant, cherchant mille raisons pour retirer ses avances, le docteur ne revenait pas de sa surprise et admirait cet homme qui s'enthousiasmait devant un visage couturé par les brûlures. C'est là le véritable amour, se disait M. Richard.

Cette idée lui fit oublier la conduite de son élève qui avait renversé tous ses plans ; malheureusement l'employé était loin du mari idéal que désirait madame Le Pelletier. Jousselin n'avait pas les qualités qui pouvaient s'assortir à celles de Suzanne : placé dans une autre condition, peut-être le jeune homme eût-il senti son intelligence se développer, se repasser pour ainsi dire à la meule, dont le frottement est nécessaire à certaines natures ; mais le jeune homme, par son éducation, par son emploi, avait eu tous ses angles enlevés l'un après l'autre. On eût dit que son caractère avait subi l'opération du tour. Tout était rond en lui, il n'était plus homme : doux, timide, craintif à l'âge de vingt-trois ans, Jousselin ne pouvait offrir en ménage cet appui, cette force, cette volonté que toute femme respecte. Il entrait dans l'esprit du docteur certains croisements de caractères pour qu'une union fût heureuse : la physionomie lui avait prouvé plus d'une fois le pourquoi des mariages malheureux. Sans s'attacher trop fortement à des principes absolus et sans les pousser jusqu'à des conclusions excentriques, le médecin trouvait Suzanne trop bonne et trop blonde pour un amoureux si bon et si blond ; cependant, touché par la passion de l'employé, M. Richard se promit d'en parler à madame Le Pelletier quand le temps en serait venu.

Le docteur avait peint Suzanne beaucoup plus mal qu'elle ne l'était : les premiers symptômes de l'accident passés, l'esprit de mademoiselle Le Pelletier retrouva son calme, et la joie reparut dans la maison, plus vive encore que le chagrin qui l'avait précédée. Cyprien venait tous les matins, de la part de M. de Boisdhyver, prendre des nouvelles de Suzanne, et pendant les huit premiers jours, madame Le Pelletier le reçut dans le petit salon du rez-de-chaussée ; mais, un matin, la figure épanouie, elle prit Cyprien par la main et le conduisit dans la chambre où reposait sa fille. Depuis la veille au soir, Suzanne était revenue à elle, parlait, reconnaissait sa mère, se faisait raconter ce qu'elle était devenue pendant que son esprit l'avait entraînée dans le pays des rêves maladifs.

Le cœur de Cyprien bondissait comme un jeune chevreau en montant l'escalier ; il battait avec une telle force, que le jeune homme fut obligé de s'arrêter sur le palier avant d'entrer ; c'était comme le battant d'une cloche qui sonne sur l'airain une joyeuse fête de l'Église.

— Suzanne, s'écria madame Le Pelletier, devine qui vient savoir de tes nouvelles ?

La jeune fille avait encore la figure enveloppée de compresses ; elle se souleva légèrement dans le lit, car en ce moment elle était tournée vers la muraille ; on eût dit qu'elle cherchait à reconnaître la personne à travers le masque de linge qui lui cachait les yeux.

— Asseyez-vous près du lit, monsieur, je vous prie, dit madame Le Pelletier, vous pouvez causer avec Suzanne ; elle ne demande pas mieux et vous lui ferez grand plaisir. Eh bien, tu ne devines pas, ma pauvre Suzanne ?

Alors la malade sortit du lit son beau bras blanc, qui était nu presque jusqu'à la naissance de l'épaule, et elle tendit la main dans l'espace.

— Donnez-lui votre main ? dit madame Le Pelletier d'un accent suppliant à Cyprien.

Le jeune prêtre y mettait tant d'hésitation, que la veuve crut que son émotion venait d'être reçu dans la chambre d'une jeune fille. Cyprien avança lentement la main et il n'y avait plus qu'un petit espace qui séparait les deux mains, lorsque Suzanne s'empara de celle de Cyprien comme si elle l'avait devinée par la chaleur qui s'en échappait. Il se passa un mouvement semblable à celui d'une aiguille attirée par la rapidité de l'éclair par un morceau d'aimant.

La sonnette de la maison retentit et vint en aide à Cyprien, car son trouble eût été remarqué par madame Le Pelletier. Aussitôt après le contact de la main de Suzanne, la vie s'arrêta subitement dans tout le corps du jeune homme, il devint pâle et se renversa sur sa chaise, presque privé de mouvement. Le même phénomène s'opérait chez Suzanne, qui éprouva une sensation de doux évanouissement qui ne ressemblait en rien à ses précédents malaises. *Elle se sentait s'en aller délicieusement*, dit-elle plus tard. Pour Cyprien, aussi ému que Suzanne, mais moins faible, il revint à lui le premier et retrouva sa main dans celle de la jeune fille. A la moiteur singulière de la peau, à son état particulier d'abattement, il comprit que Suzanne devait être évanouie ; mais la vie reprit ses droits chez la jeune fille avec la promptitude qu'elle avait mise à s'enfuir.

— Souffrez-vous, mademoiselle ? — Non ! dit-elle, je me sens heureuse ; jamais je ne me suis trouvée si bien...

Madame Le Pelletier revint sur ces entrefaites.

— Eh bien, Suzanne, as-tu deviné ? — Oui, maman, s'écria la jeune fille, qui ne cherchait pas à cacher ses sensations. — C'est singulier, monsieur, dit madame Le Pelletier, comme son toucher a acquis une finesse particulière... Hier soir, dans le premier moment, elle a reconnu M. Richard, ce matin sa femme, et sans les entendre parler... Aujourd'hui, c'est vous, et cependant elle ne vous connaît pas comme le docteur. Dis-moi, Suzanne, ce qui t'a portée à croire que M. Cyprien était près de toi ? — Je ne sais, maman, dit Suzanne qui tarda à répondre ; mais je vous avais entendue dire que Monseigneur envoyait si souvent savoir de mes nouvelles, que j'ai presque deviné. — As-tu remercié M. Cyprien du courage qu'il a montré en te sauvant la vie ; car il t'a sauvée, ma pauvre enfant. — Oh . je ne l'oublierai jamais, dit Suzanne ; non, quoi qu'il puisse arriver, jamais je ne l'oublierai... — Quelle présence d'esprit il vous a fallu, monsieur dit la veuve... Pour moi, je ne sais ce que j'aurais fait en voyant ma Suzanne enveloppée de flammes... — Tout autre, dit Cyprien, ne se fût-il pas empressé... — Non, monsieur, c'est la Providence qui vous avait placé auprès de ma fille pour la sauver... Elle ne sera peut-être pas défigurée. Ce bon M. Richard a enlevé hier soir tous les linges. J'étais plus émue, s'il est possible, que quand j'ai appris l'accident ; je n'ai pu rester jusqu'au bout. A chaque linge qu'on enlevait, il me semblait qu'on arrachait une partie de moi-même : je suis descendue... Madame Richard devait me prévenir après que son mari aurait constaté l'état de la plaie... Elle s'est montrée aussi bien dévouée. C'est là, monsieur, qu'on reconnaît les personnes qui vous portent une réelle affection. A sa façon de marcher et de sortir de la chambre sur le palier (car j'entendais ses pas qui résonnaient sur le plafond), je compris que ma fille guérirait avant même qu'elle n'eût crié : Suzanne est sauvée!... Madame Richard avait sauté plutôt que descendu l'escalier ; elle tomba dans mes bras en pleurant de joie. J'accours : déjà la figure de mon enfant était recouverte ; mais elle était sauvée. Et c'est vous, monsieur, qui nous l'avez conservée. Je vous aime autant que votre mère... — Je n'ai plus de mère, dit Cyprien, et je n'ai jamais connu ces tendresses qu'on vous entendant parler. — Vous avez beaucoup perdu, monsieur. — Oui, dit Suzanne, car il m'a semblé que je revenais à la vie seulement pour ma mère. — Ma pauvre fille ! Son premier mot a été pour moi ; il m'a fait palpiter le cœur comme quand elle a jeté ses premiers cris en venant au monde... Ce sont de bien grandes félicités, d'autant plus grandes qu'on craint de les perdre à chaque instant. Maintenant mon affection pour Suzanne a doublé ; je crois que je deviendrais folle s'il me fallait la perdre. Cet accident m'a démontré la force de mon attachement. — Mademoiselle est guérie tout à fait, dit Cyprien un peu tristement, et Monseigneur va partager votre joie, madame. — Vous reviendrez nous voir, n'est-ce pas? dit la veuve. — Je craindrais de vous déranger, madame. — Le sauveur de Suzanne, nous déranger !... Oh ! monsieur, nous croyez-vous ingrates l'une et l'autre ? D'ailleurs, vous aurez des nouvelles à nous donner des Garnier, car je n'y suis pas allée depuis longtemps. Peut-être l'état de Suzanne me tiendra-t-il encore quelques jours à la maison. Ces pauvres malheureux ne doivent pas pâtir de l'accident de ma fille.., Il est donc convenu, monsieur, que vous leur porterez de nos nouvelles, et que vous nous tiendrez au courant de leurs besoins.

Ainsi, sans s'en douter, madame Le Pelletier attisait la passion de Cyprien qui, lui aussi, comprit par l'accident arrivé à Suzanne, combien le souvenir de la jeune fille était ancré profondément en lui ; il sortit de la maison emportant des trésors de mots qu'il se redisait à chaque instant comme s'il eût craint de les perdre. Le cri de Suzanne : Je me sens heureuse ! n'était-il pas un aveu ? Et ce frôlement de main qui les avait anéantis tous deux momentanément ? A cette heure, Cyprien n'enviait plus la liberté des oiseaux fendant l'air, car il se sentait plus heureux que le rossignol roucoulant au lever du jour, caché dans un arbre. Les pensées qui s'agitaient au dedans de lui étaient des gazouillements d'amour, aussi purs que l'eau frissonnant sur les cailloux polis. Il entendait en lui, courant autour du nom de Suzanne, des mélodies délicieuses, toutes plus délicatement harmonieuses les unes que les autres. Des portraits se succédaient dans son cerveau et lui montraient la figure de Suzanne sous tous les aspects sur des fonds d'un bleu séraphique.

L'automne commençait à venir. En passant sur la promenade des Ormes, Cyprien prenait plaisir à bercer ses pensées au bruit des feuilles sèches qu'il froissait sous ses pieds. Le vert se mêlait au rouge du feuillage, et une petite brume grise faisait de la promenade une solitude. Cyprien était heureux d'être seul et de promener ses pensées sans être rencontré. Au moins l'épanouissement pouvait se montrer sur sa figure. C'est dans ces courts instants de la vie que gît le bonheur ; malheureux sont ceux qui se consument en ambitions, en voyages lointains, en avarice, en affaires, quand l'amour est à la porte et tient prêt son char attelé de chevaux ardents qui vous emportent dans les régions inconnues où sont bâtis des palais féeriques ! Cyprien se laissait emporter par ce char et ne raisonnait plus ; un moment la figure grise et chauve de la Raison lui était apparue avec son chef branlant, la main appuyée sur une vieille canne, mais il l'avait chassée au plus vite. Qu'étaient-ce que la raison et son froid langage devant le : *Je me sens heureuse*, de Suzanne ? Un bruit de poulie rouillée voulant lutter avec l'harmonie d'une cloche de cristal.

En proie à ces pensées, Cyprien en fut tiré par le heurt d'un corps qui faillit le renverser.

— Ah ! monsieur Cyprien, je vous demande bien pardon, s'écria un petit homme vêtu d'une grande houppelande marron qui resta effaré de la rencontre. Il fait tellement de brouillard que je ne vous voyais pas, et je suis si pressé que j'avais pris mes jambes à mon cou... L'organiste de la cathédrale, ah ! le pauvre homme ! — Qu'y a-t-il ! demanda Cyprien. — Il ne touchera plus les orgues, le brave homme. — Quoi ! — Il est mort ce matin... Je vais prévenir le médecin. — Il est mort ! s'écria Cyprien. — Oui, monsieur, de mort subite, à la messe, tout comme s'il avait été gelé... Vous allez voir si ce n'est pas un événement. Tout à coup il ne répond plus aux chantres, il s'arrête au milieu de sa réplique ; moi, je soufflais toujours, sans faire attention au chant. Une fois que je souffle, je ne m'inquiète plus du reste... Cependant, comme je donne mon coup d'œil sur ce se passe dans le chœur, je vois les chantres interloqués... Je continue à souffler... Beraïque... L'organiste ne répond toujours pas... A la fin on me fait des signes du chœur, je me dis : Voilà encore la machine détraquée ; il y a comme un sort sur l'église, rien ne va, ni l'horloge ni les carillons ; je quitte mon poste pour aller avertir l'organiste... Monsieur, il était raide mort, les doigts étendus sur le clavier. Vous pensez si j'ai eu peur !... J'ai descendu quatre à quatre le petit escalier, pour demander du secours à la sacristie, mais tout était fini, et il n'y avait plus qu'à constater sa mort. — Pauvre homme ! dit Cyprien. — Oui, monsieur Cyprien, ça m'a fait penser à vous ; qui est-ce qui vous accompagnera maintenant les jours de grand'messe, quand vous chanterez à l'orgue ? — On fera venir un autre organiste, dit Cyprien. — Ah ! monsieur, c'est une grande perte pour la cathédrale... et pour moi donc ! Qui sait si le nouvel organiste voudra de moi pour souffleur ! — Pourquoi vous remplacerait-on, monsieur Bonnard ? — On ne sait, ces musiciens sont quelquefois si singuliers ; peut-être me trouveront-ils des défauts ? Oh ! je ne m'en consolerais jamais s'il fallait quitter les orgues. — Ne craignez rien, monsieur Bonnard, lui dit Cyprien, je vous recommanderai au nouvel organiste.

M. Bonnard était une des figures qu'on ne saurait détacher de la cathédrale de Bayeux, car il en faisait partie comme les sculptures du portail. L'étranger qui s'arrête devant les colossales cariatides de chêne sculpté qui supportent sur leurs épaules les tuyaux du grand orgue du fond de la nef, rencontre toujours dans le même rayon la figure du père Bonnard dans sa houppelande marron à boutons d'acier, accoudé sur la balustrade, semblant étudier les hardiesses de l'architecture du chœur. En effet, depuis vingt ans, M. Bonnard n'avait qu'une pensée, la cathédrale, dont il voulait perpétuer le souvenir par un monument durable. M. Bonnard rêvait de reproduire l'église tout entière dans son intérieur et extérieur, par des cartes à jouer, et il consacrait en moyenne la moitié de la journée à découper dans des piques et des carreaux, des trèfles et des cœurs, les plus petits détails de la cathédrale gothique. Son but était de montrer l'intérieur du monument par les fenêtres de l'extérieur ; la durée de son travail, qui datait de vingt ans déjà annonçait quelle patience de bénédictin le petit rentier apportait à son œuvre. Aussi tenait-il essentiellement à son emploi de souffleur d'orgues, quoiqu'il l'accomplît par pur dévouement. Planant sur l'église, il pouvait à tout moment l'observer et meubler son cerveau de détails indispensables, car il ne dessinait jamais, ainsi que beaucoup d'hommes se livrant à certains arts de patience ; seul son œil se pénétrait des motifs qu'il devait découper en rentrant dans les cartes à jouer.

La vie de ce petit bourgeois en houppelande marron se passait exclusivement dans la pratique des arts : il aimait le chant par-dessus tout et répondait aux chantres du haut des orgues, d'une voix si singulièrement timbrée, qu'elle se répandait dans toute l'église. C'était une sorte d'accent nasal semblable à ces jeux de trompette qu'exécutent certains bourgeois en se mouchant. Seul dans l'église le chant de M. Bonnard eût pu être interdit comme prêtant à la dérision ; mais il était trop de la famille des réponses des dévotes, et il servait de basse nasillarde aux chevrotements des vieilles filles de la nef.

Le goût musical était venu assez tard à M. Bonnard qui sentit un jour pointer en lui l'ambition d'être organiste de la cathédrale ; ayant regardé avec attention les évolutions des jambes du toucheur d'orgues, il s'imagina que là était la plus grande difficulté du métier. A partir de ce moment, les voisins de M. Bonnard furent victimes de bruits musicaux singuliers provenant d'une ancienne épinette éraillée que l'homme à la redingote marron avait trouvée dans l'arrière-boutique d'une vieille marchande de tabac de Bayeux. On pouvait dire justement que l'épinette était usée jusqu'à la corde, car il en manquait plus de la bonne moitié, et celles qui restaient étaient incapables, la rouille et le vert-de-gris les rongeant, de tenir pendant cinq minutes un accord raisonnable. La caisse était mangée aux vers et plus profondément picotée qu'un enfant marqué de la petite vérole : les pieds de cette épinette zigzaguaient comme ceux d'un homme ivre ; le système des pédales y manquait absolument.

C'était surtout ce qui préoccupait M. Bonnard, jaloux du mouvement des jambes de l'organiste, et se disait peut-être à part lui que la goutte n'oserait jamais se loger dans des membres si remuants. Avec l'instinct qui avait décidé de sa vocation de découpeur de cartes à jouer, il devint luthier et imagina de compléter l'épinette par un appareil de pédales qui devaient en faire un orgue sans tuyau ; mais il n'obtint que l'apparence desdites pédales et nullement le service. Deux morceaux de bois furent suspendus à la caisse par des fils de fer, qui auraient plutôt servi à repasser des couteaux qu'à donner du son à l'instrument, car leur emploi ressemblait prodigieusement à celui de la manivelle de bois qui sert à mettre en action la meule d'un rémouleur. Néanmoins le but de M. Bonnard était atteint ; jamais il ne fut plus heureux que le jour où il put promener ses doigts sur les touches jaunies du vieux clavecin, en même temps qu'il mettait en branle ses jambes, appuyant sans mesure ses pieds indistinctement sur l'une et l'autre des deux pédales.

Un lapin battant du tambour apporte plus de raison dans cette fonction que M. Bonnard n'en mit à toucher de l'épinette. Déjà il eût fallu un bien ingénieux instrumentiste pour tirer quelque mélodie raisonnable des quelques cordes rouillées qui restaient dans la machine ; mais M. Bonnard ne s'inquiétait nullement de l'harmonie. Pourvu qu'un son retentît sous ses doigts pendant qu'il chantait les psaumes de l'Église, il ne cherchait pas s'il en résultait une assonance ou une discordance. Son but était atteint, il se croyait un accompagnateur de mérite ; cependant, comme les voisins se plaignaient des concerts spirituels que M. Bonnard pratiquait plus particulièrement le soir, se livrant, comme un grand artiste, à des inspirations protégées par le silence, le doute finit par entrer dans un petit coin de l'esprit du rentier. Aussi bien on l'avait bafoué plusieurs fois dans la rue ; les galopins du quartier, qui n'avaient pas besoin d'être excités par leurs parents, crièrent plus d'une fois au charivari sous les fenêtres de M. Bonnard. Il se dit que peut-être ses progrès n'étaient pas à la hauteur de sa bonne volonté. S'il continua d'étudier en apportant plus de sobriété dans sa façon d'attaquer les touches, il eut soin désormais de tenir ses fenêtres fermées, de les protéger par un volet de bois à l'intérieur, et de recouvrir ce volet par de grands rideaux de calicot. C'était pour empêcher que dorénavant les sons de l'épinette fussent entendus de ses voisins ; mais la mort subite de l'organiste frappa M. Bonnard de stupeur, car, malgré son orgueil, il ne se sentait pas encore de force à aborder le colossal instrument de la cathédrale et à faire mugir ses voix retentissantes.

Une idée le tenait violemment, qui consistait à étudier l'orgue de l'église hors de l'heure des offices ; mais le bruit s'en répandrait sur la place, attirerait les curieux, dévoilerait ses études, et le bonhomme avait un extrême attachement pour sa place de souffleur qu'il craignait de compromettre. Si M. Bonnard perdait sa position aux orgues, où trouverait-il un endroit aussi favorable pour étudier l'église dans tous ses détails? Même dans sa position de souffleur, son amour-propre trouvait son contentement quand, descendant le petit escalier qui mène à la nef, il était regardé avec ébahissement par les gens du commun, les paysans, qui se tiennent respectueusement sous les orgues, et qui le prenaient, avec sa houppelande marron et ses boutons d'acier, pour celui qui déchaînait si éloquemment les grosses voix mugissantes de la tempête et qui leur faisait succéder tout à coup les accents champêtres du berger préludant sur ses pipeaux après l'orage. Pour les esprits simples, celui qui peut entrer familièrement dans un endroit interdit au public est déjà un personnage considérable. M. Bonnard, sortant le premier du petit couloir noir qui mène aux orgues, offrait la même curiosité que le figurant pénétrant le soir dans les bouges humides et huileux d'un théâtre : il passait pour l'organiste de même que le figurant passe pour le premier rôle.

Mais les rêves du petit rentier se dissipèrent comme par un coup de vent. Deux jours après la mort de l'organiste, il reçut l'avis d'aller aux orgues vers une heure de l'après-midi ; à sa grande surprise, il y trouva Cyprien qui l'attendait.

— Monsieur Bonnard, veuillez, je vous prie, mettre en mouvement la machine.

M. Bonnard n'en revenait pas.

— Vous, monsieur Cyprien, est-ce que vous remplacez l'organiste ? — Peut-être, pour quelque temps du moins...

Cyprien avait reçu une éducation musicale moyenne, étant tombé entre les mains d'un vieux professeur du séminaire qui lui avait appris à plaquer quelques accords sur un petit orgue de chapelle ; mais il avait un sentiment profond que l'étude ne donne pas et qui était resté enfoui jusqu'au jour de la maladie de Suzanne. N'était-ce pas pour avoir dirigé le chant des enfants de chœur qu'il s'était trouvé à portée d'éteindre la flamme qui enveloppait Suzanne, car sans cette prérogative de maître des cérémonies que lui avait valu sa jolie voix, il eût été confondu avec les autres prêtres derrière le dais de l'évêque. La musique lui parut d'essence divine, et dès lors il adressa des vœux à sainte Cécile, patronne des musiciens, qui l'avait fait trouver providentiellement auprès de Suzanne et qui lui avait donné les moyens de la secourir. Désormais le profane et le sacré se mêlèrent dans son esprit et apportèrent à sa passion naissante ce charme particulier qui tient à toute chose défendue.

Dans une chapelle des bas-côtés de gauche de la cathédrale est un tableau de sainte Cécile, imitation bien connue de la composition du Dominiquin. Sainte Cécile, jouant de la basse, lève ses yeux enivrés d'harmonie vers le ciel; autour d'elle sont de petits anges qui tiennent un cahier de musique ouvert. Il n'était pas besoin de l'état où se trouvait Cyprien pour interpréter la peinture du Dominiquin dans le sens de ses impressions du moment. La sainte Cécile est plus mondaine que divine, son regard est baigné de volupté terrestre, les anges qui l'entourent semblent plutôt de mythologiques amours. L'artiste italien, sans doute, frappé à la vue d'une cantatrice de son époque, l'a peinte cherchant des mélodies sous la voûte bleue toujours tranquille du climat bolonais; mais il n'a réussi qu'à rendre une femme. C'est ce qui explique comment des contemplations assidues devant cette toile évoquaient toujours chez Cyprien le souvenir de Suzanne; loin qu'il revînt aux idées sacrées, les idées profanes s'emparaient de lui chaque fois qu'il regardait la joueuse de basse du peintre. Ce fut à la suite d'une station devant ce tableau qu'il se rappela avoir vu un petit piano dans la chambre de Suzanne. La mort inopinée de l'organiste survint et donna de la force à ces enchaînements de choses qui troublent les esprits les plus positifs, quand s'inquiétant, plongeant au dedans d'eux-mêmes, scrutant la rapidité des événements, ils vont de la cause aux effets. Ce fut sans s'expliquer nettement son but que Cyprien résolut d'apprendre à toucher de l'orgue assez passablement pour retarder autant que possible la nomination d'un nouvel organiste. Ainsi M. Bonnard vit tomber ses illusions, sans se douter que deux mois auparavant une simple rencontre entre un jeune homme et une jeune fille dans la mansarde de pauvres gens, avait pu peser d'un tel poids sur son avenir. Si les historiens ne regardaient pas au loin avec d'énormes télescopes, ils arriveraient certainement à mieux faire connaître les destins des empires et des nations en étudiant la vie privée des hommes à l'aide du microscope.

XXI

FÉLICITÉS MUSICALES

Suzanne se rétablissait à vue d'œil, et Cyprien suivait avec anxiété les progrès de sa santé, car le moment allait venir où, sauf de rares exceptions, il ne pourrait plus rendre d'aussi fréquentes visites aux dames Le Pelletier, malgré toute l'amitié reconnaissante que lui portait la veuve. Des traces de l'accident arrivé à Suzanne, il n'était resté qu'une brûlure supportée presque exclusivement par le haut de l'oreille gauche ; cette brûlure amena dans la physionomie de la jeune fille un notable changement qui ne la rendit que plus intéressante. Une partie de ses beaux cheveux blonds avait flambé ; pour dissimuler cette perte, Suzanne reporta la masse de ses cheveux vers le côté gauche, en tirant une raie de côté vers la droite. Cette modification dans ses habitudes de coiffure donna à sa figure un attrait particulier, une sorte de parenté avec les jeunes gens ; une telle coiffure résolue, qu'on admire dans les portraits des dames espagnoles du dix-septième siècle, faisait ressortir encore davantage la pudeur de la jeune fille, quand, se regardant dans une glace, elle rougissait de la coquetterie qui paraissait malgré elle sur son visage.

Madame Le Pelletier, qui devinait ses secrets sentiments, embrassait sa fille, en l'assurant qu'elle était plus jolie maintenant qu'avant l'événement. Il n'entrait pas dans son esprit de flatter son enfant, de gonfler son amour-propre et de l'enorgueillir : au contraire elle s'était appliquée de tout temps à lui montrer la fragilité de sa beauté, et c'étaient les sentiments qu'elle s'efforçait de développer chez Suzanne avec la persuasion qu'ils paraissent sur la physionomie et que chaque femme qui les porte en elle est toujours une femme intéressante ; mais l'accident de la Fête-Dieu avait tellement troublé les nuits de madame Le Pelletier, elle s'était si souvent réveillée avec l'image à son chevet d'un visage couturé par les brûlures, que la beauté de Suzanne lui sembla merveilleuse lorsqu'elle sortit de dessous les linges qui la couvraient. Dans le principe une certaine inflammation s'était portée à la figure de la jeune fille, par suite de la terreur qu'elle avait éprouvée, et le docteur Richard, quoiqu'il fût à peu près certain que le feu n'avait atteint aucune partie notable, jugea prudent d'y appliquer quelques émollients, afin de prévenir une effervescence du sang.

— Suzanne ne pourra pas rester ainsi toujours avec cette coiffure, dit le docteur. — N'est-ce pas, monsieur Richard? dit la jeune fille; je suis toute gênée avec cette raie sur le côté. — Tu t'y feras, mon enfant, dit la mère. — Non, maman, je ne veux pas sortir ainsi; tout le monde me regarderait. — On sait dans la ville que tu ne veux pas inventer de mode. — N'importe, mère, je n'ose plus regarder personne en face, je me sens honteuse. — Il y a un moyen, dit le docteur, et je suis heureux que Suzanne soit embarrassée de sa coiffure, car je n'osais le proposer. — Lequel? dit madame Le Pelletier; vous m'effrayez, docteur. — Dites, monsieur Richard! s'écria Suzanne. — Madame Le Pelletier, tenez-vous à ce que la partie de la chevelure qui a été brûlée repousse? — Si j'y tiens! Peut-on me faire une pareille question? — Et vous, Suzanne? — Je voudrais bien tous mes cheveux comme avant. — Eh bien, si vous continuez à couvrir la partie brûlée en ramenant une masse de cheveux de ce côté, je ne crois pas qu'ils repoussent jamais... Il faut à la peau l'action de l'air.

Tout en écoutant le docteur, Suzanne avait ôté son peigne, et elle laissait ses cheveux reprendre le sentier dans lequel ils étaient poussés.

— Vous avez vu des champs de blé courbés par les orages, continua le docteur; quelquefois ils forment comme un cercle, s'affaissent et donnent la mort à une certaine quantité d'épis, qui, privés de l'action du soleil, embrassent la terre humide et ne tardent pas à devenir du fumier; il en est à peu près de même de la chevelure, si importante et si fragile chez les femmes. Vous devez, ma chère Suzanne, laisser votre brûlure à l'air, afin que le tissu capillaire retrouve la force qu'il a perdue. — Ce sera bien laid, dit madame Le Pelletier. Comment, docteur, vous voulez que Suzanne ait une partie de la tête nue et l'autre plantée de cheveux? — Vous allez me comprendre, madame; je ne demande qu'un peu de courage à Suzanne. — Je ferai tout ce que vous désirerez, monsieur Richard. — Il s'agit tout simplement de raser la tête de Suzanne. — Oh! s'écria la veuve. — Je suis certain que Suzanne n'en sera pas moins charmante; vous lui arrangerez un petit bonnet de telle sorte qu'on n'y verra rien... Est-ce que nos sœurs d'hôpital, quand elles sont jolies, n'ont pas une physionomie agréable avec ces bonnets qui leur cachent entièrement le haut de la tête? — Oui, dit Suzanne en souriant, j'aurai l'air d'une sœur de la Providence... Je ne demande pas mieux que d'être rasée. — Comment, mon cher docteur, il n'y a pas moyen d'échapper à cette opération ? — Non, madame ; si vous ne le faisiez aujourd'hui, vous vous en repentiriez plus tard ; il vaut mieux faire tout de suite un sacrifice nécessaire. — Ça ne me fait pas de peine, maman, dit Suzanne en embrassant la veuve attristée par cette idée. — Dans la maison, continua le docteur, vous veillerez, madame Le Pelletier, à ce que Suzanne sorte à l'air, le plus souvent possible, nu-tête ; au jardin, personne ne la verra. — Qui est-ce qui me fera cette opération ? demanda Suzanne. — Moi-même, mon enfant, si vous le voulez, car je crains qu'en attendant vous ne changiez d'avis. — Quand ? dit Suzanne. — Tout de suite, si vous y consentez ; j'ai ma trousse sur moi, je vais devenir votre coiffeur. Suzanne sautait et battait des mains. — Tu vas voir, petite mère, comme je serai drôle.

Immédiatement Suzanne s'était assise sur une chaise devant la glace. — Monsieur Richard, dit madame Le Pelletier, laissez-moi commencer ; je vais couper avec des ciseaux les longues mèches, car je veux les garder.

Suzanne avait les épaules couvertes d'un linge blanc. Tout en soupirant, la veuve prit des ciseaux ; avant de s'en servir, elle passa encore une fois le peigne dans ces beaux cheveux blonds sur lesquels la lumière se jouait, et qui étaient doux et plus fins au toucher que la soie la plus fine. Suzanne souriait en envoyant dans la glace des regards malicieux à sa mère attristée. Madame Le Pelletier ne put faire jouer ses ciseaux sans regrets ; elle s'arrêtait à chaque mèche épaisse qui lui restait dans les mains. Le médecin la plaisantait et tâchait de lui faire oublier par des paroles gaies ce petit événement. Enfin, la première opération étant terminée, Suzanne éclata de rire après le dernier coup de ciseaux donné : elle s'était levée de sa chaise, embrassait sa mère, sautait par la chambre. Il semblait qu'on l'eût changée en un enfant de chœur endiablé, car ses cheveux inégaux lui donnaient un air de mutinerie tout nouveau ; en voyant ces gestes brusques et décidés que Suzanne avait pris tout à coup, madame Le Pelletier ne put s'empêcher de sourire de cette comédie.

— Comment me trouves-tu ? lui dit Suzanne.

Pour toute réponse, la veuve l'embrassa, émerveillée de la gentillesse qui lui rappelait sa fille tout enfant, alors que d'un bond elle sautait sur les genoux du président et en descendait aussi brusquement pour aller à sa mère.

— Ce n'est pas tout, Suzanne, dit le docteur, il faut passer par mes mains. — Ne pourrait-on pas la laisser ainsi? demanda madame Le Pelletier, qui se plaisait à voir Suzanne rajeunie de dix ans, et qui n'aurait pas mieux demandé que de la voir revenir à l'heureux état d'enfance. — Maintenant que nous avons commencé, il vaut mieux terminer; un simple coup de rasoir épaissira la chevelure de Suzanne d'un tiers... Tenez, madame Le Pelletier, ce petit malheur de la Fête-Dieu est peut-être un bonheur : dans trois mois, Suzanne sera plus belle que jamais. — Je voudrais bien la garder ainsi jusqu'à demain. — Vous allez voir, madame, un nouveau changement à vue... Allons, monsieur l'enfant de chœur, vos cheveux sont coupés en échelle, venez que je vous les égalise.

Suzanne se remit sur la chaise, et le docteur promena son rasoir avec précaution sur la tête de la jeune fille.

— Suzanne, disait-il, ne vous regardez pas; tout à l'heure seulement, afin que vous soyez plus surprise. — Je ferme les yeux, dit Suzanne. — Voilà la première fois, docteur, qu'une main d'homme touche la tête de ma fille. — Je suis sûr que Suzanne ne se plaindra pas de moi. — Non, ce rasoir est doux, disait la jeune fille; il me semble que je l'entends chanter. — A la bonne heure, voilà une femme raisonnable! s'écria le docteur en enlevant avec un linge la mousse de savon qui semblait poudrer encore, après l'opération, la tête de Suzanne. Madame Le Pelletier, veuillez me passer la carafe, que j'arrose cette jolie tête. — C'est fini ? demanda Suzanne en sautant sur sa chaise. — Pas encore, mademoiselle, laissez-moi continuer jusqu'à la fin mon métier de barbier. Là, vous pouvez vous regarder.

Suzanne poussa un cri d'étonnement en se voyant le haut de la tête aussi net que la figure; cette fois, ce fut au tour de madame Le Pelletier de rire et de se moquer de sa fille.

— Si Suzanne était en Chine, dit le docteur, elle risquerait fort d'être jetée dans le fleuve Jaune, car elle ressemble au plus joli petit Chinois qui se soit jamais vu.

Suzanne se passait les mains sur la tête pour bien s'assurer qu'il ne lui restait plus trace de chevelure; c'était avec une moue délicieuse qu'elle se la palpait dans tous les sens.

— Eh bien, Suzanne, comment vous trouvez-vous? dit le docteur. — J'aimais mieux ma dernière coiffure de petit garçon. — Moi, dit madame Le Pelletier, je te préfère ainsi : au moins, il n'y a plus trace de cheveux, on n'en connaît plus la couleur, et on ne les regrette pas. — Elle sera toujours jolie, dit M. Richard. Maintenant je réclame mon salaire, car on ne fait pas venir un perruquier chez soi sans le payer de ses peines. Qu'est-ce que vous me donnerez, Suzanne, pour votre tonsure ? — Je n'ai pas de compliments à faire à mon coiffeur, dit Suzanne mécontente de sa nouvelle physionomie. — N'importe, dit le docteur, le perruquier veut être payé bon gré mal gré.

Et il embrassa la jeune fille sur les deux joues. C'est ainsi que M. Richard traitait ordinairement ses malades, essayant de les égayer, et de chasser de leur esprit les idées tristes. Mais le plus étonné fut Cyprien. Étant venu l'après-midi, il trouva Suzanne avec un joli petit bonnet de nuit que sa mère lui avait choisi comme étant plus épais. Cyprien ne se lassait pas de regarder la jeune fille, à qui ce bonnet encadrant la figure plus bas que de coutume, donnait quelque ressemblance avec les sœurs de charité. Le teint de Suzanne n'en paraissait que plus reposé, ses joues plus roses, ses yeux plus bleus ; sa peau ressemblait à ces œufs qui viennent d'être pondus, et dont la couleur est transparente à la lumière. Pour Suzanne, elle osait à peine lever les yeux, et elle rougissait d'autant plus que, pour la familiariser avec son bonnet, madame Le Pelletier se moquait d'elle finement.

— Voyez, monsieur, comme ma fille devient coquette, disait-elle ; M. Richard lui a recommandé de rester nu-tête, et elle ne veut pas quitter son bonnet.

Suzanne coula un regard sournois sous ses paupières pour regarder quel effet elle produisait ainsi sur Cyprien ; elle trouva sans doute un autre regard favorable, car, à partir de ce moment, elle leva les yeux et ne les tint plus aussi obstinément cloués au plancher.

Les dames Le Pelletier ne devaient pas sortir de quelque temps ; Cyprien en profita pour apporter à la maison des nouvelles des Garnier, qui venaient d'être transférés à l'hôpital, et il raconta avec émotion les dernières heures du séjour des pauvres gens dans leur grenier.

— Nous irons les voir à l'hôpital ! n'est-ce pas, mère ? — Certainement, ma fille, le plus tôt possible. — Déjà mes cheveux sont un peu repoussés depuis huit jours ; je crains moins de me montrer.

Une autre fois, Cyprien arriva comme Suzanne chantait en

s'accompagnant au piano ; mais elle cessa quand il fut dans la chambre. Cyprien la pria de continuer ; sans trop se faire prier, Suzanne chanta un air du *Devin du village*, que madame Le Pelletier lui avait appris, car il reportait la veuve au souvenir du passé et lui rappelait le défunt président.

La première année de son mariage, elle avait entendu la musique de Jean-Jacques à l'Opéra de Rouen. A cette époque, sa vie était complètement heureuse, tout lui souriait, elle aimait son mari ; ce n'était pas la musique que disait la jolie voix de Suzanne, c'était le bonheur, le charme d'une existence tranquille, trente ans auparavant.

Suzanne chantait de la même manière qu'elle agissait ; les sons sortaient de son gosier avec la même facilité que ceux d'un oiseau, sauf une certaine timidité qui la tenait devant Cyprien et qui ne donnait que plus de charme à ses intonations émues. Elle ne mettait aucune prétention dans son chant, ignorant l'art des subtilités et des agréments musicaux qu'il est d'habitude d'enseigner aux jeunes personnes : tout enfant, elle avait reçu des leçons d'un vieux maître de musique qui s'était appliqué à en faire plutôt une bonne musicienne qu'une chanteuse brillante. Pendant que la veuve se laissait aller à ses ressouvenirs, Cyprien se nourrissait de cette voix fraîche et vibrante dont le timbre pénétrait jusqu'au plus profond de son cœur. La façon d'accompagner de Suzanne était semblable à sa façon de chanter : ses doigts se posaient doucement sur les touches, s'allongeaient sans grands efforts. Elle ne jouait pas des mains, comme les pianistes modernes l'ont inventé, trouvant mille coquetteries dans la façon de lever la main du clavier et de faire jouer aux doigts des comédies de Marivaux.

Suzanne avait fini de chanter que sa mère et Cyprien étaient encore sous le coup de rêveries musicales. Cyprien, n'osant remercier directement la jeune fille, parla des orgues de la cathédrale qui allaient être abandonnées, car il ne se sentait pas le talent nécessaire pour remplacer l'organiste défunt. Pourquoi Suzanne n'étudierait-elle pas l'orgue ? Elle avait d'excellents principes ; cette étude ne lui coûterait pas d'immenses travaux. Cyprien se chargerait volontiers de lui enseigner les éléments qu'il débrouillait depuis quelque temps à l'aide d'un vieux traité, en tâtonnant lui-même sur l'instrument. Le curé de la cathédrale serait aux anges si Suzanne voulait consentir à devenir l'organiste de l'église ; déjà Cyprien lui en avait parlé, et le prêtre devait rendre visite aux dames

Le Pelletier à ce propos. Il y avait à l'église des trésors d'excellente musique que l'ancien organiste ne se souciait pas de déchiffrer, car de nature coutumière et se contentant du peu qu'il savait, il ne sortait pas d'un répertoire assez médiocre.

Madame Le Pelletier fit d'abord quelques objections ; mais elle était enchantée de la distraction que ces études allaient apporter à Suzanne. Il fut convenu que, dans une huitaine, Cyprien donnerait sa première leçon. Cyprien n'avait abordé ce sujet qu'avec une émotion profonde, car le refus de la veuve pouvait le séparer pour toujours de Suzanne. A quel titre désormais se présenter dans la maison des dames Le Pelletier ? La santé de Suzanne éloignait naturellement Cyprien. Après les angoisses par lesquelles il avait passé pendant la maladie de la jeune fille, après les douces fréquentations qui le ramenaient si heureux à l'évêché, Cyprien ne pouvait plus vivre sans Suzanne. Qu'était la vie sans elle ? Des brouillards perpétuels, une monotonie grise s'emparant du corps et de l'esprit. Aussi Cyprien sortait-il le cœur plein d'allégresses nouvelles. Autant les soucis s'étaient emparés de lui quand il pensait ne plus revoir Suzanne, autant de fleurs roses et odorantes semblaient le pénétrer de leurs parfums. Ayant rencontré sur son chemin le chanoine Godeau qui marchait lentement, comme s'il craignait de secouer trop brusquement les excellentes nourritures qui étaient en lui, Cyprien se détourna pour ne pas lui parler, le prenant en pitié, car on pouvait justement dire du chanoine qu'il faisait un dieu de son ventre. Cyprien vit entrer M. Godeau chez le plus important traiteur de Bayeux, qui reçoit une fois par semaine des envois de Paris. En y réfléchissant, le jeune homme ne se trouva pas plus condamnable que le chanoine qui pratiquait ouvertement un des plus gros péchés capitaux. Aimer comme Cyprien aimait, n'était pas inscrit au catalogue des choses défendues. Quel était son rêve ? Se trouver le plus souvent possible près de Suzanne, la voir, l'entendre, la regarder, la respirer comme une fleur. Autour de la jeune fille ne se répandait-il pas une odeur délicate, qui tenait de la fraîcheur de la rosée du matin ? Quel crime que de fréquenter ce petit salon où le bonheur semblait inscrit sur tous les murs !

La conscience en paix, Cyprien se mit résolument pendant huit jours à l'étude de l'orgue, afin d'en acquérir toutes les ressources. La fabrique possédait une bibliothèque musicale provenant de l'ancienne maîtrise, qui avait sans doute été dirigée, à une époque éloignée, par un maître de chapelle instruit : il s'y trouvait des traités d: l'orgue anciens et modernes, simples et compliqués, entre lesquels pouvaient choisir un maître remarquable ou un élève commençant. Ayant obtenu l'autorisation de M. de Boisdhyver de s'adonner à ces études musicales, Cyprien passa nuits et jours à se rendre compte pratiquement et théoriquement des ressources de l'instrument. La nuit il lisait, le jour il fatiguait M. Bonnard à souffler la machine. Jamais M. Bonnard ne s'était livré à un pareil exercice; et comme l'amour ne l'aidait pas à supporter ce pénible travail, le pauvre homme ne pouvait comprendre l'ardeur qui tenait Cyprien. Il espérait que bientôt les occupations du jeune homme l'empêcheraient de venir si souvent aux orgues ; mais il ne se doutait pas que ses pénibles fonctions continueraient, et il ne le comprit qu'en voyant arriver les dames Le Pelletier.

Suzanne trouva un grand charme à se rendre maîtresse d'un instrument si imposant, et elle apporta dans ces études difficultueuses une patience qui la mit en mesure de pouvoir accompagner les exercices religieux quinze jours après les premières leçons; mais elle avait un professeur plein de dévouement et de complaisance, qui se trouvait trop payé quand sa main rencontrait la main de la jeune organiste. Le hasard et la volonté se mêlaient dans ces contacts : en pouvait-il être autrement ? Pour le clavier, Cyprien n'avait rien à enseigner à Suzanne rompue au clavier bien plus difficile du piano; mais il fallait lui indiquer comment s'obtiennent les jeux si divers de l'orgue, ceux de flûte et de salcional, de nasard et de doublette, de cromorne et de clairon octaviant, de viole et de tremblant.

De même que les fidèles de la nef ne ressemblent pas aux fidèles qui ont leurs chapelles, de même que la sacristie offre une différence avec les mœurs du clocher, les orgues renferment dans toutes les églises un monde à part. Les solennités et processions du temple y apparaissent sous un autre jour; à cette hauteur, tout semble mystérieux. Les chants du chœur arrivent avec un accent plus indéterminé, les mille détails des offices disparaissent, les prêtres et leurs costumes semblent moins imposants, la foule qui s'agite est mesquine. L'organiste se sent le maître du temple ; il peut à sa volonté faire passer dans l'âme des mirmidons de la nef des paroles musicales de colère ou d'indulgence ; sa voix est douce et forte, il tempête ou il sourit.

Suzanne n'était pas encore assez maîtresse de l'instrument pour communiquer au clavier ses sensations intimes : jusque-là, elle suivait à la lettre les morceaux solennels que de vieux maîtres ont composés, l'esprit pénétré des pompes de l'Église, et Cyprien contemplait avec ravissement cet *intérieur* plein d'un charme puissant. A gauche, madame Le Pelletier se tenait près de la balustrade, et suivait les offices dans son livre de messe comme si elle se fût trouvée dans la nef; assise au clavier, enfermée presque comme dans une chambre, Suzanne étudiait les diverses cérémonies du chœur, afin de ne pas manquer les réponses. A tout moment elle appelait Cyprien pour lui demander des renseignements dont elle avait besoin; M. Bonnard apparaissait de temps en temps dans sa houppelande marron, aux boutons d'acier, et faisait le tour de l'orgue, quand ses fonctions ne l'appelaient pas au soufflet.

Les effets de lumière, dans cette partie de l'église, changent les physionomies et leur donnent un aspect qui ne peut se trouver ailleurs. Une immense rosace en verres de couleur dominait l'orgue et envoyait le jour par les robes bleues, rouges et dorées des personnages. A la grand'messe, la lumière arrivait puissante et le soleil illuminait les milliers de personnages de l'admirable rosace que décrivit plus tard M. Du Pouget dans un mémoire important; mais les accidents de coloration étaient plus singuliers pendant les vêpres.

Vers deux heures, la rosace semblait en fête. Tous les rayons éclatants du soleil s'efforçaient de pénétrer les vitraux colorés; les dégradations venaient petit à petit, les feux s'éteignaient, la cathédrale reprenait sa sévérité, de grandes ombres s'allongeaient dans la nef. Ces détails impressionnaient vivement Suzanne et Cyprien, qui laissaient flotter leur esprit à la tombée du jour. L'intérêt que Suzanne y trouvait lui faisait apporter une ardeur extrême à l'étude de l'instrument; quoique toutes les voix que ses mains mettaient en jeu la plongeassent parfois dans un étonnement presque extatique, jamais elle ne se sentit plus remuée que le jour où elle accompagna un *O salutaris* que chanta Cyprien à la messe. La vibration de la voix du jeune homme, placé près d'elle, passait dans ses doigts, et elle crut un moment qu'elle ne pourrait continuer, tant son émotion était extrême. La figure de Cyprien s'illuminait en chantant; les sons qui partaient de sa poitrine étaient tout à la fois graves, doux et sympathiques.

L'impression que subissait la foule assise dans la nef fut analogue, car une partie des fidèles se retourna vers les orgues, se demandant quelle était cette voix d'homme si émouvante. Au second verset, Cyprien ressentant lui-même l'émotion qu'il avait communiquée à Suzanne, chanta de telle sorte, que des larmes de joie lui en venaient aux yeux. Il ne se sentait plus terrestre, il disait les louanges du Seigneur en présence des anges, et Suzanne, sur laquelle il abaissait des regards profonds, lui rappelait cette sainte Cécile plongée pour l'éternité dans des concerts harmonieux. A peine avait-il achevé que Suzanne sembla le remercier par un de ces beaux regards bleus si purs que Cyprien put le soutenir sans tomber en défaillance.

La messe était dite. Pour la première fois, Suzanne se laissa aller à l'improvisation sans se rendre compte des idées musicales qui s'échappaient en foule de son cerveau et qui commandaient ses doigts. C'est un morceau joyeux qui couronne habituellement l'*Ite missa est*. Suzanne appela à elle plutôt le bonheur que la joie. Au lieu des jeux brillants et sonores qu'emploient les organistes pour accompagner la sortie des fidèles, Suzanne fit appel à une douce allégresse, et la foule, loin de sortir de l'église avec empressement et tumulte, comme il arrive d'ordinaire, s'assembla sous les orgues, étonnée et ravie des mélodies pleines de félicité qui s'échappaient du haut de l'édifice. Les sensations de Suzanne se traduisaient ainsi en harmonie ; son cœur tout entier passait sur le clavier.

XXII

LA LÉGENDE DE L'ABBÉ CHANU

Il se passa à cette époque un fait qui démontra combien était persistante l'animosité envieuse du vicaire général, M. Ordinaire, envers M. de Boisdhyver. L'évêque recevait une fois la semaine, en petit comité, quelques prêtres et diverses personnes de la ville, entre autres le docteur Richard. C'étaient des soirées sans prétention qui se passaient en causeries la majeure partie du temps ; les invitations étaient faites une fois l'an, et les personnes qui s'y rencontraient avec plaisir n'avaient qu'à se présenter chaque samedi, certaines de trouver dans le salon de M. Boisdhyver une affectueuse réception dégagée de toute pompe et de toute prétention. Après avoir engagé son chapitre de chanoines et leur avoir témoigné individuellement le plaisir qu'il aurait à les recevoir, l'évêque laissa libres ceux qui jugèrent à propos de s'écarter de lui. M. Ordinaire n'y vint jamais, mais on y voyait apparaître, de temps à autre, soit M. Commendour, soit l'abbé Godeau, soit M. Aubertin. Le désœuvrement les y poussait plutôt que l'intérêt, car ils ne portaient qu'une médiocre attention aux discussions curieuses qui se tenaient sur toute espèce de sujets : religion, morale, philosophie, études des auteurs sacrés et auteurs profanes. Le docteur Richard y prenait souvent la parole, et rien n'était plus intéressant qu'une discussion entre lui et l'évêque. Honnête homme à la manière de Diderot, nourri dans ses idées, condisciple de Broussais, le docteur avouait franchement son matérialisme. M. de Boisdhyver connaissait assez les hommes pour savoir qu'il ne convaincrait pas le docteur; mais il aimait cet adversaire si net et si franc dans la discussion, et quoique placés dans deux camps opposés, ces deux hommes ne pouvaient s'empêcher de s'estimer et de le dire. D'ailleurs, il n'y avait ni emportement ni surprise dans la discussion ; les réponses et les interrogations étaient également franches et loyales, et M. de Boisdhyver saluait chaque fois M. Richard, avec son sourire si fin, de ce mot qui résumait la question :

— Docteur, vous êtes plus près de nous que vous ne le supposez.

En effet, chez les deux adversaires existait un tel amour de l'humanité, ils s'associaient avec tant de cœur aux infortunes, aux souffrances des malheureux, ils se comprenaient si vite, même du regard, qu'il était difficile d'expliquer la profonde séparation qui existait entre l'évêque et le médecin. M. Richard ne ressemblait en rien à ces étroits *voltairiens* qui ont fait plus de mal que de bien à la réputation du philosophe; ce n'était pas dans le *Dictionnaire philosophique* qu'il avait puisé une érudition courante, facile et médiocre. Il était remonté aux sources historiques et scientifiques; réellement savant et ayant profité des pas de géant qu'ont faits les sciences depuis la Révolution, M. Richard n'expliquait pas les causes à la légère, avec le badinage spirituel trop souvent employé par Voltaire. La géologie, l'anthropologie étaient des sciences nouvelles basées sur des faits; sur ce terrain solide, M. Richard attendait ouvertement ses adversaires, sans avoir à les démonter par des canons chargés de plaisanteries éblouissantes.

Cependant M. Ordinaire qui eut vent de ces discussions se ormalisa bien haut, dans le monde qu'il voyait, de l'intimité qui existait ouvertement entre un évêque et un révolutionnaire, car avec ses idées et ses aspirations, le docteur, sous la Restauration, ne pouvait manquer de passer pour un révolutionnaire imbu *des plus détestables principes*. Heureusement, à cette époque, tout ce qu'il y avait d'intelligences était dans le grand complot. Le gouvernement monarchique s'en allait doucement, comme un vieillard qui expire, sans trop souffrir et sans le savoir ; ses derniers partisans étaient les hommes que l'intérêt, la position dominent, et le petit groupe qui acclame toute autorité en France tant qu'elle a l'ombre du pouvoir. Il en résultait que les propos du vicaire général s'éteignaient dans les vieilles oreilles de la rue du Cloître qui les recueillaient ; l'évêque était blâmé, on gémissait sur sa conduite, et on s'arrêtait à d'amères et inutiles récriminations.

Un des principaux héros des soirées de l'évêché était M. Du Pouget, voyageur infatigable à la recherche des curiosités archéologiques, passant des jours entiers dans la bibliothèque et les archives, et n'en étant chassé que par la nuit. M. Du Pouget connaissait la Normandie mieux qu'un congrès d'antiquaires. Il s'était pris d'une vive admiration, quoiqu'il n'y fût pas né, pour ce pays fertile, vert, gras, plantureux, si riche de sa propre sève et des monuments qu'y ont laissés les hommes. Après avoir dissipé, pendant des années, sa curiosité de côté et d'autre, après avoir parcouru cette grande province sans but fixe, n'ayant d'autre idée que de voir et de comparer, M. Du Pouget se trouva un jour un grenier bourré jusqu'au toit de la plus riche des récoltes. Aussi son cerveau débordait-il de faits curieux, historiques, d'anecdotes, d'aperçus nouveaux sur les arts et les hommes de la Normandie, et sa conversation était du plus grand intérêt, quoique le désordre s'y fît un peu sentir ; mais peu à peu ces matériaux se tassèrent, se rangèrent naturellement dans la case qui leur était propre, et M. Du Pouget passa avec raison pour l'homme le plus savant de la Normandie. Sa porte était assiégée comme celle d'un procureur, car il existe dans cette province presque autant d'archéologues que de plaideurs. De Caen, de Rouen, de Falaise, d'Alençon, on venait consulter M. Du Pouget sur de vieilles chartes, de vieilles faïences, de vieux tableaux, de vieux manuscrits, enfin tout ce qui sert de refuge à la poussière. M. Du Pouget ne laissait jamais partir les archéologues sans leur donner l'aumône d'un renseignement. Ayant presque tout lu, tout vu, tout regardé, il était peu de points qui restassent obscurs à son intelligence ; en même temps un coup d'œil certain et un admirable bon sens se joignaient à la science pour lui montrer le droit chemin d'une question, si compliquée qu'elle parût.

Tout en donnant avec générosité les meilleurs fruits de ses études, M. Du Pouget, pour ne pas rester inoccupé, se mit en mesure d'écrire une histoire du clergé de la Normandie. Personne n'était plus propre à cette besogne ; ce fut une occasion pour lui de toucher à tout : à l'histoire, à l'art, à la politique, à l'agriculture, aux besoins nouveaux de la population. Dans son prospectus, car l'ouvrage ne parut jamais, M. Du Pouget révélait une intelligence supérieure, et laissait bien loin ces historiens de sacristie qui amassent péniblement des faits exclusivement relatifs au clergé, écrivains à petites vues qui ne sentent pas que les hommes jouent la comédie comme sur un théâtre, et que le décor n'est autre que la société au moment où ils agissent. Ce prospectus fit sensation ailleurs qu'en Normandie, et les véritables savants de la capitale flairèrent dès les premières lignes une intelligence nouvelle.

Les matériaux étaient déjà classés avant l'impression du prospectus ; des chapitres mêmes tout entiers étaient écrits, suivant le caprice ou le plaisir que M. Du Pouget avait trouvé à les composer. Il lui arrivait quelquefois d'en lire aux soirées de l'évêché, et M. de Boisdhyver se montrait curieux de ces sortes de primeurs littéraires dont il était privé depuis son départ de Paris. Parfois la discussion s'en mêlait, M. Richard disait son mot, l'évêque le sien. M. Du Pouget se défendait, car il n'avait pas le sot amour-propre des auteurs, et il corrigeait si on lui apportait des arguments sérieux.

M. Godeau faisait semblant d'écouter ; mais plongé dans les délices d'une excellente digestion, s'il faisait mine d'applaudir, c'était pour se frotter les mains et s'applaudir lui-même du tour que prenait son repas. M. Aubertin venait plus rarement, occupé toujours de la découpure des silhouettes sacrées, et l'abbé Commendeur ne passait généralement qu'une heure de la soirée, car il se couchait à neuf heures précises tous les soirs, ayant décidé qu'une hygiène exacte pouvait seule apporter quelque rafraîchissement à ses intestins. Le curé de Saint-Nicolas, excellent prêtre, d'une franchise à toute épreuve, avait sa marotte. L'art, l'histoire, l'intéressaient médiocrement. Enlevé à son jardin et à ses arbres à fruits, il semblait un peu égaré : le seul ouvrage auquel il trouvât du mérite était le *Bon jardinier*. Deux seules personnes prêtaient attention à ces questions : le supérieur du séminaire, M. Trévoux, heureux de pouvoir frotter son intelligence à celles de MM. de Boisdhyver et Du Pouget; et l'abbé Berreur, également dépisteur de manuscrits, mais homme à vues étroites et qui jalousait M. Du Pouget. Avec Cyprien, qui paraissait quelquefois à ces soirées, tel était le personnel pouvant discuter et s'occuper des questions littéraires et archéologiques soulevées par M. Du Pouget.

Un jour, il apparut rayonnant chez M. de Boisdhyver, comme M. Richard, l'abbé Berreur et M. Trévoux s'y trouvaient réunis.

— Vous semblez bien heureux, monsieur Du Pouget, dit l'évêque. — Oui, Monseigneur, j'ai fait une trouvaille pour mon histoire du clergé. Et il montra un petit cahier graisseux, avec une vieille couverture rouge imprimée et portant une vignette. — Je crains bien, dit le docteur, que ceci ne fasse partie de la Bibliothèque bleue. Pardonnez-moi, monsieur Richard, ce petit opuscule sort des librairies de Falaise; il n'est pas daté, il n'a pas de nom d'imprimeur; voyez, le nom de la ville est seulement inscrit. Tenez, monsieur Richard, je vous ferais une petite querelle si je n'étais pas si heureux ; puisque vous connaissez la Bibliothèque bleue, pourquoi ne m'en rapportez-vous pas d'anciennes éditions quand vous passez dans les villages ? Certainement, il en reste encore chez les paysans. — Y tenez-vous beaucoup, monsieur Du Pouget? — Si j'y tiens ! je ferais vingt lieues pour avoir une édition du temps. Les réimpressions sont souvent défectueuses, les vignettes sont souvent remplacées par d'autres; mais l'exemplaire que j'ai trouvé est unique par sa rareté et fera un de mes plus curieux chapitres de l'histoire du clergé. — Qu'est-ce ? demanda M. de Boisdhyver. — Monseigneur, c'est l'entrée de M. l'abbé Chanu dans le paradis, avec les événements singuliers qui se passèrent lorsqu'il y entra après son trépas. Rien n'est plus fin ni plus spirituel... La littérature populaire n'a pas, sauf l'histoire divertissante du bonhomme Misère, de chef-d'œuvre pareil. — Vous nous mettez l'eau à la bouche, monsieur Du Pouget, dit M. de Boisdhyver, car la légende du bonhomme Misère est en effet une de ces œuvres symboliques, pieuses et grandes, qu'a enfantées la littérature populaire. — Ma brochure est de la satire, tandis que Misère, d'une littérature plus élevée, consolait les malheureux et les initiait au bien. — On comprend, dit le docteur que ce bonhomme Misère ait été tiré à des millions d'exemplaires ; je suis de l'avis de Monseigneur, je regrette qu'à notre époque il ne se trouve pas des hommes de génie assez simples pour se faire entendre du peuple, ainsi que le faisait le modeste et ignoré auteur du *Bonhomme Misère*. La science nous enlève toute naïveté, et il en est peu qui puissent la retrouver. — Je ne suis pas tout à fait de votre avis, docteur, dit l'évêque, je crois que les plus grands savants sont ceux qui peuvent dire comme le Christ : « Laissez venir à moi les petits enfants. » Le pédantisme, les formes solennelles n'appartiennent qu'aux demi-savants ; les véritables savants, au contraire, savent se faire comprendre des intelligences les plus simples. — Mais cet abbé Chanu, demanda M. Berreur, est-il un être fictif ? Je ne me rappelle pas avoir jamais vu citer l'abbé Chanu dans l'histoire du diocèse. — C'est une question à éclaircir, monsieur Berreur, répondit M. Du Pouget ; j'ai été tellement enchanté de ma bonne fortune, que je n'ai pas poussé l'examen plus à fond ; j'ai pourtant lu et relu l'opuscule, mais j'y prenais une joie si vive que j'oubliais mon métier d'historien. — Ces productions, dit sèchement M. Berreur, passent auprès des gens de goût pour déplorables. — J'ai un faible, vous le savez, monsieur Berreur, pour la malice populaire ; certainement toute cette littérature normande est quelquefois un peu hasardée... — Dites répréhensible, monsieur Du Pouget, continua le prêtre archéologue : on corrompt les paysans avec ces publications qui leur enseignent à douter de tout, de la religion, de la morale, des mœurs. — Il m'est arrivé, dit M. Richard, de parcourir quelques-uns de ces cahiers quand il me fallait passer une soirée à l'auberge ; j'ai lu des choses égrillardes, d'un goût douteux, mais la bonne humeur est rarement dangereuse pour les mœurs. Ce ne sont pas les paysans qui chantent de grosses chansons de table qui s'amusent à tromper les servantes ; on rit, on chante, et tout est dit. — Vous parlez en médecin, monsieur Richard, continua M. Berreur, mais l'Église n'admet pas ces couplets. — Vous oubliez, monsieur Berreur, dit M. Du Pouget, que la Bibliothèque bleue a son côté pieux. Toute une légende de saints et de martyrs forme une de ses divisions : les cantiques et les noëls n'y sont pas oubliés. De même que dans la nature tout poison trouve son contre-poison, à supposer que la Bibliothèque bleue renferme certaines productions légères à côté de ces productions égrillardes, je vous en citerai d'autres, morales, pieuses, qui contrebalancent l'effet des premières. Les unes et les autres se trouvent dans la même balle de colporteur. — Je n'admettrai jamais ces sortes de raisonnements, au moyen desquels on justifie les écrits les plus contraires à la religion, s'écria l'abbé Berreur. — C'est cependant, monsieur l'abbé, ce qui fera le sujet d'un chapitre de mon histoire du clergé, car je veux étudier la question et la traiter de haut. — Monsieur Du Pouget, dit l'évêque, ne pourriez-vous nous donner une idée de cet abbé Chanu que vous nous dites si spirituel ? — Pardon, Monseigneur, je suis tout à vos ordres, mais j'ai à vous avertir qu'il s'agit non pas d'une satire contre le clergé, mais contre un de ses membres. La satire est excessivement piquante ; elle a double tranchant, car en même temps qu'elle se raille du prêtre, elle montre aussi le côté processif des Normands, et voilà pourquoi elle est si curieuse à mes yeux. Elle sent son terroir, elle est tout à fait normande et locale. Quoique dirigée contre un membre du clergé, elle n'a rien d'âcre, ni d'amer, ni de destructeur pour l'Église. Voltaire eût été heureux de posséder ce canevas, mais il en aurait fait une machine de guerre perfide et formidable ; au contraire il ne sort de cette brochure qu'une petite malignité contre un abbé...

Puisque vous le désirez, Monseigneur, je vais vous donner lecture de la brochure, sauf à analyser quelques passages qui font longueur et qui sont écrits d'un style barbare, comme par un enfant.

L'attention étant montée par la discussion qui avait précédé, chacun s'arrangea le plus commodément pour entendre cette lecture : M. Godeau appuya son menton sur sa poitrine, M. Berreur prit une forte prise.

— Voilà encore un excellent prêtre ! disait le docteur à M. de Boisdhyver. — Excellent, oui, docteur : bon travailleur, dévoué. J'ai quelque orgueil de ce qu'il a entrepris son livre pendant mon séjour à Bayeux. Il me semble que j'y entre pour une part, et je ne doute pas de son grand succès un jour.

— L'abbé Chanu est mort, dit M. Du Pouget en commençant la lecture du petit cahier rouge : il s'adresse à saint Pierre :

— Bonjour, saint Pierre, je ne croyais pas être sitôt des vôtres ; je viens vous demander une petite place en paradis ; je vous promets que je ne vous serai pas importun. Saint

Pierre répond qu'il n'y a point de place et qu'il en a renvoyé bien d'autres qui valaient mieux que l'abbé. — Voilà une singulière aventure, dit l'abbé Chanu. Permettez-moi, un petit moment; je suis seul; si vous aviez un peu plus d'éducation, vous y mettriez un peu plus de politique. D'ailleurs, je veux parler à M. Saint-Jude, du parlement de Normandie, j'ai quelque chose à lui dire. — M. Saint-Jude n'est point ici, dit saint Pierre, il est en purgatoire.

L'abbé s'étonne qu'un homme aussi considérable que Saint-Jude du parlement de Normandie soit en purgatoire. — Et moi, dit-il, où irai-je ? — Aux enfers, répond saint Pierre; votre place y est retenue il y a longtemps. Vous ne pouvez parler à M. Saint-Jude. Allez donc prendre la place qui vous est réservée; vous trouverez Cerbère à la porte; il ne vous dira mot, tout est arrangé en conséquence contre vous, il y a plus de trente ans. — Je ne suis pas des plus réjouis, s'écrie l'abbé; qui me conduira? N'y aurait-il pas quelqu'un qui me conduise, en lui promettant quelque chose? »

— Comment, s'écria M. Berreur en interrompant le narrateur, Cerbère aux enfers! Mais c'est le renversement de toute croyance; les personnages fictifs de la mythologie mêlés au christianisme! — N'est-ce pas ce qui fait le caractère de la littérature populaire qui, habituellement dans les noëls, introduit des choses profanes et les mêle aux choses divines!

M. Berreur haussa les épaules, et M. Du Pouget continua :

— Saint Pierre appelle deux anges rebelles et leur confie l'abbé Chanu. En chemin, l'abbé cherche à faire causer les anges sur l'enfer et sur la cause de son châtiment. Les anges, tout en le plaignant, lui racontent tout ce qu'ils savent. Quantité de morts se sont plaints de l'abbé Chanu, qui a commis des injustices de son vivant. — Vous avez fait gagner des procès injustes, lui dit un des anges; vous avez ruiné de pauvres gens qui vous regardaient comme un oracle; l'argent qu'ils vous payaient pour les frais que vous disiez vous être dus, vous le leur redevez; vous êtes mort sans penser à restitution. Tous ces gens-là ont déposé contre vous. Mon pauvre abbé, vous êtes des nôtres, sans ressource et sans espérance.

A mesure qu'on approche, l'abbé trouve que la chaleur est insupportable.

— Vous vous plaignez trop tôt, lui dit l'ange rebelle, ce n'est encore que de la fumée. — Encore s'il y avait audience, juges ou parlement, peut-être pourrait-on juger plus sainement mon affaire.

Heureusement, on rencontre en chemin un huissier M. Cossard.

— Bonjour, mon ami, bonjour, monsieur Cossard, comme vous voilà ? — Bien chaudement, monsieur l'abbé, dit l'huissier. — Dites-moi, monsieur Cossard, n'y aurait-il pas moyen d'aller en purgatoire ? M. Saint-Jude y est. Si je le trouvais une fois, le diable aurait beau faire. — Cela est vrai, répond M. Cossard, et vous y étiez une fois, ce serait bon. Voilà le chemin. Mais voyez le gros animal qui garde la porte : c'est lui qui gouverne tout ; il s'appelle Cerbère, et il ne quitte jamais que par l'ordre de Griffon. M'obligeriez-vous bien, monsieur Cossard, de donner une assignation à Griffon, qui est si méchant ? — Par-devant qui ? demanda l'huissier. — Par-devant Pluton, dieu des enfers. — A la bonne heure ! Si cela vous oblige, je le veux bien.

L'abbé Chanu dicte alors l'exploit suivant : « L'an mil sept cent quatre-vingt dix...

— Vous avez dit mil sept cent quatre-vingt-dix ? demanda M. Richard. — Je n'y avais pas pris garde, répondit M. Du Pouget, voilà la date de la publication trouvée. — Cette date est bien moderne, dit M. de Boisdhyver, et concorde peu jusqu'ici avec le ton de la facétie.

Une discussion s'éleva alors sur le caractère de ce conte.

— Il est bien digne, en effet, de la sanglante Révolution, dit M. Berreur, et je ne comprends pas que M. Du Pouget s'occupe de semblables pamphlets. — Continuez, je vous prie, monsieur du Pouget, dit M. de Boisdhyver.

— L'an mil sept cent quatre-vingt-dix, le douzième jour de la présente année, à huit heures du matin, à la requête de M. l'abbé Chanu, détenu dans les Enfers de la Fournaise-Ardente, paroisse des flammes dévorantes, qui demande lieu et domicile dans le purgatoire, maison demeurante de M. Saint-Jude, Jean-Nicolas Cossard, huissier exploitant pour tous les enfers, demeurant rue du Soufre-en-Feu, soussigné, donne assignation à M. Griffon, directeur général des lieux infernaux, demeurant rue du Gouffre, paroisse des Eaux-Basses, à comparoir jeudi prochain par devant M. Pluton, pour se voir condamner.

L'huissier part avec son exploit et va chez M. Griffon.

— Je suis, monsieur, dit-il, votre serviteur avec bien du respect. Voici un mot de lettre que M. l'abbé Chanu vous envoie. C'est un exploit pour porter au juge.

Griffon porte l'exploit.

— Monsieur Pluton, voyez une assignation que l'abbé Chanu m'a fait donner ; il demande la liberté.

Pluton se fâche, dit que l'abbé est un insolent de premier ordre, et donne mission de faire déchaîner Cerbère pour dévorer ce téméraire abbé quand il arrivera ; mais pendant qu'on déchaîne Cerbère, l'abbé Chanu profitant du moment a enfilé le chemin du purgatoire.

— C'est bon, dit Cerbère, il ne trouvera pas les portes ouvertes pour y entrer ; il reviendra sûrement.

Cependant on ne voit point reparaître l'abbé, et Cerbère gronde entre ses dents : — On aurait mieux fait de me laisser à ma place que de me faire courir après cet homme-là ; je prévois que je ne le trouverai pas aisément.

Griffon, Cerbère et Pluton se tourmentent avec raison, car l'abbé Chanu a pénétré dans le purgatoire, où la première personne qui s'offre à lui est le membre du parlement de Normandie.

— Monsieur Saint-Jude, j'ai l'honneur de vous souhaiter le bonjour. — C'est le pauvre abbé Chanu, dit M. Saint-Jude. Ah ! bonjour, mon ami. D'où venez-vous ? Quoi ! des enfers ! Comment avez-vous fait pour en sortir ? — Je me suis d'abord présenté à saint Pierre : il m'a refusé et m'a envoyé au diable ; mais je souffrais trop : je l'ai fait attaquer par M. Cossard, que j'ai trouvé heureusement aux enfers. Quand le diable a vu mon assignation, il a été trouver le juge pour lui conter mon procès. On a déchaîné Cerbère après moi ; il venait après ma culotte, je l'ai aperçu de loin, je me suis sauvé par le chemin où il était à garder la porte, et je suis venu vous trouver. — Qu'il a d'esprit ce pauvre petit abbé Chanu, s'écria M. Saint-Jude ; il me disait toujours bien qu'il se retirerait des mains du diable. Mais qu'allez-vous faire ici ? Je pars demain en paradis. — C'est bon, dit l'abbé, vous m'y mènerez avec vous, si vous voulez bien. — Je le voudrais bien, mais ce n'est pas possible pour le moment, puisque saint Pierre vous a refusé. — Mettez-moi sous votre robe, dit l'abbé Chanu toujours inventif ; saint Pierre ne s'en doutera pas. Une fois que j'y serai entré, bien habile qui m'en chassera. — J'aurai bien des reproches, dit M. Saint-Jude en se consultant. N'importe, partons.

Ils arrivent à la porte du paradis.

— Bonjour, saint Pierre, dit le membre du parlement de Normandie. Votre pauvre Saint-Jude a fait son temps. — Entrez, monsieur, dit saint Pierre, qui aperçoit seulement alors l'abbé Chann. Quel est cet homme-là? Il est damné, qu'on le chasse! — Ayez pitié de lui! dit M. Saint-Jude, c'est mon ami et mon clerc. — Ah! dit l'abbé, j'y suis entré et j'y resterai. Quand on est une fois ici on n'en ressort jamais.

Saint Pierre finit par en prendre son parti. — Voilà, dit-il, un tour dont je ne me serais jamais douté; mais il n'entrera désormais aucune personne avec une robe qu'elle ne soit visitée aux portes. »

— C'est excessivement spirituel, dit le docteur Richard, qui avait quelquefois coupé le récit par de francs éclats de rire.

M. Berreur, aussitôt la lecture terminée, prit congé de M. de Boisdhyver et sortit.

— Je suis à peu près convaincu, dit l'Évêque, que cette légende de l'abbé Chann est bien antérieure à la date qui est indiquée dans le volume. — Monseigneur a raison, dit M. Du Pouget, et je suis heureux de me trouver de son avis. Il sera arrivé ce qui se passe journellement dans les imprimeries de Troyes : on y habille les livres à la moderne, et on aura plaqué l'année 1790 dans l'exploit de l'huissier, afin de donner plus de piquant à la satire; seulement j'en suis désolé, car je croyais avoir trouvé une édition-princeps, et ce n'est évidemment qu'une réimpression. A la prochaine séance, si Son Éminence en est curieuse, j'apporterai quelques anciens noëls du pays dont j'ai retrouvé la musique, et si M. Cyprien y consent, il nous chantera avec sa jolie voix ces mélodies simples et naïves qui tiennent à la fois du gazouillement des oiseaux et du chant des garçons de ferme.

M. de Boisdhyver donna avec plaisir son acquiescement à cette proposition, et M. Du Pouget se retira chez lui, sans se douter des conséquences qu'aurait cette soirée.

XXIII

L'HOPITAL

Il était convenu que les dames Le Pelletier iraient visiter les Garnier à l'hôpital. Cyprien devait s'y trouver. Suzanne s'en fit une fête à l'avance : elle n'avait pas à cacher sa joie, quoique, si elle se fût étudiée plus à fond, elle eût compris qu'un sentiment étranger à la bienfaisance se mêlait au plaisir de revoir l'aveugle et son mari. Suzanne ne raisonnait pas encore les émotions diverses qui l'assiégeaient chaque fois qu'elle se rencontrait avec Cyprien. Un nuage passait devant ses yeux, le sang se portait avec des chaleurs nouvelles à sa figure, sa respiration devenait indécise, et il lui fallait quelques minutes pour se remettre ; encore conservait-elle de ces phénomènes des impressions vagues, flottantes, qui ne parvenaient jamais à se dissiper entièrement. Suzanne se sentait entrer dans une nouvelle vie, et se surprenait maintenant pensive et marchant à pas lents dans le jardin, au lieu d'y courir comme autrefois. Souvent elle s'asseyait sous une petite tonnelle pour y rêver, sans se rendre compte du temps qu'elle y passait ; il fallait que madame Le Pelletier l'appelât pour lui rappeler que depuis deux heures elle était au jardin. Alors, brusquement, Suzanne changeait de physionomie, redevenait souriante, gaie, sautait et courait à sa mère pour l'embrasser ; mais c'était une petite comédie naïve de jeune fille, car Suzanne n'aurait pas voulu être surprise dans ses vagues contemplations intérieures, et si madame Le Pelletier lui eût demandé à quoi elle pensait, elle eût été embarrassée et se fût troublée. Elle le savait et elle ne le savait pas. Dans ses rêveries passaient des félicités inconnues qui la surprenaient comme des senteurs apportées par bouffées sur l'aile des vents. Souvent, dans le petit salon, Suzanne devenait distraite en travaillant ; elle poussait son aiguille machinalement, et si elle avait pu broder les rêves qui étaient en elle, elle n'eût pas trouvé de dessins assez suaves, de couleurs assez fraîches pour rendre les caprices de son imagination. Il lui arrivait encore de ne pas répondre aux questions de madame Le Pelletier ; suivant pas à pas le déroulement de ses rêveries, elle n'entendait plus.

— Eh bien, Suzanne, tu ne réponds pas ? lui disait sa mère.

Alors la jeune fille, pour donner le change à ses propres idées et à celles qui pouvaient naître dans l'esprit de sa mère, se laissait aller à des improvisations musicales sans caractère précis, qui se teintaient, au début, d'une folle joie, pour arriver le plus souvent à des accents de tendresse. Les mères se laissent souvent tromper et prêtent peu d'attention à ces symptômes. Si madame Le Pelletier eût réfléchi, elle se fût étonnée de l'agitation que laissait paraître Suzanne le matin, quand, sortant du lit, la jeune fille se jetait à genoux et faisait sa prière.

Il existe dans certains pays une pratique religieuse qui s'appelle une *communauté de prières*. Deux jeunes filles s'aiment d'une vive amitié, elles sont compagnes inséparables ; pour qu'elles portent partout leur souvenir, en se levant et en se couchant l'une doit prier pour l'autre, l'autre pour l'une. Cette coutume normande fut indiquée par Cyprien à Suzanne, car la jeune fille ne savait pas déguiser l'affection qu'elle portait au jeune homme. A neuf heures du soir, Cyprien devait prier pour Suzanne, Suzanne pour Cyprien ; la même prière se renouvellerait à six heures du matin. S'endormir, se réveiller avec un tel souvenir, c'était le consacrer, le river à l'esprit, s'en imprégner, le rendre éternel. La dernière action de la journée faisait penser à lui, à elle, la première encore à lui, toujours à elle ; Cyprien crut entrevoir le ciel quand Suzanne lui proposa si naïvement de s'associer dans cette communauté de prières. Elle n'avait plus d'amies depuis la sortie du pensionnat, et elle regrettait de n'avoir pas de sœur.

— Et un frère, l'avez-vous quelquefois désiré ? demanda timidement Cyprien qui se laissait aller à cette douce confiance que lui manifestait Suzanne, quand à de rares moments il la rencontrait seule.

Cyprien et Suzanne devinrent frère et sœur, ils s'appelaient ainsi à voix basse. Suzanne retrouvait son instinct de femme pour cacher à sa mère ses nouveaux sentiments intimes qui tous les jours prenaient racine et dont elle sentait la floraison prochaine. C'est ainsi que peu à peu une chaîne invisible se forgeait et liait les deux jeunes gens l'un à l'autre. Peut-être au début la soudure eût-elle pu être brisée par un coup violent ; maintenant il était presque impossible de la rompre. Suzanne se sentait attirée vers Cyprien, comme Cyprien entraîné vers Suzanne. La réflexion, la froide raison, les préoccupations avec leur escorte de tristes conséquences, avaient été expulsées violemment par la jeunesse et l'amour de la chambre où l'avenir tient conseil. Les deux enfants obéissaient à la nature et se laissaient conduire aveuglément par ce guide complaisant. Ils ne voyaient aucun mal à se regarder, ils ne craignaient pas ces petites flammes mystérieuses dansant autour des prunelles comme la nuit le phosphore danse sur les flots de la mer. Sous les mots de frère et sœur se cachaient des mots plus dangereux, rampant sourdement comme Hamlet dans la scène des comédiens, se redressant tout à coup quand il n'est plus possible de les étouffer. La passion est absolue et dominatrice, elle prend tous les masques, à commencer par la timidité, pour se montrer impérieuse comme le brigand au coin d'un bois ; si elle procède lentement, chacun de ses mouvements est calculé et elle ne recule jamais. Suzanne était prise par la passion comme ces malheureux ouvriers saisis par l'engrenage d'une machine dans une fabrique, et elle ne voyait pas encore le danger.

C'était un mercredi ; depuis le dimanche seulement Suzanne était séparée de Cyprien. Aux inquiétudes qui l'assaillaient nuit et jour, à ce souvenir plus étroitement attaché à elle que sa croix à son cou, elle devait reconnaître la pente fatale sur laquelle elle glissait ; mais ces inquiétudes, cette séparation de deux jours, furent un nouveau charme pour elle, un charme amer, qui devait lui rendre plus douce sa prochaine entrevue avec Cyprien. Ce jour-là elle devait le voir à l'hôpital, ainsi qu'il en avait été convenu avec madame Le Pelletier, et la tête tournait à Suzanne. Des sentiments nouveaux se dessinaient en elle, qu'elle était fière de constater. Elle ne se trouvait plus assez belle naturellement, elle eût voulu que sa toilette la fît paraître mille fois plus séduisante aux yeux de Cyprien. En la voyant dans sa chambre tordre ses cheveux, les détordre, les peigner sans cesse, leur faire subir d'innombrables caprices, mettre une robe de couleur, la changer pour une blanche, se regarder dans la glace avec inquiétude, s'asseoir, se relever, rêver, parler, madame Le Pelletier eût eu la clef des secrètes agitations de sa fille ; mais la veuve n'aperçut que la réalisation de la toilette, et elle trouva Suzanne plus belle que de coutume sans pouvoir comprendre l'accélération de ce beau sang qui se jouait librement encore sur la figure de sa fille. Cependant l'impatience de Suzanne, pendant que madame Le Pelletier s'habillait, eût pu la dénoncer, mais la veuve croyait à l'impatience de revoir les Garnier.

Comme les deux dames allaient sortir, un coup de sonnette fit tressaillir Suzanne.

— Vois donc qui ce peut être, dit madame Le Pelletier. — Ah ! Une visite sans doute ; si je n'allais pas à la porte ! — Ce ne serait pas convenable, mon enfant, on pourrait nous voir sortir tout à l'heure.

Suzanne regardait par un coin du rideau de la fenêtre et n'obéissait pas à sa mère.

— Je vais ouvrir, Suzanne, si tu ne veux pas.

Madame Le Pelletier fit quelques pas vers le corridor ; mais Suzanne se précipita à la porte.

— Bonjour, mesdames, bonjour, Suzanne, dit le docteur Richard en entrant... Ah! vous alliez sortir... je ne vous gêne pas? — Pas du tout, monsieur Richard, asseyez-vous, je vous prie.

Suzanne faisait une petite moue.

— Eh bien, Suzanne est charmante avec ses cheveux coupés... On dirait qu'elle m'en veut encore de mon opération... Est-ce qu'elle n'a pas bien réussi? — Au contraire, monsieur Richard, dit madame Le Pelletier. — Vous allez faire un tour de promenade, à ce que je vois; je m'en vais, je reviendrai vous parler, madame Le Pelletier. — Est-ce bien important? — Pas assez pour vous empêcher de faire votre promenade. — Nous allons à l'hôpital voir les Garnier, mais nous remettrons cette course à demain. — Oh! dit le docteur, je ne veux pas me faire un ennemi de Suzanne; elle a toujours un petit levain contre moi, et elle tâche de rendre ses jolis yeux les plus méchants du monde; mais elle n'y arrivera pas. Il fait un temps de soleil, Suzanne s'ennuie d'être restée si longtemps dans son lit, elle veut réparer le temps perdu, rien de plus naturel, mais j'ai un moyen de la contenter. Suzanne pourrait aller seule à l'hôpital, nous causerions ensemble, madame Le Pelletier, et rien ne vous empêcherait d'aller retrouver Suzanne dans une heure. — Veux-tu, maman?... demanda Suzanne. — Allons! tu brûles d'envie de sortir. — Adieu, monsieur Richard, dit Suzanne en présentant son front au docteur. — Voilà ce qu'on gagne, dit le médecin, quand on sait lire dans les yeux des jeunes filles. M. Richard s'étant assis : — Vous avez à me parler de Suzanne, docteur? — Précisément, madame, je viens continuer un petit entretien commencé il y a bientôt trois mois. Que pensez-vous d'un jeune homme qui, depuis plus de deux ans, ne rêve qu'à votre fille, se contente de passer devant ses fenêtres, craint de se montrer, soupire en secret, n'a qu'un nom dans la tête, celui de Suzanne, et applique toutes ses forces à cacher ses impressions? J'ai reçu les confidences du jeune homme, qui s'est enfin décidé à parler à quelqu'un, et c'est à moi qu'il s'est adressé. Vous ne doutez pas combien cet aveu a été long à sortir, on eût dit qu'il lui brûlait la gorge; aussitôt lâché, il aurait voulu le rattraper. — Et ce jeune homme s'appelle?... — Tout à l'heure je vous le dirai; il faut d'abord commencer par ses titres : il n'a pas de fortune. Qu'en pensez-vous, madame Le Pelletier? Je n'ai pas voulu vous surprendre, le jeune homme m'intéresse, mais il n'a pas de fortune et il n'en aura jamais.

La veuve ne répondait pas.

— Dois-je vous laisser réfléchir sur cette idée jusqu'à demain ? nous envisagerons les autres ensuite. — Non, docteur, mais vous devez penser dans quelles hésitations je me trouve quand il s'agit du bonheur de Suzanne. Je ne tiens pas à la fortune, je n'y ai jamais tenu : certainement mon enfant pense comme moi ; elle est habituée à vivre très simplement, elle est bonne, obéissante, pas coquette, et elle ne changera pas ; mais pas de fortune ! — C'est peu, dit le docteur ; nous avons toutefois une petite place de douze cents francs qui pourra un jour s'étendre jusqu'à quinze. — On est bien à l'étroit, monsieur Richard, avec douze cents francs, et si nous ne faisions pas, Suzanne et moi, nos robes, nos chapeaux, notre ménage, jamais nous ne pourrions joindre les deux bouts. J'ai toujours souhaité que Suzanne continuât ce train de vie dans son intérieur : une femme est plus occupée. Tenue par mille détails, elle a moins de temps à dépenser, elle ne trouve pas une heure de désœuvrement et la coquetterie ne sait à quel moment entrer... — Vous avez bien raison, madame. — Cependant un peu de superflu ne nuit pas ; je laisserai un jour à Suzanne deux mille livres de rentes intactes, j'aurais souhaité que son mari lui en apportât autant. — Je n'ai pas encore tout dit, continua le docteur ; la mère s'oppose à ce mariage. — Le fils est donc d'une condition élevée ?... — Point ; mais le jeune homme est sous la tutelle de sa mère, il ne l'a jamais quittée, il lui obéit entièrement. — Ce n'est pas un mauvais fils. — Au contraire, c'est un très bon fils, mais il est d'une timidité... ! Il passait tous les jours devant vos fenêtres pour entrevoir l'ombre de Suzanne, car on ne peut guère que deviner une personne derrière ces rideaux de mousseline : eh bien, je suis persuadé que, si l'amoureux croyait avoir été remarqué un jour par Suzanne, il ne serait plus revenu. — Jamais je ne m'en suis aperçue, Suzanne non plus. Elle me l'aurait confié ; cependant, il passe peu de monde dans la rue ; et vous dites, monsieur Richard, qu'il venait souvent ? — Quatre fois par jour. — Mais ce jeune homme si timide est bien compromettant. — Pas le moins du monde. Tenez, voici sa méthode.

Le docteur Richard se leva et imita l'allure de Jousselin dans la rue.

— Vous croyez peut-être que son regard essayait de plonger derrière les rideaux ?... Jamais l'idée ne lui en est venue, il eût frémi de son audace : son bonheur était de passer dans la rue et de dire : Elle demeure là. Quand il arrivait près de vos fenêtres, il détournait la tête et regardait la maison d'en face, car je me suis amusé à le gronder sur ses démarches, et il m'a expliqué comment il a vu Suzanne pour la première fois à votre bras, sur la promenade des Ormes. Il y a un an de cela, et il ne l'a plus revue. — Il l'aime vraiment ? — Vous jugerez s'il l'aime, dit le docteur. Sans l'accident de la Fête-Dieu, il est présumable que je n'aurais jamais reçu la visite de notre jeune homme. Le bruit se répandit dans la ville que Suzanne était beaucoup plus malade qu'elle ne l'était en réalité. Alors le jeune homme a perdu un peu de sa timidité ; me sachant votre médecin et votre ami, il est accouru chez moi, plus ému et plus tremblant que s'il était menacé d'un coup affreux. Quand il m'eut dit l'objet de sa visite, je fus curieux de connaître jusqu'où pouvait aller son amour et je lui dis : Suzanne est perdue pour le monde : sa figure est brûlée ; elle est défigurée pour la vie. — Oh ! c'est affreux, s'écria madame Le Pelletier. — N'est-ce pas ? — Vous me faites frémir quand je songe que vous pouviez dire vrai. — Notre jeune homme a pâli et a secoué très vite son émotion. — Je l'aime malgré tout, m'a-t-il dit. — A la bonne heure, dit madame Le Pelletier. Ma Suzanne mérite bien d'être aimée ainsi. — Je ne me crois pas un homme bien ingrat, continua le docteur, mais, si dans ma jeunesse j'avais rencontré une femme belle comme Suzanne, si j'en étais devenu amoureux et que tout d'un coup, par un accident quelconque, elle eût perdu les agréments de sa figure, je crois que j'aurais demandé quelques jours de réflexion. — Les hommes aiment malheureusement de la sorte, dit la veuve. — J'ai guéri plusieurs jeunes personnes de la petite vérole, c'est-à-dire que je les ai rendues à la vie ; quant à leur visage, il était mort : elles devenaient des femmes très difficiles à établir. — Vous ne m'avez pas dit le nom de votre jeune homme ? — Il s'appelle Jousselin, il est employé à la sous-préfecture. — Ce M. Jousselin a un beau caractère et je raconterai ses projets à Suzanne. — Maintenant le danger est loin, dit le docteur, Suzanne n'est pas brûlée, elle ne s'inquiétera peut-être pas de ce que M. Jousselin pensait pendant sa maladie. — Oh ! docteur, vous accusez bien gratuitement Suzanne. — Non ; si elle n'a aucune sympathie pour le jeune homme, et elle n'en a pas, puisqu'elle ne le connaît pas, il lui importe peu que ce garçon l'admire, même défigurée ; maintenant, à supposer qu'elle rencontre M. Jousselin, qu'il ne lui plaise pas, lui doit-elle de la reconnaissance pour ses beaux sentiments? — Ils peuvent, dit madame Le Pelletier, faire naître la reconnaissance. Savez-vous que mon jeune homme a été presque fâché de savoir que Suzanne guérirait et serait aussi belle que par le passé? Il est devenu tout triste quand je lui ai appris cette nouvelle, de même qu'il m'avait paru joyeux quand je lui avais appris la défiguration. — Cela s'explique par la timidité dont vous parliez, docteur. — Oui, je me rends compte de ce qui se passait dans l'esprit du jeune homme : Suzanne belle, il craignait d'être refusé, tandis que, laide et brûlée, il se voyait plus de chance. — Vous a-t-il demandé positivement la main de Suzanne? — Il n'était pas en mon pouvoir de la lui accorder; il ne m'a demandé rien que des nouvelles de Suzanne, et quand je l'ai invité à venir me revoir, j'ai cru qu'il se jetterait à mes genoux. C'est un honnête garçon. — Que me conseillez-vous, docteur? Faut-il en parler à Suzanne? — N'y mettez pas trop de solennité, madame Le Pelletier; ne parlez ni d'engagement, ni de mariage... Les jeunes filles bronchent souvent à ce mot, et les plus douces deviennent rétives et difficiles, on ne sait pourquoi. A votre place, en causant de choses et d'autres, j'amènerais la conversation sur ce terrain; et je ne conclurais pas, laissant à l'esprit et au cœur de Suzanne le soin d'analyser la conduite et les paroles du jeune homme. Soyez sans crainte, votre fille, le lendemain, peut-être le jour même, voudra en savoir davantage; et c'est elle qui vous mettra sur la voie et vous dictera la conduite à suivre.

Sans se douter que son avenir était discuté à cette heure, Suzanne marchait d'un pas agile vers l'hôpital, sans s'inquiéter de l'entretien particulier que le docteur avait demandé à madame Le Pelletier; quoique sa mère n'eût jamais eu de secret pour elle, Suzanne était loin de penser qu'on s'occupât d'elle pour des matières si délicates. A ce moment elle n'avait qu'un but, une idée : rencontrer Cyprien, le voir et l'entendre. Il était convenu que sur les deux heures Cyprien se trouverait dans la chambre des Garnier, logés dans un petit pavillon faisant suite à la grande salle. La chambre à deux lits où furent installés ces pauvres gens, grâce aux recommandations de M. de Boisdhyver et à l'intérêt que leur portait le docteur, n'avait rien de commun avec les chambres d'hôpital. Le carreau en était rougi et verni avec soin, les murailles peintes en gris clair : des rideaux blancs aux fenêtres et au lit donnaient à cet endroit une sorte de calme qui pouvait faire croire au père Garnier qu'il était dans son ménage. Sauf cette tranquillité absolue, les pas retentissants des infirmiers dans les corridors, la rencontre de quelques convalescents se traînant au soleil, la présence des sœurs avec leur costume bleu et blanc, beaucoup d'indigents eussent regardé l'hôpital comme un palais. Chaque jour M. Richard s'efforçait d'en faire disparaître les apparences claustrales ; en entrant dans la cour plantée de tilleuls qui formaient bordure autour d'un grand boulingrin entretenu avec soin, l'aspect de ce tapis de verdure faisait oublier l'hôpital. Autour du boulingrin allaient et venaient, ou jouaient aux boules, les convalescents de l'établissement.

Suzanne fut frappée du costume uniforme des malades ; la grande houppelande grise sous laquelle flottaient des membres fatigués, les bonnets de coton qui recouvraient des figures amaigries, jaunes et pâles, des yeux enfoncés, des pommettes saillantes, des physionomies tout à la fois étonnées et sérieuses, produisirent sur elle une impression de tristesse. Elle regardait avec inquiétude si le père Garnier ne se trouvait pas au milieu de ces pauvres gens, divisés par groupes se livrant à divers exercices. Des boiteux se promenaient seuls avec leurs béquilles, qui les condamnaient à l'isolement : essayant un nouveau mode de locomotion nécessité par l'amputation d'un membre, il leur était difficile de suivre une conversation, et toute leur intelligence était dirigée dans la manœuvre des béquilles. D'autres malades cheminaient lentement en causant, et cherchaient à retrouver des forces épuisées. Dans un angle formé par la muraille, on voyait accroupis au soleil ceux qui sortaient de leur lit pour la première fois. Toutes leurs idées étaient tournées vers le soleil ; ils l'attendaient chaque jour avec autant d'impatience que la nourriture, et, sous l'influence de l'astre bienfaisant, ils semblaient renaître à une seconde vie.

Des enfants infirmes couraient à travers les groupes, criant et jouant, malgré leurs maladies ; toute cette population habillée de gris, numérotée au milieu du dos, fit hâter le pas à Suzanne pour qui ce spectacle était trop douloureux. En ce moment deux heures sonnaient à l'horloge de la façade ; aussitôt apparut à l'esprit de la jeune fille l'image de Cyprien qui dissipa subitement ces pénibles impressions. *Il allait venir!* Suzanne s'arrêta à la grande porte qui ouvre sur les corridors du rez-de-chaussée. C'était la chambre numéro 8, au fond du corridor, que le concierge avait désignée comme séjour des Garnier ; mais en entendant l'heure, Suzanne avait presque oublié l'aveugle et son mari. Son regard traversa l'allée des tilleuls, l'avant-cour pavée, et s'arrêta à une petite porte grise donnant sur la façade de l'hôpital, près de la loge du concierge, par laquelle Cyprien devait entrer.

Sans être vue, Suzanne voulait voir son air de physionomie en venant au rendez-vous, sa démarche, mille signes imperceptibles appréciés seulement de ceux qui aiment. Cachée par la verdure des arbres, Suzanne pourrait contempler un moment à son aise Cyprien sur lequel, d'habitude, elle osait à peine lever les yeux à la dérobée.

Derrière le principal corps de bâtiment se trouve un petit jardin entièrement clos de murs, où vont se promener les religieuses et les personnes qu'elles reçoivent. Nul regard indiscret n'y peut pénétrer ; les seules ouvertures sont celles des cuisines situées au-dessous du sol, qui ne permettent pas aux gens occupés à préparer la nourriture de voir dans ce jardin. Cyprien le connaissait pour y avoir été reçu, à la suite de l'évêque, par la supérieure de l'hôpital ; à plusieurs reprises, invité à se reposer dans cet endroit tranquille, plein de soleil, connaissant les habitudes de la communauté, Cyprien avait pensé à y conduire Suzanne, certain de n'être pas troublé par les religieuses qui, de deux à quatre heures, sont occupées, les unes à prier, les autres au dîner et à différents travaux. Se trouver seul avec Suzanne dans ce petit enclos, tel avait été depuis longtemps le rêve chéri de Cyprien, quoiqu'il n'en eût pas fait part à la jeune fille. Quand même des religieuses eussent rencontré les deux jeunes gens, il n'y avait aucun danger : la visite aux Garnier justifiait cette rencontre.

Cependant Cyprien ne venait pas, et Suzanne, inquiète, n'osait rester plus longtemps dans la cour, sur le passage des malades qui l'avaient déjà regardée après avoir fait le tour du boulingrin. Indécise, ne sachant si elle devait aller à la chambre des Garnier, ayant entendu un nouveau quart d'heure sonner à l'horloge, craignant que sa mère ne vînt avant l'heure indiquée, Suzanne allait se diriger vers l'intérieur de l'hôpital, lorsqu'elle aperçut Garnier lui-même qui se traînait avec une certaine difficulté vers le pavillon des femmes. Suzanne courut à lui, lui prit les mains, et, de sa voix musicale, souhaita le bonjour au vieillard, qui ouvrit de grands yeux comme s'il sortait d'un rêve.

— Vous ici, mademoiselle... Ah ! quel bonheur ! Ma pauvre femme va être bien heureuse... Je croyais ne plus vous voir.

Le brave homme avait des larmes dans les yeux. Les malheureux des hôpitaux, des prisons, sentent leur sensibilité doubler par la crainte de se voir abandonnés ; connaissant l'égoïsme des gens libres parce qu'ils ont été libres eux-mêmes, ils attachent une suprême importance à ceux qui viennent les visiter ; détachés du monde, ils savent combien les exigences de la société rendent les gens oublieux. La visite d'un être chéri fait plus de bien à un malade que toutes les médecines ; le prisonnier en oublie ses fers, son cachot. Tous deux échappent momentanément à la prison, à l'hospice, et se croient en liberté, en santé, tant que dure la visite.

— J'allais chercher ma femme, ma chère demoiselle, dit Garnier, qui releva son dos voûté et qui retrouva dans son émotion les jambes qui le menaient au combat quarante ans auparavant. — Comment va-t-elle ? demanda Suzanne. — Elle est bien triste, allez, ma demoiselle ; elle ne croit plus à ses yeux, et elle n'a que trop raison. Le médecin aussi a raison ; maintenant, c'est fini pour toujours... Nous ne sommes plus ensemble... — Comment ! on vous a séparés ? — Cela ne pouvait être autrement, ma chère demoiselle ; ma femme est à l'infirmerie, au premier. Moi, je suis en bas ; seulement, chaque jour je vais la chercher pour la mener au soleil. Je ne crains qu'une chose, c'est que mes jambes manquent tout à coup ; tous les deux nous avons besoin l'un de l'autre ; moi, je lui sers à la guider ; elle, m'aide à marcher ; j'ai des yeux et elle a des jambes... Ma chère demoiselle, dit-il en s'arrêtant à la porte qui conduit à l'infirmerie, ne montez pas, ma femme va descendre avec moi... Une infirmerie, ce n'est pas beau à voir.

— Vous allez vous fatiguer, mon pauvre Garnier. — Non, mademoiselle ; quand il s'agit de promener ma femme, j'oublie mes jambes ; Dieu veut bien encore me les conserver pour quelque temps.

Pendant les dix minutes qui suivirent le départ du vieillard, Suzanne put aller à son observatoire sous les tilleuls. Pendant ce court espace, elle tressaillit deux fois au son de la sonnette de la porte d'entrée, croyant qu'elle allait voir Cyprien : c'étaient des sœurs, des ouvrières, qui venaient à l'hôpital. Mais la jeune fille fut distraite de ses pensées par l'arrivée de l'aveugle, profondément triste, et subissant, plus que son mari, l'influence de l'hôpital, quoiqu'elle ne le vît pas. Le mot d'*infirmerie*, qui retentissait à ses oreilles, l'affligeait chaque fois qu'il était prononcé ; elle n'osait le dire à son mari de crainte de le chagriner. Ses peines concentrées produisaient sur sa physionomie l'expression pénible et mélancolique dont sont marqués les malheureux privés de la vue. Quelquefois cependant la Garnier se laissait aller à l'expression de ses douleurs accumulées, qui éclataient comme de la vapeur trop longtemps comprimée. Suzanne, sans deviner complètement ces douleurs profondes, remarqua cependant une partie des peines qui se peignaient sur la figure de l'aveugle ; elle la prit sous le bras et essaya des consolations qui, prononcées par sa voix douce et jeune, prenaient un accent sympathique dont il était difficile de ne pas subir l'impression. L'espérance rentra pendant cette promenade dans le cœur de la Garnier. Suzanne appelait ses intonations les plus pures et les plus sincères pour persuader la Garnier que M. Richard était loin de désespérer de l'opération ; elle faisait un tableau de la vie heureuse et tranquille que mèneraient alors les deux vieillards habitant ensemble une même chambre, à l'Hôtel-Dieu, et la persuasion faisait oublier aux deux vieux époux la situation dans laquelle ils se trouvaient.

Ainsi que d'habitude, Garnier parla de son jeune homme, qui venait les voir souvent et qui les avait entretenus longuement de la maladie de Suzanne. Le nom de Cyprien rappela à la jeune fille qu'elle l'attendait déjà depuis longtemps, et une ombre passagère se glissa dans cette belle après-midi consacrée à la charité, car Suzanne avait eu tant à cœur de consoler l'aveugle, qu'elle en avait oublié momentanément l'heure heureuse qui devait lui faire rencontrer Cyprien.

Bientôt madame Le Pelletier vint rejoindre sa fille, et cette double visite ne contribua pas peu à ramener la tranquillité dans le cœur de l'aveugle.

XXIV

LA JEUNE FILLE DEVIENT FEMME

Pour la première fois de sa vie, Suzanne sentait poindre en elle une vive douleur ; elle débuta d'abord sourdement et gâta son heureux caractère comme une goutte de vinaigre trouble une jatte de lait. A peine fut-elle sortie de l'hôpital que le souvenir de Cyprien vint se présenter à l'état cuisant. Madame Le Pelletier attribua le silence de sa fille à la pénible impression produite sur les cœurs sensibles par la vue des gens malades et renfermés. Ayant essayé inutilement de distraire Suzanne en portant la conversation sur un autre terrain, elle laissa sa fille occupée de ses pensées intérieures, persuadée que ce sujet, tout pénible qu'il fût, ne pouvait qu'ouvrir plus grand le cœur de Suzanne à la pitié. Les yeux de Suzanne étaient tournés ailleurs. Elle regardait, du plus loin qu'il était possible, si, au détour d'une rue, Cyprien n'apparaîtrait pas tout à coup; croyant à un retard indépendant de sa volonté, il lui restait encore un dernier espoir. Quoique le chemin de la maison de madame Le Pelletier à l'hôpital fût long, jamais la jeune fille ne le trouva plus court. Si elle était partie le cœur bondissant de joie, en se répétant : *Il va venir!* à cette heure, elle rentrait à la maison commentant en tout sens cette phrase : *Pourquoi n'est-il pas venu?* Autant la grande porte cochère de l'hôpital semblait être ouverte à deux battants pour laisser passer son bonheur, autant la petite porte basse de la maison où elle allait rentrer lui parut barrer ses espérances. Ses pensées intérieures teintaient de gris les objets extérieurs. La rue tranquille sur laquelle elle jetait un coup d'œil tous les matins en se levant devint à ses yeux une vilaine ruelle; les murs blanchâtres de la maison prirent un aspect terne, tout lui parut solitaire, abandonné, ronces, épines et chardons.

— J'ai mal à la tête, dit Suzanne à sa mère après un assez long silence dans le petit salon. C'était son premier mensonge que cette migraine. Elle avait hâte d'être seule dans sa chambre, croyant y trouver le calme; mais elle n'y fut pas plutôt entrée que ses pensées, jusque-là contenues, brisèrent leurs mors et l'entraînèrent dans une ronde perfide comme celle des Willis s'emparant du voyageur égaré. Pendant la marche, la composition qu'elle cherchait à donner à sa physionomie pour ne pas inquiéter sa mère avait aussi contribué à empêcher ses pensées de s'échapper; aussitôt que la jeune fille fut seule, elle crut voir des êtres animés, aussi nombreux que les atomes tourbillonnant dans un rayon de soleil, s'échapper d'elle et commencer leurs danses dans un brouillard épais. Le soleil baissait, un jour grisâtre lui succédait; Suzanne se repentit d'avoir imaginé le mal de tête qui était venu réellement, car un bourdonnement désagréable tinta soudain à ses oreilles, et, si elle n'eût pas craint de passer pour capricieuse, elle serait descendue au petit salon, près de sa mère, pour y chercher protection contre ses pensées dévorantes.

En une après-midi, Suzanne fit connaissance avec des chagrins d'autant plus cuisants qu'elle n'en soupçonnait pas l'existence ; ce n'était pas encore la jeune jalousie qui s'emparait d'elle, mais elle croyait à l'oubli, à l'indifférence, qui en sont proches parents. Une occasion s'était présentée, assez rare pour être saisie avec avidité, et Cyprien avait manqué au rendez-vous! Quoique jusque-là le mot *amour* n'eût été prononcé par aucun des deux jeunes gens, Suzanne se dit que Cyprien ne l'*aimait* pas comme elle l'aimait. De temps en temps, un petit rayon de soleil venait à percer ces noirs nuages et rassérénait l'esprit de Suzanne, ou lui faisant voir Cyprien moins coupable qu'elle ne le croyait ; mais de nouveaux nuages s'épaississaient aussitôt et voilaient ce tendre rayon. — Pourquoi l'ai-je rencontré? se demandait Suzanne, qui voyait au loin défiler ses années si heureuses d'innocence et de jeunesse. Pourquoi ne m'a-t-il pas laissé brûler vive ? Elle souffrait, en effet, et ressentait des flammes intérieures plus dévorantes que celles du jour de la Fête-Dieu.

Cette première nuit sans sommeil, Suzanne la passa à rallumer sa lampe, à la souffler, à la rallumer encore ; l'obscurité la fatiguait, la lumière blessait ses paupières sèches. Elle s'agitait dans son lit en tous sens, sans y trouver le repos ; les matelas lui semblaient brûlants et les plis des draps froissaient son jeune corps irrité. Elle manquait d'air, sa chambre était remplie de vapeurs lourdes semblables à celles qui précèdent un temps d'orage aux jours caniculaires : elle pensa à ouvrir sa fenêtre et à baigner cette fièvre ardente au vent frais de la rue ; mais au bruit de l'espagnolette, madame Le Pelletier, qui avait le sommeil léger, de sa chambre entendait le moindre mouvement dans la chambre de sa fille. Suzanne fut obligée de renoncer à l'air bienfaisant de la nuit. Lassée de combattre, elle s'abandonna à ses ennemis, qui étaient ses pensées, et les laissa libres de la torturer sans qu'elle fît la moindre résistance. Il en résulta un léger assoupissement qui gagna la jeune fille et qui la tint entre le sommeil et la veille ; dans cet état de demi-somnolence, elle pouvait encore penser, mais d'une façon trouble ainsi qu'un plongeur *voit* à travers des eaux malsaines. Cependant Suzanne flotta entre le rêve et la vie, de telle sorte que les angles de ses sensations cruelles s'effacèrent momentanément.

— Ce fut une trêve de courte durée : la jeune fille était réveillée brusquement à cinq heures du matin, une heure avant son habitude. Il est de tels cauchemars, si horribles que les malheureux qui en sont terrifiés, quoique réveillés en sursaut et se rendant compte de la non-réalité des faits entrevus, se relèvent tout à coup, le corps ensommeillé, n'osant plus se coucher dans la crainte de voir reparaître les fantômes sanglants qui ont perlé leur front de sueurs. Par un mouvement analogue, Suzanne descendit de son lit, heureuse d'échapper à sa couche et aux pensées nocturnes qui avaient agité leurs ailes au-dessus d'elle. Le petit jour apparaissait fin et discret à travers l'ouverture des rideaux. Suzanne ouvrit la fenêtre grande; à l'horizon, le ciel était pourpré et enflammé comme un coucher de soleil. Suzanne respira plus librement ; pour elle le vent était une consolation, un bienfait inattendu. Elle fit sa première toilette avec une précipitation inaccoutumée et descendit au jardin, où elle avait hâte de prendre un bain d'air pour faire disparaître ses tourments de la nuit. Le vent ne se fit pas attendre et répondit au pronostic de l'horizon rougeâtre par ses sifflements accoutumés. On entendait dans le voisinage des volets de bois mal attachés frapper les murs, des ardoises tomber des toits et se briser sur les pavés ; les fleurs, les arbustes, se courbaient pour saluer l'arrivée du tyran. Suzanne était tranquille; la sérénité avait reparu sur sa figure; elle aspirait ces souffles bruyants descendus dans le petit jardin. En suivant de l'œil les mille objets que le vent emportait dans son tourbillon, elle espérait que ses chagrins allaient prendre la même route. Cette promenade matinale calma momentanément sa fièvre; toutefois les illusions en s'envolant laissent des endroits pénibles et désolés. Aussitôt la première impression de bien-être éprouvée à l'air, Suzanne reconnut que le remède à son mal n'était pas là.

Le devoir la rappela à ses occupations ordinaires, qui étaient de préparer le déjeuner qu'elle portait chaque matin au lit de sa mère.

— Tu es pâle, ce matin, mon enfant, dit madame Le Pelletier en embrassant sa fille.

Suzanne resta quelque temps dans les bras de sa mère pour cacher son embarras.

— Qu'as-tu ? tu m'effrayes, je ne t'ai jamais vu si mauvaise mine... Réponds-moi, mon enfant!

Suzanne, s'étant imaginée que l'air enlèverait la trace de ses chagrins, n'avait pas préparé de motif plausible et ne répondait pas; mais sa mère vint la tirer d'embarras.

— Est-ce toujours ce vilain mal de tête d'hier ?

Suzanne avait oublié sa feinte indisposition.

— Il fallait rester au lit, ma fille, te reposer; tu as allumé le fourneau, je suis sûre que les charbons t'ont fait mal... Je ne te mènerai plus à l'hôpital maintenant... Pauvre enfant! s'écria la veuve en contemplant les traces de la passion sur la figure de Suzanne.

La physionomie de la jeune fille était si pure, si calme et si chaste, que la moindre peine s'y inscrivait comme la peau du lézard sur le sable.

— Reste près de moi! dit la veuve à Suzanne, qui avait posé sa tête sur l'oreiller près de celle sa mère.

Jamais un enfant ne reçut de plus tendres caresses et n'entendit de mots plus doux que Suzanne ce jour-là, près de madame Le Pelletier. La veuve, loin de soupçonner les souffrances intérieures de sa fille, n'en saisissait que les traces trop visibles, et elle s'efforçait maintenant de les dissiper par un redoublement d'affection qui faisait d'autant plus souffrir Suzanne qu'elle trompait sa mère. Elle n'avait qu'à lui dire : *Le mal est là!* en montrant son cœur, et bientôt une douce confidence, un repentir sincère, amèneraient des larmes communes, symptôme de la guérison.

— Si je ne *le* vois pas aujourd'hui, dit Suzanne, je dis tout à ma mère.

Et elle sortit sa tête des mains de la veuve, qui plongeaient dans ses épais cheveux blonds. En un moment, la figure de Suzanne changea d'expression; un raisonnement inattendu avait mis en fuite ses inquiétudes de la nuit : — Il n'a pu venir hier, il viendra aujourd'hui.

— Tu te sens mieux? dit madame Le Pelletier, qui vit le sourire reparaître sur les lèvres de Suzanne... A la bonne heure, viens que je t'embrasse encore.

Suzanne se jeta dans les bras de sa mère, sans craindre de laisser paraître son émotion. Elle passa la matinée dans des espérances riantes et folles qui la faisaient chanter dans sa chambre, se mouvoir comme une chèvre capricieuse, ouvrir les armoires et les tiroirs de sa commode pour changer de rubans. Elle ne se trouvait pas assez belle pour fêter l'arrivée de Cyprien. Le léger repas que Suzanne préparait habituellement pour midi se ressentit de son état.

— A quoi penses-tu, Suzanne? demanda doucement madame Le Pelletier, sans se douter que sa fille pensait fortement: mais dans son entrain, Suzanne comblait sa mère de caresses, et sa gentillesse naturelle faisait sourire la veuve, qui l'appelait enfant, tandis que les troubles de la nuit précédente avaient chassé l'enfance pour toujours.

A une heure, après quelque temps de repos, les dames avaient l'habitude de s'asseoir près de la fenêtre, chacune dans une embrasure, et de s'installer commodément à l'ouvrage, les pieds sur une chaise. C'est l'heure la plus animée de la rue : le soleil invite chacun à quitter ses travaux, à jouir de la promenade, la circulation s'ensuit. Jamais Suzanne ne fut plus gaie que pendant ces deux heures : elle animait le petit salon de sa parole, elle le remplissait et le rendait vivant. Madame Le Pelletier souriait aux saillies de sa fille qui parlait comme chante l'oiseau sur la branche; il ressortait du timbre de sa voix un naturel si heureux qu'un charme puissant s'attachait à chacun de ses mots. Aussitôt que la pendule eut sonné deux heures, Suzanne se tut tout à coup et fut reprise de ses accès d'inquiétude. Cyprien ne venait pas, il était donc malade ! Après avoir manqué la veille au rendez-vous de l'hôpital, il paraissait impossible à Suzanne qu'il ne vînt pas le lendemain expliquer les motifs qui l'avaient empêché. Cependant deux heures restaient encore pendant lesquelles il pouvait rendre visite. Un pressentiment secret s'empara de la jeune fille et lui dit que Cyprien ne viendrait pas.

Madame Le Pelletier ne prêta aucune attention au changement qui s'était opéré si brusquement en Suzanne; tout en brodant, préoccupée de la conversation qu'elle avait eue la veille avec le docteur Richard, la gaieté de sa fille ne faisait que lui rendre plus dur le moment où elle se séparerait de Suzanne, la joie de la maison. Comme ce petit salon lui paraîtrait triste quand elle l'habiterait seule ! Combien elle regretterait cette voix pure qui colorait en rose tous les endroits soumis à sa vibration ! Donner Suzanne à un homme qui peut-être ne la comprendrait pas ! La jeter dans les bras d'un être sans délicatesse ! Madame Le Pelletier soupirait et ne se trouvait pas le courage nécessaire à cette forte résolution.

Séparées par l'embrasure d'une fenêtre, la mère et la fille songeaient aux hommes, sans se douter qu'un même sujet les occupait à la même heure. La pensée de Suzanne était tournée vers l'évêché, celle de madame Le Pelletier du côté de la sous-préfecture ; toutes deux craignaient, l'une le passé, l'autre l'avenir. Suzanne se repentait d'avoir accumulé sur la personne de Cyprien une montagne de félicités, et de ne ea trouver qu'en lui ; la veuve du président balançait avant de confier à un homme le trésor d'affection qu'elle enfouissait chaque jour dans sa fille. Ainsi les mères deviennent avares, craignant de voir dissiper par des mains prodigues les richesses d'éducation, de conseils, de bons sentiments, qu'elles ont semés et vus croître. Madame Le Pelletier ne pouvait s'habituer à l'idée de se séparer de sa fille, aussi la confidence du docteur Richard lui portait-elle un coup sensible.

Il était donc vrai, il fallait songer au mariage de Suzanne ; le docteur l'avait dit, et toutes les paroles qui sortaient de la bouche de l'ancien ami de la famille étaient toujours marquées au coin de la raison. Par une singulière coïncidence, la mère n'avait guère plus reposé que la fille ; ses alarmes, quoique moins vives, étaient encore assez fortes pour troubler une existence tranquille. Madame Le Pelletier songea un moment à confier à Suzanne ses soucis et à la rendre juge dans cette question délicate ; en entendant sa fille chanter après le déjeuner, courir du salon à la cuisine, de la cuisine au salon, la veuve se dit que Suzanne n'était pas encore assez mûre pour donner son avis sur son propre avenir. En ce moment, elle eût voulu embrasser Suzanne, mais madame Le Pelletier sentait son cœur gros de larmes qui ne demandaient qu'à s'épancher, et la vue de sa fille les eût fait couler abondamment. A l'autre fenêtre, Suzanne s'efforçait de travailler, et feignait la plus grande application à sa broderie, car elle comprenait que sa figure avait repris les agitations de son réveil du matin. Les deux femmes se cachaient ainsi leurs sentiments et tâchaient d'éteindre leurs soupirs.

Suzanne prétexta la préparation du goûter pour s'échapper du salon ; en réalité elle courut à son miroir ; elle remarqua ses yeux rougis, sur lesquels elle appliqua de l'eau fraîche. Le dîner se ressentit des pensées de l'après-midi ; la mère et la fille empruntaient de pâles sourires pour masquer leur contrainte. Si la conversation s'engageait, c'était pour se rompre aussitôt ; les paroles mentaient et les deux femmes rougissaient de leur propre son de voix.

— Tu m'as passé ta migraine, Suzanne, dit madame Le Pelletier en affectant de parler plaisamment. — Je ne l'ai pas quittée cependant, ma bonne mère, reprenait Suzanne, voyant arriver avec inquiétude l'heure où elle allait se trouver seule. — Si tu me faisais un peu de lecture, je crois que cela me distrairait.

Suzanne saisit cette proposition avec empressement. Les lectures n'avaient lieu ordinairement que dans les longues soirées d'hiver, pour en varier la monotonie : c'étaient des romans anglais, ou dans le goût anglais, de miss Edgeworth ou de madame de Montolieu, qui faisaient passer une demi-heure aux deux dames, car Suzanne ne poussait pas plus loin son amour de la lecture, et madame Le Pelletier n'en demandait pas davantage, voulant seulement rompre ainsi la longueur des soirées.

Ce jour-là Suzanne lut la moitié d'un roman tout entier, quoique sa mère la priât de cesser, pour ne pas se fatiguer ; mais elle avait trop d'intérêt à se soustraire à ses propres pensées, et il lui fallut l'épuisement de la lampe pour interrompre la lecture du roman. Il était deux heures du matin ; madame Le Pelletier s'était endormie doucement pendant le récit des imaginations de miss Edgeworth. Suzanne ne s'en aperçut qu'en fermant le livre, tant elle avait apporté d'application dans sa lecture. Sans rien dire, elle se glissa doucement tout habillée sur le lit près de sa mère, espérant qu'auprès d'elle les songes de la nuit précédente ne viendraient pas la troubler. Elle avait peur de rentrer dans sa petite chambre, si gaie d'ordinaire, si déplaisante depuis qu'elle y avait ressenti des sensations troublantes. Elle n'osait plus être seule, craignant ses propres pensées ; près de sa mère, elle espéra qu'un repos salutaire s'emparerait de ses sens. Suzanne se trompait. L'image de Cyprien se glissa entre elle et sa mère, et l'empêcha de fermer les yeux ; elle souffrit même davantage de la retenue que lui inspirait le sommeil de madame Le Pelletier, car elle n'osait ni respirer ni faire un mouvement. La pauvre enfant n'avait pas même la ressource des malades qui se retournent sur leur lit de douleur, et le froid de la nuit, joint à l'immobilité, lui faisait sentir le besoin de se déshabiller et d'entrer tout à fait dans le lit ; mais, respectant le sommeil de sa mère, que le moindre mouvement eût réveillée, elle aima mieux rester dans cette position jusqu'au lendemain matin, épiant les quarts d'heure mortels qui s'échappaient de l'horloge publique de la Malva.

L'immobilité forcée dans laquelle se tenait Suzanne semblait doubler l'activité de ses pensées ; mille projets se formaient dans sa tête, qui aboutirent cependant à une idée raisonnable. La première heure de la nuit avait annoncé le vendredi ; il restait deux jours jusqu'au dimanche, qui devait réunir forcément Cyprien et Suzanne aux orgues de la pa roisse. Si Cyprien ne venait pas chez madame Le Pelletier dans l'intervalle, Suzanne renonçait à toucher de l'orgue et à rencontrer Cyprien. Elle accumula toutes les raisons qui militaient pour et contre Cyprien; elle les classa en deux groupes opposés; pleine de sang-froid comme un magistrat, elle écouta les voix qui partaient des deux groupes opposés en écartant toutefois l'idée que Cyprien pût être malade. A part ce motif, le jeune homme était impardonnable; blessée dans son amour-propre, Suzanne se leva doucement au petit jour, non pas le cœur content, mais affermie dans sa résolution.

Jamais elle ne reverrait Cyprien, s'il ne se présentait pas chez madame Le Pelletier avant le dimanche.

A cette heure, la jeune fille était ferme et arrêtée dans sa volonté. Sa figure s'en ressentait : elle y perdit un peu de sa douceur ordinaire, mais elle retrouva un calme de marbre qu'on n'eût pu supposer sous une si grande tendresse. Le reste de gaieté enfantine, les mouvements alertes et vifs, la carnation du teint, en furent atteints légèrement, mais Suzanne y gagna en se sentant devenir femme résolue. Huit jours l'avaient changée à ce point qu'elle ne se reconnaissait plus intérieurement, n'ayant pas soupçonné jusqu'alors les forces qui étaient en elle.

Cyprien ne vint pas le vendredi, et Suzanne n'en fut pas troublée ; au contraire, elle se complaisait dans sa résolution et se félicitait du calme qu'elle puisait dans son amour-propre offensé. Elle devint sérieuse, et madame Le Pelletier remarqua, non sans étonnement, cette transition de la jeunesse à l'adolescence.

Un moment la veuve put croire que Suzanne avait pressenti la conversation du docteur Richard, et qu'elle s'essayait à jouer le rôle d'une jeune fiancée; mais Suzanne était sortie avant que le médecin eût entamé un mot de cette grave question. S'il en avait parlé à d'autres, Suzanne ne pouvait le savoir, personne n'étant entré chez la veuve depuis cet entretien. Madame Le Pelletier, n'osant questionner sa fille, s'imagina que Suzanne avait pu remarquer l'employé et ses timides assiduités; malgré la profonde attention qu'elle mettait à regarder les passants de la rue depuis les confidences de M. Richard, malgré la connaissance des heures auxquelles l'employé allait à son bureau et en revenait, jamais la veuve n'avait pu surprendre le jeune homme dans sa rue tranquille; car Jousselin, honteux de l'audace qu'il avait eue chez le docteur, faisait maintenant un long détour pour ne pas passer devant la maison de madame Le Pelletier.

La veuve se perdait en raisonnements, et elle craignait d'avoir trahi ses propres pensées, qui avaient peut-être donné à songer à Suzanne. Toutes deux vivant de la même vie, ayant une égale tendresse, occupées des mêmes idées, s'entendant à demi-mot, il n'était pas possible que Suzanne eût surpris les secrètes préoccupations de sa mère, lorsque, les yeux gonflés de larmes à l'idée d'une future séparation, elle n'osait parler à sa fille. Peut-être même, pendant cette nuit où Suzanne s'était couchée, près d'elle tout habillée, certains mots prononcés pendant un sommeil agité s'étaient-ils échappés de sa poitrine; car Suzanne n'avait pas caché, en déguisant un peu la vérité, qu'elle était tombée de fatigue sur le lit après la lecture du roman, et qu'elle s'était assoupie jusqu'au matin sans songer à regagner sa chambre.

Telles étaient les idées de madame Le Pelletier, lorsque Suzanne lui dit résolument le samedi :

— Je n'irai pas demain toucher les orgues à la cathédrale.

La veuve fut étonnée de ce ton décidé, et en demanda la raison.

— Je ne sais ce que j'éprouve à la main gauche, dit Suzanne appelant un nouveau mensonge à son aide : mes doigts ne remuent plus; j'ai voulu jouer ce matin du piano, cela m'a été impossible. — C'est singulier, dit la mère, ce sont les nerfs. — Sans doute, reprit Suzanne de son ton de voix le plus naturel. Ne faudrait-il pas faire prévenir M. le curé, ma chère maman? — Demain, ce petit accident aura disparu sans doute, il serait fâcheux de manquer la messe. — Quand même la fatigue ou l'effort auraient disparu de mes doigts, je préfère ne pas jouer, ma chère maman. Déjà je me suis sentie dans cette disposition après avoir touché de l'orgue; il vaut mieux que je me repose. — Tu vas perdre ton emploi, dit en souriant la veuve, qui se pliait aux moindres caprices de sa fille. — Qu'importe! dit Suzanne. — Tu seras remplacée d'ailleurs par M. Cyprien, dit madame Le Pelletier; il peut accompagner l'office. — Certainement, et même mieux que moi. — Je n'ai donc pas besoin de faire prévenir. M. Cyprien ne manque jamais de se trouver aux orgues avant notre arrivée. — Sans doute ne reprendrai-je pas, fussé-je guérie, dit Suzanne, qui voulut habituer sa mère à ne plus la conduire aux orgues. — Quelle idée, Suzanne! — Je me sens inférieure vis-à-vis de cet instrument ; sa puissance m'écrase, mes forces ne répondent pas à mon sentiment... Devant mon piano, tout va bien, mais je me sens faible en abordant le clavier de l'orgue. Je me rends compte des fortes voix que je ne parviens pas à faire parler comme l'exige la sonorité de l'instrument, et je m'en reviens humiliée après chaque office. — Tu exagères ta faiblesse. — Ma chère maman, tu aimes ta Suzanne, tu trouves bien tout ce qu'elle fait; sans faire parade de mon humilité, je t'assure que chaque messe me peine, parce que je sens ce qui me manque et ce que l'étude ne saurait me donner.

Madame Le Pelletier fut surprise de ces raisons, qui semblaient naturelles; dans sa bonté, préoccupée d'éloigner tout ce qui pouvait causer quelque inquiétude à sa fille, elle l'approuva. N'étant pas musicienne, elle fut dupe des adroits sophismes de Suzanne et la poussa même à abandonner cet instrument, puisque, loin d'y trouver un délassement, elle n'en rapportait que des fatigues et du découragement.

Suzanne, heureuse d'avoir si adroitement coloré le motif qui l'éloignait des orgues, entretint sa mère de la jouissance qu'elle éprouverait à entendre de la nef les voix puissantes de l'instrument auquel elle renonçait. D'en bas de l'église, l'effet était plus puissant; n'étant pas mêlée au concert, elle saisirait mieux les chants harmonieux qui gagnaient à être entendus à une certaine portée, et mille autres raisons auxquelles la veuve du président donna son assentiment. Madame Le Pelletier croyait à toutes ces excuses, issues d'un vif dépit. Pour Suzanne, plus elle parlait, plus elle s'entêtait dans ses idées, et ses paradoxes prenaient à ses yeux la couleur de vérités irréfragables.

Cyprien ne vint pas le samedi.

Le lendemain matin, Suzanne passa plus de temps que d'habitude à sa toilette, et madame Le Pelletier l'admira avec une fierté toute maternelle dans ce renouvellement de physionomie qui la rendait vraiment femme d'une suprême beauté. Les dames suivirent le chemin accoutumé de l'église, entrèrent par la petite porte de gauche de la façade. Après avoir pris de l'eau bénite et s'être inclinées :

— Où vas-tu, Suzanne? dit madame Le Pelletier, qui se dirigeait vers la nef. — Ne montons-nous pas aux orgues? dit Suzanne. — Comment? s'écria la veuve étonnée, en montant les marches du petit escalier noir en limaçon. — Ma douleur est passée, ma main va beaucoup mieux.

XXV

CORRESPONDANCES

Une autre qu'une mère eût compris à des variations si subites l'état dans lequel se trouvait le cœur de Suzanne. Madame Le Pelletier s'arrêta un moment pour se remettre de sa surprise. Trois jours avant, sa fille lui semblait encore une enfant rieuse ; le lendemain elle devenait grave, et en un moment elle se montrait subitement capricieuse. La veuve du président suivit sa fille sans dire un mot ; elle ne demandait que le bonheur de son enfant, et elle était prête à le payer par de bien grands sacrifices. Suzanne, en ouvrant la porte de plain-pied avec les orgues, jeta rapidement un coup d'œil. Cyprien n'y était pas ! Si elle l'eût osé, peut-être la jeune fille fût-elle redescendue s'agenouiller dans l'église et prier sa patronne de l'affermir dans ses résolutions de la veille.

En entendant le bruit de la porte grinçant sur ses gonds, le vieux souffleur apparut enveloppé de son éternelle houppelande à boutons d'acier, salua les dames, et les prévint que Cyprien était déjà venu et qu'il comptait sur mademoiselle Suzanne pour accompagner un ancien chant du xvi⁰ siècle, dont lui avait fait cadeau M. Du Pouget. Il avait laissé la musique sur le pupitre, afin que Suzanne pût en prendre lecture pendant la messe.

Les chevreaux ne bondissent pas avec plus de joie sur les montagnes que le cœur de la jeune fille en apprenant cette nouvelle. Il pensait donc encore à elle ! Le nom seul de Cyprien lessiva toutes les mauvaises inquiétudes qui s'étaient entassées chez Suzanne et qui décomposaient son teint. La pourpre des habits du roi Salomon, peints sur les vitraux de la rosace, pâlit à côté de l'incarnat des joues de la jeune fille ; elle se sentait revenir à la vie avec la volupté des fleurs étendues sur la terre par un temps de sécheresse, qui boivent avec avidité les gouttes d'une pluie bienfaisante. Elle cachait son bonheur en feignant de lire l'accompagnement du psaume qu'avait apporté Cyprien ; elle était heureuse de ne pas l'avoir vu en entrant, tant elle craignait une trop vive émotion.

Le service divin commença. Suzanne se mit au clavier avec allégresse, et répondit aux chantres du chœur par une phrase improvisée qui, malgré sa coupe solennelle, laissait percer les sentiments qui l'agitaient. En ce moment, Cyprien entrait par la façade et traversait la voûte de bois que forment les charpentes des orgues.

A cette place se tiennent à l'ordinaire, debout, les paysans habillés en blouse, qui n'avancent jamais plus loin dans l'intérieur de la cathédrale. Ont-ils l'humilité de leur simple costume? Évitent-ils ainsi de payer les chaises en restant debout?

Ce jour-là, peu de paysans se tenaient sous les orgues : aussi Cyprien remarqua-t-il avec un certain étonnement un jeune homme de la ville, on n'en pouvait douter à la coupe de ses habits, qui se tenait à la place favorite des paysans. L'expression générale du jeune homme était si particulière, qu'elle eût suffi à le faire distinguer entouré de personnes de sa condition. Il semblait en extase pendant que l'orgue faisait entendre sa voix puissante ; on eût dit qu'il buvait avec délices les flots d'harmonie qui descendaient de la voûte. Sa physionomie devint d'autant plus caractéristique quand l'instrument se tut pour laisser répondre les chantres et les enfants de chœur. L'extase avait disparu, le jeune homme redevenait un être ordinaire ; sa figure, tout à l'heure illuminée, retrouvait sa quiétude, le feu de ses regards s'éteignait.

D'un simple coup d'œil Cyprien remarqua cette physionomie sans y attacher une plus grande importance, quoique, s'il eût connu l'homme, les espérances qui s'agitaient en lui, l'attention que celui-ci portait aux grandes voix de l'orgue, il eût prêté plus d'attention à examiner ce rival timide.

Le bruit n'avait pas tardé à se répandre dans Bayeux que tous les dimanches, depuis un certain temps, mademoiselle Le Pelletier touchait l'orgue à la cathédrale; la nouvelle en parvint jusque dans les bureaux de la sous-préfecture, qui avait accueilli avec un vif intérêt d'autres faits bien moins importants. N'osant plus passer devant la maison des dames Le Pelletier, honteux d'avoir confié son secret au docteur, qu'il fuyait désormais, Jousselin saisit avec empressement l'occasion de revoir Suzanne à l'église. Il arrivait le premier dans la cathédrale, se cachait à un des angles de la place et guettait l'apparition des dames Le Pelletier. Trop heureux d'avoir vu de loin Suzanne et sa mère, Jousselin entrait à l'église par la petite porte de la façade du sud, et se blottissait derrière un monument de marbre noir dont les statues le dérobaient aux regards des dames quand elles s'offraient l'eau bénite avant de monter aux orgues.

Les mouvements des dames avaient été calculés par l'employé avec une telle précision, qu'il savait, à une seconde près, le temps qu'elles mettaient à traverser la nef. Alors il lui était permis de voir par derrière Suzanne, qui tournait le dos pour monter le petit escalier de pierre des orgues ; mais ces contemplations assidues, cette attente à l'air humide, ce froid pénétrant de l'église, étaient payés par des jouissances sans nombre. Jousselin avait fini par percevoir le bruit des pas de Suzanne sur le plancher des orgues, quoique l'instrument fût situé à une hauteur considérable. Du moins l'employé le croyait. Peut-être entendait-il les pas lourds du souffleur à la houppelande marron !

Quand M. Bonnard commençait à souffler et que Suzanne faisait sortir, en appuyant sur la touche, une seule note longue et plaintive qui allait en s'affaiblissant sous les arceaux de la vieille cathédrale, le jeune homme croyait surprendre un soupir répondant aux siens. Il participait ainsi à toutes les mélodies que Suzanne mettait en jeu, suivant sa disposition d'esprit. A la sortie de l'église, des jouissances plus réelles récompensaient l'employé de ses assiduités ; perdu dans la foule qui sortait de la messe, Jousselin pouvait regarder à loisir, sans se compromettre, la figure de Suzanne, qu'il s'appliquait à mouler dans son cerveau pour s'en repaître à son loisir pendant les heures du bureau.

Le cœur libre, peut-être Suzanne eût-elle été touchée de la profonde affection de l'employé, qui se contentait de miettes de jouissances ; mais elle ne pouvait soupçonner qu'au-dessous d'elle était un homme modeste et timide qui l'écoutait avec ravissement. L'eût-elle su, qu'elle n'eût pas puisé dans cet amour la vanité de tant de femmes qui ne sont satisfaites qu'avec un troupeau d'adorateurs à leur suite. Suzanne n'avait aucune coquetterie. Il suffisait, pour juger la fille, de regarder la mère, sur le visage de laquelle nulle passion n'avait laissé son empreinte.

Dans les comédies qui se passent avant le mariage, dans les présentations de futurs qui ne se sont jamais vus, dans les entrevues qui n'aboutissent pas, un homme de bon sens, après avoir vu la veuve travaillant dans son petit salon, après avoir regardé le portrait de feu M. Le Pelletier, après avoir respiré l'air de la maison, pouvait dire : — J'accepte votre fille les yeux fermés. Car les principes physiologiques d'hérédité, quoiqu'ils offrent quelquefois des exceptions bizarres, faisaient forcément de Suzanne la digne fille du président.

C'était avant tout une femme *naturelle*, laissant s'échapper ses sensations, sans songer à les masquer : aussi l'entrée aux orgues de Cyprien lui causa une telle émotion qu'elle coupa court au répons de sa phrase musicale.

Quoique tournant le dos à la petite porte de l'orgue, elle reconnut la façon de marcher de Cyprien, et tout son être en fut si ému, qu'elle termina par une note cadencée produite involontairement par le frémissement qui avait gagné jusqu'à ses mains.

Cyprien connut immédiatement l'impression que son entrée avait produite. Suzanne n'employait jamais la cadence aux orgues; d'ailleurs le dos de la jeune fille, ses bras, toute sa personne, étaient agités d'un mouvement imperceptible que Suzanne tâchait de maîtriser, mais qui ne pouvait échapper à Cyprien.

Lui-même ressentait cette sensation, plus faiblement, il est vrai, mais il croyait à une communauté d'impressions qui, aussitôt qu'il les éprouvait, devaient être éprouvées par la jeune fille. Ceux qui aiment sont tous convaincus de ces effets magnétiques inexplicables dont ils se moqueraient, si étant sains d'esprit, ils en recevaient la confidence de quelque ami.

Depuis qu'il connaissait Suzanne, Cyprien se laissait entraîner dans le pays des rêves et des illusions ; plus d'une fois le regard fixe, quoique sans regarder, il suivit mille fantômes gracieux se jouant dans les airs, qui, malgré leur forme vague, rappelaient toujours l'image de Suzanne.

En venant à la cathédrale, Cyprien avait été escorté par ces chimères que le son de l'orgue mit en fuite pour ramener une non moins pure réalité. Tout ému, il s'inclina devant madame Le Pelletier, fit une courte prière et prit une chaise non loin de Suzanne.

Ils ne se regardaient pas, mais ils se savaient l'un près de l'autre; s'associant à demi-voix aux chants des fidèles, le son de leur voix leur communiquait d'ineffables vibrations. La messe leur parut courte, à l'inverse de l'employé qui, attendant le moment de revoir Suzanne, la trouvait trop longue. Après la cérémonie, Cyprien s'approcha des dames Le Pelletier, présenta les politesses de M. de Boisdhyver et témoigna du salutaire effet qu'avait produit leur visite aux Garnier. Il avait été les visiter le lendemain à l'hôpital, et les avait trouvés se redisant les consolations de madame Le Pelletier et de sa fille. Suzanne écoutait avidement l'explication détournée que

Cyprien donnait de sa conduite depuis quelques jours, quoiqu'en présence de la veuve, le jeune homme ne pût s'expliquer. Troublée elle-même, Suzanne n'en remarqua pas moins un certain embarras dans la personne de Cyprien, dont les mouvements semblaient gênés et paralysés par intervalles. Il se passait en lui une sorte de combat qui se faisait pressentir surtout à l'altération de la voix ; une émotion non ordinaire se lisait dans son regard. Pour sortir de cette situation, il alla lui-même ouvrir la porte, en paraissant donner aux dames le signal du départ. Madame Le Pelletier passa la première, Suzanne la suivit, Cyprien recommanda à M. Bonnard de fermer la porte d'entrée.

Le petit escalier des orgues, en forme de vis, est humide, noir et étroit ; ceux qui le montent ou le descendent tournent sans cesse sur eux-mêmes. Les dames Le Pelletier le trouvaient incommode par la nécessité de se courber la tête et d'empêcher leurs habits de frôler contre les murs suintants ; aussi leurs mains étaient-elles employées à tenir l'étoffe de leurs robes pour les garantir du contact de la pierre humide. Il était difficile de descendre l'escalier avec agilité ; une prudente lenteur commandait de ne poser les pieds qu'avec précaution sur des marches taillées en triangle allongé, usées vers le milieu, et n'offrant une assiette certaine qu'à l'endroit le plus étroit. Le cœur de Suzanne battait pendant qu'elle descendait cet escalier. Les combats qu'elle avait livrés en elle-même depuis quelques jours, ses insomnies, la force dont elle s'était crue capable qui s'était brisée comme du verre, la vue de Cyprien, son embarras, tout lui indiquait qu'aujourd'hui, à cette heure, dans cet escalier, allait se passer un fait nouveau, inconnu, d'une grande influence sur sa vie.

A cet instant de réflexion, il lui sembla qu'un objet se présentait à la hauteur de ses mains, et qu'une voix lui disait : *Prenez*. Inquiète, n'ayant pas l'usage de ses mains, ne se rendant pas compte de l'objet, croyant être victime d'une illusion qui prenait le ton affaibli d'une voix, troublée à l'excès, elle fit un faux pas.

— Prends garde, Suzanne, dit madame Le Pelletier, qui connut que le pied de Suzanne avait manqué.

Suzanne tressaillit en entendant cette parole ; mais elle eut à peine conscience de cet accident, car elle sentit au même moment glisser dans sa main, quoiqu'elle fût fermée et occupée à amoindrir l'ampleur de sa robe, un pli étroit et allongé qui ne pouvait être qu'une lettre. Son premier mouvement fut de repousser ce billet ; cependant elle le garda et le broya pour ainsi dire dans sa main, tant son émotion était grande. Mille raisons contradictoires se pressèrent dans son cerveau aussitôt qu'elle eut deviné qu'il s'agissait d'une lettre à recevoir secrètement ; mais la lumière subite de la porte des orgues, ouverte par madame Le Pelletier, ne permit pas à Suzanne de prendre un parti décisif.

Les yeux baissés, n'osant soutenir les regards de Cyprien, elle reçut ses adieux, sans remarquer la curiosité des gens qui attendaient tous les dimanches sa sortie, en faisant mille réflexions sur sa beauté et son talent musical.

Combien le chemin lui parut long de l'église à la maison ! Ordinairement les dames Le Pelletier faisaient un petit détour, afin de passer chez un boulanger en réputation dans le pays, qui cuit, le dimanche seulement, des petits pâtés ; c'était le seul élément étranger que la veuve introduisît dans sa cuisine. Le bon marché, la célébration du dimanche, le renom du boulanger, faisaient de ces pâtés une petite variante gastronomique. Suzanne, afin d'arriver plus vite, évita de tourner la rue qui mène chez le pâtissier ; quand sa mère lui en fit l'observation, elle répondit qu'elle n'avait pas faim, qu'il restait de la viande froide de la veille, et d'autres raisons plausibles en apparence.

La lettre la brûlait, elle l'avait introduite dans son gant, et tenait sa main tellement serrée, que rien n'eût pu l'en séparer. Elle n'osait parler à sa mère, tant il lui semblait que sa voix était altérée ; non plus, elle n'osait la regarder ; ses yeux pouvaient la dénoncer. Un homme qui ramasse un portefeuille, tombé des poches d'un agent de change est moins ému.

En arrivant à la porte, Suzanne tourna si brusquement la clef dans la serrure, qu'elle ne put l'ouvrir d'abord. Madame Le Pelletier sourit de cette vivacité, car elle était habituée depuis quelques jours aux variations de sa fille, et elle n'y voyait rien de particulier. Les mères sont souvent aveugles ! A regarder la démarche de Suzanne dans le corridor, sa disparition subite dans l'escalier, il y avait là un fait significatif en dehors de ses habitudes, qui eût frappé même un étranger. Habituellement, en sortant de l'église, les dames ôtaient leurs chapeaux dans le salon, quittaient leurs châles, leurs mantelets, leurs manchons, leurs gants. Suzanne mettait la table en un clin d'œil et préparait le déjeuner. Ce jour-là elle monta rapidement l'escalier, tant elle avait hâte de se débarrasser de la lettre. Arrivée dans sa chambre, elle ne perdit pas de temps et la lut d'un regard, malgré son trouble; sa physionomie changea à diverses reprises, elle respirait à peine, partagée entre l'émotion et la crainte. Son oreille était aux aguets, dans l'appréhension que madame Le Pelletier ne montât. D'abord elle resta près de sa porte sur le palier, afin de n'être pas surprise; pour mieux donner le change, elle marcha bruyamment, afin que le bruit de ses pas pût résonner au rez-de-chaussée et tromper la veuve sur ce qui se passait au premier étage.

— Suzanne, est-ce que tu ne vas pas descendre? dit madame Le Pelletier d'en bas. — Je suis à toi, mère, répondit la jeune fille, plus inquiète que jamais, car elle ne savait où cacher la lettre. D'un coup d'œil elle parcourut la chambre et ne trouva point d'endroit assez secret pour l'y déposer.

Madame Le Pelletier n'avait pas l'habitude de troubler la solitude de Suzanne, mais ceux qui troublent craignent toujours d'être surpris. Enfin la jeune fille fourra la lettre sous le traversin du lit, et elle se versa de l'eau sur les mains qu'elle n'essuya point, afin d'avoir un motif pour colorer sa brusque disparition.

— Mon petit accident nerveux est revenu, dit-elle, la figure rouge comme une cerise, j'ai trempé mes mains dans l'eau.
— Tu aurais pu aller à la cuisine, répondit madame Le Pelletier, l'eau de la citerne est plus fraîche. — Je n'y ai pas pensé.

Le mensonge dont avait honte Suzanne ne l'inquiétait plus maintenant qu'elle se sentait aimée; elle se trouvait entraînée par la passion, et ne pouvait plus retrouver le chemin de sa candeur. Quoique sa curiosité eût été satisfaite, Suzanne aurait voulu remonter à sa chambre; elle avait lu la lettre et elle ne l'avait pas lue. Une impression vague lui était restée seulement de cette lecture, qui l'émotionnait de telle sorte qu'elle ne se sentait aucun appétit. A peine toucha-t-elle au déjeuner; elle sentait seulement qu'elle devait feindre de manger, afin de ne pas chagriner sa mère, mais elle pouvait à peine se servir de sa fourchette, de son couteau. La lettre l'obsédait, ne la quittait pas; les caractères d'une écriture chérie lui restaient dans les yeux. Le repas terminé, Suzanne remonta à sa chambre, après avoir prévenu sa mère qu'elle essayerait de se reposer un instant. Pour la première fois, elle tira un petit verrou de cuivre qui eut beaucoup de peine à sortir de sa targette, par le peu d'usage qu'on en faisait et le vert-de-gris qui s'y était amassé. C'était un verrou tiré entre madame Le Pelletier et sa fille. Toute confiance disparaissait ; Suzanne avait besoin maintenant de cacher ses actions comme ses sentiments. Le traversin où jusqu'ici la jeune fille avait posé sa tête et ses rêves si purs, contenait une lettre qui désormais remplirait les nuits d'agitations, de fantômes et d'inquiétudes. Suzanne ne se doutait pas qu'en cachant la lettre dans cet endroit, elle déposait un brasier qui devait enflammer ses nuits. Tout à l'heure elle avait mal lu, craignant d'être surprise, l'oreille aux aguets, debout, trop émue pour comprendre les paroles de Cyprien ; cette fois elle s'étendit sur son lit, après avoir tiré les rideaux de mousseline de la fenêtre.

Dans sa lettre, Cyprien témoignait combien il avait été malheureux de ne pouvoir rencontrer Suzanne à l'hôpital ; désormais il ne pourrait la voir qu'une fois par semaine, en présence de personnes qui le gêneraient. Il suppliait Suzanne de ne pas lui témoigner de rancune pour lui avoir fait accepter ce billet contre son gré ; il espérait même qu'elle voudrait bien recevoir une nouvelle lettre chaque semaine par la même voie. Puisqu'il ne pouvait parler, il eût été cruel de l'empêcher d'écrire, et il terminait par l'assurance d'une affection éternelle qui se peignait dans chacun de ses mots ; mais quoique simples, on les sentait vrais et convaincus à travers cette timidité qui ouvrait la correspondance. Chaque mot remuait Suzanne, car chaque mot était sincère ; il répondait aux secrètes pensées de la jeune fille. Ce que Cyprien écrivait, Suzanne l'avait pensé ainsi ; il lui paraissait que d'autres termes n'auraient pu répondre à ses propres sentiments.

Suzanne relisait la lettre, l'admirait comme un poème ; l'écriture la charmait comme un beau tableau, et elle se reposa un moment sur son lit, fermant les yeux, croyant entendre la plus douce des symphonies. Elle n'était plus un corps, mais une âme flottant dans l'horizon bleu, et ne rencontrant partout que félicités. De temps en temps elle quittait les nuages pour revenir sur la terre, ouvrait à moitié les yeux et dirigeait son regard vers la lettre, afin de s'assurer qu'elle n'était pas l'objet d'un rêve heureux. Après avoir savouré longtemps tout son bonheur, elle descendit auprès de madame Le Pelletier, et désormais elle reprit sa vie ordinaire, aspirant à la venue du dimanche comme le prisonnier aspire après la liberté.

Dans sa seconde lettre, Cyprien demandait une réponse.

Suzanne lui répondit sans se demander si elle ne se compromettait pas. Madame Le Pelletier n'avait jamais pensé à donner à sa fille l'éducation parisienne qui enseigne tout aux jeunes filles, règle leur conduite en matière de correspondance, fait d'une lettre plus qu'une faute, et dispose les femmes à ruser dès leur adolescence. La veuve inculquait à Suzanne l'éducation qu'elle avait reçue : élevée par une mère pieuse et indulgente, madame Lepelletier était devenue pieuse et indulgente.

Dépeindre le vice à une jeune fille pure, c'est troubler sa candeur et la pousser à des analyses dangereuses : tel était le système de madame Le Pelletier, qui, ayant traversé le mariage sans troubles, croyait que sa fille aborderait aux mêmes rives sans tempêtes. Les séductions sont rares dans la province. A peine entend-on parler d'une jeune fille ouvrière en dentelles trompée par son amant, que sa faute empêche de se montrer dans la ville. De semblables faits ne pénétraient jamais chez madame Le Pelletier, qui n'ouvrait pas sa porte aux bavardages de petite ville. Aussi, Suzanne, chaste comme un enfant, se laissa entraîner par la passion sans qu'aucun conseil pût la retenir. Des rougeurs subites, un embarras qu'elle cachait avec peine l'avertissaient seulement qu'elle ne devait pas tromper sa mère ; mais elle craignait maintenant de rompre le charme qui lui fournissait chaque jour de douces impressions.

Ne plus voir Cyprien, ne plus recevoir de ses lettres, ne plus lui répondre, eût été pour Suzanne une source d'amertumes, des chagrins dont elle n'osait envisager la force. Elle était entrée dans une nouvelle vie et se sentait comme passée dans un autre corps ; si elle eût ouvert un livre traitant de la métempsycose, elle y eût cru naïvement, tant chaque jour pointaient de nouvelles sensations et de nouvelles aspirations. Tout ce qui l'entourait prenait une physionomie autre que par le passé ; la délicatesse de ses sens s'était décuplée ; elle voyait, elle entendait, elle touchait, elle respirait avec délices. Tout dans la nature lui parlait de Cyprien, les arbres, les fleurs, les plantes ; Cyprien était partout avec elle, elle le portait en elle. Les oiseaux qui la réveillaient le matin, en agitant leurs ailes sous la feuillée, disaient le nom de Cyprien ; le courant de vent qui traversait ses cheveux, quand elle descendait au jardin, avait traversé les cheveux de Cyprien. En écoutant le tintement des cloches, elle se disait qu'à cette heure Cyprien les entendait aussi. Maintenant, elle comparait à Cyprien les hommes qui passaient dans la rue ; si elle se mettait à travailler, elle se demandait ce que faisait Cyprien, et sa pensée, traversant les rues, les maisons, les murs, les espaces, allait s'abattre auprès de la pensée de Cyprien et en revenait chargée de précieux souvenirs.

Bientôt Cyprien demanda à Suzanne de recevoir plus souvent de ses lettres : des événements pouvaient survenir qui l'empêcheraient d'aller aux orgues aussi régulièrement que par le passé, et pour la première fois Suzanne devint inquiète en songeant qu'elle pourrait rester sans nouvelles de Cyprien. Ses lettres, elle y tenait plus qu'à la vie ; elle les avait mises par ordre dans un petit coffret à ouvrage qu'elle tenait caché sous son oreiller, et elle prenait plaisir à les y entasser comme un avare son or. C'était pour elle une jouissance sans égale que d'en ajouter une nouvelle aux autres ; chaque soir, après avoir tiré son verrou, elle ne s'endormait qu'après les avoir relues toutes.

Sans s'en douter, Cyprien répondait au vœu le plus cher de la jeune fille. Qu'une lettre par semaine est peu de chose ! Aussi Suzanne ne fut pas inquiète de la demande de Cyprien. Depuis quelque temps son esprit s'était appliqué à trouver un moyen plus certain de correspondre ; l'eût-elle trouvé qu'elle n'en eût rien dit, mais elle songea que la petite porte du jardin donnait sur un terrain vague, peu fréquenté. Il était facile de ne pas fermer la porte à clef. Qui empêcherait Cyprien de se rendre le soir derrière la maison, d'entrer dans le jardin, de déposer ses lettres dans un endroit convenu ? Le lendemain une réponse serait placée au même endroit : personne ne se douterait de ce commerce, Suzanne levée de bonne heure, ayant pour habitude d'aller se rafraîchir à l'air au petit jour, ne pouvait inspirer aucun soupçon à madame Le Pelletier.

C'est ainsi que cette passion faisait des pas de géant de part et d'autre, sans que nulle entrave vînt s'y opposer. La conduite de Suzanne n'était pas changée en apparence ; la veuve ne pouvait rien pressentir des troubles secrets de sa fille, qui maintenant passait deux heures tous les soirs, avant de se mettre au lit, à répondre à Cyprien. Bientôt ces correspondances ne suffirent plus. Cyprien escaladait un petit mur de l'évêché afin de n'être pas remarqué en allant porter ses lettres à l'endroit désigné. Pourquoi ne rencontrerait-il pas Suzanne au lieu d'une lettre qui l'avait rendu si heureux d'abord, mais qu'il trouvait insuffisante aujourd'hui ?

Il l'écrivit à Suzanne ; mais alors la jeune fille, au moment de perdre pied, sonda la profondeur du gouffre. Elle eut assez de force pour résister, et refusa sous le prétexte qu'il lui était impossible de descendre le soir au jardin sans réveiller sa mère.

Pour la première fois elle réfléchit et flaira le danger comme les brebis sentent le chemin de l'abattoir ; mais l'amour est un maître aussi cruel que le boucher, il a soin de garrotter les membres de ses victimes et les entraîne là où il veut qu'elles aillent. A cette heure il n'était plus temps de sonder le danger, pas plus que les cris des voyageurs n'arrêtent le choc d'une locomotive qui arrive à toute vapeur : pleurs, gémissements, craintes de l'avenir, regrets du passé, prières, supplications, l'amour ne connaît rien et s'en rit. Des voix amies que Suzanne aurait dû écouter plus tôt lui revenaient alors seulement à la mémoire ; le *Prends garde, Suzanne*, prononcé par madame Le Pelletier dans le petit escalier des orgues, qui s'appliquait à un accident purement matériel, était écrit en lettres de feu sur les murs de la chambre de Suzanne pendant la nuit. Tout son corps brûlait, consumé par la fièvre ; quelquefois elle sentait qu'elle pouvait éteindre cet embrasement en allant se jeter dans les bras de sa mère. Depuis qu'elle avait refusé de se rendre au jardin, Suzanne souffrait des douleurs bien plus vives, car à ses tristesses venait se joindre la pénible idée d'être séparée de Cyprien, qui avait déclaré dans une dernière lettre qu'il cesserait d'écrire à Suzanne puisqu'elle ne voulait pas le recevoir.

En effet, Cyprien fut impitoyable ; il laissa Suzanne sans nouvelles protestations, et la pauvre enfant, abandonnée à elle-même, usait ses forces dans des combats intérieurs dont elle sentait l'inutilité. Plus elle luttait, plus elle se sentait terrassée par un adversaire puissant ; elle changeait à vue d'œil, tellement que madame Le Pelletier s'inquiéta.

— Il faudra faire venir M. Richard, dit-elle, ayant interrogé inutilement sa fille.

Ce mot effraya tellement Suzanne, qui craignait le regard profond du docteur, qu'elle n'hésita plus.

— Venez demain à neuf heures, écrivit-elle à Cyprien.

XXVI

LES FLEURS DE PASSION

Le docteur Richard n'avait plus entretenu madame Le Pelletier du futur établissement de Suzanne ; lui-même n'était pas satisfait de son choix. Les intéressés, d'ailleurs, gardaient le silence ; Jousselin n'osa retourner chez M. Richard qui put croire que la passion de l'employé s'était éteinte aussi facilement qu'elle s'était allumée. Si madame Le Pelletier ne donnait pas suite à l'entretien qu'elle avait eu dans le jardin avec le docteur, c'est que ce sujet la contrariait ; ainsi le prenait M. Richard, qui jugea prudent de laisser encore une ou deux années de liberté à la fille de son amie.

Quoique dans cette partie de la France les unions s'écoulent dans une certaine tranquillité, le docteur par sa position était à même tous les jours de sonder plus d'une plaie domestique. Un mauvais ménage l'épouvantait, le rendait triste toute la journée, et il ne retrouvait de calme qu'auprès de sa chère *médecine*, qui avait fait de son intérieur une source de consolations et d'affections toujours nouvelles. Le bonheur qu'il trouvait à son foyer lui montrait encore plus amères les discussions dont il venait d'être témoin ; son esprit ami du bien en souffrait comme ces âmes charitables qui, l'hiver, au coin d'un bon feu, se prennent à penser aux tempêtes qui assaillent le voyageur par la neige sur la grande route.

Un événement survint dans la ville qui occupa tous les esprits et particulièrement le docteur Richard. M. Du Pouget à une des dernières soirées de l'évêché, vint lui faire ses adieux ; il était appelé à Paris. Il n'y avait rien dans cette nouvelle qui indiquât un fait particulier ; mais M. Du Pouget était profondément ému, ainsi que M. de Boisdhyver, et le docteur remarqua combien était pénible la séparation de ces deux intelligences qui avaient longtemps marché côte à côte dans une égale amitié. Le cercle des prêtres, avec lesquels M. de Boisdhyver pouvait communiquer intimement, n'était pas si nombreux que l'évêque ne dût regretter M. Du Pouget ; lui-même s'était attaché si étroitement à l'évêque qu'une séparation devait amener de vifs regrets. Il en était ainsi de tous ceux qui approchaient l'éminent prélat.

— Vous nous reviendrez, monsieur Du Pouget, dit le docteur pour rompre le silence attendrissant qui régnait dans le salon.

M. Du Pouget fit un signe de découragement et de doute; alors M. Richard pensa combien il était pénible à un prêtre ami de la science d'abandonner ses travaux, d'avoir commencé à étudier un pays à fond, de pouvoir jeter de vives lumières sur l'histoire d'une province mal décrite jusqu'alors. Un départ si subit devait coûter autant à M. Du Pouget que l'abandon d'un malade au docteur quand il était certain de le guérir avec quelques soins.

Telle fut l'image de la situation de M. Du Pouget, qui se présenta aussitôt à M. Richard; cependant il s'étonnait de la sorte de consternation qui régnait dans ce salon jadis si animé.

Le docteur ne connut que plus tard le chagrin que ce départ causait à M. de Boisdhyver. L'évêque de Bayeux avait deviné sous le langage officiel de l'archevêque de Paris la disgrâce qui atteignait M. Du Pouget. Plus que d'autres, les prêtres savent garder leurs émotions et les empêcher de se jouer à la surface de la physionomie; mais la perte de M. Du Pouget était si grande, que l'évêque ne songea pas à masquer ses sentiments intérieurs. M. de Boisdhyver, sans connaître justement la cause de la disgrâce de son ami, avait de vagues appréhensions de trahison, quoique son esprit n'allât jamais au mal; voué au bien, l'évêque supposait le bien dans tous les cœurs. En présence de cet ordre de départ si subit, des soupçons s'étaient glissés chez M. de Boisdhyver, et quoi qu'il fît pour les mettre en fuite, ils revenaient planter leur drapeau avec acharnement sur ce terrain, si nouveau pour eux.

La vérité ne se fit que trop connaître. Aussitôt après son arrivée à Paris, M. Du Pouget écrivit à M. de Boisdhyver qu'il eût à se garer d'ennemis puissants, dont le pouvoir était d'autant plus grand qu'ils agissaient dans l'ombre.

M. Du Pouget était la première victime de dénonciations qui avaient trouvé crédit à l'archevêché; accusé d'avoir, dan une réunion publique, chez son supérieur, fait à diverses reprises des lectures coupables, empreintes d'un vif esprit de dénigrement contre l'Église, sa peine devait consister à rester à Paris, afin que sa conduite, ses intentions, ses pensées pussent être observées.

L'idée vint immédiatement à M. Du Pouget que la *Légende de l'abbé Chanu* n'avait pas peu contribué à sa disgrâce; il essaya, mais en vain, d'expliquer la nature des travaux auxquels il se livrait, il présenta inutilement son prospectus, qui témoignait d'un vif amour pour la religion et d'un grand respect pour l'Église.

Le coup était porté par une main invisible, les explications franches du savant abbé restèrent sans résultat. D'après l'acte d'accusation dressé contre lui, M. Du Pouget reconnaissait d'où le coup était parti.

Sans nommer le chanoine Berreur, son rival en archéologie, qui s'était élevé, à la soirée de l'évêque, contre les tendances voltairiennes de la légende populaire, M. Du Pouget pouvait dire hardiment qu'il était victime de la basse jalousie d'un archéologue ecclésiastique à petites vues ; il ne l'écrivit pas à son ancien supérieur, mais il le lui fit entendre, afin que dans l'avenir de M. de Boisdhyver fût à même de discerner les envieux et les méchants d'entre les bons et sincères serviteurs qui l'entouraient.

Ce fait amena plus d'un souci dans la belle âme de l'évêque, plus d'une inquiétude sur ses traits. Lui-même s'attendait, sinon à une disgrâce, du moins à une réprimande partie de haut ; il l'eût portée avec résignation, fort de son innocence, mais il ne se passa rien qui lui prouvât qu'on lui eût fait partager le crime de M. Du Pouget.

Les admonestations, les monitoires supérieurs n'étaient pas ce qui inquiétait M. de Boisdhyver : froissé par la délation sourde qui atteignait un homme estimable, il se sentait aigri par ces menées ténébreuses d'autant plus frappantes par leur côté mystérieux. Avoir un cœur débordant d'amour, et se sentir entouré de petites passions, de mesquines ambitions, de haines, c'était pour l'évêque un nouvel état de vie qui ne changea que longtemps après le départ de M. Du Pouget.

Ainsi que l'avait présumé le prêtre disgracié, le chanoine Berreur était l'auteur de la dénonciation ; mais il agissait comme un simple instrument dans les mains d'un ouvrier habile. Le fil avait été tenu par M. Ordinaire, retiré chez les demoiselles Loche, qui tissa sa toile avec l'habileté d'une araignée. M. Berreur était un esprit mesquin, sans portée, faisant de l'archéologie une science terre à terre, consistant à ramasser de petits faits, à courir après des dates inutiles qu'il savait à peine coudre à des lambeaux historiques. Sa grande occupation était de ramasser des notes qui ne devaient jamais prendre corps ; cette innocente passion s'emparait de sa vie comme les pieuses silhouettes de M. Aubertin, mais il était possédé de la basse jalousie des gens qui, ne pouvant créer, souffrent de leur infériorité et de la supériorité chez les autres.

M. Du Pouget réveillait la jalousie du chanoine Berreur par ses conservations brillantes, qui éclaircissaient comme d'un rayon de soleil les portions les plus obscures de l'histoire du pays; le précieux butin rapporté à chaque voyage par M. Du Pouget donnait des transes à la cupidité du chanoine, chez qui cependant ces petites passions n'étaient que momentanées.

A de certains mots, M. Ordinaire jugea l'homme incapable, capable, malgré tout, de le servir dans la haine qu'il portait à M. de Boisdhyver. Les calculs du vicaire général se trouvèrent justes : en éloignant M. Du Pouget, il causa à l'évêque une peine d'autant plus vive qu'elle était moins attendue.

M. Berreur, par son caractère étroit, se rapprochait de la nature envieuse de M. Ordinaire, et il servait d'instrument dans la ligue qui se préparait contre M. Du Pouget. Le vicaire général n'allait pas aux soirées de l'évêché; il y assistait en écouteur attentif dans la personne de M. Berreur, qui ne manquait jamais de lui apporter un récit exact des faits et des gestes des invités et de leur hôte éminent. La présence de M. Richard suffisait pour blesser le vicaire général; s'attachant au moindre sujet de critique, il voulait voir dans le médecin un audacieux adversaire du trône et de l'Église.

En province, tout homme dont on soupçonne les aspirations aux libertés publiques passe immédiatement auprès de ses adversaires pour un sanglant révolutionnaire. Les nuances sont transformées en couleurs tranchées; d'un libéralisme philosophique modéré, qui ne se traduisait par aucun acte apparent, M. Richard fut jugé l'égal des conventionnels qui eurent à prononcer sur le sort de Louis XVI.

Un parent de M. Richard avait été jugé digne par ses concitoyens de les représenter à la Convention. Son portrait était accroché dans le salon où le docteur recevait ses clients : il n'en fallait pas davantage pour servir de base à des accusations cherchées avec minutie. M. Richard ne pouvait être incriminé à l'archevêché : il n'en parut pas moins comme complice dans les rapport secret rédigé contre M. Du Pouget, qui impliquait également le digne évêque de Bayeux.

C'étaient surtout les demoiselles Loche qui, en insistant sur l'amitié de M. de Boisdhyver et de M. Richard, poussèrent M. Ordinaire à surveiller le docteur. Les deux vieilles filles avaient pour médecin un homme jaloux des succès de son confrère; pour contrebalancer la clientèle de M. Richard, il avait pris le parti de se poser en ultra-royaliste.

Il est difficile, dans une petite ville, d'exercer une profession libérale sans se prononcer ouvertement pour ou contre le gouvernement, pour ou contre la religion. S'il y a deux avoués, deux notaires, deux médecins, l'un devient forcément l'adversaire politique de l'autre. Tel étudiant, quittant Paris après avoir sifflé à l'Odéon, battu les sergents de ville au bal, envoyé des pommes cuites aux professeurs trop zélés défenseurs du gouvernement, peut devenir, le lendemain de son arrivée, un zélé défenseur de l'ordre. Il suffit que la corporation dans laquelle il entre soit déjà à son grand complet d'hommes d'opposition; s'il existe trois avocats libéraux, celui qui, quelques jours avant, était un des plus révolutionnaires de l'École de droit devient forcément un modéré, sous peine de ne pas réussir. Il n'est guère permis d'être tiède ou indifférent; la tiédeur, l'indifférence sont des crimes, et inspirent tout au moins de la défiance.

Tel n'était pas le cas de M. Richard qui conservait, par amour de la famille, le portrait du conventionnel, son aïeul, mais qui, tout entier aux devoirs de son art, s'inquiétait médiocrement des tendances avancées ou rétrogrades des partis.

La dénomination de *libéral*, une des grosses injures d'alors, qui change de nom à chaque gouvernement nouveau, ne pouvait partir que de la froide salle à manger des demoiselles Loche, car, par son beau caractère, son amour pour l'humanité, son dévouement pour les malades, le docteur avait su écarter de lui les dénigrements, les sots propos de petites villes; mais si l'opinion publique se prononçait en sa faveur, M. Richard ne pouvait apaiser les méchancetés intéressées que son rival attisait dans les rares maisons qui s'ouvraient pour lui.

Chaque lumière produit son ombre. Sans les criailleries des demoiselles Loche et d'autres mauvaises langues, M. Richard n'eût pas été un homme complet; mais, ainsi qu'il arrive pour le châtiment des natures jalouses, le concert aigre qu'elles produisent ne se manifeste pas à l'extérieur : les glapissements sont au dedans, aigus, étourdissants pour ceux mêmes qui les emploient, et leur nature est tellement antipathique qu'aucun curieux ne s'y arrête. Les acteurs semblent jouer pour eux seuls ces drames de vipères, et ils sont condamnés pour leur juste punition à en devenir les spectateurs.

Si la réputation de M. Richard eût été plus affirmée dans le sens jacobin, M. de Boisdhyver n'eût pu le recevoir dans son hôtel. En arrivant à Bayeux, le prélat, après avoir vu tous les fonctionnaires importants de la ville et les avoir étudiés avec cette connaissance profonde de l'homme qu'ont tous les prêtres, recueillit les divers jugements, et, certain de s'être mis d'accord avec l'opinion, il put ouvrir son hôtel à un certain nombre de personnes dont il était sûr comme de lui-même.

Malgré cet esprit de conduite, M. de Boisdhyver, ainsi qu'il en arriva en cette occasion, prêta le flanc aux dénonciations de M. Ordinaire. Les enquêtes pour accabler un accusé sont toujours faciles ; ce sont les enquêtes pour prouver l'innocence qui se font difficilement. M. Ordinaire avait supposé que la dénonciation contre M. Du Pouget amènerait quelque envoyé de l'archevêché, pour réprimander M. de Boisdhyver, ou pour adresser un rapport exact de l'état des esprits au palais épiscopal ; nécessairement des informations lui seraient demandées. Il montrerait les rapports qui existaient entre l'évêque et le médecin ; les demoiselles Loche entendues, et d'autres familles dévouées au vicaire général, déposeraient des tendances anarchiques du docteur, d'où un blâme sévère pour M. de Boisdhyver, et peut-être une défaveur marquée.

M. Ordinaire s'endormait sur ces beaux rêves, ou plutôt il ne s'endormait pas : l'envie, l'ambition, la jalousie sont de méchants oreillers pour les natures en proie à ces passions. Ce sont des assoupissements inquiets, brûlants, des sommeils sans repos, des agitations fiévreuses, des réveils pesants, des yeux fatigués, rougis par les rêves, des pâleurs morbides qui font du corps un cadavre agité, et qui montrent l'homme à son réveil, châtié de ses mauvaises pensées.

S'il était donné à un esprit attentif d'épier à chaque instant un homme dont les pensées sont coupables, la vérité le forcerait à déclarer que les bassesses de l'âme sont punies sur la terre, et qu'un enfer intérieur brûle celui qui a la conscience de ses mauvaises actions. M. Ordinaire était puni par un sommeil agité de son ambition et des moyens détournés dont il l'étayait ; il ne connaissait plus depuis longtemps le repos, le calme, la fraîcheur, qui rendent la souplesse aux membres fatigués, et font du réveil une joie paisible. Le réveil lui était amer, car ses pensées le remplissaient d'un souffle malsain ; son ambition tuait son repos. Malgré l'habileté de sa trame, le vicaire général ne trouva pas dans la disgrâce de M. Du

Pouget la satisfaction qu'il s'en promettait M. de Boisdhyver ne paraissait pas sous le coup d'un blâme; il continuait à recevoir le docteur Richard dans son intimité; mais il arriva un événement qui, six mois après, plongea le vicaire général dans une inquiétude nouvelle.

Madame Périchon ne pouvait se consoler de n'être point admise dans l'intimité de M. Ordinaire, et surtout de se voir consignée à la porte des demoiselles Loche; depuis un an, elle parvenait à peine à oublier la circonstance qui avait amené une extrême froideur de la part des hôtesses du vicaire général. L'influence des vieilles demoiselles était tellement proverbiale dans le petit monde où elles vivaient, que, malgré leur abord aigre et désagréable, elles trouvaient encore des courtisans trop heureux d'être honorés du salut sec qu'elles accordaient avec une extrême discrétion. Peu communicatives, sortant peu, ne rendant pas de visites, les demoiselles Loche tiraient une certaine puissance de leur éloignement de la société; la fréquentation du vicaire général et des chanoines de la maison contribuait également à leur donner un vernis particulier. Ainsi qu'il arrive fréquemment, les deux sœurs étaient recherchées pour leur maussaderie et leur isolement. On ne leur eût fait aucune avance si elles avaient manifesté le désir de se répandre dans la société de Bayeux; au contraire, on eût craint leur profil anguleux, leurs façons de vivre mesquines, leur amour de l'économie poussée jusqu'à l'avarice; il se trouvait tout d'un coup que ces défauts devenaient des qualités, rien que par leur entourage. Les vieilles filles ne recevaient que des prêtres et ne voulaient admettre aucun autre invité dans leur salon qui, n'étant fréquenté par personne de la ville, était envié de tout le monde. Cette vie mystérieuse occupait les esprits désœuvrés. On parlait dans Bayeux des fameuses *soirées* des demoiselles Loche comme d'un bal à la cour; quelques mots surpris à M. Commendeur semblaient annoncer des divertissements tout particuliers, qui, au fond, consistaient en camomille, dont était reconnaissant l'estomac fatigué du chanoine.

Après toute sorte d'essais, de drogues, de réflexions intérieures, de lourdes indigestions, M. Commendeur était arrivé à une infusion de camomille, qui l'avait rendu le serviteur le plus dévoué de M. Ordinaire. Grâce au vicaire général, une tasse de camomille fut préparée chaque soir au chanoine mal digérant, qu'il était curieux de voir buvant cette tisane verte, et aspirant son fumet avec l'écarquillement de narines d'un pique-assiette qui flaire des truffes à la porte d'un marchand de comestibles.

La camomille devint pour M. Commendeur la plus belle des fleurs, la boisson la plus exquise, une panacée à tous les maux, un préservatif contre la vieillesse, un retour à la jeunesse. Les demoiselles Loche le poussaient dans cette extase, l'aînée ayant été tirée, toute jeune suivant son récit, d'une maladie mortelle par une simple friction de camomille sur tout le corps, et bien certainement madame Loche la mère, qui était arrivée à l'âge heureux de quatre-vingt-dix-huit ans, dut cette existence prolongée à l'usage quotidien de cette tisane. Chaque soir l'infusion habituelle amenait son anecdote médicale et le mot de camomille revenait si souvent dans la conversation, que M. Aubertin, quoique plongé perpétuellement dans ses silhouettes religieuses, s'écria un soir avec ravissement qu'il venait de terminer un portrait de sainte Camomille. Il voulait dire sainte Pétronille. Partout ailleurs cette distraction eût amené le sourire sur des lèvres mondaines; mais comme le doux chanoine s'excusait du fourchement de sa langue, M. Commendeur, dans son enthousiasme, prétendit qu'en égard à ses qualités, la plante avait le droit d'entrer dans le calendrier.

Méprisant ces sortes de discours qui se répétaient invariablement chaque soir, M. Ordinaire se promenait d'habitude dans le salon, essayant de fatiguer son ambition afin de reposer plus tranquillement la nuit.

De temps en temps, M. Berreur faisait une courte apparition chez les demoiselles Loche, mais il n'apportait pas avec lui des éléments de conversation d'un extrême divertissement; quand par malheur il avait trouvé une date qu'il cherchait depuis longtemps, il n'avait que ce chiffre en tête et s'imaginait que chacun s'y intéressait. Les deux sœurs n'ayant aucune science, trouvaient M. Berreur mortellement ennuyeux et le toléraient seulement à cause de M. Ordinaire; elles lui préféraient de beaucoup le chanoine Commendeur, qui, avec ses monologues sur la camomille, était compris plus facilement, et le doux M. Aubertin, qui faisait naître par ses silhouettes le respect et la curiosité que les ignorants ont pour les arts.

Telles étaient les soirées habituelles de la maison Loche, qui inspiraient une si vive curiosité dans Bayeux. Quoique madame Périchon en eût tâté, en pénétrant, un an auparavant, dans un coin de la vie des deux sœurs, l'illusion produite par la présence du vicaire général dans la maison lui montrait des soirées éblouissantes. Elle rêvait quelquefois aux conversations spirituelles qui devaient s'échapper de la bouche des prêtres et qui lui rendaient les paroles de son mari intolérables. Combien elle s'affligeait maintenant de s'être fait, par son indiscrétion, des ennemies des demoiselles Loche, qui ne daignaient pas la saluer, détournant la tête quand elles la rencontraient à l'église. Plus politique, M. Ordinaire saluait madame Périchon, mais en homme qui ne veut pas entamer de conversation, et sa figure sévère causait à la curieuse bourgeoise une contrition perpétuelle. Le hasard voulut qu'elle allât à Paris pour des affaires d'intérêt; la mère de son mari, madame Périchon-Cloquet, mercière dans la rue des Canettes, venait de mourir, et le peu qu'elle laissait exigeait la présence des époux.

En circulant dans les alentours de la place Saint-Sulpice, madame Périchon remarqua à l'étalage d'un marchand d'estampes de la rue du Pot-de-fer certains coloriages qui attirèrent son attention. Ce quartier démoli était jadis exclusivement consacré à la vente d'objets de dévotion. L'œil n'y était pas froissé par la vue de sujets profanes; le personnel nombreux des églises, du séminaire, des maisons d'éducation, des couvents de la rue de Vaugirard, entraînait naturellement les marchands dans cette voie. Une affiche jaune, placardée aux carreaux de la montre, indiquait que le marchand d'estampes avait imaginé nouvellement de jolies gravures en taille douce qui portaient le titre de *Fleurs de passion*, de *Ruches de piété*, de *Violettes d'Adoration*, etc. Le succès était alors à ces fleurs coloriées, découpées avec un grand soin, dont les pétales en relief s'ouvraient pour laisser admirer au cœur de la fleur des sujets tirés de l'histoire sainte. Ainsi, l'une de ces gravures représentait un lis entouré de quinze petites roses; sous le lis était gravé le crucifiement. Chacune des petites roses en s'ouvrant dévoilait les principales phases de la Passion. Cet art, le croira-t-on, était issu d'un art profane et plus que profane. La lithographie, alors à son début, avait propagé des sujets badins destinés à émoustiller l'esprit des personnes se plaisant à la galanterie; le succès de ces lithographies avait donné naissance à un art pieux, destiné à remplacer le fastidieux égrènement des rosaires. Le prospectus ne cachait pas son but; il accusait le chapelet d'amener la routine, la distraction, l'ennui, et d'enlever ainsi à l'âme le fruit de pieuses méditations. La gravure fine, le coloriage soigné, la vue des sujets cachés sous des fleurs, devaient, au contraire, porter les esprits à un doux recueillement. Une instruction imprimée était jointe aux estampes, qui indiquait aux acheteurs la marche à suivre. En entr'ouvrant la première rose, on devait réciter le *Credo*; le *Pater* se disait en abaissant la seconde rose; les trois roses suivantes commandaient trois *Ave Maria*. De dizaine en dizaine, le fidèle récitait un *Gloria* et un *Pater*. L'ingénieux inventeur de ces estampes avait prévu toutes les objections; quoiqu'il voulût remplacer l'usage des chapelets et miner les commerces des pieuses papeteries des alentours, il terminait en invitant les personnes trop attachées au chapelet et qui ne pouvaient s'en passer, à se fournir malgré tout de ces petites images, bonnes à consulter en souvenir des mystères de la Passion.

Madame Périchon fut tentée à la vue de ces estampes; une fois entrée dans le magasin, elle ne put en sortir qu'avec une douzaine de ces fleurs emblématiques, quoique le prix lui parût fort élevé, et elle revint à Bayeux fière de son acquisition. Le catholicisme a dépensé beaucoup d'imagination dans l'invention des ornements de livres de prières : gaufrages, découpures, dentelures, ont depuis longtemps servi d'encadrements aux tailles-douces enfermées dans les livres de messe; mais les *Fleurs de Passion*, par leur fin coloriage, dépassaient de loin les plus sublimes inventions de l'imagerie pieuse, et madame Périchon rayonnait de plaisir en songeant à ces curiosités qu'elle rapportait de Paris. Elle recueillit en effet le triomphe que ces images nouvelles méritaient, et ce ne fut guère qu'après un mois consacré à s'en rassasier la vue, qu'elle en fit cadeau de quelques-unes à son confesseur. Le prêtre admira ces jolis sujets, les montra à diverses personnes, et, connaissant le goût de M. Aubertin pour les arts, lui indiqua madame Périchon comme l'heureux possesseur de ces chefs-d'œuvre. Pour la première fois de sa vie, M. Aubertin sentit une pointe de jalousie s'éveiller en lui; ses silhouettes noires étaient de piètres objets en regard des images de la rue du Pot-de-fer; il était assez *connaisseur* pour le sentir. Quoiqu'il eût intérêt à cacher l'objet de son tourment, il parla des estampes aux demoiselles Loche avec un véritable enthousiasme.

La première fois, les vieilles filles n'y prirent pas garde; mais il y revint le lendemain, le surlendemain, l'esprit frappé de ces nouveautés, et son enthousiasme s'accroissant de plus belle. En allant aux sources, on trouva que madame Périchon attirait tout Bayeux chez elle par la curiosité qu'inspiraient les *Fleurs de Passion*, et les demoiselles Loche furent égratignées à leur tour par les griffes de la jalousie. Il leur fallait de ces estampes ; mais madame Périchon ne voulait en céder à personne : le commerce de Bayeux n'avait pas soupçon de ces merveilles, et, grâce à elles, madame Périchon jouissait maintenant des hommages et des visites de la meilleure société.

— Si vous n'étiez pas fâchées avec madame Périchon, dit aux sœurs le vicaire général, il serait facile de voir ces images de sainteté.

Les vieilles demoiselles éclatèrent en reproches contre la bourgeoise. Ces acrimonies montraient la tentation qui les tenait ; sans rien dire, M. Ordinaire fit une visite à madame Périchon, se garda de parler des gravures et fit des ouvertures sur une réconciliation possible avec les demoiselles Loche. Le vicaire général dépensa beaucoup de diplomatie en cette affaire, quoiqu'il regrettât de la faire servir à des intérêts si minimes ; le résultat fut que les vieilles filles consentirent à recevoir une fois la semaine madame Périchon, et qu'une apparente amitié s'établit entre les dames.

XXVII

L'OBSERVATOIRE

La maison de madame Le Pelletier tient à celle de madame Périchon. Toutes deux furent construites par un même architecte, sans imagination, qui bâtit l'une sur le patron de l'autre ; cependant, la maison Périchon est plus étroite, les appartements n'ont pas la forme carrée affectée aux salons de la veuve du président ; toutes deux donnent par derrière sur des terrains vagues appartenant à la commune. Les propriétaires apportèrent quelques modifications pour leurs aises ; ainsi le jardin de madame Périchon, pour ne pas paraître trop allongé, fut précédé d'une cour pavée, et séparé de cette cour par un treillage en lattes entrecroisées.

On remarque tout d'abord au milieu du jardin une élévation appelée pompeusement le Labyrinthe : c'est un chemin pratiqué dans deux tombereaux de terre, et qui n'offre que trois enroulements dans sa longueur. Est-ce un enthousiaste de la nature qui a voulu jouir de cette hauteur d'un admirable point de vue? Question impénétrable quand, du haut du labyrinthe, on n'aperçoit que les quatre murs du jardin. A dix pas plus loin, une pente plus rapide mène à une sorte de plate-forme adossée à un des angles du mur. Cet endroit est désigné sous le nom de Belvédère; quoique décoré d'un titre également ambitieux, le belvédère est plus utile que le labyrinthe, car il permet de plonger dans les habitations voisines, particulièrement dans le jardin de madame Le Pelletier, séparé seulement de la maison Périchon par un mur mitoyen. Des noisetiers, plantés vingt ans auparavant par la veuve du président, protègent cependant contre les regards curieux; mais madame Périchon n'avait jamais tiré de bénéfice de son observatoire, quoiqu'elle y passât à l'ombre les chaudes après-midi de l'été. La vie des dames Le Pelletier était trop calme pour donner matière à la curiosité; elles ne se promenaient pas de la journée dans le jardin, préférant la tranquille fraîcheur du petit salon. Il fallut un hasard pour démontrer l'utilité du belvédère.

Madame Périchon s'aperçut un soir, en rangeant son argenterie, qu'il lui manquait une petite cuiller à café en argent. Le trouble s'empara d'elle; elle crut d'abord à une bande de voleurs organisée, soupçonna ensuite sa femme de ménage, à qui elle donnait trois francs par mois pour faire le lit et laver la vaisselle; enfin elle était dans un émoi extraordinaire, tel qu'elle alla réveiller son mari, qui s'endormait régulièrement à huit heures. — Monsieur Périchon, il me manque de l'argenterie! — Hein! répondit le mari, qui entr'ouvrit les yeux et les referma aussitôt. Indignée de cette nonchalance, madame Périchon secoua rudement son mari.

— Tu vas te lever tout de suite! — Laisse-moi dormir tranquille. — Je te dis qu'on nous a volé notre argenterie!

La bourgeoise prononça ces paroles d'un ton si aigu, et en s'approchant si près de l'oreille du dormeur, qu'il crut entendre sonner une des trompettes du jugement dernier.

— L'argenterie! s'écria-t-il en ouvrant des yeux immenses. — Oui, l'argenterie. — Comment! on nous a pris notre argenterie? dit-il, assis sur son lit, atterré par cette nouvelle. — Certainement, l'argenterie a disparu. — Où est-elle donc l'argenterie? dit le mari sentant les gouttes de sueur s'accumuler sur son front. — Est-ce que je viendrais te la demander si je savais où est l'argenterie!

M. Périchon frappa ses mains l'une contre l'autre en prenant le ciel à témoin qu'un trésor avait disparu de la maison.

L'argenterie restera une des dernières traditions de la province, l'unique rêve des ménages. Elle représente la vie bourgeoise mieux que tout autre symbole; elle dit au juste la fortune d'une famille, de même que soixante ans auparavant un pain de sucre, placé comme pièce capitale au dessert, démontrait la réelle somptuosité du festin. Qu'une alerte arrive, qu'une panique s'empare des esprits, que la nouvelle soit répandue d'une émeute à Paris, on court à l'argenterie pour la mettre en lieu sûr. Il se trouve même des curieux qui peuvent dire de combien de pièces se compose le service d'argenterie de chaque famille. M. Périchon commençait à claquer des dents en pensant que la grande cuiller à potage dite la *louche*, les trois couverts un peu légers qui provenaient de la succession recueillie récemment à Paris, les douze couverts massifs formant la partie la plus respectable du trésor, les six petites cuillers en vermeil à café manquaient dans l'armoire. — Allons, lève-toi! quand tu trembleras... Nous n'avons pas de temps à perdre.

M. Périchon suivit sa femme, non sans regarder de côté et d'autre si les voleurs n'étaient pas encore dans la maison. Les époux arrivèrent à l'armoire aux provisions; madame Périchon monta sur une chaise afin d'atteindre le troisième rayon, où se posait le panier d'osier à compartiments qui contenait la précieuse argenterie.

— Tu vois qu'il en manque. — Combien en manque-t-il? — Une cuiller à café. — Est-il possible, s'écria M. Périchon, de me réveiller ainsi, de me donner de pareilles transes pour une cuiller à café! — Vraiment, à t'entendre, on dirait que tu peux en fondre à volonté, comme à la Monnaie. — Tu sais bien que cela n'est pas, dit gravement M. Périchon; non je ne suis pas fondeur à la Monnaie; je le voudrais que cela ne se pourrait pas; d'ailleurs les fondeurs de la Monnaie n'emportent pas de l'argenterie à discrétion, le gouvernement serait dans de beaux draps... Tu devrais savoir qu'on ne fait que contrôler à la Monnaie... — Est-ce que tu vas finir de parler inutilement? — Je voudrais te montrer que tu te trompais; demain, tu peux aller vendre ton argenterie à M. Maillart... — Vendre mon argenterie! pourquoi? — Tu ne me laisses pas achever; M. Maillart, qui n'est pas de la Monnaie, peut la fondre, cette argenterie, quand il te l'aura payée.

Madame Périchon furetait dans la chambre et témoignait son impatience des discours de son mari. — Mais il devra la faire contrôler de nouveau. — Je sais cela aussi bien que toi, dit-elle; tu m'impatientes.

— Tu dis que tu le sais, cependant... — Voyons, veux-tu m'aider à chercher notre vermeil? — Demain matin; j'ai envie de me recoucher. — Lâche! — Il ne manque qu'une cuiller? — Oui. — Veux-tu que je te dise où elle est? — Tu le sais donc? — Je ne sais rien, mais je raisonne, et tu ne raisonnes pas, toi. — Où est-elle, cette cuiller enfin? — Combien y a-t-il de tasses à café? — Cinq, dit madame Périchon. — Eh bien, la sixième cuiller est avec la sixième tasse. Si la sixième tasse n'est pas à la cuisine, c'est que tu l'auras laissée sur la table du belvédère, cette après-midi. — Ah! je n'y pensais plus! — Voilà bien les femmes! s'écria M. Périchon en se recouchant et en méditant sur la faiblesse de raisonnement du beau sexe.

Madame Périchon allait de temps en temps prendre du café sur la terrasse du belvédère, et elle avait oublié ce fait, tant la perte d'une pièce de son argenterie lui troublait les idées; aussi, plus légère qu'une biche, elle traversa son jardin une lanterne à la main, ayant hâte de rentrer en possession de sa cuiller de vermeil; elle n'eût pas dormi la nuit en pensant que la plus petite partie de son argenterie était exposée en plein air. L'ordre, cette religion provinciale, exigeait que les couverts fussent couchés ensemble au grand complet dans le panier d'osier, sur le troisième rayon du garde-manger fermé à clef. Avec quelle joie elle retrouva la cuiller, ainsi que l'avait présagé M. Périchon. D'un saut elle monta au Belvédère, et il lui était maintenant permis de descendre plus posément, lorsqu'une voix partie du jardin de madame Le Pelletier frappa son oreille. Tout était silence aux alentours; la nuit sombre permettait à peine aux étoiles de se montrer. D'abord la bourgeoise tressaillit, car ses nerfs étaient encore en jeu par suite de son émotion; mais une voix de femme qui répondit tranquillisa madame Périchon et lui fit prêter attention à ce qui se passait chez sa voisine. Quoique madame Périchon ne fréquentât pas les dames Le Pelletier, elle avait entendu assez souvent Suzanne parler à sa mère pour reconnaître sa voix. Qui pouvait à cette heure se trouver dans le jardin, sinon Suzanne? C'était la soirée aux événements et madame Périchon s'y trouvait merveilleusement préparée; cependant craignant d'avoir troublé, par son arrivée brusque et subite, les personnes qui causaient, la bourgeoise resta un moment immobile et son premier mouvement fut de souffler sa lanterne. Les voix s'étaient tues momentanément : elles recommencèrent à se faire entendre peu d'instants après; par malheur elles n'arrivaient qu'indistinctement au belvédère. C'étaient des assonances plutôt que des paroles que recueillait madame Périchon, des sons doux, voilés et caressants, des voix jeunes, tendres, dont l'une était celle d'un jeune homme, l'autre d'une jeune fille. Il était présumable que les personnes cachées se tenaient au pied du mur sous les noisetiers. Madame Périchon monta sur le banc du belvédère et se pencha sur le mur pour recueillir quelques paroles ; mais elles n'arrivaient que mystérieusement musicales. Il résulta de cette découverte qu'on parlait à voix basse dans le jardin voisin ; cependant le gravier grinça tout à coup, des pas légers se firent entendre, les voix se perdirent, une porte fut ouverte, fermée après quelques minutes, et madame Périchon se trouva embarrassée dans ses observations, car de nouveaux pas se faisaient entendre dans le jardin, tandis que d'autres pas plus accentués longeaient le belvédère, du côté des terrains communaux.

La bourgeoise était restée près d'une heure et demie en observation ; elle ne recueillit rien de ses inductions, mais il y avait de quoi troubler son sommeil autant que la perte de la cuiller de vermeil.

Tout d'abord madame Périchon rejeta l'idée que Suzanne était la jeune fille du jardin, car, en admettant sa présence à pareille heure, les conséquences à en tirer ne pouvaient être que désavantageuses à la fille de madame Le Pelletier. La bourgeoise n'était pas méchante ; l'idée du mal ne se présenta pas immédiatement à son esprit, et elle essaya d'innocenter Suzanne en supposant qu'une servante, comme il arrive parfois, recevait un galant nuitamment. Mais la veuve n'avait pas de servante, les soupçons ne pouvaient atteindre que sa fille. Il vint ensuite à l'idée de madame Périchon que Suzanne pouvait être fiancée à quelqu'un de la ville, et que peut-être la mère laissait les jeunes gens s'entretenir solitaires au jardin. Il n'était guère plus de dix heures quand madame Périchon entendit du bruit dans le jardin voisin ; c'était encore une heure convenable. Cependant, ces projets de mariage eussent été connus dans la ville, les préoccupations matrimoniales étant un des faits qui occupent le plus les esprits en province, où il arrive souvent qu'on unit dans la conversation l'un à l'autre des jeunes gens qui ne se sont jamais vus ni parlé. Ces réflexions tinrent madame Périchon en éveil une partie de la nuit ; elle désirait ardemment le retour du jour pour sortir dans la ville et s'informer adroitement des nouveaux projets de mariage qui circulaient sous le manteau.

La maison où l'on marie le plus de gens à Bayeux est un atelier de couturières qui, par leur profession, sont au fait les premières de nouvelles fraîches; les préparatifs de robes de noces se font longtemps à l'avance, et quoique la maîtresse jure de garder le plus grand secret, elle ne peut pas le tenir plus de cinq minutes, tracassée par les commentaires de ses ouvrières. A midi, celles-ci sortent pour déjeuner; si le secret a été promis le matin, deux heures après il est connu de toute la ville. Tant de personnes ont affaire aux parents des époux, notaires, tailleurs, modistes, chapeliers, amis des deux sexes, qu'il est impossible de connaître le premier qui a mis le mariage à découvert; n'y eût-il pas de bases au mariage, que les gens affamés de nouvelles le créent longtemps à l'avance afin de paraître toujours les mieux renseignés.

Une femme inoccupée se réveille un matin la curiosité à sec : nul événement n'est arrivé depuis un certain temps dans la ville, la police correctionnelle ne fournit aucun fait intéressant; il ne se donne plus de bals au printemps, on manque de détails sur les grands dîners d'apparat; les administrations publiques n'offrent pas de mutations importantes, les prédicateurs sont connus, pas le plus petit scandale de robe ou d'épée. Combien la vie devient amère! Il se passe alors dans l'esprit de cette curieuse provinciale, qui s'ennuie, des enfantements pareils à ceux d'un poète rêvant à une œuvre importante. Il s'agit de créer, puisque les faits se taisent et que la réalité est monotone. Entre les divers motifs de création rajeunis sans cesse, colportés toujours avec un égal succès, le mariage est celui qui ouvre le plus de champ à la conversation. Deux personnes sont mises en jeu, un homme et une femme, deux fortunes à sonder, deux caractères à étudier; des pronostics philosophiques et sociaux découlent de l'essence même de la question. La malignité trouve un gros butin à dévorer; c'est une mine précieuse à exploiter pendant une quinzaine de jours, des commérages sans fin, des visites par toute la ville. Le créateur est largement récompensé de ses efforts.

Qui marierai-je? se demande la femme qui cherche une distraction. A cette question, toutes les jeunes filles de dix-huit à vingt-cinq ans défilent devant ses yeux, ainsi que les jeunes gens de vingt-cinq à trente-trois; il ne s'agit que d'inventer un mariage de convenance qui offre chances de crédulité dans la ville. C'est par là que les fortes imaginations provinciales se distinguent. Si une jeune fille court après la trentaine et qu'elle paraisse difficile à établir par suite de divers refus successifs de sa part, dans le commerce, dans le barreau, dans la magistrature, dans l'administration, on lui trouve un inconnu, alors l'imagination peut s'étendre amplement sur ce jeune inconnu, arrivant nécessairement de Paris, beau comme une statue antique, riche à millions, et portant des lunettes d'or, en sa qualité de conseiller d'État (le conseil d'État est peut-être l'institution la plus respectée des gens de Bayeux). On charge l'inconnu de titres, de décorations ; on le peint habillé par le meilleur tailleur du Palais-Royal. C'est ainsi qu'une jeune fille, qui ne veut pas se marier, se trouve accolée au bras d'un inconnu fantastique pour aller à l'église.

Madame Périchon n'excellait pas dans ces sortes de créations ; mais elle les admirait, s'y laissait prendre sans cesse, et, n'ayant rien à faire, s'en inquiétait par-dessus tout. Cette fois, il s'agissait de faits plus positifs ; les entretiens nocturnes qu'elle avait surpris la firent lever à sept heures, s'habiller vivement, de telle sorte qu'en quelques instants elle était chez sa couturière, fort étonnée de voir arriver une cliente si matin. Après une longue discussion sur les coupes nouvelles de robes dont madame Périchon n'avait nul besoin, la conversation fut placée habilement par la curieuse bourgeoise sur le terrain du mariage ; mais, par extraordinaire, la couturière n'en voyait aucun.

Ainsi madame Périchon put s'assurer que Suzanne n'était fiancée à personne. Elle n'en dit mot, mais elle passa une partie de la journée à rendre visite aux personnes les mieux informées de la ville, espérant découvrir une lueur pour l'éclairer sur ce mystère. Nulle part il ne fut question de l'intérieur des dames Le Pelletier, qui vivaient trop retirées pour donner pâture aux bruits de la ville. Madame Périchon revint chez elle pensive, embarrassée d'un secret possédé par elle seule et qui commençait déjà à lui peser. Si elle l'eût osé, elle se serait présentée chez ses voisines afin d'étudier la physionomie de Suzanne et de trouver dans ses traits la confirmation de la nuit passée ; mais il n'existait aucun rapport entre la veuve du président et madame Périchon, non pas que l'antipathie perçât chez les dames Le Pelletier à l'égard de leur voisine, mais il y avait manque de sympathie tout au moins, et il était impossible d'en être blessé, les habitudes solitaires de la veuve étant tolérées et respectées.

Le hasard servit madame Périchon à souhait. Comme elle

allait rentrer, Suzanne sortit de chez la mercière où elle venait d'acheter du fil, et elle traversa la rue de telle sorte qu'elle rencontra madame Périchon et ne put se dispenser de la saluer. La candeur et la pureté régnaient sur les traits de la jeune fille qui, par cette simple rencontre, fit tomber les soupçons de la voisine. Ce n'est pas encore elle, pensa la bourgeoise, subissant l'influence de la beauté de Suzanne. Madame Périchon resta sous le coup du charme, car la bourgeoise n'était ni envieuse ni coquette, et la vue de Suzanne, loin de l'ancrer dans les réflexions de la nuit, lui rappela son heureux temps de jeune fille, époque à laquelle elle ne songeait guère à épouser un Périchon. Une nouvelle réflexion lui vint cependant; s'il s'agissait d'un rendez-vous, il ne devait être ni le premier ni le dernier : grâce au belvédère, il serait facile d'observer plus attentivement les personnes qui se rencontraient dans le jardin voisin. C'est ce que fit le même soir la bourgeoise qui, aussitôt la tombée de la nuit, alla se poster sur la butte de terre qu'on avait pu juger inutile jusqu'alors et qui devenait un trésor pour des oreilles curieuses.

M. Périchon, se couchant tous les soirs à huit heures, ne s'inquiétait pas de ce que faisait sa femme; il était facile de lui cacher son secret. Quoiqu'elle fût embarrassée d'avoir découvert un mystère, madame Périchon n'était pas mécontente de pouvoir le suivre dans ses développements et d'en être seule maîtresse. Comment elle ferait pour s'en décharger plus tard, elle n'y songeait pas encore et laissait les événements courir, sauf à les grouper ensuite et à en former une belle gerbe. Le temps paraissait long sur cette terrasse; rien n'indiquait dans la maison des dames Le Pelletier, où toute lumière était éteinte, qu'un drame quelconque pût sortir d'un endroit si tranquille.

Madame Périchon commençait à croire qu'elle avait été, la veille, le jouet d'une illusion, lorsqu'un bruit sourd, pareil à celui d'une porte qui se ferme avec précaution, réveilla l'attention de la bourgeoise : un pas faisait grincer le sable des allées. A son rapprochement et à son éloignement, madame Périchon comprit que quelqu'un faisait le tour du jardin; jamais aucun spectacle n'inspira plus de curiosité à la bourgeoise que la démarche mystérieuse de la personne qui venait d'entrer par la petite porte et que malheureusement la nuit empêchait de reconnaître. Un instant après, une forme blanche apparut au-devant de l'inconnu, et une promenade souvent interrompue commença, au grand regret de madame

Périchon : elle n'avait, pour ainsi dire, que le spectacle de deux ombres s'entretenant à voix basse, échappant sans cesse à sa curiosité.

Dans cette situation, madame Périchon regrettait de n'être pas homme, afin de descendre dans le jardin de madame Le Pelletier et de se cacher derrière le feuillage des noisetiers, d'où elle eût pu saisir quelques lambeaux de cette conversation montée au diapason de la nuit. Madame Périchon tira moins de plaisir de ses nouvelles observations que de celles de la veille, car les premières avaient saisi davantage son imagination par le côté imprévu.

La soirée se termina trop vite pour la curieuse, qui attendit impatiemment un jour de lune. La lune vint seule au rendez-vous et n'éclaira que la nuit. Il était à présumer qu'elle chassait les amoureux par sa clarté. Que faire en cette situation ? De son observatoire, madame Périchon n'observait rien ; elle se décida alors à s'ouvrir à son mari. M. Périchon saisit tout d'abord la question du côté qui était défavorable à son repos ; c'est-à-dire qu'il ne pourrait plus aller se coucher à huit heures du soir. Il traita sa femme de visionnaire, lui reprocha de s'occuper de ce qui ne la regardait pas, et donna toutes les raisons possibles pour ne pas accompagner la bourgeoise au belvédère. D'ailleurs, puisque malgré de longues observations elle n'avait rien pu découvrir, il devait nécessairement, n'étant pas aiguillonné par le même zèle, veiller inutilement. Il n'apportait pas, comme sa femme, une curiosité attentive, et il était certain que ses yeux, fermés d'habitude à huit heures précises, seraient d'une myopie absolue pour plonger dans les ténèbres à travers le feuillage des noisetiers.

Madame Périchon insista tellement, que, pour obtenir la paix, le mari consentit à l'accompagner au belvédère ; mais pendant une huitaine de jours, la lune se montra dans tout son éclat, et les observations demeurèrent infructueuses. M. Périchon accusait sa femme de s'être rempli la cervelle de fantômes, et déplorait le temps qu'il passait hors de son lit ; mais la bourgeoise, piquée de la mauvaise humeur de son mari, ne cessait de l'entretenir de ce sujet, afin d'allumer en lui une flamme de curiosité égale à la sienne. Elle voulait lui donner des preuves matérielles de ce qu'il appelait des visions ; comme les observations nocturnes manquaient, elle essaya de les remplacer par des observations diurnes. Elle se disait, non sans raison, que les personnes qui se donnaient rendez-vous dans le jardin de madame Le Pelletier devaient être contrariées par l'éclat de cette lune malencontreuse, et qu'elles essayeraient de se dédommager sans doute en se rencontrant le jour.

Au pemier étage de la maison Périchon, on trouve encore de ces miroirs se faisant face, qui, placés obliquement, permettent de s'assurer de la nature des gens qui frappent à la porte. Cet ancien usage provincial avait aussi un but de récréation : en plaçant les miroirs à angle droit avec la muraille, au lieu de leur faire réfléchir le dessous de la porte cochère, on apercevait, comme dans un tableau, la rue tout entière et les incidents qui s'y passent. Tout en travaillant près de la fenêtre, sans trop se distraire de son ouvrage, il est permis de jeter un coup d'œil sur le miroir et d'y voir, décalqués fidèlement, la rue, les maisons qui font face, les allants et venants, le mouvement des boutiques, tous motifs qui sont d'une vive curiosité, enfermés dans un petit cadre. Sans se faire remarquer de ses voisines, madame Périchon restait quelquefois des après-midi entières devant ses miroirs, surtout depuis qu'elle soupçonnait Suzanne. Elle espérait que l'inconnu, tourmenté de voir ses rendez-vous impossibles par la lune, passerait dans la rue et se démasquerait par l'insistance de ses regards lancés à mademoiselle Le Pelletier. Les miroirs restèrent muets et ne réfléchirent aucun passant qui pût être soupçonné de s'introduire nuitamment dans le jardin de la veuve.

M. Périchon avait repris son sommeil accoutumé et s'applaudissait intérieurement de la curiosité éteinte de sa femme, car depuis quelques jours elle ne lui parlait plus de l'événement. Cependant un soir : — J'espère, lui dit-elle, que tu ne vas pas te coucher aujourd'hui.

Certainement, si on eût demandé au bourgeois de peindre une Furie, il eût choisi en ce moment sa femme pour modèle. Cette parole lui indiquait que son supplice allait recommencer.

— Il a fait un temps couvert, dit madame Périchon. — Oui, je le sens à mes yeux, le temps est lourd. — Je te prouverai au belvédère que j'ai raison. — Oh! s'écria M. Périchon d'un ton suppliant. — Il n'y a pas de oh! tu viendras.

Tout en prenant le ciel à témoin qu'il ne voulait pas tremper dans ce complot, M. Périchon suivit sa femme, et il reconnut en effet que deux ombres se promenaient dans le jardin voisin. Il entendit des sons indistincts; mais, ainsi que sa femme, il ne put tirer de conclusion de cette aventure.

Après une heure d'écoutes sournoises qui n'aboutissaient à aucun résultat, les époux rentrèrent se coucher. Ce fut le lendemain matin seulement que madame Périchon eut une idée neuve, fruit de ses observations précédentes.

— J'ai remarqué, dit-elle, que le jeune homme arrive tous les soirs et qu'il s'en va régulièrement à la même heure; nous le tenons. — Comment? — Tu te posteras vers les neuf heures moins un quart dans la ruelle du Coq, par où le jeune homme débusque, alors tu pourras le reconnaître; mais ce n'est pas tout. — Ce n'est pas tout? s'écria M. Périchon. — Non; si par hasard il se cachait la figure de façon à te tromper, tu attendrais sa sortie; caché derrière un arbre, tu le suivrais afin de savoir où il demeure. — Vraiment, à t'entendre, on croirait que tu ne tiens pas à ma vie! Ce que tu demandes là est très dangereux! Il y a un mystère, et les jeunes gens ne sont pas toujours faciles; si j'étais vu, Dieu sait ce qui pourrait m'arriver! — Tu ne seras pas vu ou tu seras un maladroit. — Écoute, dit le mari, si je reconnais le jeune homme, jure-moi qu'à partir de ce moment tu me laisseras me coucher tranquillement, comme d'habitude. — Certainement, une fois que je connaîtrai le jeune homme, je n'ai plus à venir au belvédère.

Le lendemain, M. Périchon était à son observatoire donnant sur les terrains communaux qui bordent les propriétés bourgeoises; une ruelle y communique qui débouche dans la ville. Il était facile, sans avoir l'air d'un espion, de paraître se promener hors la ville et d'y rentrer juste au moment où le jeune homme en sortirait pour se rendre à la porte du jardin de madame Le Pelletier. La ruelle est étroite et sonore, les moindres pas y retentissent; M. Périchon, l'oreille aux aguets, ne pouvait manquer de reconnaître le moment précis où l'inconnu tournerait l'angle de la ruelle; c'est ce qui arriva.

Aussitôt M. Périchon, au comble de la joie, rentra chez lui:
— Ma femme, s'écria-t-il, je l'ai bien reconnu, c'est M. Jousselin.

XXVIII

LA FUITE

Dès lors M. Périchon put croire sa femme satisfaite d'avoir percé le mystère. Il se trompait. La bourgeoise ne savait comment porter ce secret : si son mari eût été homme à discuter longuement sur les relations de Suzanne et de Jousselin, s'il en eût tiré des conséquences, s'il eût blâmé ou approuvé la conduite des jeunes gens, le secret fût peut-être resté dans le ménage et eût servi de thème de conversation à tout jamais ; malheureusement M. Périchon, être sans imagination, ne s'intéressait pas à ces sortes de propos : à la manière dont il écoutait les commentaires de sa femme, elle vit qu'il les subissait sans y apporter d'attention.

Ce fut chez les demoiselles Loche que madame Périchon alla se dégorger ; elle débuta d'abord par un mariage entre l'employé et mademoiselle Le Pelletier, union à laquelle la société porta une médiocre attention. Le futur était d'une condition trop infime pour occuper les esprits ; il rentrait dans la série des employés obscurs. Qu'est-ce, pour allumer la curiosité, qu'un nouveau ménage roulant sur un fonds d'à peu près deux mille francs, nécessairement tenu à une stricte économie, vivant en dehors du monde de Bayeux, et n'attirant les regards par aucun de ces retentissements que provoquait ordinairement toute union nouvelle ?

M. Ordinaire, très informé des tenants et aboutissants de chaque personne de la ville, regardait madame Le Pelletier comme une ennemie, uniquement parce qu'elle avait conquis l'affection de M. de Boisdhyver. L'accident de la Fête-Dieu avait montré combien l'évêque s'intéressait aux deux dames ; le soin avec lequel il faisait prendre de leurs nouvelles, la visite qu'il rendit à la veuve pendant la convalescence de Suzanne, suffisaient à l'irascible grand vicaire pour regarder la mère et la fille d'un mauvais œil. Il ne pouvait aller contre la charité de madame Le Pelletier, dont tout le monde parlait dans la ville, mais il contestait par un sourire dédaigneux la réputation de beauté de Suzanne.

M. Ordinaire ne voulait point, par le plus petit mot, concourir à la réputation de bonté des dames Le Pelletier, et les vieilles filles elles-mêmes n'étaient pas fâchées de se taire devant cette réputation consacrée, difficile à entamer. Aussi madame Périchon, qui avait traversé la ville d'un pas rapide pour porter plus tôt la nouvelle, fut-elle piquée du peu d'attention qu'on prêtait à *son* mariage ; blessée de la froideur qui accueillait ses paroles, elle ne comprit pas la conspiration du silence qui s'attachait au nom de mademoiselle Le Pelletier. C'est ainsi que la bourgeoise, quoique n'ayant pas un fonds méchant, alla dans ses propos beaucoup plus loin qu'elle ne le voulait. Elle agit comme les cuisiniers qui se servent de piment pour réveiller le palais blasé d'un viveur. Madame Périchon se dit que sa nouvelle n'était pas assez assaisonnée pour la maison Loche, et elle dépensa en prodigue les observations qu'elle avait accumulées depuis une quinzaine de jours à son belvédère. Sans y mettre un art profond, madame Périchon connut qu'elle impressionnait ses écouteurs à la manière dont ils la regardaient, avec des oreilles attentives, des yeux brillants, des bouches pincées qui semblaient dire : Encore! encore! allez toujours!

Les faits, quand on les a bien observés, après leur tassement intérieur, se présentent dans une sorte de logique naturelle, toujours intéressante par cela même qu'ils appartiennent au domaine de la réalité. Un causeur brillant de salon, s'emparant de la donnée de madame Périchon, en eût tiré un parti plus profitable ; il eût tenu toute une soirée à raconter cette histoire en l'ornant et l'enrichissant de mille détails, les uns réels, les autres imaginés, ceux-ci prouvés, ceux-là probables. Madame Périchon dit les entrevues de Suzanne et de l'employé telles qu'elle les avait observées; elle n'inventa pas. Ignorante dans l'emploi difficile de l'alliage du faux et du vrai, elle finit par intéresser toutefois l'assemblée, à tel point que M. Ordinaire abandonna ses courses à travers le salon pour mieux entendre. Le tricot tomba des mains de mademoiselle Loche l'aînée, et M. Commendeur, plongé dans la béatitude de la camomille, quoiqu'il eût l'habitude de sommeiller après le repas, écouta avidement la nouvelle.

Madame Périchon trouva dans la maison Loche les fameux commentaires que l'esprit apathique de son mari lui refusait : ces commentaires aiguisés au choc de la conversation de deux vieilles filles et d'un prêtre intolérant, firent entrevoir à la bourgeoise jusqu'où pouvaient aller ses propos. L'idée naturelle d'un mariage, qui s'était offerte à son esprit, fut rejetée unanimement : on décida qu'il y avait séduction pour le moins, et que M. Jousselin était un débauché de la pire espèce, par la raison même qu'il semblait un jeune homme de mœurs tranquilles.

En un clin d'œil, la réputation de Suzanne fut brisée comme une ardoise tombant d'un clocher, et la vie retirée de madame Le Pelletier en reçut un rude échec. Était-il nécessaire de vivre à l'écart, de paraître veiller constamment sur une jeune fille, de ne pas la quitter, pour qu'au premier jour elle fît un faux pas? La société de Bayeux serait bien vengée du dédain que témoignait la veuve pour les plaisirs mondains, moins dangereux certainement que des rendez-vous nocturnes avec un jeune homme dans un jardin. Tous les griefs accumulés depuis longtemps par le vicaire général contre madame Le Pelletier se firent jour, et apparurent teintés de ce fiel qui remplissait les veines de M. Ordinaire.

Madame Périchon se repentit toutefois d'avoir fourni la toile où venaient se peindre en couleurs si répréhensibles les actions de Suzanne. Un moment elle essaya de lutter en montrant un mariage probable entre la jeune fille et l'employé; mais elle trouvait un accusateur habile à présenter les faits, qui résumait l'ensemble des faits par une séduction certaine. Les demoiselles Loche appuyaient l'opinion de M. Ordinaire.

La soirée se passa de la sorte, tendue pour madame Périchon, effrayée des suites de sa confidence et cherchant inutilement les moyens de l'affaiblir. Elle allait devenir un des principaux acteurs du drame; les preuves que chacun demanderait seraient tirées de ses observations au belvédère; elle subirait les reproches de son mari qui avait pressenti le danger de cette curiosité. Madame Le Pelletier serait en droit de venir lui demander des explications, et elle craignait la rencontre de cette femme recommandable, justement irritée. Demander le secret aux demoiselles Loche, il n'y fallait pas penser. A la joie de la maison, à la vive impatience qu'avait excitée sa narration, à de certains mots sur l'opinion future de la ville, madame Périchon comprenait que son secret allait circuler comme s'il eût été annoncé à son de caisse aux quatre coins de Bayeux. Elle rentra chez elle, courbée sous le poids de remords trop tard venus, et toute la nuit elle chercha un moyen de donner le change à la malignité qui allait planer sur la maison Le Pelletier.

Le peu d'invention de madame Périchon fit qu'elle s'en tint à l'annonce du mariage de Suzanne et de l'employé. Dès le lendemain matin, elle courut chez ses connaissances et donna cette union comme certaine. A l'entendre tout était réglé; les bans seraient publiés prochainement; sous huit jours on verrait Suzanne *dans la boîte*. C'est une façon de parler qui est l'argument le plus solide en faveur d'un mariage.

On dit qu'une personne est « dans la boîte », à cause de la déclaration de mariage affichée à la porte de la mairie dans un petit cadre de bois, protégé par un treillage de fil de fer.

Cette botte devient plus intéressante qu'un tableau de Raphaël pour les bourgeois désœuvrés.

Le but de madame Périchon, en faisant circuler la nouvelle, était de prévenir celle qui ne pouvait tarder de s'échapper de la maison Loche : une fois que le mariage de Suzanne aurait frappé un certain nombre d'oreilles et serait solidement assis dans la partie discutante de la population, l'effet de la séduction, quoique devant activer plus vivement la curiosité, serait relativement facile à présenter sous un jour moins défavorable.

Madame Périchon eut soin d'ajouter que le futur était admis à faire sa cour, qu'il venait souvent dans la journée chez madame Le Pelletier, et quelquefois même dans la soirée. Elle ajouta que de son belvédère elle avait vu les deux jeunes gens se promener dans le jardin, qu'ils paraissaient se convenir et que certainement ils feraient un excellent ménage.

La nouvelle circula avec une telle rapidité que le docteur Richard l'apprit de la bouche d'un malade. L'homme que le docteur soignait était à toute extrémité ; déjà il ne parlait plus à sa famille qui l'entourait. On pouvait le supposer livré aux idées mélancoliques que l'approche de la mort inspire ; cependant il se releva à l'approche de son médecin, et d'une voix sans force :

— Monsieur Richard, dit-il, est-il vrai que M. Jousselin épouse mademoiselle Le Pelletier ?

Le médecin connaissait assez ses compatriotes pour savoir quel intérêt ils prenaient à un mariage ; mais il n'avait pas encore entendu de telles dernières paroles d'un mourant. Après avoir assuré le moribond qu'il était fâché de ne pas lui donner de réponse positive sur ce sujet, M. Richard continua sa tournée, non sans une certaine inquiétude, tirée de ce que madame Le Pelletier, lors de sa dernière visite, ne l'eût pas prévenu de cette union. Lui, le plus ancien ami de la famille, qui avait reçu les confidences de Jousselin, qui en avait fait part à la veuve, qui cherchait depuis si longtemps un établissement convenable pour Suzanne, était mis de côté quand il s'agissait d'une conclusion conforme à ses vœux les plus chers ! Tout en accusant madame Le Pelletier d'ingratitude, le docteur ne se rendait pas compte qu'il prenait le chemin de la maison de la veuve, poussé moins par la curiosité que par le désir de connaître pourquoi ce mariage lui avait été caché.

Suzanne vint ouvrir. A sa vue le docteur fut frappé du singulier changement qui s'était opéré dans les traits de la jeune fille. Elle avait perdu sa riche carnation; ses yeux baissés, ses traits légèrement tirés, sa physionomie embarrassée donnèrent à penser à M. Richard qu'il s'était passé quelque fait extraordinaire depuis une quinzaine de jours.

— Et la santé, mon enfant? dit-il en prenant la main de Suzanne, pleine de tiédeur maladive. — Je me porte bien, monsieur Richard. — Il y a quelque chose, pensa le docteur en traversant le corridor.

Madame Le Pelletier, qui travaillait dans le petit salon, reçut le médecin avec son affabilité accoutumée. M. Richard s'était promis de prendre une physionomie froide en allant rendre visite à la veuve. Le calme qui régnait sur ses traits, la pureté de sa voix, l'affection attachée à ses paroles quand elle demanda des nouvelles de madame Richard, firent que le docteur jugea immédiatement qu'il était victime d'une fausse nouvelle. Cependant Suzanne était changée et sa mère semblait ne pas s'en apercevoir. L'habitude de rester toute la journée ensemble faisait sans doute que madame Le Pelletier n'avait pas remarqué la nouvelle physionomie de sa fille. D'ailleurs Suzanne, allant et venant, laissait peu de prise aux regards du docteur; il semblait qu'elle ne permît pas de lire dans ses yeux.

M. Richard bâtit un raisonnement trop rapide pour être vrai, mais qui donna satisfaction à ses doutes : peut-être madame Le Pelletier avait-elle parlé mariage à Suzanne, et en était-il résulté entre la mère et la fille certains dissentiments, de nature à effrayer Suzanne, à la faire réfléchir, à charger sa physionomie d'inquiétudes. De là venaient sans doute quelques nuits sans sommeil, quelques fatigues, et cette tiédeur de la peau remarquée par M. Richard.

Pendant sa visite, le docteur tourna autour de la question matrimoniale, lança divers mots qui ne furent pas compris; à la tranquillité de madame Le Pelletier, il crut décidément qu'il s'était trompé. Le jeune homme, se dit-il en s'en retournant, aura pris quelqu'un de ses camarades pour confident, il aura peint son amour pour Suzanne; le bruit s'en sera répandu dans la ville. L'induction était d'autant plus probable, que M. Richard n'avait plus revu l'employé, et qu'il lui semblait impossible qu'une flamme si vive fût éteinte subitement. Il y avait, il est vrai, plus d'un an que Jousselin était entré dans le cabinet du docteur. Un an est bien long pour un amoureux rebuté; mais l'homme qui aimait toujours Suzanne la figure ravagée par le feu ne devait pas oublier si vite. Aussi, le lendemain, M. Richard fut-il moins surpris quand il entendit parler de l'anecdote scandaleuse qui commençait à circuler sur le compte de Suzanne. Les demoiselles Loche avaient donné, et leur moyen de combat puissant détruisait tout à fait la stratégie de madame Périchon. Qu'était-ce que la nouvelle d'un mariage en regard de ces rendez-vous nocturnes entre Suzanne et l'employé? Ce que la bourgeoise avait prévu arrivait : sa curiosité donnait naissance à de méchants propos qu'elle ne pouvait pas plus arrêter qu'un tireur d'arc sa flèche quand elle est lancée.

Ce fut à une soirée chez le receveur que le docteur connut la fatale nouvelle, à une heure déjà avancée de la nuit, car il serait allé immédiatement chez madame Le Pelletier la prévenir des bruits qui ternissaient la réputation de sa fille. M. Richard prit tout haut le parti de Suzanne, et déclara qu'il s'agissait d'une infâme calomnie. S'il eût appris la nouvelle de la bouche d'un homme, peut-être le docteur lui en eût-il demandé raison, tant il avait d'amitié pour la veuve; mais le bruit était parti d'un coin où les dames se contaient à l'oreille les nouvelles les plus fraîches de Bayeux.

L'indignation du docteur, le respect qu'il inspirait, firent taire les personnes présentes; mais M. Richard savait par expérience combien la malignité publique s'empare des moindres faits, les dénature et les grossit. D'où pouvait sortir cette nouvelle? Où prenait-elle sa source? C'est ce que le docteur jugea impossible à connaître. Pour se disculper, les dames présentes à la soirée nommèrent les personnes qui leur avaient fait part de la nouvelle. Certainement, la calomnie venait d'ailleurs, et il était difficile de remonter à son point de départ.

Ce fut une nuit agitée que passa M. Richard au sortir de cette soirée. Par moments, le docteur se laissait prendre aux dangereux filets de la calomnie; il se disait que peut-être ces bruits de salon avaient un fondement, et que Suzanne était coupable de légèreté. La physionomie embarrassée de la jeune fille, sa pâleur, cette légère fièvre qu'il avait constatée la veille, ne semblaient-elles pas condamner Suzanne? Alors le docteur, repassant dans sa mémoire l'entretien avec l'employé, ne doutait pas que, malgré sa timidité, le jeune homme ne se fût fait remarquer à force d'assiduités et qu'il n'eût trompé la surveillance de madame Le Pelletier.

S'il avait fait jour, le docteur aurait couru chez la veuve

lui donner connaissance des propos de la ville, et l'amener à conclure un mariage, seule barrière à opposer à ces calomnies. M. Richard avait pour Suzanne une affection toute paternelle; il avait promis au président mourant de veiller sur sa fille et de le remplacer dans les circonstances difficiles de la vie. En ce moment il se reprocha d'avoir presque manqué à son serment; il n'était pas allé assez souvent chez madame Le Pelletier, à cause de ses devoirs de médecin : il aurait dû s'apercevoir plus tôt du changement qui s'était opéré en Suzanne. Mais comment supposer une intrigue chez une jeune fille pure, qui semblait avoir recueilli le chaste héritage de sa patronne! Le docteur se promenait à grands pas dans son cabinet, ouvrait la porte pour réveiller sa femme, et revenait tristement, respectant le repos de sa compagne. Madame Richard visitait souvent les dames Le Pelletier, comment n'avait-elle pas soupçonné le danger?

De nombreuses raisons se pressaient dans le cerveau du docteur et ne pouvaient trouver leur solution que le lendemain. Le plus matin possible, le docteur irait chez la veuve, parlerait à Suzanne avant que sa mère fût levée; maintenant le soupçon entré dans son esprit, il était impossible que le moindre fait échappât à son œil de médecin. Vers les quatre heures du matin, M. Richard se jeta sur un lit de repos placé dans un coin de son cabinet, et il ne fut tiré de son assoupissement que par un coup de sonnette impérieux qui le fit sauter immédiatement à bas du lit où il s'était étendu tout habillé. Le docteur courut à sa pendule qui marquait huit heures; les agitations de la nuit avaient prolongé le sommeil inquiet du médecin qui maudit sa paresse, car la nature du coup de sonnette indiquait assez qu'on venait le chercher pour un cas grave. Il allait donc être forcé de courir au chevet d'un malade quand des intérêts graves l'appelaient auprès de Suzanne. Un bruit de voix se fit entendre dans l'antichambre, et madame Le Pelletier entra. — Ma fille! ma pauvre enfant! Suzanne! s'écria-t-elle en fondant en larmes. — Qu'avez-vous, ma chère amie? dit le docteur qui pensa que la mère venait d'avoir connaissance des bruits de la ville. — Oh! je n'y survivrai pas. — Madame Le Pelletier, calmez-vous, je vous en prie, dit le docteur inquiet de l'immense douleur de la veuve. — Si vous saviez! — Je ne le sais que trop, malheureusement. — Vous l'avez vue, vous savez où elle est... dites, donc... parlez vite...

Le docteur regardait fixement madame Le Pelletier, cherchant si le coup porté par la nouvelle n'avait pas en même temps attaqué ses facultés, car il ne comprenait pas ces questions entrecoupées qui prenaient un accent étrange. — Mais parlez donc, méchant homme, puisque vous le savez; parlez, vous me faites mourir.

Le docteur hésita et se recueillit avant de rapporter dans leur cruelle netteté les bruits qui circulaient la veille chez le receveur.

— Mon Dieu, s'écriait madame Le Pelletier en se tordant les mains, que lui est-il arrivé, que vous cherchiez à me le cacher? Elle n'est pas malade?... mais rassurez-moi! — Pourquoi serait-elle malade, demanda M. Richard en essayant de répondre par des paroles ambiguës. — Je n'ai plus ma tête, disait la veuve, d'un mot vous pourriez me calmer; cruel homme, où est-elle? — Suzanne? s'écria M. Richard, en qui la lumière se faisait. — Je vous le demande à genoux, ne me le cachez pas plus longtemps, où est ma fille? — Suzanne n'est pas chez vous? dit le docteur. — Non... partie... sauvée... Cette nuit... vous le savez...

M. Richard, anéanti par cette nouvelle, fit un geste douloureux qui témoignait de son ignorance. A son tour, la veuve le regardait dans les yeux, et semblait vouloir pénétrer jusqu'au fond de son cœur. Elle s'approcha très près de lui.

— Donnez-moi votre parole que vous ne connaissez pas les projets de Suzanne. — Oh! madame Le Pelletier, dit M. Richard en lui prenant les mains.

Alors, le dernier espoir qui luisait encore vint à s'éteindre, et la veuve tomba sur un fauteuil, prise d'une de ces douleurs maternelles qui éclatent en cris, en sanglots, en gestes désespérés, et devant lesquelles l'amitié, les consolations sont impuissantes. Les sanglots montaient à la gorge de la pauvre mère et se pressaient les uns contre les autres comme des vagues menaçantes : on les voyait prendre naissance dans la poitrine qu'ils soulevaient par intervalles rapprochés. M. Richard souffrait d'autant plus de ce chagrin qu'il ne pouvait l'apaiser, et il espérait que la force même de la douleur l'anéantirait plus vivement.

Il fallait que le coup porté à madame Le Pelletier eût été subit, car elle s'était à peine habillée : un peignoir mal attaché lui servait de robe, elle était sortie en bonnet.

Le docteur se demandait s'il ne ferait pas bien de prévenir

madame Richard. Dans les circonstances douloureuses de la vie, les femmes s'entendent mieux à partager un chagrin ; elles pleurent ensemble et savent trouver mille délicatesses de sentiment qui endorment quelquefois momentanément la douleur sans l'atténuer. Tout à coup madame Le Pelletier se leva rapidement, les yeux secs, les cheveux pendants.

— Je m'en vais, dit-elle d'un ton résolu. — Où voulez-vous aller, ma chère amie? — Je n'en sais rien... chercher mon enfant... Il faut que je la trouve aujourd'hui, ce matin, tout de suite. — Vous ne pouvez sortir ainsi, mon amie ; regardez-vous? dit le docteur en conduisant la veuve devant une glace. — J'en deviendrai folle, si je n'ai pas de ses nouvelles. — Mais comment cela est-il arrivé? — Que sais-je, mon Dieu! Ce matin un pressentiment s'est emparé de moi... J'étais réveillée plus tôt que d'habitude... Je ne sais pourquoi la maison me semblait plus calme, trop calme... Ah!...

Madame Le Pelletier poussa un profond soupir.

— J'étais si heureuse le matin d'entendre Suzanne ouvrir sa porte, descendre, aller de côté et d'autre dans la maison, préparer mon déjeuner : tous ces petits bruits de ménage faisaient mon bonheur ; ils disaient l'activité, la jeunesse, les prévenances de Suzanne... Et je ne les entendrai plus! La cruelle enfant m'a porté un coup là, dit la mère en posant la main sur la poitrine ; il me semble qu'il est mort, mon cœur... Quand, à six heures, je n'ai entendu aucun mouvement dans la maison, mon cœur a battu d'une force comme si on voulait briser une porte avec une poutre ; après ces battements, il s'est tu tout à coup : on eût dit qu'il avait forcé sa prison, qu'il était parti... Où? A la suite de Suzanne, vous le pensez bien. Ah! que je l'aime encore, mon enfant, malgré le mal qu'elle me donne ; mais mon amour va s'en aller... — Vous l'aimez toujours? — Oui, docteur, si je n'en meurs pas. Comprenez-vous mon état, en n'entendant pas remuer Suzanne? Elle est malade, pensais-je en courant à sa chambre. Suzanne n'y était pas ; son lit n'avait pas été défait... Docteur, je voudrais pleurer, et je ne le peux plus... Ma tête se perd. Ah! que les enfants sont méchants de vous faire souffrir ainsi!... En bas, elle n'y était pas, au jardin non plus. J'ai cherché partout, au grenier, à la cave, dans le puits, où j'avais envie de me jeter!... Il me restait un seul espoir, la trouver ici. Pourquoi? je n'en sais rien... Où est-elle? Suzanne! Suzanne! Suzanne!

Elle cria trois fois ce nom d'une voix qui devait répondre au cœur de sa fille, et tomba sans connaissance.

En entendant ce bruit, madame Richard, quoique éloignée du cabinet de son mari, accourut; elle avait reconnu la voix de madame Le Pelletier.

— Nous allons la coucher, dit le docteur ému. Ma femme, aide-moi à la porter. — Que se passe-t-il? — Je n'ai pas le temps... Ne me demande rien; pourvu qu'elle ne revienne pas trop vite à elle.

Ils avaient transporté la veuve dans le lit de madame Richard.

— Ferme les rideaux maintenant, ceux de la fenêtre; ne quitte pas la chambre d'une minute, ne remue pas, ne fais pas un mouvement... Voici de l'éther, tu le tiendras prêt quand elle sortira de cette crise... Moi je n'ai pas un instant à perdre; dans une heure je serai ici.

En parlant ainsi, le docteur allait par la chambre, préparait divers objets pour madame Le Pelletier, et donnait ses dernières instructions à sa femme.

— Si on vient me demander, que la domestique dise que je suis à la campagne.

Il sortit, laissant madame Richard au chevet de la veuve.

XXIX

L'EMPLOYÉ SÉDUCTEUR

Depuis six mois Jousselin mécontentait son chef de bureau, M. Giboreau, par son changement de conduite. Jadis employé zélé, exact, possédant l'une des plus belles mains de la sous-préfecture, il avait tout d'un coup perdu ses qualités pour les remplacer par l'ennui, la nonchalance, des retards perpétuels; son écriture n'était plus soignée, ses expéditions manquaient de propreté, tous les jours son *anglaise* allait s'affaiblissant, manquant de nerfs dans les *corps* et de souplesse dans les *déliés*. Quoi que pût dire M. Giboreau, les reproches ne portaient pas; l'employé recevait les mercuriales de son chef avec une indifférence qui témoignait de son peu de repentir. Une des fenêtres du bureau donne sur un jardin; en surprenant les regards vagues de l'employé qui s'égaraient sur les fleurs, M. Giboreau crut à des distractions momentanées, et il relégua Jousselin dans un des coins opposés à la fenêtre, afin que n'ayant plus de motifs de contemplation, l'employé pût se donner tout entier à ses écritures, mais le moyen ne réussit pas. Tantôt, appuyé sur ses coudes, Jousselin semblait plongé dans la méditation de profonds problèmes, tantôt ses yeux s'attachaient à un rayon de soleil, à l'ombre, aux couches de tabac à priser qui formaient une sorte de tapis sous le bureau de son chef. Il en résultait des reproches incessants, des menaces de destitution, des sarcasmes de la part des autres employés qui, en tombant sur leur mélancolique camarade, trouvaient l'occasion d'un divertissement en même temps qu'ils faisaient la cour à M. Giboreau. Jousselin n'en *bâclait* pas moins sa besogne, mais inégalement et par saccades. Quelquefois, en jetant les yeux sur la pendule, il s'apercevait qu'il avait rêvé près d'une heure ; alors, avec acharnement, réaction naturelle de ses songes creux, il abattait la besogne avec un tel feu que nécessairement il devait en résulter des fautes. Ce n'était plus l'ancien employé arrivant à son bureau à l'heure sonnante, dépensant tant de minutes à disposer son papier, ses plumes, à les tailler, à se moucher, à ouvrir son pupitre, à le fermer. Ce grand calme inaltérable, ce nihilisme suprême, cette placidité sans égale qui représentent le parfait employé, s'étaient enfuis à la grande surprise de M. Giboreau.

Le cabinet du chef de bureau attenait à celui de ses employés : par une petite fenêtre il pouvait, sans quitter sa table, surveiller Jousselin et ses camarades ; à l'aide d'une ganse qui communiquait au carreau, il l'ouvrait et, grâce à cette ouverture, donnait des ordres à ses subordonnés.

Jousselin frémissait quand il entendait ouvrir le carreau, car depuis quelques mois la voix de M. Giboreau ne s'adressait qu'à lui, et ses camarades échappant ainsi à la surveillance de leur chef, narguaient le pauvre employé qui portait tout le poids du caractère irritable de son supérieur.

A un certain bruit qui annonçait la prochaine ouverture du carreau :

— Part à Jousselin ! soufflaient à voix basse les employés, heureux de voir toute l'attention de leur chef concentrée sur une seule victime. — Attrape ça ! Jousselin, lui disait-on après la mercuriale. Ou bien les plaisants du bureau réveillaient brusquement l'employé de ses songes en lui donnant de fausses alertes. Jousselin gare à Giboreau !

Cette existence n'aurait pas été tenable pour un autre ; mais les amoureux dédaignent et méprisent les tortures que les petits esprits infligent à ceux qu'ils ne comprennent pas et Jousselin caressait des chimères si tendres qu'il entendait à peine les plaisanteries de ses camarades.

Un matin, l'employé venait d'arriver, et jetant un regard piteux sur les nombreux dossiers qui s'étalaient sur sa table, il les déficelait et semblait y prendre une certaine curiosité. La vérité est que son esprit planait ailleurs ; il commençait à s'apercevoir de son état et s'en inquiétait, car l'ennui de sa vie de bureau le fatiguait, et il se levait maintenant en songeant avec tristesse au fardeau qu'il avait à porter tout le jour. Ordinairement il avait une heure franche à consacrer à ses pensées, car M. Giboreau n'arrivait guère avant dix heures. Quel ne fut pas son effroi en entendant le carreau s'ouvrir brusquement et son nom prononcé.

— Venez me trouver, monsieur Jousselin.

L'employé se crut perdu ; peut-être allait-on le renvoyer ! Pourquoi le chef de bureau venait-il à une heure inaccoutumée ? Ce fut la tête basse que Jousselin entra chez son chef ; mais un éblouissement subit lui passa devant les yeux quand il se trouva en présence du docteur Richard, debout, la physionomie froide, l'œil scrutateur qui sembla à l'employé plus menaçant que celui d'un juge d'instruction.

— J'ai à vous parler, monsieur, dit le médecin.

Il y avait dans la voix du docteur un accent si sévère que l'employé ne put que balbutier : — A moi, monsieur ?

— A qui voulez-vous qu'on parle ? dit Giboreau. Allez prendre votre chapeau, et soyez satisfait, c'est toujours un moment de moins à travailler.

Jousselin alla chercher son chapeau, mais de la façon dont un condamné marche au supplice. Il était tellement ému, que ses camarades cessè....t leurs gouailleries accoutumées pour lui demander s'il était indisposé.

— Non, dit-il, en rangeant précipitamment son bureau pour échapper aux questions.

M. Richard l'attendait dans le corridor. — Vous allez, monsieur, m'expliquer votre conduite !

Jousselin suivait le docteur comme s'il eût eu les menottes aux mains. En traversant les rues, le docteur gardait le silence ; mais l'employé, sans oser le regarder, soupçonnait qu'un orage allait éclater sur sa tête. Naturellement déjà il était gêné par la vue d'un médecin comme par la présence d'un prêtre ou d'un magistrat ; il craignait de voir lire au fond de son cœur et il baissait les yeux. — Pourquoi ne vous ai-je plus revu chez moi, monsieur, à la suite de votre singulière visite ?

Jousselin pâlissait, détournait la tête.

— Vous avez commis, monsieur, une action bien déloyale, peu digne d'un homme d'honneur... Voilà pourquoi vous n'êtes pas revenu. — Monsieur... Richard... hasarda Jousselin... — Je sais tout, monsieur. Votre conduite au bureau frappe tout le monde; M. Giboreau m'en a assez parlé. Vos pensées tendaient à un seul but, vous éloignaient de vos devoirs, et vous n'avez que trop bien réussi. J'espère que vous voudrez bien ne rien me cacher, car je me verrais forcé de déposer une plainte chez le procureur du roi. — Le procureur du roi! s'écria l'employé. — Oui, monsieur, je le ferai comme je le dis. Ah! vous n'aviez pas pensé au procureur du roi?

Jousselin était anéanti. — Je viens de chez madame votre mère... — Chez ma mère! s'écria l'employé terrifié; vous ne lui avez rien dit? — Non, je voulais vous voir auparavant. — C'est bien, monsieur Richard, je ne veux rien vous cacher... — A la bonne heure, monsieur; votre faute est immense, mais vous pouvez peut-être la réparer en faisant cesser des inquiétudes et des tourments que vous ne soupçonnez pas.

L'employé écoutait le docteur de telle façon que quelquefois celui-ci doutait qu'il eût affaire à un être raisonnable, et il se disait : — Comment Suzanne a-t-elle pu se laisser prendre à un pareil homme ? Mais M. Richard croyait que, par ses assiduités, l'employé avait touché le cœur de Suzanne.

L'employé commença le récit de ses amours à leur début.

— Promenons-nous, dit le docteur, afin qu'on ne nous remarque pas.

Tout en marchant, Jousselin protestait de l'adoration qu'il portait à Suzanne, et se tenait dans l'ordre des sensations personnelles sans entrer dans le domaine des faits.

— Je connais cela, dit le docteur impatienté; vous m'avez assez parlé de votre amour lors de votre première visite. C'est depuis cette époque que je vous demande un récit fidèle. — J'ai eu de grandes jouissances depuis, mais aussi de grands chagrins. Ah! monsieur Richard, quand elle était aux orgues et que je l'attendais à sa sortie, à son arrivée!... — Et que disait madame Le Pelletier? — Elle ne me voyait pas. — C'était à la mère qu'il fallait vous adresser; et Suzanne? — Elle était en compagnie de sa mère; même seule je n'aurais osé lui parler. — Vous lui écriviez alors? — Moi, lui écrire? — A quelle époque a commencé votre liaison ? — Une liaison ?

— Voyons, monsieur, voulez-vous me répondre franchement ?
— Pardon, monsieur Richard. — Non, il n'y a pas de pardon ; vous ne parliez pas à Suzanne, vous craigniez de lui écrire, et vous osez l'engager à fuir la nuit, à quitter sa mère !... — Moi ! s'écria Jousselin. Comment, elle a abandonné sa mère !...
— Monsieur, dit froidement le docteur, j'ai bien voulu vous voir avant de déposer une plainte entre les mains de la justice ; je ne suis pas venu ici pour vous voir jouer la comédie.
— Elle a pu quitter sa mère ! s'écria l'employé pâlissant. — Vous ne le lui avez donc pas conseillé ? dit le docteur frappé du désespoir sincère qui se manifestait chez le jeune homme. Mais enfin, vous savez où elle est ? — Elle est partie ! disait Jousselin. — Ah ! vous ne le saviez pas. Voilà pourtant où mène une intrigue, innocente au début, et dont je suis coupable, moi tout le premier, d'avoir reçu la confidence.

Jousselin sanglotait.

— J'aurais dû m'en douter, dit-il d'une voix entrecoupée par les larmes. — Ne pouviez-vous me prévenir, monsieur ?
— Ce n'était pas mon secret. — Elle vous l'avait donc confié ?
— A moi ! reprit l'employé ; mais jamais elle ne m'a parlé ! — Elle ne vous a jamais parlé ? — Ni moi non plus... J'aurais été si heureux d'entendre sa voix s'adresser à moi ! — Alors que faisiez-vous dans le jardin tous les soirs ? — Tous les soirs... dans le jardin... la nuit ! s'écria Jousselin avec amertume. Moi ! et c'est moi que vous accusez ? — On vous a vu. — On m'a vu... — On vous a reconnu. — Reconnu ! s'écria l'employé en haussant le ton. Pas si haut, monsieur, toute la ville le sait, il est inutile de le confirmer par des éclats de voix. — La ville, vous dites, monsieur Richard ? — Certainement, on me l'a dit dans une maison honorable. — Oh ! monsieur Richard !

Jousselin avait passé par toute la gamme de la stupéfaction, qui se changea tout à coup en un torrent de larmes. — Il ne s'agit pas de pleurer, dit le docteur ému lui-même, vous êtes un homme ; qu'avez-vous ? — J'ai, s'écria l'employé, que depuis six mois je subis d'atroces tortures, et qu'il faut enfin qu'elles éclatent... Elle est partie, tant mieux... je souffrirai moins. Mais vous ne savez donc pas, monsieur Richard, combien je la respectais ; je n'aurais pas osé baiser le bas de sa robe... Pauvre demoiselle ! Partie, dites-vous ? Elle ne se doute guère des angoisses par lesquelles j'ai passé... Il y a des jours où je croyais que je mourrais, où je restais étendu dans la neige, demandant à Dieu en grinçant des dents de me reprendre la vie... Oh! la jalousie fait bien du mal. J'aurais voulu crier et je me retenais, craignant de compromettre mademoiselle Suzanne. — Je ne vous comprends pas, monsieur Jousselin, est-ce vous qui êtes fou ou moi ? — Si j'avais pu devenir fou, échapper à mes pensées, j'aurais été trop heureux ; mais vous ne comprenez pas, quand on voit tout à coup un autre s'emparer d'une femme qu'on aime! — Un autre! s'écria à son tour le docteur, il y en a un autre... Qui est-ce? — Je ne peux le dire... — Comment l'avez-vous découvert? — Hélas! monsieur, trop naturellement pour mon malheur. N'osant plus passer devant les fenêtres de madame Le Pelletier, dans la crainte d'être remarqué et de compromettre mademoiselle Suzanne, je venais le soir derrière le jardin, et m'approchant le plus près du mur pour respirer les senteurs qui l'avaient peut-être caressée, je me disais : elle repose tranquillement à cette heure, il m'est permis de penser à elle sans être remarqué de personne. J'ai fait des folies ; j'ai soulevé des pierres énormes que j'ai portées contre le mur afin d'atteindre les branches d'un arbre de son jardin. Je l'aimais tant que mes forces se doublaient... Il le faut, pensais-je, et la volonté m'aidait à traîner ces lourdes pierres qui effraieraient les ouvriers les plus robustes... J'ai encore la branche... Elle est accrochée chez moi, quoique ma mère ait voulu la jeter souvent. Un soir, en venant à mon bonheur, car je ne désirais rien de plus, je me tenais pour satisfait de contempler les murs du jardin, j'aperçus un homme qui se glissait du côté de la petite porte de derrière. Il l'ouvrit et entra; on eût dit qu'il n'y venait pas pour la première fois... Ah! monsieur Richard, je ne peux vous dire ce qui se passa en moi... Je frissonnais, mes dents claquaient; je sentis alors qu'un grand malheur se préparait... Rien ne pouvait me faire soupçonner quelle était cette personne, de quel droit elle entrait dans le jardin, la nuit; mais j'avais un pressentiment qui ne me trompait pas... Cependant je voulais donner le change à mes idées; je m'efforçais de croire à une visite à madame Le Pelletier, et je sentais que je me créais des mensonges pour me consoler... Si la personne sortait avec les mêmes précautions, j'étais certain que mademoiselle Suzanne recevait un jeune homme en cachette, et je me creusais la tête à chercher un nom possible... Je me promenais de long en large, le temps me semblait long; quelquefois je me collais contre la petite porte, afin de tâcher de surprendre une phrase, un mot... Le silence le plus absolu répondait à mes battements de cœur... Enfin, longtemps après, la porte s'ouvrit, et l'inconnu disparut en regardant de côté et d'autre s'il n'était pas suivi. — Qui était-ce? demanda le docteur — Je n'ai pas encore fini... L'inconnu s'éloigna rapidement; je ne pus le suivre, car je craignais d'être remarqué; je passai une nuit si douloureuse que je ne croyais pas qu'on pût résister si longtemps à de pareilles souffrances. Depuis, les souffrances ont augmenté et j'ai résisté... Plus tard, j'ai entendu mademoiselle Suzanne reconduire le jeune homme, mais je ne pouvais le croire... Il n'y avait plus de place pour le doute. Croiriez-vous, monsieur Richard, que je n'ai pas manqué à un de leurs rendez-vous... Toujours j'étais présent, maudissant ma destinée, cherchant les moyens de me débarrasser de mon rival... Oui, il y a des jours où je l'aurais assassiné quand il sortait! — Dites-moi donc son nom! s'écria le docteur. — Hélas! monsieur Richard ! — Ainsi, vous ne voulez pas me le nommer? — Je ne le peux, monsieur Richard. — Mais Suzanne est partie, il faut que je la retrouve.

Jousselin frappa la terre du pied, et d'une voix lamentable :

— Elle est partie! — Vous n'en avez parlé à personne jusqu'ici? — Je le jure, monsieur Richard, à vous seul! — Vous en avez trop dit, mon cher monsieur Jousselin, pour que je ne devine pas. — Vraiment! s'écria l'employé ému, l'avez-vous deviné?... — Un homme indigne d'elle. — Oui, bien indigne! je crois. — Voyons, dit M. Richard, ne rusons pas. Il serait mal de surprendre votre secret, mais on dit tout à un prêtre, n'est-il pas vrai ?

Jousselin tressaillit.

— Avez-vous de la religion ? — Toute cette année je suis allé régulièrement à l'église. — Parce que Suzanne s'y trouvait. — Oui ; mais l'église a développé en moi des idées nouvelles, et, quoique mademoiselle Suzanne ne soit plus présente, je continuerai comme d'habitude à aller à la cathédrale tous les dimanches, à ma place accoutumée. — Si vous vous confessiez, et que votre confesseur exigeât le nom de la personne que vous me cachez?

L'employé ne répondit pas.

— Vous le lui diriez, continua le docteur, vous seriez obligé de le lui dire. Eh bien, monsieur Jousselin, un médecin est un confesseur; il sait tout, connaît tout, il ne dévoile rien... Ai-je parlé des confidences que vous m'avez faites il y a déjà longtemps ?... Tous les jours n'entre-t-il pas dans mon cabinet des personnes qui se fient à ma parole ? Un seul mot hasardé de ma part pourrait jeter le trouble dans les familles. Il y a trente ans que j'exerce, monsieur; tout le monde m'honore, vous seul ne me jugez pas digne de connaître un secret dont la révélation peut sauver Suzanne. — La sauver! le croyez-vous possible? — Certainement, je connais Suzanne comme si elle était ma fille; elle a été imprudente, légère; une volonté supérieure à la sienne l'aura entraînée dans une fuite dont elle se repent déjà... Si je ne rapporte pas de nouvelles à madame Le Pelletier, elle en mourra. D'un mot vous pouvez sauver la mère, sauver la fille... Ah! madame Le Pelletier vous en aurait une reconnaissance éternelle... Suzanne, échappée au danger dont elle a pu sonder la profondeur, vous en remercierait plus tard... Qui sait...! Dites-moi ce nom, je vous en conjure... Est-ce pour répandre le déshonneur de Suzanne que je vous le demande?... Mon amitié pour la mère, pour la fille, ne me pousse-t-elle pas au contraire à éteindre les calomnies envenimées qu'une bouche coupable a propagées.

Jousselin s'arrêta, reprit haleine, et s'approchant du docteur, il lui souffla un mot qui produisit chez M. Richard l'effet d'une goutte de plomb fondu dans l'oreille.

— Est-ce possible! s'écria le docteur en poussant un cri et en joignant les mains. Puis, sans ajouter un mot, il s'éloigna rapidement comme un homme mordu par un serpent et qui, éperdu, court chercher des secours à l'endroit le plus voisin.

Ceux qui, dans les petites villes, passent leur temps à s'occuper des actions de leurs concitoyens, purent croire, en voyant passer le docteur dans les rues, qu'il était appelé pour un cas désespéré ; il fendait l'air, ne regardant à droite ni à gauche, et ne s'inquiétant pas de ce que sa course pouvait avoir d'étrange. En quelques minutes il était à la porte de l'évêché et s'informait auprès du concierge s'il pouvait voir Cyprien. — M. Cyprien est absent. — Il n'est pas à Bayeux? demanda le docteur. — Pardonnez-moi monsieur, mais il est sorti tout à l'heure.

M. Richard respira en apprenant la présence du jeune homme dans la ville. Puis il demanda à parler à M. de Boisdhyver; mais l'évêque ne pouvait recevoir en ce moment, ainsi que le docteur l'avait prévu. Ce fut avec un sentiment de tranquillité que M. Richard vint faire une tournée dans la ville, afin de s'arrêter chez les loueurs de voitures, dans les auberges où descendent les voyageurs des environs, et à l'hôtel des Messageries. Maintenant que le docteur avait la clef de la fuite de Suzanne, le plus important était de connaître l'endroit où elle avait pu se réfugier; ces renseignements semblaient faciles à obtenir, à cause du petit nombre de voitures publiques que pouvait fournir la ville. Cependant il fallait apporter une certaine diplomatie dans ces recherches, car M. Richard ne pouvait désigner Suzanne. Par sa position et ses relations, sans compromettre le nom de madame Le Pelletier, le médecin put s'assurer que Suzanne n'était partie ni par les diligences, ni par les voitures des messagers de la campagne, ni par une voiture de louage. Il en résultait qu'elle avait sans doute quitté la maison de sa mère à pied, et que, par conséquent, Suzanne ne pouvait encore être loin, à moins que, pour tromper la surveillance, elle n'eût attendu quelque voiture publique dans un village voisin.

Quoique n'ayant pas recueilli de renseignements précis, M. Richard rentra chez lui avec le secret contentement d'un homme qui, chargé d'une tâche difficile, s'y est jeté à corps perdu, l'a commencée et ne désespère pas d'en venir à bout.

— Mon ami, lui dit sa femme, qui semblait l'attendre avec impatience, voici une lettre très pressée qui m'a bien l'air de l'écriture de Suzanne.

Le docteur en brisa le cachet avec rapidité, la lut d'un coup d'œil et s'écria :

— Suzanne est retrouvée!... Fais atteler ma voiture tout de suite... Et madame Le Pelletier? — Elle est toujours dans un abattement profond. — Je vais la voir pendant qu'on sellera mon cheval... Non, retourne près d'elle; je n'ai pas une minute à perdre. Si la pauvre mère revient à elle, dis-lui que je suis allé chercher Suzanne et qu'elle la reverra ce soir...

Malgré les questions de sa femme, le docteur ne voulut pas lui dire l'endroit où s'était réfugiée Suzanne, ni lui faire connaître le contenu de sa lettre. Il descendit aussitôt dans la cour et étonna la servante par la précipitation qu'il apportait au harnachement de son cheval. Quoique d'une humeur vive, jamais il n'avait été plus impatient, plus bref dans ses ordres.

Ce fut ainsi que M. Richard ne mit guère plus de trois quarts d'heure à faire le chemin qui conduit de Bayeux à Isigny. Son cheval volait. La voiture, si elle n'eût été construite avec une rare solidité, eût pu rester sur la route; les pensées du docteur se succédaient aussi rapidement que chaque tour des roues. Le docteur arriva à l'auberge que Suzanne lui avait désignée; de loin, il reconnut la jeune fille qui s'était mise à la fenêtre et qui l'attendait impatiemment.

— Une dame vous attend au premier étage, monsieur Richard, dit l'hôtesse, qui voulait entamer une conversation et qui fut déçue par la brusquerie que le docteur mit à monter l'escalier. — Vous ici! s'écria le docteur en prenant les mains de Suzanne.

Ce fut son seul mot de reproche. Il regardait attentivement la jeune fille pâle, qui rougissait sous l'œil attentif du médecin.

— Et je n'avais rien deviné! Ah! Suzanne, comment annoncerons-nous cette nouvelle à votre pauvre mère?

Suzanne fondit en larmes.

— Ma mère! dit-elle, sans elle je n'existerais plus... J'ai longtemps tourné autour de la rivière, cette nuit; mais le souvenir de ma mère m'est revenu... Qu'a-t-elle dit? Ne m'a-t-elle pas maudite?... Je n'ose vous interroger. — Nous la retrouverons ce soir. — C'est impossible, monsieur Richard; elle ne saurait supporter la vue de mon déshonneur. — Vous êtes partie à pied de Bayeux, cette nuit? — Oui, je craignais chaque jour les regards de ma mère. — Pauvre enfant! c'est une grave imprudence que vous avez commise... — Pourquoi ma mère n'est-elle pas venue? dit Suzanne d'un air inquiet. — Vous m'avez défendu, dans votre lettre, de lui parler. — Vraiment!... ne me cachez rien; il me semble que vous me trompez... Je n'ose penser à ma mère... Que fait-elle?... Que dit-elle? Ah! que je suis punie!... — Madame Le Pelletier a beaucoup souffert; mais ne craignez rien, mademoiselle, elle vous recevra dans ses bras en pleurant, sans une parole dure... Elle ne sait rien; je ne lui ai pas communiqué encore le fatal secret... — Ne le lui dites pas, monsieur Richard! — Et comment le lui cacher? Je ne puis songer maintenant à vous faire revenir à Bayeux, même dans la voiture la plus douce, après cette marche forcée... Je viendrai tous les jours vous voir avec votre mère; s'il le faut, avec lui. — Non, pas avec lui!... Vous ne savez pas... — Je ne le sais que trop, malheureusement... — C'est impossible; qui vous l'a dit? — Il est plus coupable que vous, Suzanne : ses devoirs, la mission qu'il a à remplir auraient dû l'arrêter sur le chemin de la séduction. — Oh! monsieur Richard, il ne me reste plus qu'à mourir!... Vous le connaîssez!... J'aurais porté ma honte, mais lui!... — Il n'y a que moi qui sache son nom...

La première syllabe siffla sur les lèvres du docteur.

— Ne le nommez pas, monsieur Richard; il est assez puni par ses propres tourments : il veut se renfermer à jamais et s'infliger une peine dont il sera lui-même le juge et le condamné. — Sa conscience a parlé trop tard, Suzanne... Ainsi, c'est le seul dédommagement qu'il vous offre? — Quel autre serait possible? — Cet homme, Suzanne, a cru vous aimer ; il était jeune, vous aussi, il vous a entraînée au mal... — Ne me parlez pas ainsi, docteur; il ne m'a pas entraînée : nous nous sommes sentis portés l'un vers l'autre sans réfléchir; il n'est pas coupable. — Cependant, son premier soin devait être de couvrir votre faute; la pensée ne lui en est-elle pas venue? — Il me l'eût offert, que jamais je n'aurais consenti à briser sa carrière. — Et votre avenir! Et la réputation de votre famille! — Docteur, ne me pressez pas, je suis incapable de raisonner. Je ne vous demande qu'un service : amenez-moi ma mère, que je la voie encore... Je ne puis vivre sans elle. Je veux la voir, quand même elle refuserait de me pardonner ; je veux l'entendre, sa voix fût-elle irritée... En la voyant, seulement alors je pourrai porter ma faute.

Après avoir passé deux heures en compagnie de Suzanne, le docteur revint à Bayeux, sans presser son cheval. La situation se compliquait, et M. Richard n'osait peser les conséquences de la fuite de la jeune fille. Plus il approchait de la ville, plus ses agitations se pressaient en lui sans prendre corps. Une mère à consoler, un coupable à châtier, une faute à voiler, des curiosités à éteindre, des propos scandaleux à étouffer, tels étaient les motifs qui faisaient que l'honnête médecin voyait à regret le clocher de l'église se détacher de minute en minute plus distinctement sur le ciel.

En arrivant chez lui, M. Richard fut étonné d'entendre la voix plus calme de madame Le Pelletier répondre à madame Richard. La femme du médecin, quoique son mari ne l'eût pas autorisée, avait prévenu la veuve que des nouvelles positives annonçaient le retour prochain de Suzanne. La mère s'évanouit en entendant ses paroles ; mais c'était la joie qui la faisait défaillir, et elle revint bientôt à elle, mêlant dans son ivresse le nom de Suzanne à celui du docteur. Elle prévoyait que de l'arrivée de M. Richard dépendait tout son avenir. Quoiqu'un mystère fût nécessairement attaché à la fuite de Suzanne, madame Le Pelletier n'y songeait pas. Sa fille était retrouvée, elle allait la voir, l'embrasser encore ; son affection maternelle s'était centuplée depuis la fatale nouvelle, et elle connut seulement alors, par le ravage qui s'était opéré dans son esprit, combien son cœur et son âme étaient soudés au cœur et à l'âme de Suzanne.

M. Richard crut le moment convenable pour annoncer à madame Le Pelletier les motifs qui retenaient Suzanne à Isigny. Employer des détours, des ambages, il n'y fallait pas songer ; le premier mot de la veuve serait de demander sa fille. On ne pouvait la lui cacher pendant un mois, peut-être plus longtemps ; il était nécessaire de montrer le mal dans toute sa force, sauf à essayer de le combattre par des adoucissements que le sentiment maternel accueillerait avec empressement. Ces raisons avaient été pesées longuement par le docteur pendant son retour, et il attendait de la tournure de la conversation des auxiliaires difficiles à rassembler dans sa pensée.

— Vous êtes une femme courageuse ? dit-il à madame Le Pelletier.

A ce mot, elle pâlit.

— Ne craignez rien, Suzanne ne court aucun danger ; mais dites-moi que vous aurez du courage.

La veuve, émue et ne pouvant parler, fit un signe de tête affirmatif. Le docteur était de ces hommes qu'une opération chirurgicale émeut d'abord, qui se sentent faibles un moment et qui, puisant des forces dans la nécessité et le sentiment de l'humanité, une fois le couteau en main, retrouvent le sang-froid nécessaire à l'amputation d'un membre.

— Si vous avez réellement du calme, dit le docteur, vous verrez votre enfant ce soir.

Madame Le Pelletier, brisée par l'émotion, les yeux fiévreux, put écouter alors un bref récit de la séduction de sa fille. M. Richard n'entra dans aucun détail inutile ; il jugeait nécessaire de tailler dans le vif, sauf à adoucir l'opération en faisant tomber la mère et la fille dans les bras l'une de l'autre.

— Partons, docteur, dit madame Le Pelletier.

Ce mot fit comprendre au médecin que le pardon gonflait déjà le cœur de la mère, mais M. Richard avait d'autres devoirs à remplir. Il ne lui suffisait pas de rendre à Suzanne l'affection de sa mère ; un autre but le préoccupait. Madame Richard fut chargée de conduire la veuve auprès de sa fille. Les trois femmes pleureraient ensemble, et par un billet dont fut chargée madame Richard, Suzanne était invitée à ne pas dire le nom de son séducteur.

M. Richard avait hâte de rencontrer M. de Boisdhyver. Après un entretien d'une heure avec lui, le docteur quitta l'évêque aussi ému que madame Le Pelletier. Ce fut par cette belle parole, tirée d'un apôtre, que M. de Boisdhyver conclut après la confidence du médecin : — Celui qui désire l'épiscopat désire un grand travail.

Quatre heures allaient sonner. Depuis le matin, le docteur était dans un état de surexcitation dont se hâtent de profiter les gens qui veulent mener une entreprise à bonne fin. La situation de Suzanne, le désespoir de sa mère, l'entrevue avec l'évêque, le voile qui s'était déchiré tout à coup en éclairant ce drame imprévu, avaient donné au docteur des forces qu'il ne se connaissait pas. A cette heure, il ne doutait plus, il était maître de diriger toute la ville, et il se rendait compte comment Jousselin, dans son amour, avait pu soulever de lourdes pierres contre un mur, rien que pour cueillir une branche d'arbre. Ce fut ce souvenir qui entraîna M. Richard dans la direction de la sous-préfecture à l'heure où il savait que les employés sortent de leurs bureaux. Le dernier qui passa fut Jousselin, la tête basse, courbé par l'émotion que lui avait laissée sa conversation du matin avec le docteur.

En apercevant M. Richard, l'employé s'écria : — Elle est retrouvée! car il y avait sur la figure du docteur des signes certains de contentement.

— Oui, monsieur Jousselin.

Le docteur prit les mains de l'employé dans les siennes.

— J'ai à vous demander un grand service, et il est impossible que vous me le refusiez... Vous seul dans la ville connaissez la position de Suzanne, jurez-moi de ne la dévoiler à personne! — Je vous le jure! dit spontanément l'employé. — Maintenant sachez toute la vérité, vous en êtes digne. Suzanne est déshonorée dans l'opinion, il est impossible d'arrêter les bruits qui courent sur son compte... Ils ne sont que trop vrais... J'ai vu cette pauvre enfant, qui, malgré son état, a fui la ville à pied et j'espère que cette imprudence n'aura pas de suites fâcheuses pour sa santé... Son séducteur l'a abandonnée, il ne la reverra jamais. — Il vaut mieux qu'il ne la revoie pas, s'écria l'employé. — Vous passez dans la ville pour le séducteur; donnez-moi votre parole que vous laisserez poser cette accusation sur votre tête, quoi qu'il arrive! — Monsieur Richard, comptez sur moi; quoi qu'il arrive, je ne démentirai pas les gens de Bayeux. — Bientôt ces bruits s'apaiseront ; je ne sais quelles sont les intentions de madame Le Pelletier, mais elle devra quitter la ville. — Quitter la ville ! s'écria l'employé... Et sa fille ? — Suzanne restera à Isigny le temps nécessaire, et ne rentrera jamais à Bayeux.

Jousselin était visiblement ému.

— Jamais! dit-il. Cependant si le séducteur consentait à réparer sa faute? — Il ne le peut pas, il ne le veut pas. Toute la faute doit retomber sur la tête de Suzanne. — Mais n'avez-vous pas dit que le séducteur c'était moi!

XXX

SUITES DE LA MALADIE

La nouvelle de la fuite de Suzanne fut bientôt répandue dans Bayeux et donna raison par hasard à la calomnie provinciale, qu'on pourrait dépeindre comme un soldat en perpétuelle faction, tenant d'une main la mèche allumée, prêt à mettre le feu à une machine infernale qui répand ses éclats dans toutes les maisons, fait un grand nombre de victimes et blesse jusqu'aux curieux. Les voyages de madame Le Pelletier, l'inquiétude du docteur Richard, la disparition de Suzanne, le maintien embarrassé de Jousselin, servirent les commentaires de l'opinion publique.

On s'attacha surtout à épier la mine du séducteur, qui comparaissait seul sur les bancs du tribunal de l'opinion. Il y avait chez le principal y accusé de quoi déconcerter la finesse féminine. Comment un jeune homme d'apparences tranquilles, à l'air modeste, qui n'osait lever les yeux dans les rues, avait-il pu entraîner à mal une jeune fille de la société?

Il résulta de ce fait nombre de commentaires sur l'hypocrisie des hommes timides, qui sont plus dangereux qu'un régiment de brillants officiers. Les mères frémissaient à l'idée qu'il suffit à un jeune homme de passer devant les fenêtres pour enlever leurs filles; les hommes expliquaient le fait en le tournant contre les femmes. L'éternelle question du bien et du mal qu'on dit des femmes, qui a agité et agitera tant de langues encore, revenait sans cesse à propos de l'employé.

Jousselin, plus intimidé qu'un acteur qui entre pour la première fois en scène, voyait sans les voir les regards qui pleuvaient sur lui, entendait sans les entendre les sots propos, les scandaleuses allusions que toute la ville répétait. Il était soutenu dans cette situation difficile par sa conscience qui lui avait dicté cette belle réponse au docteur Richard : Ne suis-je pas le séducteur ? A cette heure il éprouvait une sorte de félicité saignante à se sentir mêlé à tout instant au souvenir de la jeune fille. Pendant un an il avait prononcé en lui-même le nom de Suzanne. Il promenait son secret solitaire; maintenant elle et lui étaient dans toutes les bouches. A toute heure du jour il devinait qu'on parlait de lui, qu'on l'associait à mademoiselle Le Pelletier; si sa timidité ployait sous ce fardeau, il trouvait une récompense perpétuelle dans une voix mystérieuse qui lui criait de ne pas se décourager, quoi qu'il advînt. L'employé eut besoin d'un courage qu'on n'aurait pas cru logé en une si faible enveloppe.

Ce qu'il craignait le plus, c'était que sa mère ne connût la terrible accusation qui pesait sur lui. Jusque-là elle l'ignorait; mais un simple mot pouvait l'éclairer. Jousselin tremblait les jours de marché, qui servent deux fois par semaine de gazettes parlées. Là tout le monde se rencontre, cause, et répand la provision de nouvelles accumulées pendant une huitaine; mais la mère de l'employé, par un hasard extraordinaire, n'avait reçu aucune confidence jusqu'alors. Jousselin se croyait en sûreté, lorsqu'il fut atteint par un coup auquel il n'avait pas songé et qui le trouva sans défense.

Un matin il fut appelé dans le cabinet du sous-préfet.

— Monsieur, lui dit celui-ci d'un air sévère, après le scandale que vous avez donné à la ville, il m'est impossible de garder dans mes bureaux un homme de mauvaises mœurs; je suis obligé de vous demander votre démission...

Jousselin voulut parler. La voix lui manqua et il resta devant le sous-préfet, pâle, ému, offrant l'aspect d'un coupable qu'on vient de saisir en flagrant délit, plutôt que d'un innocent qui veut se défendre.

— Dès aujourd'hui, monsieur, continua le sous-préfet, vous êtes libre ; vos appointements vous seront comptés jusqu'à la fin du mois.

Jousselin vit, à la figure de son supérieur qui se levait pour le congédier, qu'il n'y avait rien à espérer de lui, et il sortit accablé de ce nouveau coup, sans essayer d'y remédier. Les premiers effets d'un grand malheur survenu brusquement, sont de laisser l'homme inerte et sans raisonnement : l'analyse plus cruelle ne vient qu'ensuite.

Jousselin sortit de la sous-préfecture sans savoir où ses jambes le portaient, sans savoir s'il marchait; mais l'instinct le poussa vers les rues désertes de la ville, afin de n'être pas rencontré. C'est ainsi qu'il se trouva dans le quartier du Cloître, vis-à-vis de la maison des demoiselles Loche, qui justement à cette heure sortaient pour aller à la messe; suivant ses habitudes, l'une des deux sœurs portait sous le bras deux volumineux paroissiens et à la main l'énorme clef de la porte, qui pouvait peser deux livres. Jousselin sentit ses regards se diriger vers cette énorme clef, sans se douter qu'il en avait été pour ainsi dire frappé.

De la maison Loche était sortie la destitution, car M. Ordinaire, le vicaire général, qui se trouvait en relations avec le sous-préfet, avait provoqué le renvoi de l'employé. Inflexible, le vicaire général, de l'école du curé Caneva mettant une commune en feu pour un simple bal de village, augmentait le scandale qui avait frappé une famille en punissant ouvertement le séducteur. Le sous-préfet s'était laissé entraîner par les discours de M. Ordinaire, et il avait résolu de *purger* ses bureaux d'un homme qui y apportait des mœurs déplorables.

Ce fut à une des soirées des demoiselles Loche qui s'indignaient plus vivement encore que le vicaire général, que le sous-préfet, croyant entendre l'opinion publique dans ce petit salon exclusif, résolut de donner un exemple à ses employés. Les deux sœurs, qui ne connaissaient pas Jousselin, passèrent devant lui, ignorant que la victime de leur puissance secrète était là, à cette heure, en leur présence, témoignant par son abattement de la rigueur des opinions manifestées la veille au soir dans la maison du Cloître. Les demoiselles Loche allaient pleines de sérénité prier leur confesseur de leur épargner des fautes à l'avenir! Jousselin marchait devant lui, la tête troublée, n'ayant qu'une idée : Suzanne toujours Suzanne! Plus il lui était porté de coups à cause d'elle, plus son souvenir s'ancrait profondément dans son cœur.

Il sortit ainsi de la ville, conduit par l'instinct de ne pas se faire remarquer dans les rues à l'heure du bureau, et il alla tout droit dans la campagne. Il était deux heures de l'après-midi. La route que suivait Jousselin est une de ces petites routes de Normandie, si jolies et si plantureuses qu'on n'en pourrait souhaiter d'autres en paradis. Ces routes sont bordées d'assez de pommiers pour tenter toutes les Èves de la terre.

Le soleil pénètre par échappées à travers le feuillage, colore les fruits et dépose un baiser lumineux sur la pause rose des pommes. La verdure est épaisse à éteindre le bruit des pas, l'ombre est chaude, la lumière est douce sous les branchages entre-croisés.

Pour la première fois, Jousselin comprit la liberté. A cette heure, il était habituellement courbé dans un cabinet sur des papiers, et enveloppé d'une atmosphère de bureau; maintenant il respirait à pleine poitrine. Les oiseaux chantaient sans s'inquiéter du lendemain. Un petit vent frais qui venait de la mer agitait les pommiers; par-dessus les haies des fermes s'avançait quelque tête de vache curieuse, qui regardait l'employé avec ses gros yeux. De jolies paysannes allant à Bayeux disaient bonjour à Jousselin en souriant... Hors de la ville tout semblait tranquillité et bonheur. Jousselin marchait toujours d'un pas rapide; ce fut par des chemins délicieux qu'il arriva devant quelques maisons isolées, les premières d'un village.

Tout à coup, l'employé sentit son regard se voiler, ses genoux trembler, tout son être fléchir. A une fenêtre, il avait reconnu madame Le Pelletier et Suzanne. En ce moment, il eût voulu crier : Suzanne! Suzanne! je vous aime! Il n'en eut pas la force : une volonté insurmontable le fit retourner, brusquement et courir dans la direction du petit chemin couvert qu'il venait de quitter. Hors de la vue du village, Jousselin se jeta sur le gazon comme privé de sentiment et se mit à sangloter et à répandre de nombreuses larmes. Toutes ses émotions de la journée coulaient dans ce torrent de pleurs, qu'il regardait arroser les brins d'herbe et entrer en terre... A cette heure il oubliait sa démission, les méchants propos de la ville. Il avait vu Suzanne, pâle, les yeux creusés par la maladie; mais c'était toujours Suzanne, toujours la femme pour laquelle il avait dressé au plus profond de son cœur un autel mystérieux! Jousselin revint ainsi à Bayeux, ivre de bonheur d'avoir découvert la retraite de la jeune fille. Que lui importait maintenant sa situation? Il était libre! A tout instant du jour il pourrait aller vers les fenêtres de Suzanne; on ne le connaissait pas, personne ne le remarquerait. Il rentra chez sa mère, brisé de fatigue, ne se doutant pas qu'il avait fait six grandes lieues. L'employé en eût fait vingt tous les jours, quand il eût dû tomber mort sous les fenêtres de Suzanne. Il monta immédiatement à sa chambre, sans vouloir partager le modeste repas du soir; il n'avait faim que de la vue de Suzanne. Ses émotions le nourrissaient. Ce fut la plus douce nuit que passa Jousselin depuis qu'il avait conscience de ses actions, une nuit qui tenait autant de la veille que du rêve, une nuit doucement blanche, où des fantômes qui avaient pris la figure de Suzanne se tenaient au-dessus de sa couche.

Mais le réveil fut amer ! A huit heures du matin, Jousselin entendit heurter la porte de la rue d'un tel son qu'il en frémit. C'était la façon de fermer de sa mère quand la mauvaise humeur la tenait. Les Furies de l'antiquité seraient entrées dans la chambre de l'employé qu'elles ne l'eussent pas plus terrifié que sa mère en ce moment. Elle savait tout : elle avait appris la séduction de Suzanne, la destitution de son fils. Ce furent des paroles d'une aigreur, d'une violence et d'une colère telles, que Jousselin crut entendre siffler un serpent.

Il se leva pour ne pas être battu, car madame Jousselin s'avançait d'un air menaçant vers le lit de son fils.

— Mais réponds donc, disait-elle à Jousselin qui baissait la tête devant l'orage.

Comme il ne disait rien, sa mère répondait pour lui. Désespérant de l'apaiser, Jousselin s'étant habillé à la hâte, descendit vivement l'escalier, prit un morceau de pain dans la cuisine et s'esquiva.

Si l'employé ignorait l'enchaînement des faits qui l'avaient désigné comme victime, M. de Boysdhyver, sans connaître les malheurs particuliers occasionnés par la séduction de Suzanne, frémissait que la vérité n'arrivât aux oreilles du vicaire général, car M. Ordinaire eût été dans son droit en dénonçant un jeune homme appartenant à l'évêché, élevé pour ainsi dire par l'évêque, se rendant coupable d'une faute qui pouvait atteindre tout le clergé. Abattu, déplorant le malheur qui avait frappé la famille Le Pelletier, M. de Boisdhyver resta deux jours sans recevoir Cyprien ; il lui enjoignait en outre de ne pas sortir du séminaire sans ses ordres. L'évêque avait ressenti le coup si profondément qu'il craignait de se trouver en présence de Cyprien dans le premier moment ; cependant, comme son secrétaire n'avait pas encore reçu les derniers ordres, il lui était possible de réparer sa faute. M. de Boisdhyver n'était pas de ces prêtres qui poussent de jeunes hommes à se jeter dans le sein de l'Église sans vocation. Pour la première fois, l'évêque s'apercevait que la conviction n'avait pas pénétré jusqu'au fond du cœur de Cyprien qu'il chérissait comme un fils, et il cherchait les moyens de sauver le jeune homme en le détournant d'une carrière difficile dans laquelle il s'était jeté peut-être au hasard.

Plus d'une conversation eut lieu à ce sujet entre l'évêque et le médecin.

— Monseigneur, dit le docteur Richard qui comprenait les tourments secrets de M. de Boisdhyver, laissez-moi, je vous prie, assister à la conférence que vous aurez avec M. Cyprien. Vous êtes un meilleur juge que moi dans la question, vous sonderez jusqu'au fond l'âme de ce jeune homme ; mais ma profession m'a mis à même de connaître les ressorts qui font agir l'humanité dans les circonstances pénibles et difficiles de la vie ; je vois de moins haut que Votre Éminence, mais je vois peut-être autrement. — Mon cher monsieur Richard, ce que vous dites là, je le pense ; vous avez donné un corps à mes pensées.

Au bout de deux jours, Cyprien fut introduit dans la cellule de l'évêque, qui s'y trouvait avec le docteur. Le jeune homme était pâle et inquiet. En moins d'un mois, les dernières fleurs de sa jeunesse étaient tombées ; les événements de la vie avaient transformé sa nature, de vive et pétulante qu'elle était auparavant, en réfléchie et tourmentée. Il connaissait le cœur des deux hommes qu'il avait devant lui, et cependant il se sentait plus gêné qu'en présence du tribunal de l'officialité diocésaine, lorsque, démonté par les attaques du vicaire général Ordinaire, il avait perdu un moment conscience de sa mission. En présence de ces hommes à la conscience pure, devant ce Christ, qui se détachait sur les murailles peintes à la chaux de la cellule, Cyprien se jugeait lui-même, et le tribunal le plus redoutable était celui de sa conscience.

En entrant, il se jeta aux genoux de l'évêque.

— Relevez-vous, dit M. de Boisdhyver, qui fit signe au jeune homme de se tenir droit. Sans attendre de questions, Cyprien dit sa faute avec sincérité. Il s'était laissé entraîner peu à peu vers Suzanne, jusqu'au jour où il avait compris dans quel précipice il tombait ; mais il était trop tard. Il reconnaissait sa faute, et demandait à l'expier par les châtiments les plus sévères.

Le docteur entendit alors pour la première fois une éloquence forte et convaincue. M. de Boisdhyver ne faiblit pas devant l'aveu de cette faute. Il déroula le tableau d'une existence pure et tranquille, telle que celle des dames Le Pelletier, troublée par un séducteur qui profitait de son caractère pieux pour arriver à ses fins; il plia pour ainsi dire Cyprien sous sa parole. Le Dieu vengeur de l'évêque se montrait d'autant plus courroucé et jaloux de punir le coupable qu'il était bon et miséricordieux. A la voix de l'évêque, les murs de la petite cellule semblaient s'entr'ouvrir pour laisser paraître un Dieu armé de ses foudres menaçantes. Ce n'était pas un discours de chaire que prononçait M. de Boisdhyver, mais des paroles de foi pleines de reproches et d'indignation, qui empruntaient à son beau caractère des effets inattendus et terribles. Cyprien était courbé comme par ces grandes tempêtes qui cassent les branches, déracinent les arbres, font tomber les toits, renversent les hommes et les chevaux. Il joignait les mains et semblait crier grâce; et toujours il allait ployant les genoux, la tête baissée vers la terre. Mais la parole de l'évêque s'élevait et mugissait; on eût dit de hautes vagues se dressant l'une sur l'autre, se choquant avec fracas et s'avançant vers le malheureux, qui, épouvanté, jugeait impossible de fuir et attendait avec angoisse le moment où il serait roulé par les flots.

Cyprien était retombé à genoux, accablé par cette parole pleine de reproches. Le docteur partageait l'émotion du juge et du condamné; en ce moment il comprit la force et la grandeur de la religion, et il se détourna quand il vit l'évêque se mettre à genoux et prier, l'œil illuminé, tourné vers le ciel. Il semblait au docteur qu'il venait d'assister à une opération cruelle, mais nécessaire, et que maintenant le chirurgien essayait de faire oublier ses douleurs au patient par des paroles douces et onctueuses.

Sur un signe de l'évêque, Cyprien sortit. Après un assez long silence, les yeux de M. Boisdhyver rencontrèrent ceux du docteur : c'étaient des regards pleins d'interrogations.

— Que ferez-vous, Monseigneur? demanda le médecin. — J'attends tout de là-haut, dit le prélat en levant les mains au ciel. — Il n'aime pas Suzanne, reprit M. Richard. Il ne l'aime pas, voilà ce que je craignais! La jeunesse, l'entraînement des sens sont seuls coupables. Pas un mot pour elle!... Il s'est repenti. Je l'ai vu courbé sous vos paroles, Monseigneur; mais pas un souvenir, rien pour elle... — Hélas! disait l'évêque. — Un autre se fût repenti, se serait traîné à vos genoux, vous eût demandé la liberté pour courir près de Suzanne, essayer de réparer ses torts... Mais rien !... Et ma dame Le Pelletier? s'écria l'évêque. — Elle ne voulait que retrouver sa fille, la revoir; elle l'a revue... elle ne dit pas un mot... Je crains qu'elle ne nourrisse intérieurement une douleur profonde... Pauvre femme! — Et la jeune fille? dit l'évêque en hésitant. — Suzanne pense au passé, à l'avenir; elle pleure la nuit quand elle est seule, pour épargner à sa mère ses larmes du jour...

L'évêque et le docteur continuèrent à s'entretenir de cette malheureuse famille qu'un moment avait suffi pour plonger dans l'affliction. M. de Boisdhyver promit au docteur d'aller lui-même à Isigny, s'il croyait que sa présence pût apporter quelque calme à la mère et à la fille; mais les événements se pressaient. A peine le docteur était-il rentré chez lui, qu'un messager venait le chercher pour se rendre auprès de Suzanne, qui se sentait prise tout à coup de violentes douleurs. M. Richard partit à la hâte et trouva Suzanne assez mal pour ne plus la quitter; pendant trois jours il resta au chevet de son lit, accomplissant la difficile mission de rassurer la mère et de veiller la fille.

Un matin que Suzanne reposait, plongée dans un affaissement qui tenait le milieu entre le sommeil et la mort, le docteur ouvrit la fenêtre pour renouveler l'air de l'appartement, et il ne fut pas peu surpris d'apercevoir Jousselin qui, appuyé contre un arbre, ne quittait pas de vue la maison. Tous les jours l'employé venait à pied de Bayeux avec l'espérance de revoir encore une fois Suzanne. Cette consolation lui manquait actuellement. Suzanne ne paraissait plus! Le docteur fit un signe à madame Le Pelletier et lui dit à voix basse : — Voilà l'homme qui aimait vraiment Suzanne! Tenez-vous derrière le rideau; je vais descendre lui parler.

— Ah! monsieur Richard, s'écria Jousselin, qu'est-elle devenue?

Le son de sa voix était tellement altéré, que le docteur en fut touché.

— Préparez-vous à une terrible nouvelle, mon pauvre ami; ce que je craignais est arrivé... — Parlez, monsieur Richard, dites? — La marche forcée de Suzanne la nuit, les émotions, les chagrins ont déterminé une maladie des plus graves...
— Est-elle en danger, monsieur Richard? — Je le crains. — A-t-elle sa connaissance? — Par moments, seulement. — J'ai un projet; je l'aime tant que je donnerais ma vie pour la sauver! Je voudrais le dire à sa mère... — Quel projet? demanda le docteur. — Vous vous rappelez, n'est-ce pas, que

j'étais presque heureux quand je croyais mademoiselle Suzanne défigurée par le feu; eh bien aujourd'hui, je suis encore dans les mêmes sentiments... Toute la ville répète que j'ai séduit mademoiselle Suzanne; ma mère le croit, on m'a chassé de la sous-préfecture... — Chassé! s'écria le docteur. — Qu'importe ce qui me touche! Je veux rendre l'honneur à mademoiselle Suzanne, saisir un moment où elle aura sa connaissance, et l'épouser. — Ah! c'est bien! monsieur Jousselin; mais Suzanne n'acceptera pas. — Si elle doit mourir, reprit l'employé dont la voix indiquait de prodigieux efforts pour ne pas fondre en larmes... — Eh bien, restez ici, à Isigny, dans l'auberge où j'ai moi-même une chambre, il faut que nous voyions madame Le Pelletier; mais que dira votre mère? — Moi dehors, elle n'en dira pas plus que quand je suis là. Monsieur, si un homme pouvait être terrassé avec des paroles, je ne me relèverais plus maintenant; ce sont ces paroles qui m'ont donné du courage. Plus je recevais de coups pour Suzanne, plus j'étais heureux... — Cette destitution est bien injuste, dit le docteur. Il faut que le sous-préfet ait été trompé par des calomnies. — Il n'y a pas de calomnies, monsieur Richard; je suis accusé d'avoir enlevé mademoiselle Suzanne... — Ne pouviez-vous vous disculper? — Moi! monsieur Richard; ne vous avais-je pas promis de passer pour le séducteur? — Ah! monsieur Jousselin, dit le docteur en serrant la main du jeune homme, vous êtes un grand cœur. — Voyez, monsieur Richard, si cette parole d'un homme tel que vous ne ferait pas oublier tous les ennuis de la vie.

Quand madame Le Pelletier connut ces détails, elle voulut aller remercier en personne l'employé, mais elle ne consentit pas à accepter son dévouement.

— Suzanne, dit-elle à Jousselin, n'a pas sa volonté présente; une telle réparation, dans l'état de faiblesse où elle se trouve, lui ferait croire que nous désespérons de sa vie... Nous la conserverons, monsieur, croyez-le; M. Richard ne *veut* pas qu'elle meure.

En ce moment, pour la mère, le docteur était un dieu qui commandait à la vie et à la mort; cependant M. Richard devenait soucieux malgré les efforts qu'il faisait pour cacher son trouble.

— Si vous avez du courage, dit-il à l'employé, restez; mais si vous ne deviez pas réconforter, par votre présence, madame Le Pelletier, il vaudrait mieux vous épargner un spectacle douloureux.

Alors le docteur expliqua à Jousselin les suites certaines d'une maladie mortelle qui s'avançait à pas lents et réguliers. Dans les circonstances où elle se produisait, jamais le médecin n'avait vu de femmes y échapper... Passer d'un moment d'espoir à une certitude accablante était pour Jousselin un coup fatal; il lui parut qu'on lui déchirait le cœur intérieurement, mais il supporta le coup plus résolument que le médecin ne s'y était attendu... Les événements derniers avaient endurci sa nature un peu faible ; il faisait son apprentissage d'une vie rude et nouvelle, lui qui avait toujours mené une existence calme et réglée. Dans cette amertume, il trouvait des consolations, même des jouissances amères, comme celle de garder Suzanne la nuit quand madame Le Pelletier, accablée, prenait un quart d'heure de repos. Jousselin n'avait qu'un désir en tête : posséder quelque chose qui eût appartenu à Suzanne. On lui eût dit de traverser à la nage la mer pour aller en Angleterre, qu'il l'eût essayé certainement pour avoir des cheveux de Suzanne. Ces beaux cheveux blonds miroitaient devant ses yeux comme l'or entassé sur la table d'un avare. Posséder ces cheveux et mourir! Jousselin ne rêvait à rien autre. Aussi, quand M. Richard lui eut annoncé la fin prochaine de la jeune fille, il n'hésita pas à réaliser son rêve. Pour avoir une mèche des cheveux de Suzanne, il eût donné son sang, sa vie ; il n'aurait jamais demandé une plus grande faveur à la jeune fille; maintenant il pouvait l'espérer. Suzanne ne répondait plus, ne répondrait plus jamais à celui qui l'aimait tant.

Une nuit que l'employé veillait au chevet de la malade, contemplant avec tristesse le corps amaigri qui se dessinait sous la couverture, les joues pâles et blanches, les lèvres plus pâles que les joues, les yeux agrandis par les serviteurs mystérieux de la mort, Jousselin, quoique tremblant, saisit une boucle de cheveux qui s'échappaient du bonnet de la jeune fille, la coupa et la tint renfermée dans sa main comme un trésor qu'il aurait dérobé. On lui eût broyé la main plutôt que de la lui faire ouvrir. Il sembla à l'employé qu'un faible sourire avait passé sur les lèvres de la jeune fille : seul le vacillement de la veilleuse avait produit cette illusion. Avant de posséder ces cheveux chéris, Jousselin s'était dit :

— Qu'elle meure quand j'aurai quelque chose qui lui aura appartenu, et je serai moins malheureux!

Ces cheveux lui servirent d'amulette; il les enferma dans

un petit sachet, les en retirait, les baisait, les faisait jouer à la lumière et y trouvait un monde. La voix, les gestes, le maintien, la couleur de la peau de Suzanne, avaient passé dans cette mèche de cheveux!

L'employé eut besoin de cette consolation, car madame Le Pelletier voulut bientôt rester seule avec sa fille; il lui semblait qu'un étranger lui enlevait un peu de Suzanne en se trouvant à côté d'elle.

— Jousselin, il faut que vous retourniez à Bayeux, lui dit le docteur; voici une lettre de M. de Boisdhyver, qui a fait des démarches pour vous: vous êtes réintégré à la sous-préfecture. Monseigneur vous promet en outre de l'avancement dans quelques mois, quand ce malheureux scandale sera éteint. — J'aurais tant voulu rester ici! — C'est impossible, dit le docteur. Votre mère a besoin de votre aide; vous devez veiller à ce qu'elle ne manque de rien. Que feriez-vous ici pour elle? Votre situation de fortune ne vous permet pas de rester plus longtemps sans emploi. — Vous avez raison, monsieur Richard, je le sens, mais pourrai-je rester loin de mademoiselle Suzanne, dans l'état où je la laisse? — Eh bien, je vous ferai parvenir chaque matin, par le messager, des nouvelles de Suzanne. — Que vous êtes bon, monsieur Richard! s'écria Jousselin.

La cause de la réintégration de l'employé dans les bureaux de la sous-préfecture resta un secret même pour les employés. Forcé de s'incliner devant des ordres supérieurs, M. Ordinaire fut celui qui ressentit le coup le plus vivement, car il y perdit un allié important. Le sous-préfet, jugeant que l'évêque était plus fort que son vicaire général, rompit de lui-même les relations qu'il entretenait avec la société des demoiselles Loche, craignant de se compromettre en haut lieu. Pour réparer sa faute, il eût fait monter immédiatement Jousselin d'un échelon dans l'administration, mais la position de l'employé avait été réglée. Il était recommandé au sous-préfet de veiller à ce que le chef de bureau eût des égards pour Jousselin, qu'on destinait à des fonctions moins humbles dans un avenir rapproché; mais rien de cet état de choses ne devait transpirer dans les bureaux.

Ce coup fut si sensible au vicaire général, que les ressorts de sa vie morale en furent brisés. Son idéal reculant sans cesse, les années avançant toujours, M. Ordinaire ne sentit plus la force de lutter pour obtenir la mitre et le bâton épiscopal qui avaient soutenu sa vie jusque-là. Le doute était entré dans cette âme impétueuse qui s'était usée en luttes sourdes contre la meule de l'ambition ; ce corps vert de soixante ans, cette nature bilieuse, furent brisés en un instant comme du verre. M. Ordinaire ne mourut pas, mais il végéta quelques années, voûté, se traînant, semblable à une anatomie cheminante. Cet homme raide et inflexible fit pitié à ceux qui l'avaient connu le regard hautain et méprisant, la volonté de fer et l'amertume sévère dans la personne, et qui le retrouvaient affaissé sur lui-même, sans volonté ni puissance. Les demoiselles Loche, qui le respectaient jadis comme un dieu, le regardèrent comme une guenille et ne se firent pas faute de se venger sur leur pensionnaire de la domination sous laquelle elles avaient plié si longtemps.

Le chanoine Godeau prétendait que le vicaire général n'avait pas assez soigné son corps, et M. Commendeur proposait, comme un souverain remède, des frictions de trèfle de marais ; mais le vicaire général ne l'écoutait guère. M. de Boisdhyver, touché de pitié pour le prêtre que son séjour dans la maison Loche éteignait de plus en plus, l'envoya dans une maison de retraite exclusivement destinée aux prêtres infirmes.

Pour Cyprien, il avait fait vœu de silence et d'isolement pendant trois ans. De lui-même, il s'était condamné à ne plus sortir de l'évêché, accomplissant tous les ordres de M. de Boisdhyver en s'inclinant, et il ne quittait plus sa cellule. La faute qu'il avait commise lui fit connaître à temps les difficultés et les entraînements de la vie ; il voulut prouver à son supérieur, par un repentir absolu, l'éloignement qu'il avait du monde.

Ce ne fut pas sans avoir consulté le docteur Richard que M. de Boisdhyver consentit à laisser Cyprien continuer sa voie dans les sentiers de l'Église ; mais le docteur lui-même, en constatant l'étendue du sacrifice que le jeune homme s'était imposé, reconnut la force de la vocation. D'après le conseil de l'évêque, Cyprien quitta bientôt Bayeux pour entrer dans le séminaire des Missions étrangères, afin de se préparer à de lointains et dangereux voyages en expiation de sa faute.

XXXI

LA BELLE MADAME JOUSSELIN

Malgré sa réintégration dans son poste, Jousselin était toujours triste, et ses camarades de bureau lisaient sur ses traits l'état où se trouvait Suzanne qu'on avait ramenée presque mourante dans la maison de sa mère, le docteur Richard ne pouvant aller tous les jours à Isigny suivre les progrès de cette maladie qui traînait depuis un an. Cependant, un matin, Jousselin entra au bureau avec une telle figure animée, que chacun se dit : Mademoiselle Suzanne est sauvée !

Les soins de M. Richard avaient triomphé de la maladie. Suzanne entrait en convalescence. Depuis que madame Le Pelletier était de retour à Bayeux, Jousselin avait accès chez elle tous les jours. Les gens de la ville ne furent pas étonnés de rencontrer sur la promenade l'employé donnant le bras à Suzanne et la promenant doucement.

Ainsi l'avait voulu le docteur qui fatigua les mauvaises langues de Bayeux par la publicité des promenades de Suzanne en compagnie de Jousselin. A de certains regrets, à des inquiétudes que madame Le Pelletier ne savait dissimuler, M. Richard jugea combien il serait pénible à la veuve de quitter Bayeux. Il est un âge où les habitudes ne sont pas rompues brusquement sans danger ; le docteur comprit le vif attachement de madame Le Pelletier pour le pays où elle s'était réfugiée depuis la mort de son mari. Quoiqu'elle y eût vécu isolée, elle n'en eût pas moins laissé de vifs regrets attachés à sa rue, à sa petite maison. A son âge, tout devenait pour elle un enchaînement d'habitudes : la tranquillité de la ville, certains bruits du dehors qui la réveillaient le matin, des verdures particulières qu'elle respirait en traversant la promenade, les visages connus, et, comme raison déterminante, l'amitié qui l'unissait à M. Richard et à sa femme, amitié que les coups de marteau des derniers événements avaient rivée plus étroitement encore.

Après de longues discussions sur ce sujet avec madame Le Pelletier qui n'osait ramener Suzanne à Bayeux : — Un peu de courage, mon amie, lui avait dit le docteur, je vous promets que les méchants propos tomberont d'eux-mêmes; pour frapper un grand coup, décidez Suzanne à accepter le bras de Jousselin à la promenade.

C'est ainsi que l'employé fut présenté à Suzanne pour la première fois. Pendant la convalescence de la jeune fille, M. Richard et madame Le Pelletier n'eurent qu'un nom à la bouche : Jousselin. Un autre nom répondait dans le cœur de Suzanne ; mais elle finit par témoigner quelque sympathie pour cet inconnu qui l'aimait avec un dévouement si silencieux depuis trois ans. Un jour le docteur racontait le redoublement d'amour de l'employé quand il avait cru que la figure de Suzanne était brûlée ; le lendemain, madame Le Pelletier plaignait Jousselin d'avoir été destitué à cause de Suzanne, car elle cacha la réintégration de l'employé dans les bureaux. M. Richard s'enthousiasmait pour la demande en mariage de Suzanne à son lit de mort.

Il est de certaines natures discrètes et timides auxquelles les femmes prêtent peu d'attention ; renfermés en eux-mêmes, émus profondément en présence des femmes, tremblants à leur voix, à leurs gestes, à leurs regards, ces esprits sont comme les pierres fines qui ont besoin d'être montées par un joaillier habile pour reprendre leur éclat. Quand ils sont compris et mis en lumière, ces hommes, devenus tout expansion dans l'intimité, sont aimés avec une passion qui étonne les êtres non initiés à ces délicatesses.

M. Richard, aidé de madame Le Pelletier, voulut qu'une sorte d'amitié s'établît entre Suzanne et Jousselin. La première entrevue eut lieu à Isigny, pendant la convalescence de la jeune fille, qui demanda elle-même à voir l'employé. Quand Jousselin apprit cette nouvelle, il devint extrêmement pâle, et le docteur crut qu'il allait refuser de l'accompagner. Il pouvait à peine marcher ; le même homme qui avait soulevé des pierres énormes pour atteindre une branche du jardin où se promenait Suzanne, était écrasé par l'idée de se trouver en présence de celle qui n'avait pas quitté sa pensée depuis trois ans. Son corps était aussi faible et chancelant que celui d'un condamné qu'on mène au supplice. Quand le docteur lui parlait, il pouvait à peine se faire comprendre ; des mots entrecoupés sortaient péniblement de son gosier.

— Du courage, mon cher Jousselin, remettez-vous ! — Oui, vous avez raison, monsieur Richard. — Songez que vous m'avez promis d'aller jusqu'au bout. Madame Le Pelletier a besoin de vous, il faut que vous rameniez Suzanne à Bayeux. — Je ferai tout ce que vous désirez, monsieur Richard. — De votre visite d'aujourd'hui dépend le sort de madame Le Pelletier qui hésite toujours à rester à Bayeux ou à quitter la ville. — Oh! monsieur Richard, qu'elle reste, je vous en supplie!

Pendant la route, le docteur réconforta le pauvre amoureux, qui montra dès lors plus de résolution. Suzanne était encore d'une extrême pâleur, les yeux agrandis, les mains allongées; Jousselin sentit ses paupières se mouiller en voyant la malade dont les lèvres remuèrent sans laisser passer de son; mais l'employé crut remarquer à leur mouvement que Suzanne avait essayé de formuler son nom. Il se précipita sur la main de la jeune fille, qui était tiède et privée de mouvement.

Ce n'étaient pas seulement des souffrances physiques qui étaient inscrites sur la physionomie de Suzanne. Cette pression lui fit froid au cœur, en lui rappelant les douces étreintes de Cyprien, le premier serrement de main à la suite de l'accident de la Fête-Dieu. Madame Le Pelletier, qui épiait la physionomie de sa fille, s'adressa affectueusement à Jousselin, et lui parla quelque temps, afin de le distraire de son embarras. Le docteur mit la conversation sur un terrain gaiement amical, pour chasser les souvenirs de Suzanne et la timidité de l'employé.

Cette première visite laissa Jousselin dans une douce quiétude d'esprit. Il ne s'était pas senti gêné comme il l'avait craint. La tournure de conversation du docteur et de madame Le Pelletier lui avait permis de s'habituer peu à peu à la vue de Suzanne. Il rayonnait en contemplant dans son cerveau la petite chambre d'auberge où était couchée la malade. Il avait été frappé particulièrement d'une grande armoire de chêne qui occupait une place considérable dans la chambre.

Cette espèce d'armoire, particulière à la Normandie, offre sur chacun de ses panneaux des attributs sculptés que Jousselin ne pouvait s'empêcher de regarder comme un symbole. Dans le médaillon du panneau de gauche, deux colombes se becquetaient, agitaient leurs ailes entrelacées de rubans qui les attachaient l'une à l'autre. Un tambourin, une musette, posés sur un cahier de musique, avaient été sculptés sur le panneau de gauche. C'est la fameuse armoire de mariage que la jeune fille offre à son époux le jour des noces. Les colombes représentent l'amour dans l'union; les instruments de musique, l'allégresse qui couronne le mariage. Sur les nœuds sculptés dont le tailleur d'armoire enveloppe les colombes, il est d'habitude de graver le nom de baptême de la fille et du garçon, après la cérémonie nuptiale.

Jousselin remarqua que l'armoire était neuve, et portait des nœuds d'amour intacts qui attendaient des inscriptions! A sa seconde visite, huit jours après, Suzanne entrait en pleine convalescence. L'employé osa à peine la regarder, il n'avait d'yeux que pour l'armoire. Le tambourin et la musette faisaient entendre la plus joyeuse des musiques.

Suzanne se leva, marcha par la chambre, appuyée sur sa mère; Suzanne resta quelques heures dans un fauteuil ; Suzanne s'accouda à la fenêtre ; Suzanne était sauvée!

Jousselin ne rêvait qu'à l'armoire; frappé du symbole sculpté qui répondait à ses secrets sentiments, il s'imaginait que Suzanne avait dû le remarquer, et il épiait ses regards, afin de reconnaître s'ils se dirigeaient dans la direction des médaillons symboliques. Un jour il frémit de joie : Suzanne se dirigeait vers l'armoire! Il semblait impossible qu'elle ne remarquât pas ces rubans vierges qui attendaient des noms pour les entrelacer ; mais Suzanne ne parut prêter aucune attention à ce meuble, qui se trouve dans toutes les maisons de paysans. Désespéré, Jousselin s'en ouvrit au docteur, qui écouta en souriant cette confidence.

— Dans un an ou deux, lui dit-il, nous parlerons de l'armoire.

C'était un délai bien éloigné, une promesse vague ; Jousselin l'accueillit toutefois avec joie. Désormais reçu dans l'intimité des dames Le Pelletier, traité amicalement par Suzanne, qui faisait de vifs efforts pour cacher sa mélancolie, l'employé, nommé sous-chef, se regardait comme le plus heureux des hommes. D'accord avec madame Le Pelletier, le docteur Richard avait répandu dans Bayeux l'annonce de l'union future de Jousselin et de Suzanne. Les mauvais propos s'étaient arrêtés. On complimenta le sous-chef sur cette union, qui reculait sans cesse ; mais M. Richard, pour ne pas inspirer de défiance aux curieux, alléguait les secousses maladives qui avaient mis les jours de Suzanne en danger.

Trois ans après le départ de Cyprien, M. de Boisdhyver fut nommé évêque de Marseille ; il partit de Bayeux emportant les regrets d'un peuple dont les fils parlent encore avec respect de ce prélat aussi remarquable par son caractère que par ses actes charitables. Le docteur Richard souffrit vivement de ce départ, malgré les consolations affectueuses de madame Le Pelletier.

— Prenez garde, lui dit-il un jour, que je ne parte aussi.

Sa parole tenait de la raillerie. L'évènement la justifia à peu de temps de là. Le dévouement du médecin à ses malades, les fatigues nocturnes devaient frapper tout à coup, dans la force de l'âge, cet homme bâti en hercule, que la science avait usé.

Madame Le Pelletier ne prit pas garde à cette parole.

— Nous commençons à vieillir, ma chère amie ; je ne suis pas galant, mais un médecin n'est pas tenu aux belles paroles de la société. Tous les jours Suzanne reprend ; il n'y a plus trace de maladie ; je voudrais l'entendre appeler la belle madame Jousselin. — Y pensez-vous ? dit la veuve émue. — Non seulement j'y pense, mais j'y ai longtemps pensé et j'y penserai toujours. Ce pauvre garçon pense à Suzanne encore plus que moi ; il sèche, il devient maigre, tandis que Suzanne semble fleurir de son chagrin. Le vieux Giboreau n'ira pas loin, je vous en réponds, foi de médecin. Jousselin sera nommé à sa place chef de bureau. N'est-ce pas ce que vous demandiez pour notre chère enfant? Une position tranquille, assurée. — Ma pauvre Suzanne ne l'aime pas. — Convenez qu'elle a de l'amitié pour lui. Elle s'est habituée à le voir : — Eh bien, elle le connaît ; elle sait qu'elle aura pour mari un galant homme, qui se jetterait dans le feu pour elle ; que peut-on désirer de mieux ? Il l'aime, vous le savez... — Mais elle ne l'aime pas. — Qu'importe ? N'en est-il pas toujours ainsi ? Un *il* qui souffre pour une *elle*, une *elle* pour un *lui*. Vous n'avez pas la prétention de changer l'humanité ? Une certaine confiance en ménage, une habitude doucement amicale ne valent-elles pas mieux que les grandes passions qui s'éteignent plus rapidement qu'un feu de la Saint-Jean ? Je ne désire plus qu'une joie dans ce monde, c'est d'embrasser madame Jousselin le jour de ses noces. Ensuite je peux m'en aller. — Ne parlez pas ainsi, docteur... Avez-vous quelquefois songé aux reproches que M. Jousselin pouvait un jour faire à sa femme ? — Ah ! que vous le connaissez peu ! Pourquoi vous chagriner encore d'une crainte qu'il faut chasser comme un mauvais rêve ? Eh bien, puisque vous me remettez sur ce cruel chapitre, je ne vous dirai qu'un mot : Jousselin, pas plus que vous, n'a voulu connaître la cause de la maladie. —

Assez, mon ami... — Ainsi, Suzanne sera madame Jousselin?
— Je ferai tous mes efforts.

À diverses reprises, madame Le Pelletier avait essayé de sonder sa fille sur ce sujet; mais Suzanne fondit en larmes, et déclara qu'elle ne voulait pas se marier. Elle paraissait si décidée que la veuve, craignant de raviver des souffrances saignantes, garda le silence. — Il était impossible, ajoutait madame Le Pelletier, de recevoir Jousselin dans une intimité dangereuse pour l'employé. N'était-ce pas lui donner de vives espérances que chaque jour rendait plus durables? A ces raisons, Suzanne répondait qu'elle se ferait religieuse si elle était obligée de prendre un parti décisif. En effet, depuis sa convalescence, elle fréquentait plus assidûment l'église, et se livrait à des pratiques de dévotion qui chagrinaient sa mère. Femme de bon sens, madame Le Pelletier craignait de voir tomber sa fille dans un mysticisme qu'une faute passée rend dangereux, car il en est du mysticisme comme de ces soifs dévorantes que rien ne peut désaltérer.

Le docteur Richard entreprit la cure de Suzanne, et coupa court dès l'abord aux exercices religieux en emmenant tous les matins la jeune fille en voiture dans la campagne. Sous prétexte que sa convalescence exigeait un changement d'air, il s'empara de Suzanne pendant six mois, pour mieux s'emparer de son esprit. Rompu à tous les caprices des femmes, le docteur feignit de partager les idées de la jeune fille, et se complut à entrer dans l'idéal de bonheur qu'elle se créait dans l'avenir. Suzanne voulait être sœur de charité; son espoir se reportait vers les Garnier, qu'elle visitait fréquemment; eux seuls conservaient le souvenir de Cyprien. Pendant une huitaine, M. Richard chanta les vertus des sœurs de charité, et appuya sur le beau côté de leur mission; mais peu à peu il revint à la réalité, dépeignit les intrigues de la communauté, les ambitions de la corporation. Ayant toujours vécu dans les hôpitaux depuis sa jeunesse, le docteur avait été à même d'observer l'âpreté de certaines communautés; les regrets de quelques femmes intelligentes asservies par la règle, courbées sous l'autorité, forcées d'exécuter des ordres dont la rigueur les révolte. Suzanne se récria d'abord; mais l'accent de bonne foi de M. Richard, les preuves qu'il donnait, la biographie, qu'il racontait de personnes que Suzanne avait rencontrées, le dessous des faits et des choses, agirent puissamment sur l'esprit de la jeune fille, qui s'en tenait aux apparences.

Quand ces premiers fondements furent sapés, Suzanne se retrouva dans l'avenir, isolée, vieille fille, aigre et méchante comme les demoiselles Loche. Ne devait-elle pas à sa mère une compensation aux chagrins qu'elle lui avait donnés? Sur ce terrain, le docteur amena Jousselin, fit luire un intérieur heureux, une vie calme. La lutte dura près d'un an. Cependant, au bout de l'année, toute la population de Bayeux se porta à l'église pour assister à la bénédiction des deux époux.

Suzanne devint la belle madame Jousselin; mais M. Richard ne put voir dans tout son éclat cette beauté blonde qui s'épanouit entre vingt-quatre et vingt-cinq ans. On pouvait présumer que l'influence normande jouerait plus tard un rôle important dans la taille de madame Jousselin : cette légère imperfection était rachetée par tant d'agréables détails que chacun tombait d'admiration devant les yeux, les cheveux, et une poitrine à faire tourner toutes les têtes de la Normandie.

A Rouen, au Havre, à Évreux, à Caen, on n'appelait Suzanne que la belle madame Jousselin. Cette réputation fut acceptée d'autant plus facilement que la femme du chef de bureau portait sa beauté sans coquetterie.

Le chef de bureau fut effacé par sa femme : il était resté timide, parlant peu, réservé. Quoique sa femme lui témoignât de l'affection, il se sentait à peine digne de paraître à côté de celle qui excitait une admiration proverbiale.

Madame Jousselin allait quelquefois en société, et son mari s'efforçait de corriger une éducation négligée par des études administratives au bout desquelles il entrevoyait une sous-préfecture.

Dix ans après ce mariage, le bruit se répandit qu'un missionnaire, qui avait fait ses études au séminaire de Bayeux, allait prêcher à la cathédrale. Sa réputation était grande, par toute la France. Le prêtre avait couru de grands dangers; sur dix missionnaires envoyés pour convertir les idolâtres, seul il avait revu la France. Ses compagnons avaient été décapités après d'horribles tortures.

Un vif intérêt s'attacha à la personne du père Cyprien, qui avait conservé, sous un teint bronzé par le soleil et les fatigues, des yeux noirs expressifs. Ses sermons furent suivis avec une rare assiduité ; on assiégeait les portes de l'église comme celles du spectacle. Et, comme la malignité provinciale est sans bornes, la belle madame Jousselin fut, dit-on, une des premières qui se présentèrent au confessionnal du père Cyprien le lendemain de son sermon, la *Gazette de Bayeux* ayant annoncé que le missionnaire prêcherait seulement l'Avent et continuerait sa tournée en France.

Paris, 1854-1855.

FIN

TABLE

I. — L'ancien évêché. 1
II. — Physique et moral de M. Ordinaire . . 8
III. — Le petit évêque. 19
IV. — L'aveugle. 31
V. — Le pouvoir civil et le pouvoir religieux. 42
VI. — Le tribunal de l'officialité diocésaine. . 51
VII. — Un extérieur tranquille. 65
VIII. — La recherche d'un mari. 73
IX. — Un étudiant de province 79
X. — Nouvelle visite aux Garnier. 87
XI. — La retraite 98
XII. — La noce normande 108
XIII. — L'évêché restauré. 119
XIV. — Les demoiselles Loche 129
XV. — La Fête-Dieu 139
XVI. — Inquiétudes de Cyprien. 148
XVII. — La distribution de pain. 158
XVIII. — Le gourmand chanoine. 168
XIX. — L'employé 178
XX. — Déceptions d'un souffleur d'orgue. . 189
XXI. — Félicités musicales 199

TABLE

XXII. — La légende de l'abbé Chanu.		208
XXIII. — L'hôpital.		218
XXIV. — La jeune fille devient femme.		230
XXV. — Correspondances.		240
XXVI. — Les Fleurs de Passion.		251
XXVII. — L'observatoire.		261
XXVIII. — La fuite.		271
XXIX. — L'employé séducteur.		281
XXX. — Suite de la maladie.		294
XXXI. — La belle madame Jousselin.		306

Imprimerie Générale de Châtillon-sur-Seine. — Jeanne Robert.

www.ingramcontent.com/pod-product-compliance
Lightning Source LLC
Chambersburg PA
CBHW071248160426
43196CB00009B/1215